Carl Ferdinand Freiherr von Hock

Die öffentlichen Abgaben und Schulden

Carl Ferdinand Freiherr von Hock

Die öffentlichen Abgaben und Schulden

ISBN/EAN: 9783743664142

Hergestellt in Europa, USA, Kanada, Australien, Japan

Cover: Foto ©Suzi / pixelio.de

Weitere Bücher finden Sie auf **www.hansebooks.com**

Die öffentlichen

Abgaben und Schulden.

Von

Dr. Carl Freiherrn von Hock,

Vorstande der Section der indirecten Steuern und Vicepräsidenten der Zollcommission im kaiserlich österreichischen Finanzministerium, Ritter des österreichischen Ordens der eisernen Krone II. Klasse und des Leopoldordens, Offizier der französischen Ehrenlegion, Ritter des preußischen rothen Adlerordens II. Klasse, Commandeur und Comthur des Ordens der bayerischen und der württembergischen Krone, des sächsischen Albrechts-, des kurfürstlich hessischen Wilhelms-, des großherzoglich hessischen Ludwigordens, des badischen Ordens vom Zähringer Löwen, des estensischen Adlerordens, des constantinianischen St. Georgs- und des Ludwigordens von Parma, Ehrenmitgliede des österreichischen Lloyd in Triest, correspondirendem Mitgliede der Centralcommission für Statistik in Belgien, der Gesellschaft für Statistik in Paris ec. ec.

Stuttgart.

Verlag der J. G. Cotta'schen Buchhandlung.

1863.

Die Theorie als überflüssig erklären heißt den Hochmuth haben, man brauche nicht zu wissen, was man sagt, wenn man spricht, und was man thut, wenn man handelt.

Royer-Collard.

Buchdruckerei der J. G. Cotta'schen Buchhandlung in Stuttgart und Augsburg.

Vorrede.

Wenn man auf seiner Lebensbahn einen Höhepunkt erreicht hat, von dem aus der Weg sich wieder in die Tiefe senkt, so liebt man es, einen Blick auf die durchwanderten Gefilde zurückzuwerfen und die Ereignisse, die man erlebte und herbeiführen half, die Grundsätze, nach denen man handelte und Andere handeln sah, den Erfolg, von dem sie begleitet waren, und die Lehren, welche aus der Verkettung der Thatsachen sich ergaben, noch einmal vor dem geistigen Auge vorüber zu führen. Es ist eine Art Selbstspiegelung und Selbstrechtfertigung, die man da vornimmt, und oft mischt sich auch der verzeihliche Wunsch darein, nicht ganz unbeachtet vom Schauplatz abzutreten, und in den freundlichen Bildern und anregenden Erfahrungen und Lehren, die man in diesen Aufzeichnungen niederlegt, noch durch einige Zeit sein Andenken in den nachfolgenden Geschlechtern lebendig zu erhalten. Dieser Stimmung der Geister verdanken wir manche Lebens- und Reisebeschreibungen, Denkwürdigkeiten, Charakterschilderungen, Briefsammlungen, Porträts und Maximen, und wohl auch manches Werk der Wissenschaft.

Aus solchen Motiven ist auch das vorliegende Buch hervorgegangen, eine Sammlung von Theoremen, die zunächst den Erfahrungen einer vieljährigen amtlichen Thätigkeit entstammen und erst hinterher die wissenschaftliche Begründung und Form erhielten.

Sein Erscheinen wurde durch die Wichtigkeit beschleunigt, welche die Steuer- und Schuldenfrage in allen Staaten und insbesondere im Vaterlande des Verfassers, in Oesterreich, gegenwärtig erlangt hat. Gewisse Wahrheiten, die nicht süß klingen, finden nur in einzelnen Augenblicken geneigte Aufnahme, in allen anderen verklingen sie ungehört oder werden sie durch den sich erhebenden Nach- und Widerhall undeutlich und verwirrt.

Ich schmeichle mir, manchen alten Satz besser und deutlicher als bisher gesagt und auf sicherere und einfachere Grundlagen zurückgeführt und manche neue Bemerkung beigefügt zu haben, auch nehme ich das Verdienst in Anspruch, daß ich die tiefe Kluft, welche in der Lehre von den Steuern, wie auf keinem andern Gebiete der Finanzwissenschaft, die Theorie und die Praxis von einander trennt, in etwas ausgefüllt habe. Aber dessenungeachtet übergebe ich dieses Buch mit größerer Scheu der Oeffentlichkeit als irgend eines, das ich geschrieben. Ich trete mit so manchem hochgeachteten Meister in die Schranken und — ich fühle es — bei mir ist der Geschäftsmann dem Schriftsteller allmählig über den Kopf gewachsen; man wird häufig die strengen Begriffserklärungen, die Aufzählung der Literatur, die polemische Erörterung der Meinungen Anderer vermissen, die bei den Gelehrten des Fachs nicht zu fehlen pflegen. Auch das System, das ich wählte, weicht von den üblichen bedeutend ab. Es ist nicht ein logisches Gerippe mit seinen Ober- und Untertheilungen, das ihm zu Grunde liegt, sondern jeder einzelne Gedanke wird auf seine Grundlagen zurückgeführt und nach seinen Folgerungen entwickelt, und von ihm aus wird in fortschreitender Erörterung der Uebergang zu dem nächsten sich ihm anschließenden gesucht, bis zuletzt der Kreislauf der Forschung als erschöpft und abgeschlossen sich darstellt; kurz es wird sich die lebendige Entwicklung der Idee und ihrer Folgenreihe und nicht die logische Zerlegung des Begriffs und seines Inhaltes zur Aufgabe gesetzt.

Endlich besorge ich auch Anfeindungen anderer Art: Manche Beispiele und Anwendungen der Lehren, die ich vertheidige, habe ich der Finanzverwaltung Oesterreichs entnommen, höchstens jene Frankreichs wurde von mir in gleichem Maaße benutzt; mein Buch hätte seinen Ursprung verläugnet und an Wahrheit und Anschaulichkeit verloren, wenn ich meine Belege in anderen mir weniger bekannten Ländern gesucht hätte. Für das, was ich über Oesterreich sagte, wiewohl es nicht immer ein Lob ist, stehe ich nun ohne Scheu im vollen Umfange ein, denn ein offenes, aber bescheidenes und durch Gründe unterstütztes Wort findet dort bis in die höchsten Kreise hinauf günstige Aufnahme; wogegen ich aber Einsprache erhebe, ist, daß man auch anderes, ganz allgemein als Lehre der Wissenschaft Verkündetes, weil es von einem Oesterreicher gesagt wird, auf Oesterreich beziehe, und Anspielungen und Anklagen suche, wo keine vorhanden sind. Ich glaube stets den Muth bewiesen zu haben, das was ich denke offen herauszusagen.

Wien, Ende Januar 1863.

Der Verfasser.

Inhalt.

I. Die öffentlichen Abgaben.

A. Die öffentlichen Abgaben im Allgemeinen.

	Seite
§. 1. Steuerrecht des Staates	1
Grundsatz 1) der Gerechtigkeit	3
§. 2. a) Gerechte Steuersummen	4
Gegen das Thesauriren. Obwaltende rechtswissenschaftliche und volkswirthschaftliche Irrthümer	5
§. 3. b) Gerechte Steuerquoten (Gleichheit vor dem Steuergesetze). Schwierigkeit	11
Ausweg durch Staats-Domänen, -Gewerbe, -Monopole	12
§. 4. Die drei Ursteuern (die Personal-, die Einkommensteuer, die Entgelte für besondere Dienste)	15
Besteuerung der Fremden und der in der Fremde lebenden Staatsbürger	18
§. 5. c) Gerechte Umlage und gerechte Wahl der Steuerobjecte	20
Steuerverweigerung	24
Die Steuer als freier Beitrag, Steuerehre	25
§. 6. Grundsatz 2) der Logik	26
Anforderungen an das Steuergesetz	27
Anforderungen an die Steuervollstreckung	29
§. 7. Grundsatz 3) der Volkswirthschaft	30
a) Die Steuer bloß Theil des freien Einkommens des gesammten Volks	31
b) des freien Einkommens des Einzelnen	33
§. 8. Nutzen niedriger Steuern	36
Der Schmuggel — Mittel dagegen	37
Mängel der Verwaltung	39
§. 9. c) Geringe Last des Volks und die Last im Verhältnisse zum Nutzen des Staates, Folgerungen aus dieser Regel	41

		Seite
1) Grundsätze der Steuerverwaltung		41
Wenige, gutbezahlte, unterrichtete Beamte		41
Zweckmäßige Organisation		43
§. 10. 2) Die Steuer-Controlen		49
Die Steuer-Privilegien		53
Die Steuer-Strafen		54
§. 11. Mittel zur Umgehung der Schwierigkeit. Verpachtung, Repartition,		59
Staats-, Privatregie, Abfindung		61
§. 12. d) Die Steuer nicht antiökonomisch. Die Naturaldienste		63
Die persönlichen Dienste, die Conscription		67
§. 13. Anwendung der Regel 3 auf die drei Ursteuern		70
Progressivsteuern		77
Besteuerung des abgeleiteten Eigenthums		79
§. 14. Surrogate der drei Ursteuern (Verbrauchsabgaben, Ertragssteuern, Zölle, besondere Einkommensteuer, Erwerbsgebühren, Entgelte)		82
Steuerzuschläge		86
Andere Eintheilungen, directe, indirecte Steuern		88
Einwendungen gegen die Surrogate		89
§. 15. Ueberwälzung der Steuern (Fortwälzung)		91
Rückwälzung		96
Abwälzung		98
§. 16. Kritik der bisherigen Lehren von der Ueberwälzung		100
Namentlich in Beziehung auf die Grundrente		102
§. 17. Ueber Unveränderlichkeit der Steuern		105
In wie fern der Käufer eines steuerpflichtigen Gegenstandes die Steuer vom Kaufschillinge abziehe		110
Allzugroße Furcht vor den Folgen der Ueberwälzung		113
Ausgleichung durch die Steuerverwendung		115
§. 18. Zusammenfassung		116
Die geschichtliche Entwicklung der Steuern		116
Vervielfältigung der Steuern		118
Erprobung der Steuern durch die Erfahrung		119
Steuernamen, Reihenfolge der einzelnen Steuern		120

B. Die einzelnen öffentlichen Abgaben.

a) Die Zölle.

§. 19. Zölle als Steuern auf das Einkommen der Fremden und als Verbrauchsabgaben 122

	Seite
Nur Einfuhrzölle; Nebengebühren	124
Zollgebiet und Zollausschlüsse	125
§. 20. Zollpflichtige Personen und Acte, Zollverfahren, Controlen	127
Zoll-Restitutionen, Ausfuhrprämien	130
Zolltarif	131
Werth- und specifische Zölle, Zoll-Maxima	134
§. 21. Prohibitionen, Schutzzölle, Gründe für und gegen	136
§. 22. Ausgleichungszölle, temporäre Maßregeln	146
Zollbegünstigungen, Zollverträge	149

b) Die Verbrauchsabgaben.

§. 23. Abgaben auf den Verbrauch Aller und den Verbrauch der Reichen	152
Arten der Einhebung	155
aa) Das Monopol (Tabak, Salz, Schießpulver)	155
(Lotto)	157
Arten der Ausübung des Monopols	160
§. 24. bb) Die Besteuerung bei der Erzeugung	164
cc) Die Besteuerung bei dem Verschleiß	167
§. 25. dd) Die Besteuerung bei der Einfuhr in einzelne Orte	171
ee) Die Besteuerung bei dem unmittelbaren Gebrauche	174
Erfahrungen bei der Weinsteuer in Oesterreich	176

c) Die Ertragssteuern.

1. Die Grundsteuer.

§. 26. Der Kataster, Arten desselben	179
Vorzüge des Parzellen-Ertrags-Einschätzungs-Katasters, Einrichtung desselben	184
§. 27. Gebrechen und Verbesserungen des Katasters, periodische Revisionen	188
Gleiche Besteuerung, Steuerumlagen, Steuerrestitutionen, Nichtberücksichtigung der Passivkapitalien, Steuerzahlung, Steuerbefreiung	191
Bergwerksabgaben	198

2. Die Gebäudesteuer.

§. 28. Land-, Zins-, Industriegebäude, Steuerbefreiungen	199

3. Die Gewerbesteuer.

§. 29. Nach dem Ertrage	205
Nach den Ertragselementen	208
Besoldungssteuer	214

4. Die Kapitalsteuer.

	Seite
§. 30. Arten des Kapitals, Einwürfe gegen die Kapitalsteuer	217
Rechtfertigung der Steuer auch von der Staatsrente	220
Schwierigkeit der Ermittlung der Kapitalien	222
Zusammenhang mit der Besoldungssteuer	225
Allgemeine Bemerkungen über die Ertragssteuern	226

d) Die Erwerbsgebühren.

§. 31. 1) Taxen für Verleihungen	230
Für Anerkennung des geistigen Eigenthums, Dienst- und Gewerbetaxen	233
§ 32. 2) Gebühren von Privatrechten; Erbschaftsgebühren	234
Taxen der todten Hand	239
Befreiungen und Ausnahmen, Controlen und Strafen	241

e) Entgelte für besondere Dienste.

§. 33. 1) Rechtsgebühren	245
Mittel der vereinfachten Einhebung (der Stempel); Geld- und Vermögensstrafen	248
§. 34. 2) Gebühren für materielle Leistungen	251
Weg- und Brückengelder, Eisenbahngebühren	251
Wasserzölle, Hafengebühren	254
Cimentirungs- und Punzirungsgebühren, Schlagschatz, Wag- und Niederlagsgebühren	256
Post- und Telegraphengebühren	259

II. Die öffentlichen Schulden.

§. 35. Die Schulden im Allgemeinen, der Credit	265
Die Staatsschulden	270
§. 36. Laufende, stehende Schulden, Arten der laufenden	271
Wann stehende Schulden nothwendig werden	275
Bedenken gegen stehende Schulden, deren Wirkungen auf die Volkswirthschaft	278
§. 37. Formen der Anlehen	284
Arten des Abschlusses der Anlehen, Zwangsanlehen	288
§. 38. Grundlagen des Staatscredits	292
a) Die öffentliche Meinung, die Börse	293

		Seite
b) Der Zahlungswillen, Vortheile der constitutionellen Verfassung		295
c) Die Zahlungskraft, frühere Schulden, Amortisation, Conversion, Pfand, Bürgschaft		298
d) Die Zwecke des Anlehens		304
§. 39. Ob der Staat eine Bank sei oder eine Bank errichten solle		305
Von Banken im Allgemeinen		308
Banknoten, Bedingungen der Banknotenausgabe		310
§. 40. Bankdeckung, Bankfond		315
Baarfond, Größe der Appoints		319
Maßregeln in Zeiten der Krisis		325
Bankgesetze		327
§. 41. Gegen monopolistische und privilegirte Banken		329
Gegen Territorialbanken		335
Gegen die Annahme von Banknoten bei Staatskassen, gegen den Zwangscurs		336
Gegen Staatsbanken		342
§. 42. Das Staatspapiergeld		343
Das Papiergeld als Steuergeld und als Scheidemünze		345
Verhältniß des Papiergeldes zum Metallgelde		347
§. 43. Der Umlauf unter der Herrschaft eines entwertheten Papiergeldes ohne Zwangscurs		353
mit Zwangscurs		354
Scheinbare günstige Wirkungen des Papiergeldes		358
Die Valutaschwankungen		360
Ungünstige Wirkungen: die politische und sociale Umstaltung		362
§. 44. Mittel der Wiederherstellung oder Fixirung der Valuta		363
Aufhebung des Zwangscurses		365
Zeitpunkt des Beginns der Wiedereinlösung		367
Unterschied zwischen Wiederherstellung und Fixirung der Valuta		368
§. 45. Der Staatsbanquerott ohne das Vorhandensein eines Papiergeldes		373
Bei dem Vorhandensein eines Staatspapiergeldes		375
In wie weit den Folgen abzuhelfen sei		377

I. Die öffentlichen Abgaben.

A. Die öffentlichen Abgaben im Allgemeinen.

1.

Der größte Theil der bisherigen Staatswirthschaftslehre ist von sehr zweifelhafter Berechtigung. Es gibt allerdings eine Staatswirthschaft, und da jedes Seyn ein Wissen von demselben bedingt, auch eine Staatswirthschaftslehre, allein da die Staatswirthschaft nicht als eine der verschiedenen Erscheinungen der Einzelwirthschaften ist, so erscheint auch das Wissen von derselben größtentheils in jenem von der Einzelwirthschaft enthalten. Diese Ansicht wird praktisch auch durch die Wahrnehmung bestätigt, daß man es als den Vorzug einer Regierung preist, wenn ihre Vermögensverwaltung, ihr land-, berg-, forstwirthschaftlicher, gewerblicher Betrieb, ihr Cassa- und Rechnungswesen sich in nichts von den Vorgängen einer gut geleiteten großen Privatgesellschaft unterscheidet.

Die Staatswirthschaftslehre wird sich daher auf die Thatsachen, welche die Staatswirthschaft von der Privatwirthschaft unterscheiden, zu beschränken und dieselben um so kräftiger und bedeutungsvoller hervorzuheben haben.

Diese Thatsachen beruhen auf dem Zwecke, der Souveränität, der als endlos vorausgesetzten Dauer und dem corporativen Charakter des Staates.

Der Staat ist nicht um seiner selbst, sondern um seines Zweckes willen da und dieser Zweck ist, um den allgemeinsten Ausdruck zu gebrauchen, das Wohl des Volkes. Der Staat wirthschaftet daher nicht um seiner selbst, sondern um seines Zweckes und des Volkes willen. Er sucht nicht reich zu werden, sondern das Volk reich zu machen, er spart nicht und erwirbt nicht, wo es sein Zweck verbietet.

Die Souveränität des Staates eröffnet ihm Erwerbs- und Ausgabsquellen sowie Verfügungsrechte, die dem Privaten ferne bleiben, wir erinnern an die Hoheitsrechte des Staates wie an das Recht und die Pflicht der Selbstvertheidigung und an das Recht der Expropriation.

Seine Dauer berechtigt ihn zur Uebernahme von Arbeiten und Kosten, die das Kräftemaß der Sterblichen weit überschreiten, macht Krankheiten und Wunden heilen, an denen der Private zu Grunde gegangen wäre, und gestattet ihm Lasten, welche für eine Generation zu drückend wären, auf mehrere Generationen zu vertheilen. Hauptsächlich auf der Dauer des Staates ist das System der Staatsschulden aufgebaut.

Endlich sein corporativer Charakter gestattet ihm seine Bedürfnisse, insoweit hiezu sein eigenes Vermögen nicht hinreicht, durch Beiträge der Staatsbürger zu decken. Diese Beiträge nennt man Steuern, öffentliche Abgaben.

Es liegt im Wesen des Staates, da er seine Wirthschaft seinem Zwecke unterordnet, daß so lange seine Bedürfnisse hauptsächlich aus seinem Vermögen bestritten wurden, dieses letztere, selbst abgesehen von aller unzweckmäßigen und verschwenderischen Staatswirthschaft, die nach dem Zeugnisse der Geschichte nur allzuhäufig eintrat, sich fortwährend verminderte.[1] England hat außer einigen wenigen zur Dotation der Krone gehörigen gar keine Domänen mehr, in Frankreich sind außer den Gütern gleicher Bestimmung nur die in ihrem Umfange ebenfalls sehr verminderten Staatsforste übrig, dagegen besitzt das am spätesten in die europäische Staatenfamilie eingetretene Rußland den bedeutendsten Grundbesitz.[2]

---

[1] Vergl. Roschers Grundriß, S. 105.
[2] Auch einige deutsche Staaten, wo die Secularisationen am Anfange des Jahrhunderts viele geistliche Güter zum Staatseigenthum gemacht haben, beziehen aus diesen große Erträgnisse; in Bayern sind sie höher als der Ertrag aller Steuern, in Preußen wenigstens höher als die directen.

Da gleichzeitig mit der Verminderung des Staatseigenthums die Bedürfnisse des Staates wegen der Zunahme und der intensiveren Thätigkeit der Bevölkerung und der gesteigerten Anforderungen an ihn immer größer wurden, so mußte mit Nothwendigkeit die Bedeutung der Steuern für den Staatshaushalt sich erhöhen,[1] und so kommt es, daß die Lehre von den Steuern der wichtigste Zweig, man kann sagen, der Kern und Mittelpunkt der Staatswirthschaftslehre geworden ist. Es umfaßt aber die Lehre von den Steuern die Grundlagen und Regeln, nach denen jene Beiträge bemessen, umgelegt und eingehoben werden.

Uebrigens zeigt schon das über die Unterscheidungsmerkmale der Staatswirthschaft Gesagte, daß die Staatswirthschaftslehre einen bedeutenden Theil ihres Inhaltes nicht der Volkswirthschaftslehre, sondern den Staatswissenschaften, vor allem dem Recht und der Politik entnimmt. Dasselbe ist mit der Lehre von den Steuern der Fall, viele jener Grundlagen und Regeln, die sie aufstellt, entstammen keineswegs der Volkswirthschaft.

Dieß tritt gleich bei der ersten und höchsten Regel aller Besteuerung hervor: Die Steuer muß gerecht seyn, gerecht in dem Sinne, a) daß nie mehr gefordert werde, als der Zweck des Staates, auf seinen strengsten Ausdruck zurückgeführt und mit den entsprechenden Mitteln angestrebt, rechtfertigt; b) daß keiner, dem ein Beitrag angesonnen wird, an und für sich und im Verhältnisse zu anderen Beitragleistenden in einem höheren Maße in Anspruch genommen werde, als er rechtlich verpflichtet ist, und c) daß sie dem Inhalte und der Form nach kein Sittengesetz und kein Recht des Volkes und des Einzelnen verletze. Jeder dieser drei Punkte verlangt eine besondere Besprechung; wir werden uns überzeugen, daß nicht die Volkswirthschaft das erste Wort darin führen kann.

---

[1] Hoffmann, Lehre von den Steuern, S. 27 ꝛc., Stein, Lehrbuch der Finanzwissenschaft, S. 166 hebt scharfsinnig hervor, wie bei den Schriftstellern, welche der Bildung des modernen Staates vorangingen, die Steuern noch als eine seiner außerordentlichen und nur unter besonderen Umständen zu Recht eröffneten Hilfsquellen erscheinen.

2.

Schon Montesquieu sagt: Bei Bemessung der Steuern muß man nicht bloß darauf sehen, was das Volk geben kann, sondern auch was es zu geben **verpflichtet ist**. Der Staat hat die Aufgabe, diese Verpflichtung in die möglichst engen Grenzen zu ziehen. Man vergesse nicht, jede Abgabe ist eine Verminderung der Volkseinnahme, in jeder, wenn sie noch so gewissenhaft bemessen ist, befinden sich Quoten, die schwer getragen werden, jede ist endlich eine Vergeltung der vom Staate geleisteten Dienste,[1] und erscheint darum nur dann gerechtfertigt, wenn der Dienst des Lohnes werth ist, d. h. nicht, sey es durch den Staat oder durch Andere, um denselben Lohn besser oder bei gleicher Güte um geringeren Lohn geleistet werden kann. Es ist darum ein nationalökonomisches Verbrechen, Abgaben auszuschreiben, um Leidenschaften eines Fürsten zu befriedigen oder Fehler eines Ministers fortdauern zu lassen, und es ist ein nationalökonomisches Vergehen, dem Staate Verrichtungen aufzuladen, die von Privaten besser oder billiger verrichtet werden, die Aufgaben des Staates theuer zu vollziehen und größere Abgaben einzuheben, als die Bedürfnisse des Staates fordern.

Auch das Thesauriren, d. i. das Ausschreiben von Steuern über den Bedarf, um von dem Ueberschuß einen Schatz für die Bedürfnisse der Zukunft zu bilden, ist vom Uebel. Werden die Gelder unbenutzt in den Kassen aufbewahrt, so gehen Zinsen und Zinseszinsen verloren, werden sie zeitweilig nutzbar verwendet, so ist es schwer und oft für die Volkswirthschaft höchst nachtheilig, sie im Augenblicke des Bedarfs plötzlich dieser Verwendung zu entziehen. Dadurch daß der Staat jetzt im Vergleich mit früheren Jahrhunderten leicht und billig Credit findet, ist auch die Nothwendigkeit des Schätzesammelns verschwunden, dem zur Zeit Heinrichs IV. und Friedrich Wilhelms I. seine Berechtigung nicht abzusprechen ist, und unabweislich drängt sich der Gedanke auf, das Geld, dessen man bereinst bedarf, vorläufig statt in den Kassen des Staates in

---

[1] Roschers Grundriß, S. 111.

jenen des Volkes zu lassen, aus denen im Momente des Bedarfs es abzufordern der Staat jederzeit berechtigt ist. Jedes Geldstück, das in den Taschen der Bürger belassen werden kann, ist in der Regel ein Heckethaler, der stets neue erzeugt, während er in den Händen des Staates selten mehr werth ist, als er gilt.

Dieß war die Maxime der größten Finanzmänner. Colbert pflegte zu sagen, selbst eine Auslage von 5 Sous, wenn sie überflüssig ist, muß man zu ersparen suchen; Necker äußerte: Es ist nicht erlaubt eine Steuer aufzulegen, ehe man alle Hülfsquellen der Ordnung und Wirthschaftlichkeit erschöpft hat, und Villèle ging von dem Grundsatze aus: Dem Beamten, der Geld auszugeben habe, könne man nie genug Schranken setzen.

Zwei Ansichten, eine staatswissenschaftliche und eine volkswirthschaftliche, haben in dieser Richtung viele Uebergriffe veranlaßt. Die erstere ist jene, von welcher die Umwandlung des Rechtsstaates in den Polizeistaat mit ungemessenen Attributen ausgegangen ist. Es gibt nichts was groß, schön, nützlich schien und zu dessen Verwirklichung sich nicht sogleich Privatkräfte fanden, was nicht in den Zweck des Staates einbezogen wurde;[1] die unermeßlichen Steigerungen der Staatsbudgets waren die unmittelbare Folge. Die zweite ist jene von dem Kreise, welchen die als Steuer bezahlten Summen ohne Verlust an der Substanz beschreiben. Bei der Steuerzahlung, sagt Ricardo, wechselt das Geld bloß seinen Besitzer, aus den Händen der Steuerpflichtigen kömmt es in jene des Staats, aus diesen in jene des Beamten, Lieferanten, Arbeiters, eine Einbuße hat nicht stattgefunden. Aeltere und neuere Lobredner der großen Staatsausgaben gehen noch weiter und sprechen von dem Nutzen, welcher durch die Aneiferung zu Arbeiten entstehe, die sonst nicht geleistet worden wären.

An der ersten Ansicht ist bloß das fehlende Maß zu tadeln.

---

[1] Selbst der sonst nüchterne Hoffmann sagt S. 30: die Regierung hat die Pflicht zu allen Ausgaben, die dem öffentlichen Wohle mehr nützen, als wenn das Geld in Händen der Privaten geblieben wäre, und an einer andern Stelle S. 33: die Staatsgewalt kann nie zu viele Einnahmen haben.

Jeder gründliche Denker ist heute zu Tage einverstanden, daß der Staat, als die höchste Macht der Menschenwelt, nicht bloß die Gesellschaft aufrecht zu halten, sondern auch ihre Fortbildung zu den ethischen Idealen der Menschheit unter seinen Schutz zu stellen habe; allein die Grenzen, bis zu denen er hiebei sich selbstständig betheiligen und auf gemeinsame Kosten zu jener Fortbildung beitragen darf und soll, sind zu weit gesteckt und zu oft überschritten worden. Geht man von dem Grundsatz aus, daß der Staat nur dort selbstständig einzugreifen habe, wo eine ethische Pflicht vorliegt und zu deren Erfüllung die Thätigkeit der Einzelnen oder ihrer dem Staate untergeordneten Vereinigungen nicht ausreicht; so läßt sich auf volkswirthschaftlichem Gebiete, mit welchem allein wir es hier zu thun haben, auf welchem aber in der bezeichneten Richtung am meisten gesündigt worden, die Wirksamkeit des Staates auf folgende Thätigkeiten beschränken:[1]

1. Erhaltung seiner selbst, also Herbeischaffung der Mittel zu diesem Zwecke.

2. Sanctionirung der freien Thätigkeit und ihrer jeweiligen Ergebnisse auf volkswirthschaftlichem Gebiete, also Anerkennung, Sicherung und Schutz der Freiheit, des Eigenthums, der Vertragsrechte, darum civil- und strafrichterliche Gewalt, Verbot der Selbsthülfe, der Sklaverei und Leibeigenschaft, Vorschriften der öffentlichen Sicherheit, der Gesundheits- und Reinlichkeitspolizei, über Münze, Maß, Gewicht, allmälige Abschaffung aller gezwungenen Gemeinschaften, des Stamm- und Familieneigenthums, der Monopole, Bann- und Stapelrechte, Privilegien, Zünfte.

3. Verhütung der Ausbeutung der an sich Schutzlosen oder Allzuschwachen, Unmündigen, Minderjährigen, Abwesenden, der unterdrückten socialen Klassen, als der Erwerbsunfähigen, der Frohnenden, der Arbeiter, endlich vorzugsweise der durch Uebergriffe der Gegenwart, z. B. die Verwüstung der Wälder, Anhäufung von

---

[1] Vergl. J. Garnier, Traité de Finances, ed. 2, Paris 1862, p. 262 etc. Baudrillard, Manuel d'écon. pol. Paris 1857, p. 458—460; J. St. Mill II, S. 255—262.

Gemeindeschulden und Vergeudung des Gemeindevermögens, nur allzusehr bedrohten künftigen Generationen; der Staat ist curator posteritatis im höchsten Sinne des Wortes.

4. Schutz der höheren Interessen, also der Moral und Religion, gegen die einseitige Verfolgung der wirthschaftlichen und umgekehrt Schutz der wirthschaftlichen Interessen gegen Eingriffe jener höheren, selbstverständlich innerhalb der engen Schranken, welche für diesen Schutz dem Staate vorgezeichnet sind, als Verbot der Hazardspiele, der unmoralischen Handtierungen, obscöner oder irreligiöser Darstellungen, Beschränkungen im Erwerbe der todten Hand, der Zahl der Feiertage, der Ehelosigkeit.

5. Anregung, Belehrung, Belohnung, Beispiel, Herbeischaffung wissenschaftlicher und künstlerischer Hülfsmittel.

6. Da wo es wirklich allgemeines Bedürfniß und allgemeiner Wunsch ist und ohne dessen Erfüllung ein bedeutender wirthschaftlicher Fortschritt unterbleibt, die Unterstützung wirthschaftlicher Unternehmungen, zu denen die Kräfte des Einzelnen nicht hinreichen und für welche sich freie Associationen ohne Mitwirkung des Staates nicht bilden, durch Geschenke, Darlehen, Zinsengarantien, Privilegien, das Recht der zwangsweisen Expropriation, den zwangsweisen Beitritt der Minderzahl. Ist das Bedürfniß ein bleibendes, und wird es von Privaten deßhalb nicht befriedigt, weil der zu erwartende Nutzen, wenn auch für die Gesammtheit sehr groß, doch für jeden Einzelnen klein ist oder erst spät eintritt oder weil die ihnen zu Gebote stehenden Kräfte nicht ausreichen, so darf der Staat als Vormund der Zukunft sogar selbstständig zu dem Unternehmen schreiten. Hieher gehören vor allem Entsumpfungen, Bewässerungen und Bewaldungen, Deiche und Dämme, Häfen und Leuchtthürme, die Landesbeschreibung und -Vermessung.

7. Vermittlung, selbst imperative, zur Beseitigung unvolkswirthschaftlicher Zustände, wo der Vortheil der Einzelnen zu dem Nachtheile der Gesammtheit ganz außer Verhältniß steht, jedoch auch nur dort und dann, wo das allgemeine Bedürfniß unzweideutig sich kund gibt, z. B. Commassation, Theilung der Almende,

Aufhebung des Zehnten, der Wald- und Weideservituten, der Lehen- und Fideicommißverhältnisse.

Die größte Vorsicht ist wohl in allen diesen Beziehungen nothwendig, daß nicht die Freiheit der Einzelnen und der großen socialen Körperschaften ohne Noth verletzt, nicht der Reihenfolge der Entwicklungen vorgegriffen, nicht die Steuerkraft der Einzelnen über das Maß in Anspruch genommen werde. Wie viel ist nicht von dem aufgeklärten Despotismus des 18. Jahrhunderts in dieser Richtung gesündigt worden und welche Summen werden nicht noch jetzt unter dem Titel der Erhaltung des Staats gefordert. Es wird angestrebt, nicht bloß die Existenz des Staates, sondern auch seinen Glanz, sein Ansehen, seine Machtstellung und seinen Einfluß nach außen trotz allen einstürmenden Zeitströmungen zu behaupten, je höher jene Stellung, je gewaltiger diese Hindernisse, desto kostspieliger sind jene Anstrengungen und daher die Allgemeinheit der Erscheinung, daß die Steuern in den Großstaaten viel höher sind als in den Mittel- und Kleinstaaten.[1]

Die zweite Ansicht beruht auf einem Fehlschlusse. Die Steuer geht aus dem Besitze des Steuerpflichtigen in jenen des Staates nur als Entgelt eines Dienstes über, den der Staat geleistet oder zu leisten übernommen hat. Wird nun dieser Dienst nicht geleistet oder ist er unnütze oder schädlich, mit anderen Worten ist er der Steuer nicht werth, so ist der Steuerpflichtige um die ganze Steuer oder einen Theil derselben betrogen, vom Staate ausgebeutet worden. Der Staat bedient sich zur Leistung jener Dienste der Arbeiten des Volkes, zahlt er diese theurer als sie werth sind, so wird er selbst betrogen und von seinen Bediensteten ausgebeutet. Insoweit endlich jene Dienste unnütz oder schädlich sind, erscheinen diese Arbeiten als vergeudet oder sogar zur Vernichtung eines bereits vorhandenen

---

[1] Die Höhe kann selbstverständlich nur aus dem Verhältniß der Steuern zum Volkseinkommen richtig beurtheilt werden. Nur als beiläufiger Maßstab kann daher dienen, daß beispielsweise in Oesterreich, Preußen und Bayern, deren Völker sich so ziemlich in gleichen Einkommensverhältnissen befinden dürften, die auf den Kopf entfallenden Abgaben sich wie 95 : 88 : 60 verhalten.

oder zur Verhinderung eines zu erwartenden Werthes verwendet. [1] Mit der dem französischen Bauer des 18. Jahrhunderts abgedrängten Steuer wurden die Pompadour und Dubarry, der Hirschpark und die unglücklichen Armeen des österreichischen Erbfolge- und des siebenjährigen Krieges unterhalten, dadurch hat der Bauer gelitten, wurde der Staat geplündert, der Verfall der Sitten genährt, die Revolution großgezogen, das Blut und die Ehre des Volkes Preis gegeben.

Eben so ist nicht Arbeit, Bewegung, Thätigkeit an und für sich ein Gut, ein anzustrebendes Ziel, sondern sie ist einfach ein Mittel zu einem Ziele, von dessen Beschaffenheit es abhängt, ob sie als nutzbar verwendet oder als vergeudet oder mißbraucht zu betrachten ist. Im letzteren Falle verhält sie sich gerade so wie eine Maschine, die man leer gehen läßt oder zur Beschädigung oder Zerstörung noch brauchbarer Gegenstände verwendet. Der einzige Nutzen, den eine solche Verwendung hat, ist, daß die Maschine nicht rostet, oder um von dem Gleichniß auf die Sache selbst überzugehen, daß in solchen Zeiten des Verderbnisses die gewerbliche oder künstlerische Thätigkeit nicht ganz zu Grunde gerichtet, sondern für bessere Perioden erhalten wird. Boucher, Watteau, Greuze, Voltaire und Diderot, die Porzellane von Sèvres und die Meubles von Boulle haben trotz ihrer sittlichen und ästhetischen Gebrechen aus dem Zeitalter Ludwigs XV. den lebendigen Funken errettet, dessen Existenz in jener mephitischen Atmosphäre ernstlich bedroht war.

Der Vollständigkeit wegen sind noch zwei Ansichten über die Besteuerung, abermals eine rechtswissenschaftliche und eine volkswirthschaftliche, zu erwähnen, wiewohl beide als veraltet bezeichnet werden können.

Die erste ist jene der Rechtsgelehrten eines Jakob I. und Ludwig XIV., welche aber merkwürdig genug auch bei liberalen Schriftstellern z. B. bei Murhard und Zachariä auftaucht. Das Besteuerungsrecht des Staates wird aus seinem Obereigenthums-

---

[1] Ricardo, M'Culloch, Bernardi, Kritik der Gründe für großes und kleines Grundeigenthum, Petersburg 1849, S. 382.

rechte abgeleitet. Die Könige, sagt Ludwig XIV. in der bekannten Instruction an den Dauphin, sind absolute Herren und haben das volle Verfügungsrecht über alle Güter, die besessen werden, und Hobbes[1] betrachtet die Steuer als den Grundzins, welchen der Staat als Entgelt bei Verleihung des Privateigenthums sich vorbehalten hat. Es führt diese Ansicht, je nachdem man diesen Grundzins als unveränderlich oder veränderlich betrachtet, zur Lehre von der Unveränderlichkeit aller Steuern — in welcher Richtung wir sie nochmals (§. 17) zu besprechen haben — oder zu jener eines unbegrenzten, nur vom Willen des Staates und dem Werthe des Privateigenthums bedingten Besteuerungsrechtes, sie läugnet den höheren in der Persönlichkeit des Geistes, seiner Herrschaft über die Natur und der volkswirthschaftlichen Nothwendigkeit gegründeten, vom Staate bloß anerkannten und sanctionirten Ursprung des Eigenthums und den ethischen Charakter des Staates, den lediglich durch seine ethische Aufgabe bestimmten Umfang seiner Rechte.

Die zweite ist jene der materialistischen Schule in der Nationalökonomie, welche den volkswirthschaftlichen Werth der Dienste des Staates verkennt und darum jede Steuer als einen ökonomischen Verlust betrachtet. Die Gesammtheit der öffentlichen Ausgaben, sagt Destutt de Tracy, muß in die Klasse der unfruchtbar und unproduktiv genannten Ausgaben gereiht werden, und Say fügt bei,[2] im Augenblicke, wo der Pflichtige die Steuer bezahlt, ist sie für ihn verloren und kehrt nicht mehr in die Gesellschaft zurück. Diese zweite Ansicht beschränkt das Besteuerungsrecht in demselben excessiven Maße, in welchem sie die erste ausdehnt. Sie ist durch und durch unwahr, denn eine gut verwendete Steuer schafft die bedeutendsten ökonomischen Werthe auf die wohlfeilste Weise, Ordnung, Ruhe, Sicherheit, Schutz des Eigenthums und der Arbeit, abgesehen von den sogar als materielle Güter sich darstellenden öffentlichen Bauten, Transportmitteln u. dergl.

[1] Leviathan c. 24.
[2] Traité L. III. ch. 9.

3.

In der Forderung der relativen Gerechtigkeit der Steuern ist die ganze Theorie derselben wie im Keime eingeschlossen.

Die erste Folge aus jener Forderung ist die Gleichheit vor dem Steuergesetze, Jedermann, dem der Staat Dienste erweiset, soll dafür die entsprechende Steuer entrichten, es sey denn, er habe durch Leistungen anderer Art vollen Entgelt geleistet. Steuerexemtionen, die dem Adel, der Geistlichkeit, gewissen Städten verliehen wurden, sind verwerflich,[1] hingegen läßt sich vom Standpunkte der Gerechtigkeit vollkommen vertheidigen, daß einem um das Vaterland verdienten Manne die Abgabenfreiheit zugesprochen, daß dem Bürger, der für das Vaterland die Waffen trägt, gewisse Steuerbegünstigungen bewilligt werden und daß die Grundstücke Englands, für welche die alte fixe Landtaxe von 1694 durch Bezahlung des entsprechenden Kapitals abgelöst worden, von derselben für immer befreit bleiben. Oft werden wohl auch solche Exemtionen der dringenden Nothwendigkeit der gleichen Besteuerung weichen müssen; allein dann ist eine Entschädigung der Berechtigten auf Grund des Werthes, welchen die Exemtion zur Zeit ihrer Verleihung hatte, unerläßlich.

Die große Schwierigkeit für den Gesetzgeber bei Durchführung jener Steuergleichheit liegt nur darin, die den verschiedenen Diensten des Staates entsprechende Steuerquote des Pflichtigen zu bestimmen, denn der Staat ist wie die Atmosphäre, er umgibt uns unablässig, Tag und Nacht, von der Wiege bis zum Sarge, und selbst über die Grenzen des irdischen Daseyns hinaus, er trägt und wärmt uns, erhält uns Pulsschlag und Athem, und wirkt am gedeihlichsten, wenn wir seiner Gegenwart nicht gewahr werden; die Größe seiner Wirkung ist nie seiner momentan in die Erscheinung getretenen Masse angepaßt. Es ist also unmöglich, die Größe der Dienste, die dem Einzelnen der Staat leistet, und die Kräfte und den Kostenaufwand zu berechnen, den diese Dienste dem Staate verursachen.

---

[1] Parieu, Traité des Impôts, Paris 1862, I, 32.

Aber selbst da, wo die Dienste des Staates der Wirkung und dem Arbeitsaufwande nach ganz gleich bewerthet sind, ist die Lage derjenigen, denen sie geleistet werden, allzu ungleich, um den gleichen Entgelt als gerecht und billig erscheinen zu lassen, den Einen würde der geforderte Lohn erdrücken und ihm den vom Staate erhaltenen Vortheil zu Grunde richten, der Andere würde leicht viel mehr als das Verlangte zahlen. Mit anderen Worten: Soll die Steuer, als Entgelt für geleistete Dienste, nach dem Werthe des Dienstes, nach dem Kostenaufwande des Staates, oder nach der Leistungsfähigkeit des Pflichtigen [1] bemessen werden und wie werden, wofür man sich immer entscheidet, die bezüglichen Elemente ermittelt und geschätzt?

Dieser Schwierigkeit scheint ausgewichen, wenn ein Theil des Volkseigenthums namentlich aber des Grundbesitzes ausgeschieden und der Bestreitung der Staatsbedürfnisse gewidmet wird — die Domäne. In den Momenten, wo ein eroberndes oder colonisirendes Volk auf dem eroberten oder neu entdeckten Boden sich festsetzt, oder ein reicher Stammfürst zur Beherrschung der Stämme berufen wird, sind Erscheinungen dieser Art nicht selten, obgleich sie zunächst anderen historischen Veranlassungen ihr Entstehen verdanken. Wir erinnern an den ager publicus der Römer, die Gründung der deutschen Reiche unter den romanischen Völkern, den Domänenbesitz der russischen oder der Unionsregierung, die Hausmacht der sächsischen und fränkischen Kaiser. Reste der ehemaligen Domäneneinkünfte sind die Lehengefälle, Erbpachtzinse u. dgl.

Nahestehend dieser Art der Bestreitung der Staatsbedürfnisse ist der ausschließende Vorbehalt der Ausübung gewisser gewinnbringender Thätigkeiten für den Staat, hieher gehören das Berg-, Forst- und Jagd-, Salz-, Salniter- und Pulver-, Post-, Telegraphen-

---

[1] Gleichheit des Opfers nennt die hiernach hervortretende Art der Steuergleichheit die neuere englische Schule: Hemming, J. H. Mill u. A. Ein neuerer spanischer Schriftsteller (Pastor: La ciencia de la contribucion. Madrid 1856. 2 Vol 8.) will die Steuer unter die einzelnen Erwerbstände und in jedem Stande nach dem Nutzen des Dienstes, den die Einzelnen vom Staate erhalten, theilen.

und Münzregale, das Tabakmonopol, das Vorkaufsrecht des Staates auf die aus Privatbergwerken gewonnenen edlen Metalle, auf das Schiffsbauholz im Allgemeinen oder auf das von gewissen Formen und Dimensionen u. dgl. Die Neigungen und Freuden der Ritterzeit, die Anschauungen der Merkantilisten über die edlen Metalle, als die einzigen Träger des Reichthums, und die Leichtigkeit, neu auftauchende Gegenstände des Verkehrs, die noch nicht das Eigenthum Vieler geworden, zu monopolisiren, scheinen die Wahl geleitet zu haben. Nur hie und da tauchen höhere Ideen auf und darf man annehmen, der Staat habe eine wirthschaftliche Unternehmung, die ihm für die Wohlfahrt des Volkes wichtig erschien, nicht dem Zufalle oder der Willkür des Einzelnen überlassen wollen.[1] Auch die Rechte des Staates auf herrenlose Güter, Schätze, schiffbare Flüsse, Meeresküsten, neu entstehende Inseln u. dgl. können hier eingereiht werden,[2] und Rohheit und Habsucht haben nöthig gemacht, auch des Strandrechts und der Seeräuberei, der Confiskationen und der Requisitionen als Mittel zur Erhaltung der Staaten zu erwähnen, und auch die Falschmünzerei darf nicht vergessen werden, wenigstens ist sie das Alterthum und das Mittelalter hindurch bis ins vorige Jahrhundert herab von den Staaten theils heimlich, theils offenkundig betrieben worden, meistens zum eigenen Nutzen des verschuldeten Staates, theils auch, vor und nach dem h. Crispinus, dessen Beispiel folglich nicht maßgebend war, zum Besten einer verschuldeten Bürgerschaft.

Die Erfahrung spricht nicht dafür, daß diese finanzielle Einrichtung sich als zweckgemäß und ausreichend bewiesen habe. Es streitet auch gegen sie, daß die Einnahmen aus einem wirthschaftlichen Betriebe von einem Jahr zum andern allzusehr wechseln, was eine große Unregelmäßigkeit im Staatshaushalte hervorbringt, daß diese Einnahmen nicht nach den Staatsbedürfnissen sich richten und nicht diesen entsprechend vergrößert oder verringert werden können, was zu einem steten Wechsel zwischen Mangel und

---

[1] Stein, S. 136.
[2] Vergl. Roschers Grundriß S. 106.

Verschwendung führt und Unwirthschaft zur Gewohnheit macht, und endlich muß gegen sie alles geltend gemacht werden, was gegen einen allzugroßen Besitz der todten Hand und gegen Monopole einzuwenden ist. Ersterer hindert, daß der Besitz in jene Hände gelange, die ihn am fruchtbarsten auszunutzen verstehen und daß sich im Lande das am meisten sachgemäße Verhältniß zwischen großem, mittlerem und kleinem Besitze herstelle. Setzen wir statt Besitz Betrieb, so gilt das Gleiche vom Monopol und hier treten überdieß alle die Nachtheile hinzu, welche mit dem Wegfall der freien Concurrenz verbunden sind. Uebrigens kommen wir auf die Monopole noch einmal zu reden (§. 23).

Man leitet aber aus diesen Erwägungen eine nicht berechtigte Folgerung ab, wenn man, wie Einige thun, den Satz aufstellt, der Staat solle keine Domänen besitzen, kein Gewerbe betreiben. Hiefür spricht weder die Geschichte, denn es gibt einzelne Domänen und Staatsgewerbe, deren Betriebe ein glänzendes Zeugniß gegeben werden muß, wir erinnern an die Forste Bayerns, die Eisenbahnen Württembergs, die preußische Seehandlung und die Porzellanfabriken in Sevres und Meissen, noch passen die gegen den großen Besitz der todten Hand und die Monopole gebrauchten Argumente. Man bedient sich zwar noch anderer Gründe, der Staat finde selten die rechten Männer für solche Geschäfte, die Aufsicht sey zu schwierig, die Controle zu hemmend, die höchste Leitung zu weit entfernt. Wir haben hierauf zu erwiedern: Die Verwaltung der öffentlichen Abgaben, die Bestreitung der Staatsbedürfnisse, wir erwähnen beispielsweise der öffentlichen Arbeiten und der Oekonomie des Kriegswesens, verlangen dieselbe, wenn nicht eine größere Vertrauenswürdigkeit und technische Bildung der Organe, und stellen an Aufsicht, Controle und oberste Leitung die gleichen Forderungen der Leichtigkeit, Klarheit, Weisheit und Strenge. Wäre es unmöglich, diesen Forderungen im Domänen= und Gewerbsbetriebe zu genügen, so müßte auch in den übrigen Zweigen der Verwaltung darauf verzichtet werden, und wenn die Folgerungen dieser Mängel bei jenem Betriebe greller zu Tage bringen, so ist es nur weil die

Vergleichung mit den Erfolgen der concurrirenden Privaten ein helleres Licht auf sie wirft. Es ist auch mit Sicherheit anzunehmen, daß, lange Perioden in Betracht gezogen, die Verwaltung in dem einen Gebiete der staatlichen Thätigkeit um nichts besser als in jedem anderen ist. Wenn man daher nicht auf eine zweckmäßige Staatsverwaltung oder was dasselbe ist, auf den Staat selbst überhaupt verzichtet, so darf man auch die Möglichkeit eines guten Domänen= und Gewerbebetriebs von Seite des Staates nicht in Abrede stellen. Von großer finanzieller Bedeutung werden aber innerhalb der Grenzen, welche die Wissenschaft ihm zieht, seine Ergebnisse freilich nie seyn, und wenn nicht politische oder volkswirthschaftliche Gründe für solche Institute als werthvolle historische Erinnerungen oder Musteranstalten das Wort führen, sind sie von zweifelhaftem Werthe, weil die allzugroße Ausdehnung und Zersplitterung der staatlichen Thätigkeit vom Uebel ist und die Männer, die ein Staatsgut, eine Staatsfabrik mit Sachkenntniß, Energie und Klugheit zu leiten verstehen, auf anderen Posten nützlicher verwendet werden können.

4.

Das Mittel, die Schwierigkeiten der gerechten Vertheilung der Steuern zu umgehen, hat sich also als unausreichend erwiesen und wir stehen auf's Neue vor der großen Aufgabe.

Da wir die Steuern als den Entgelt für die vom Staate geleisteten Dienste erkannten, wollen wir vor allem diese letzteren zergliedern; vielleicht lassen sich hieraus Schlüsse auf die entsprechenden Entgelte ziehen. Es sind aber diese Dienste dreifacher Art:

Wer im Staate lebt, genießt des Schutzes seiner Person, erfreut sich der prophylaktischen Fürsorge des Staates für Sicherheit und Ordnung, Reinlichkeit und Gesundheitspflege, hat Antheil an Ruhm und Ehre der Nation, und sieht sich die Möglichkeit eröffnet, wenn er erwirbt, auch diesen seinen Erwerb, wenn er etwas benöthigt, was der Thätigkeit des Staates angehört, dieses sein Bedürfniß unter den Schutz des Staates zu stellen. Alle diese

Vortheile genießt jeder ohne Unterschied, reich oder arm, vornehm oder gering.

Wer im Staate etwas besitzt oder erwirbt, genießt des staatlichen Schutzes auch für seinen Besitz oder Erwerb und ihm fließen überdieß die Vortheile zu, welche ein wohl geordneter und verwalteter Staat auf die Steigerung aller Werthe übt. Der Werth jenes Schutzes und dieser Vortheile läßt sich nicht nach dem Kraft- und Kostenaufwande des Staates schätzen, weil es an jedem Maßstabe zur Berechnung der Quote fehlt, die von jenem Aufwand auf die den Einzelnen betreffenden Akte entfallen, und die allein anwendbare Grundlage der Bewerthung bleibt daher der Nutzen, den sie dem Besitzer oder Erwerber gewähren. Dieser Nutzen hängt von dem Werthe der besessenen oder erworbenen Sache und dieser Werth von der Größe des Einkommens oder des von dem Eigner diesem Einkommen vorgezogenen Genusses ab.

Die Dienste, die bisher besprochen wurden, sind solche, die theils dem Bürger gleiche Vortheile gewähren, theils so wenig gesondert hervortreten und in ihrer Intensität so wenig verschieden sind, daß einzig und allein die Größe des gesammten der Dienste des Staates gewärtigen Besitzes der Maßstab ihrer Abschätzung seyn kann; allein es gibt Dienste des Staates, durch welche der Einzelne Vortheile erlangt, die einem Andern nicht zu Theil werden, oder die sich so genau absondern lassen, daß ihr Kostenwerth mit ziemlicher Genauigkeit ermittelt werden kann, oder die durch ihre Intensität vor allen anderen ähnlichen Dienstleistungen hervortreten. Die Ertheilung von Titeln und Würden, geistlichen oder weltlichen Beneficien, Erfindungs- und Marktprivilegien, die Benützung von Hafenwerken und Leuchtthürmen, Straßen und Brücken, Kanälen und Ueberfuhren, Cultus-, Schul- und Rechtsanstalten, die durch Minderjährige und Verstandeskranke, Geklagte und Kläger, Testamente und Schenkungen oder durch Rechtsverletzungen von Seite der Verpflichteten veranlaßten besonderen Mühewaltungen sind hier besonders namhaft zu machen.

Aus der Analyse der Dienste ergibt sich daher die Nothwendigkeit dreier Fundamental- oder Ursteuern (wir sagen zur Vermeidung einer Zweideutigkeit nicht Grundsteuern, weil mit diesem Namen die Steuern von Grund und Boden bezeichnet zu werden pflegen), einer Personal-,[1] einer Einkommensteuer[2] und einem Complex von Steuern für besondere Dienste.[3] Die beiden ersteren gleichen der Jahresbestallung, welche man dem Arzt oder Anwalt reicht, um sich seine Hülfe vorkommenden Falls zu sichern und die das Minimum des Bedarfs nicht überschreitenden Leistungen zu belohnen, die letzteren hingegen dem Honorar, das man jenen Männern für ihre Bemühungen jenseits dieses Minimalmaßes gewährt.

In der Wirklichkeit kleiden sich diese drei Steuern in mannigfache Formen und zerfallen in eine Menge einzelner untergeordneter Abgaben (vgl. §. 14); aber ein Steuersystem ist nicht rationell, dessen Bestandtheile sich nicht auf jene drei Ursteuern zurückführen lassen, und es ist nicht gerecht, so lange nicht jede der drei Ursteuern den entsprechenden Antheil an den Lasten des Staates trägt.

Eine weitere Forderung der Gerechtigkeit ist, daß jene drei Steuern nicht cumulirt werden, sie werden jede für einen anderen Dienst gefordert, es ist also unstatthaft, denselben Dienst mit zwei jener Steuern zu belegen. Hieraus folgt, daß nie das ganze reine Einkommen Gegenstand der Einkommensteuer seyn darf, sondern daß von demselben, wie es in England und Nordamerika wirklich der Fall ist, eine bestimmte nicht allzugering zu bemessende Quote für den Lebensunterhalt, als durch die allgemeine Personalsteuer bereits getroffen, abzuziehen ist. Ebenso dürfen nie die ganzen Kosten der Rechts- und Polizeiverwaltung oder der öffentlichen Verkehrs-, Sanitäts-, Erziehungsanstalten u. dgl. denen, die dieselben wirklich benützen, in der Form der Steuern für besondere Dienste zur Last gelegt werden, denn diese Einrichtungen und

---

[1] Rau §§. 391—397; Stein, 285—288.
[2] Rau §§. 398—401, b; Stein, 447—459; Grafenried, über die Einkommensteuer, Zürich 1855; Umpfenbach §§. 50—64.
[3] Rau §§. 227—246; Stein, 159—161, 412—426; Umpfenbach §§. 23—44.

Anstalten sind nicht bloß für jene da, die sie zufällig benützen, sondern auch für alle jene, die sie zu benützen in die Lage kommen könnten, und ihre segensreichen Wirkungen erstrecken sich weit über den Kreis der Hülfesuchenden hinaus auf die Gesammtheit der Staatsbürger; es soll daher schon in der Personal- und in der Einkommensteuer ein Theil des Entgeltes ihrer Kosten gesucht werden.[1]

Rechtsfragen eigener Art entstehen, wenn es sich um Besteuerung der im Staatsgebiete besitzenden und erwerbenden Fremden oder der außerhalb des Staatsgebiets besitzenden und erwerbenden Staatsangehörigen handelt.

Die Steuer wird allerdings theilweise zur Aufrechthaltung von Interessen bezahlt, welche den Ausländer nicht berühren, für die Erhaltung des Bestandes, der Macht und des Ansehens des Staates, allein zum großen Theile ist sie zur Förderung von Interessen und zur Sicherung von Diensten bestimmt, an denen auch der Ausländer wesentlich betheiligt ist; die Polizei, die Rechtspflege, die öffentlichen Communikationen und Verkehrsanstalten, die Pflege der Kunst und Wissenschaft, der Religion und Sitte und so vieles andere ist hieher zu beziehen. Namentlich insoferne die Steuer das aus dem Lande bezogene Einkommen oder die besonderen vom Staate geleisteten Dienste zur Grundlage hat, ist kein Grund vorhanden in ihrer Umlage zwischen dem In- und dem Ausländer einen Unterschied zu machen. Vielfach wird auch in der Praxis nach diesen Ansichten vorgegangen, man besteuert den unbeweglichen Besitz oder die Waare des Ausländers gleich jenem des Einheimischen und läßt den Fremden Stämpel, Gerichtsgebühren, Postporto, Weg-, Brücken-, Hafengelder u. dgl. wie den Einheimischen, ja manchmal noch mehr bezahlen, nur bei der Einkommensteuer und bei den Gebühren von Vermögensübertragungen beweglicher Güter (namentlich Erbschafts- und Schenkungsgebühren) pflegt man Anstand zu nehmen, oder doch Verträge über die Steuerfreiheit der beiderseitigen Unterthanen abzuschließen, wahrscheinlich weil man

---

[1] v. Jakob, 113; Biersack, über Besteuerung, Frankfurt a. M. 1850, 84.

die doppelte Besteuerung desselben Vermögens im eigenen und im fremden Lande vermeiden will. Allein nicht dem Staate, aus welchem der Fremde das Einkommen oder Vermögen bezieht, sondern jenem, in welchen er es bringt, steht es zu, wenn er es für angemessen und billig findet, solche Exemtionen zu bewilligen, denn dort empfängt wenigstens das Volksvermögen einen Zuwachs, hier erleidet es einen Verlust.[1]

Daß wir durch das Gesagte nicht im mindesten die härtere Belegung des Fremden als des Einheimischen oder gar das alte Abzugsgeld, droit d'aubaine, eine Gebühr, für das aus dem Lande gehende Vermögen ohne den Fall der Uebertragung von einer Person an die andere und überhaupt unter Verhältnissen gezahlt, wo für die gleiche Bewegung innerhalb der Staatsgrenzen keine Gebühr zu entrichten war, zu vertheidigen uns bemühen, ist einleuchtend. Die Dienste, welche der Staat dem früheren Besitzer erwiesen, hat dieser durch die Abgaben, die er entrichtete, vergolten, auch seine Quote an Zinsen und Amortisation der Staatsschuld, auf welche Say[2] das Abzugsgeld zu gründen versuchte, hat er bezahlt, dem neuen Besitzer erweist der Staat keine Dienste mehr, er hat daher auch keine Verpflichtung gegen den Staat. Man kann daher für das Abzugsgeld nur die Bemühung, Verluste für das Volksvermögen zu verhüten oder zu vermindern, anführen, allein die Auswanderung ist kein strafwürdiges Unrecht, der Umstand, daß die Erbfolge einen Fremden trifft, keine Seuche und der Staat darf es nicht wie der Hund in der Fabel machen, der den Fleischkorb seines Herrn, nachdem er ihn gegen die Angriffe anderer Hunde nicht länger zu vertheidigen vermochte, mit diesen theilte. Im natürlichen Laufe der Dinge gleichen sich solche Ereignisse aus und will der Staat die Wagschale auf seine Seite neigen machen, so regiere er weiser und milder als seine Nachbaren.

Im geraden Gegensatze zu dem in Ansehung der Besteuerung der Fremden Entwickelten läßt sich gegenüber den im Auslande lebenden

---

[1] v. Jakob, 132 ꝛc. Rau I, §. 266.
[2] Say, Econ. pol. L. I, c. 26.

Staatsangehörigen vollkommen die Einhebung der Personalsteuer rechtfertigen, denn alle die Momente, auf denen sie beruht, gelten auch für ihn; allein der Einkommensteuer so wie den verschiedenen Surrogaten der Einkommensteuer, als Ertragssteuern, Erwerbsgebühren und dergl. von dem Vermögen und Erwerb im Auslande fehlt es an jeder Grundlage, da der Staat letztere nicht schützt und auf deren Werth keinen Einfluß übt. Leistet der Staat seinen Angehörigen im Auslande besondere Dienste, durch seine Gesandtschaften und Consulate, so ist er allerdings berechtigt, entsprechende Entgelte dafür zu fordern. Die Frage, ob die Einkommensteuer und ihre Surrogate von den Staatsangehörigen im Ausland einzuheben sey, hat durch die zahlreiche Bevölkerung, die unter dem Namen der Unterthanen christlicher Staaten in der Türkei ansäßig sind, praktische Bedeutung erhalten, allein sie dürfte auf keine andere als die hier erörterte Weise zu lösen seyn.[1]

5.

Eine Steuer ist ferner ungerecht, wenn sie Handlungen belegt, die an und für sich die Erfüllung einer vom Staat auferlegten Pflicht oder ein diesem freiwillig erwiesener Dienst sind, wie z. B. die Vollziehung vom Staate vorgezeichneter Controlen oder die Unterwerfung unter dieselben, die zu statistischen Zwecken erforderlichen Ansagen, die Ausübung politischer Funktionen; wenn sie vom Staate abgeschlossene Verträge oder verbriefte Rechte verletzt; wenn sie in Regionen sich versteigt, welche weit über die Thätigkeit des Staates hinausliegen, wie wenn sie die religiösen, politischen oder wissenschaftlichen Ansichten des Pflichtigen in Betracht zieht, und wenn sie gegen die Gesetze der Religion und der Moral verstößt.

Dieser letzte Satz bedarf keiner Begründung, es wäre ein innerer Widerspruch, wenn der Staat die höchsten Güter, die er zu schützen berufen ist, durch die Wahl der Mittel zur Bestreitung

[1] Auch faktisch beziehen die christlichen Staaten von diesen sogenannten Unterthanen bloß Rechtsgebühren; vergl. die französischen Vorschriften vom 23. und 24. August 1833 und 6. Nov. 1842 und die österreichischen vom 30. Juli 1846.

der Kosten dieses Schutzes selbst beeinträchtigt; allein in der Wirklichkeit wird aus Unkenntniß, Leichtsinn oder Leidenschaft oft gegen ihn gesündigt.

Eine Steuer fehlt gegen Religion und Sitte, wenn sie gottesdienstliche oder sittliche Handlungen erschwert, irreligiöse und unsittliche gestattet oder die einen wie die andern gleichgültig gegen ihre innere Bedeutung unter dasselbe Steuermaß stellt. Aus diesen Gründen ist die Besteuerung von Gegenständen, die dem Gottesdienste gewidmet sind und keine andere Bestimmung zulassen, z. B. von Kirchen, Altären, Reliquien und von gottesdienstlichen Handlungen unzulässig, gleich jenen, welche so vielen mittelalterlichen Judensteuern zur Grundlage dienten (wir erinnern an den Lichterzündungsaufschlag in Polen), ferner der Zwang zu Kriegsdiensten, gegen Personen geübt, denen ihre Religion oder ihre priesterliche Stellung das Blutvergießen verbietet, die Gestattung der mörderischen Processionen der Göttin Dschaggernaut gegen Vergütung der Kosten, welche die militärische Begleitung verursacht, die Steuer, die von der Prostitution oder vom Hazardspiele eingehoben wird. Es ist aber auch zu tadeln, wenn in den Steuerrollen der Geistliche dem Gesinde gleichgestellt wird, weil beide dienen, oder die Ehelosigkeit, die auf einem religiösen Gelübde oder den Pflichten eines geistlichen Amtes wurzelt, jener, die auf Gemächlichkeit oder Selbstsucht beruht.

Und wenn eine Steuer noch so gerecht bemessen und umgelegt wäre, so wird sie zur Ungerechtigkeit, sobald sie nicht erst nach Anhörung der betheiligten Interessen, nur im Einklange der berechtigten Autoritäten und in den vom Gesetze vorgezeichneten Formen auferlegt wird.

Vergessen wir nicht, die Steuer ist ein Entgelt für geleistete Dienste, sie beruht darum, die Staatsform sey, welche sie wolle, auf einem zweiseitig verbindlichen Vertrage. Es muß daher von den Steuerpflichtigen oder deren gesetzlichen Vertretern der Dienst gewollt, der Aufwand dafür gutgeheißen, der zu dessen Deckung vorgeschlagenen Steuer beigestimmt und daß dieß alles geschehen, in den gesetzlichen Formen kundgegeben seyn, ehe die Steuer gegenüber dem, von dem sie gefordert wird, gerecht genannt werden kann. Also in constitutionellen Staaten parlamentarische Feststellung des Ausgabe- und des Einnahmebudgets, Entgegennahme und Prüfung der Schlußrechnung über dieselben, ausdrückliche Zustimmung zu der neu vorgeschlagenen Steuer auf die der Dauer des Dienstes entsprechende Zeitperiode und Verkündigung des Steuergesetzes mit ausdrücklicher Hervorhebung, daß es mit Zustimmung der Volksvertretung zu Stande gekommen. [1]

Unter absoluten Regierungen ersetzten einzelne Einvernehmungen und Berathungen jene Formen, aber die Stimme des Volks erhob sich segnend oder verwünschend, wenn Abgaben abgeschafft oder gemildert, oder neue willkürlich, hart, zu unnützen oder verderblichen Zwecken auferlegt wurden und die Geschichte hat, ein treues Echo, diese Stimmen wiedergegeben. [2]

In den alten ständischen Staaten — in der alten Verfassung Ungarns war der Grundsatz klar ausgesprochen und das Budget Englands trägt noch deutlich die Spuren dieser Einrichtung — waren der Regierung ein für allemal gewisse Einkünfte zur Verfügung gestellt, aus welchen sie die laufenden Ausgaben ohne besondere Bewilligung oder Rechnungslegung zu bestreiten hatte. Nur wenn der König oder das Land neue Ausgaben für nöthig oder die vorhandenen Einnahmen für die alten Ausgaben nicht mehr hinreichend fanden, mußten die Stände um die Bewilligung neuer Steuern angegangen werden. Auch nach der Verfassung Oesterreichs vom 20. Oktober 1860 und 26. Februar 1861 bedarf

---

[1] Die constituirende Nationalversammlung Frankreichs sprach 1791 den Grundsatz aus, daß die Bürger das Recht besitzen, die Nothwendigkeit der öffentlichen Abgaben zu prüfen, sie frei zu bewilligen, Größe, Art der Umlage und Einhebung und Dauer zu bestimmen, die Verwendung zu überwachen. Nach der Constitution vom 14. September 1791 erlöschen alle vom gesetzgebenden Körper gewährten Steuerbewilligungen, wenn sie nicht bis zum letzten Tage seines nächsten Wiederzusammentritts erneuert werden, nur die Fonds für die öffentliche Schuld und die Civilliste sind als dauernd bewilligt zu betrachten.

[2] Vergl. die entgegengesetzten Beispiele von Salomo und Rhoboam, Könige, 12, und von Darius Hystaspes Diodor. Siculus XI.

die Forterhebung der alten Steuern nicht der Zustimmung des Reichsrathes. In der Wirklichkeit gleicht sich dieser Unterschied in der Steuerbewilligung aus; denn zumeist sind es die Regierungen und nicht die Stände, welche zur Deckung neuer Bedürfnisse neue Steuern fordern, und die Stände werden dieselben nicht bewilligen, wenn ihnen die Nothwendigkeit dieser Bedürfnisse nicht erwiesen und das Unvermögen der vorhandenen Einnahmen durch Rechnungslegung über die Verwendung derselben nicht dargethan wird.

Es pflegt dort, wo das Zweikammersystem besteht, für Steuergesetze der durch Wahl hervorgegangenen zweiten Kammer ein größerer Wirkungskreis eingeräumt zu werden, als der auf Erblichkeit, Amtsstellung, persönliche Ernennung des Fürsten beruhenden ersten, und bestehe dieser Vorzug auch nur darin, daß jene Gesetze zuerst bei der zweiten Kammer eingebracht werden müssen. Der Grund dürfte darin liegen, daß die zweite Kammer die große Gesammtheit und Mannigfaltigkeit der Interessen und die minder bemittelten Volksklassen, welche die Steuer schwerer tragen, vertritt, während in der ersten Kammer einzelne wichtige Sonderinteressen und die höchsten Stufen der Gesellschaft die Vertretung finden.

Parlamentarische Versammlungen haben zur Berathung von Steuergesetzen in der Regel wenige competente Mitglieder, weil die Kenntnisse, die hiezu erfordert werden, allzu specieller Art, und die sachkundigsten Sprecher, die Geschäftsmänner des durch die Steuer bedrohten Faches, allzusehr befangen sind. Es ist daher unerläßlich, daß jeder Steuerfrage eine administrative oder parlamentarische Enquête vorausgehe, in der sowohl die betheiligten Berufs- und Gewerbegenossen als ihre natürlichen Gegner und Mitbewerber und die Männer des Steuerfaches und der Wissenschaft gehört werden.

Dem Rechte der Volksvertretung zur Steuerbewilligung entspricht aber auch die Pflicht derselben, wenn sie die Ausgabe für nöthig und die Einnahme für unausreichend erkannt hat, der das Deficit deckenden Steuer die Zustimmung nicht zu versagen, mit dem, was die Gegenwart zu verantworten hat und zu tragen vermag, nicht in Form einer Anleihe oder schwebenden Schuld die künftigen

Generationen zu belasten, und die Steuer nicht darum zu verweigern, weil in anderen mit ihr nicht zusammenhängenden Fragen die Einigung zwischen Regierung und Volk nicht hergestellt ist. Die Steuerverweigerung als Zwangsmittel oder Mißtrauensvotum gegen die Regierung benützen heißt nichts anderes als ein öffentliches Zeugniß ablegen, man halte die Regierung für rechtschaffener und vaterlandsliebender als die Volksvertretung, indem man voraussetzt, sie werde, damit die Ordnung des Haushaltes, die Ehre und der Fortbestand des Staates gewahrt bleibe und die Hunderttausende gerettet werden, deren Seyn an die ungestörte Erfüllung der Geldverbindlichkeiten des Staates geknüpft ist, in den strittigen Punkten eher nachgeben als die Volksvertretung.

Auch an den Einzelnen tritt öfters die Forderung heran, eine Steuer zu entrichten, die er nicht für gerecht und gesetzlich hält. Es ist einleuchtend, daß die Steuerpflicht nicht von seinem subjektiven Urtheile über die Gerechtigkeit der Steuer abhängig gemacht werden kann, es wäre in der Regel ein weder sachkundiger noch unparteiischer Richter, der hier das Recht spräche. Dem Einzelnen gegenüber ist jede Steuer gerecht, die von einem competenten Gesetze ausgesprochen ist; die Zweifel, ob die an ihn gestellte Forderung im Gesetze enthalten sey, löst die für Steuersachen bestellte richterliche Gewalt. In vielen Staaten ist ausgesprochen, daß der Rekurs die Steuereinhebung nicht hemme; in Frankreich wird sogar der Rekurs nicht zugelassen, wenn er nicht mit der Quittung über die entrichtete Steuer belegt ist. Zur Zahlung einer auf keinem Gesetze beruhenden Steuer ist keine Verpflichtung vorhanden; inwieferne man der Gewalt weichen, vergeblichen Widerstand nicht versuchen solle, ist eine Frage der Klugheit, nicht des Rechts. Zweifelhafter ist aber der Fall, wenn die geforderte Steuer zwar auf einem Gesetze, aber auf einem nicht im Einklange der gesetzlichen Autoritäten oder nicht in den gesetzlichen Formen erlassenen beruht. Die Engländer feiern Hampden, welcher der erste die von Karl I. ohne Zustimmung des Parlaments ausgeschriebene Steuer verweigerte, als einen Heroen der Freiheit, weil er das verbriefte Recht des Landes mit Selbstaufopferung gegen Willkür vertheidigte; wir wagen nicht, ihrem Beispiele zu folgen. Nicht daß wir dem Einzelnen das Recht des Urtheils absprächen, daß eine ungesetzliche Aufforderung an ihn gestellt werde: es handelt sich hier ja nicht um ein subjektives Wähnen, sondern um die Anerkennung einer offen daliegenden Thatsache, und die entgegengesetzte Ansicht würde Jeden verpflichten, auch den Steueransprüchen einer revolutionären Gewalt oder eines Thronräubers ohne Widerrede zu genügen; allein wir scheuen die Verantwortung, die hiedurch der Einzelne auf sich ladet. Vielleicht hat die Volksvertretung Unrecht gethan, als sie die Steuerbewilligung versagte, wer hat den Einzelnen zum Richter zwischen ihr und der Regierung gesetzt? Vielleicht findet die Steuerverweigerung Nachahmer und stellt die Existenz des Staates oder doch jene der Verwaltung und Verfassung in Frage, wer hat den Einzelnen zur Erhebung des Banners der Staatsumwälzung ermächtigt? Man hat vorgeschlagen und auch in Ausführung gebracht, unter Einlegung eines Protestes zu zahlen, eine halbe Maßregel, die ihren Zweck verfehlt; besser ist, man überläßt in solchen wie in ähnlichen Dingen die Entscheidung den Gewissen, ein unter allen Umständen anwendbarer Grundsatz ist nicht aufzufinden.

Die wichtigen Staats- und volksrechtlichen Fragen, die wir zuletzt berührten, zeigen zur Genüge, daß die Steuer nicht ausschließend den Charakter eines Entgelts für die vom Staate geleisteten Dienste an sich trägt, sondern daß sie, von freien Männern frei bewilligt und im Bewußtseyn der erfüllten Pflicht bezahlt, sich über die Sphäre des Lohns erhebt und zu einem der Erhaltung des großen Ganzen, welchem der Steuerpflichtige angehört, gewidmeten Beitrag wird, dieß ist auch die eigentliche sprachliche Bedeutung des Wortes Steuer im Gegensatz zur Auflage, Abgabe, Gebühr, welche alle mehr den Ausdruck einer zwangsweisen Verpflichtung oder einer Gegenleistung sind. An die Steuerentrichtung in diesem Sinne knüpft sich daher ein gewisser bürgerlicher Stolz und eine staatliche Ehre, die um so kräftiger in den Vordergrund treten, je klarer die Steuerzahlung nicht als ein Akt des Zufalls oder als Entgelt eines erhaltenen besonderen Dienstes, sondern als Erfüllung einer unmittelbaren Aufforderung erscheint und die Steuerquote aus eigenen Mitteln ohne Vorbehalt des Ersatzes durch Andere entrichtet wird. Es ist darum keine Zufälligkeit, sondern eine strenge Folge aus der Idee des Staates, daß von jeher mit der direkten Leistung für den Staat, der Heeresfolge oder der direkten Steuer, politische Berechtigungen, die volle politische Freiheit, die Abstimmung in der Gemeinde und im Staate verbunden waren.[1]

Diese höhere Auffassung der Steuer ist auch für die Staatswirthschaft von besonderer Wichtigkeit. Die Steuer wird leichter bewilligt und getragen, wenn der Volksvertretung ausgedehnter Einfluß auf die Gesetzgebung eingeräumt, ihr strenge Rechnung über die Verwaltung der Staatseinnahmen gelegt wird und an die Steuerzahlung politische Rechte geknüpft werden. Schon in dem alten Buche de regimine principum, das dem h. Thomas von Aquin zugeschrieben wird, wird nachgewiesen, daß freie Staaten mehr Steuer zahlen als despotische, Steuererhöhungen, welche das absolutistisch regierte Oesterreich nie gewagt hätte, hat sein erster Reichstag anstandslos bewilligt,[2] und Vorschriften über den Rechtsgang in Fällen, wo sich Jemand über die zu geringe Besteuerung beschwert,[3] sind nur in freien Staaten nothwendig.

6.

Nicht bloß die Steuersumme und die einzelnen Steuerquoten, die Art der Umlage und die Wahl des Steuerobjektes unterliegen

---

[1] Als im Jahre 1854 in Oesterreich über die Einführung einer Personalsteuer verhandelt wurde, waren die strengen Versechter absolutistischer Principien dagegen: der Arbeiter würde sich dadurch als selbstständiger Staatsbürger fühlen, politische Rechte verlangen.

[2] Gesetze über die höhere Besteuerung des Branntweins, des Rübenzuckers, der Erwerbsacte und Gerichtsgebühren, des Grund und Bodens, der Häuser, der Gewerbe, der Renten vom 9. Juli, 29. October, 13. und 19. December 1862.

[3] Französisches Gesetz vom 21. April 1832, Art. 25, das aber, seitdem die Beschränkung des Wahlrechts mittelst des Census durch die Aufstellung von Regierungscandidaten und den moralischen Zwang ersetzt worden ist, die praktische Bedeutung verloren hat.

den Anforderungen der Gerechtigkeit, sondern ihr Gebot erstreckt sich auch auf die Kundmachung der Steuer im Steuergesetze, seiner Form und seinem Inhalte nach.

Jenes Gebot macht sich, weil auf den Ausdruck gerichtet, als ein **logisches** geltend und fordert strenge Folgerichtigkeit, inneren Zusammenhang, Vollständigkeit, volle Bestimmtheit, so daß der Steuerpflichtige genau über seine Verpflichtungen belehrt, der Willkür so wenig Spielraum als möglich gegönnt ist, und endlich volle Verständlichkeit und Klarheit; das Steuergesetz soll die Sprache des Volkes und insbesondere jene sprechen, die der Steuerpflichtige in seinem Gewerbe gewohnt ist, mit dem Bergmann die Sprache des Bergmannes, mit dem Bräuer, Branntweinbrenner, Zuckersieder die seines Fachs.

Es hat genau zu bezeichnen:

1. Den Steuerpflichtigen, die Person, von welcher die Steuer gefordert wird, den Haftenden, der wegen seiner rechtlichen Stellung zum Pflichtigen oder seiner frei übernommenen Verpflichtung zur Entrichtung der Steuer verhalten wird, falls der Steuerpflichtige seine Verbindlichkeit nicht erfüllt, den Stellvertreter, an den die amtlichen Aufforderungen gerichtet werden und der Rede und Antwort zu geben hat, wenn der Pflichtige nicht an dem Orte sich befindet, wo er nach dem Gesetz als vorhanden vermuthet wird.

2. Das Steuerobjekt, den Gegenstand, von welchem die Steuer zu entrichten ist, die Steuereinheit nach Zahl, Maß, Gewicht, das Steuermaß, berechnet nach der Steuereinheit und ausgedrückt im Münzfuße des Landes; besteht die Steuer aus einem Mehrfachen einer bestimmten Steuergrundlage (des Steuersimplums), so muß dieses Mehrfache, besteht sie aus einer Hauptsteuer mit mehreren Zuschlägen zu verschiedenen Zwecken (principal et centimes additionels), so muß sowohl jener als jeder dieser Zuschläge angegeben seyn. Da wo die Steuer eine größere Zahl von Steuerobjekten, und diese in mannigfachen Unterabtheilungen mit verschiedenem Steuermaße enthält, pflegen diese Objekte mit

ihren Steuereinheiten und Steuermaßen in einem eigenen Steuertarif zusammengefaßt zu werden.

2. Den steuerbaren Akt, d. i. die bestimmte Handlung, mit deren Eintritt die Steuer fällig wird, z. B. bei der Gewerbesteuer den Antritt des Gewerbes, bei der Wohnungssteuer den Beginn der Miethe, beim Zoll den Uebertritt der Zolllinie, bei der Schlachtsteuer die Schlachtung. Es ist dieß einer der wichtigsten Momente der Besteuerung, weil mit ihm die Verantwortung des Pflichtigen für die Steuer beginnt, und dessen ungeachtet gibt es keinen, der in den Steuergesetzen häufiger vernachlässigt oder nur unbestimmt und schwankend ausgesprochen wird. Von diesem Akte hängt in der Regel auch die Steuerfrist, d. i. der Zeitpunkt der Steuerzahlung ab, wenn sie auch selten mit ihm ganz zusammenfällt. Sie geht bald diesem Akte etwas voraus, tritt bald etwas später ein, ist mit Einer Zahlung beendet oder wiederholt sich regelmäßig in bestimmten Perioden. Im letzteren Fall ist auch die Bestimmung nothwendig, wann die Steuerpflicht erlösche oder sich ändere. Wird die Steuer nicht ausnahmslos gleich im Momente der Fälligkeit gefordert, so sind auch die Bedingungen und die Dauer des Steuerkredits festzusetzen.

4. Den Steuerort und das Steueramt, d. i. den Ort, an welchem, und die Person oder das Amt, an welche die Steuer zu entrichten ist; bei manchen Steuern ist auch der Ort, wo das Steuerobjekt sich befindet oder wohin es gebracht oder wo der steuerbare Akt vorgenommen wird, von Wichtigkeit.

5. Die Form der Steueranzage und Steuerberechnung oder der Steuervorschreibung und jene der Steuerquittirung, d. i. der Anzeige des Steuerpflichtigen über die Vornahme des steuerbaren Aktes und die Steuerobjekte, welche derselbe umfaßt, und der von dem Steueramte ausgehenden Berechnung des hiernach auf Grund des Tarifes entfallenden Steuerbetrages oder der auf Grund amtlich erhobener Daten vorgenommenen Ermittlung der zu entrichtenden Abgabe, und endlich der Bestätigung über die geleistete Zahlung.

6. **Die Steuercontrolen,** d. i. den Complex der Maßregeln, die zur Feststellung der Steuergrundlagen und zur Sicherung der Abgabe gegen Unterschleif ergriffen werden, und die Rechte, die für die **Steuerorgane,** und die Obliegenheiten, die für den Steuerpflichtigen hieraus abgeleitet werden.

7. Die Bedingungen der **Steuerabschreibung** oder =Restitution, falls das Steuerobjekt wegfällt oder sich vermindert, die Berechnung unrichtig war oder die Voraussetzung, auf welche die Steuerpflicht gegründet wurde, sich nachträglich als unrichtig erwies.

8. Die **Strafen** bei Nichterfüllung dieser Obliegenheiten oder bei versuchter oder vollbrachter Verkürzung der Abgabe — das **Strafverfahren.**

9. Die **Zwangsmaßregeln** und **Rechtsprivilegien** zur Sicherstellung und Einbringung und die Bestimmungen über die **Verjährung** der rückständigen Abgaben und Strafen.

10. Die **Steuerbehörden,** d. i. die dem Steueramte vorgesetzten Autoritäten, an welche Anfragen, Gesuche, Beschwerden im administrativen Wege zu richten sind. Oft gibt es auch eigene **Steuergerichte** in administrativ=contentiösen und in Straffachen.

Es ist auch darauf zu sehen, daß der Steuerpflichtige diese Gesetze kenne, denn sie sind nicht gleich anderen Gesetzen Sanktionen der Vorschriften des Gewissens, der Lebensgewohnheiten und der Sitte, sondern ganz positiver Art, reich an Details. Es ist sich darum nicht mit den gewöhnlichen Mitteln der Kundmachung der Gesetze zu begnügen, sondern die Licenzen, die Zahlungsaufforderungen, die anderen Dokumente, die dem Steuerpflichtigen hinausgegeben werden, haben den wesentlichen Inhalt jener Gesetze zu wiederholen, so daß kein Pflichtiger sich mit deren Unwissenheit entschuldigen kann.

Wie in dem Gesetze, so ist in dessen Vollziehung jede Unsicherheit und jede Schwankung zu vermeiden. Neben dem Gesetze müssen Reglements und Instruktionen bestehen, welche das Verfahren regeln, die ausübenden Organe dürfen nicht berechtigt seyn, vom Gesetze nachzulassen oder es zu verschärfen, aus nächster Nähe müssen sie überwacht und Ausschreitungen abgestellt werden. Ein großes Gewicht ist ferner auf die Gleichförmigkeit der Anwendung zu legen. Die Gleichheit vor dem Steuergesetz beschränkt sich nicht auf das Steuerausmaß, sondern dehnt sich auch auf die Steuercontrole aus; eine ausnahmsweise Milde erscheint nur durch besondere, vom Pflichtigen gegebene Garantie, eine ausnahmsweise Strenge nur durch ein Unrecht von Seite des Steuerpflichtigen, die von ihm begangene oder sogar wiederholte Uebertretung des Gesetzes gerechtfertigt, die zu besonderen Vorsichtsmaßregeln auffordert.

7.

Die dritte oberste Regel der Besteuerung lautet: Die Steuer muß volkswirthschaftlich seyn, d. h. es müssen die Lehren der Volkswirthschaft schon bei der Frage, ob der Dienst, welcher eine Steuer zur nothwendigen Folge hat, geleistet werden soll, gehört, und wenn diese Frage bejaht und die Steuer nach Maß und Art der Gerechtigkeit gemäß festgesetzt worden ist, jenen Lehren die Bestimmung anheimgegeben werden, wie die Steuer auf die für die wirthschaftlichen Interessen schonendste Art durchzuführen sey. Aus dieser obersten Regel ergeben sich folgende drei untergeordnete:

1. Die Dienste des Staates hören auf volkswirthschaftlich wohlthätig zu seyn, sobald sie nicht mehr durch einen Theil des freien Einkommens des Volkes bezahlt werden können, sondern die Steuer das ganze freie Einkommen in Anspruch nimmt, also jeden wirthschaftlichen Fortschritt unmöglich macht oder sogar das Volksvermögen (mit Inbegriff des zur Erhaltung der Arbeitskraft und der Unternehmungslust nöthigen Kapitals) angreift.

2. Die Steuer muß auf solche Weise eingehoben werden, daß die Last des Volkes möglichst mit dem Nutzen des Staates zusammenfällt, also mit den möglichst geringen Kosten der Einhebung, Entgängen durch Unterschleife, Beengungen und Belästigungen der Pflichtigen.

3. Die Steuer darf nicht dem wirthschaftlichen Fortschritte hinderlich seyn, nicht das Ergreifen neuer Beschäftigungen, Stoffe,

Hülfsmittel, Methoden, Märkte, die Concurrenz und Association und die freie Benützung des Kapitals erschweren.

Die Fassung, in welcher die erste dieser drei Regeln seit Adam Smith gewöhnlich gegeben wird,[1] spricht nicht von den Diensten des Staates, sondern lediglich von den Steuern und fordert von diesen unbedingt, daß sie nur einen Theil des freien Einkommens in Anspruch nehmen. Hierdurch geräth sie in Widerspruch mit der aus dem ersten obersten Grundsatze, jenem der Gerechtigkeit, abgeleiteten Regel, daß die Steuern des Volkes den Diensten des Staates entsprechen müssen, und veranlaßt den großentheils müssigen Streit, ob der Staat seine Einnahmen den Ausgaben oder seine Ausgaben den Einnahmen anzupassen habe.[2]

Jenen Widerspruch dürfte unsere Fassung beseitigt haben. Die Steuern müssen jederzeit den Diensten entsprechen, aber bei den Diensten kömmt zu erwägen, ob, wenn sie Steuern erheischen, die jenes von der Volkswirthschaft gewollte Maß überschreiten, sie nicht besser unterlassen werden. Aber auch die angeregte Streitfrage beantwortet sich leicht, wenn wir das im §. 1 über den Charakter des Staats und im §. 2 über seine Aufgabe Gesagte erwägen; das Gedeihen der Volkswirthschaft ist nicht sein einziges Ziel, er muß sich erkühnen, es in großen Augenblicken dem Bestande, der Unabhängigkeit, der Ehre des Volks, der Sittlichkeit und dem Rechte zu opfern. In manchen Fällen ist sogar eine solche Alternative nicht einmal vorhanden und die hohe, in das Volksvermögen einschneidende Besteuerung liegt im Interesse der Volkswirthschaft. Die Wissenschaft sagt nirgends, daß die Thatsache, ob der Dienst

---

[1] Von den vier Steuerregeln Adam Smith's fallen die erste mit unserem ersten und der ersten Abtheilung des dritten Grundsatzes, die zweite mit dem zweiten Grundsatze und die dritte und vierte mit der zweiten Abtheilung des dritten Grundsatzes zusammen. Von den vier Sismondi'schen Zusatzregeln sind die drei ersten in der ersten Abtheilung des dritten Grundsatzes enthalten, die vierte bildet einen Theil der dritten Abtheilung desselben. Vergl. Garnier 176—185.

[2] Vergl. die Darstellung dieses Streites in Murhard, Theorie und Politik der Besteuerung. Göttingen 1834, S. 113—125.

des Staates das ganze reine Einkommen oder sogar einen Theil des Vermögens des Volkes koste oder nicht, aus den Ergebnissen eines Jahres oder einer Budgetperiode allein erhoben werden müsse, und daß nie ein längerer Zeitraum zur Grundlage der Vergleichung gewählt werden dürfe. Gerade so, wie in der Privatwirthschaft häufig durch das Opfer eines kleinen Theils des Vermögens der große Rest gerettet, Einkommen und Kapital an eine neue gewinnversprechende Unternehmung gewagt wird, so geht es auch in der Wirthschaft des Staates. An jenem großen Tage, wo Einkommen und Kapital des Volkes in einem Kriege, einem Colonisationsversuche, einer großen Communikationslinie eingesetzt wurde, wurde vielleicht der Grund zu dauernder Größe und Macht des Volkes gelegt. Mit dem Hausgute der Makedonischen Könige hat Alexander das Weltreich der Perser erkauft.[1] Es gibt übrigens Mittel, die Lasten, welche der Gegenwart allzu drückend wären und den werbenden Stamm des Volksvermögens in seinem Wachsthum allzusehr hemmten, auf die Vergangenheit und auf die Zukunft zu vertheilen, der Staatsgüterverkauf und das Anlehen (vgl. §. 36).

Aber, wie erwähnt, es sind eben nur große und darum seltene Momente, die einen solchen Eingriff in das laufende Einkommen und das Vermögen des Volkes oder einen solchen Uebergriff in das Erbtheil der Vergangenheit oder die Hoffnungen der Zukunft rechtfertigen, und in ihnen liegt durchaus keine Entschuldigung für Regenten, Minister und Volksvertretungen, wenn sie lange Perioden hindurch Deficite häufen, diese durch Steuern und Anlehen decken und die hierdurch gesteigerten Staatseinnahmen zu neuen Ausgaben ausbeuten. Das Gleichgewicht zwischen Einnahme und Ausgabe bleibt ohne Widerspruch das Ziel des Staatswirthes und dort, wo er die Abgaben an die von der Volkswirthschaft bestimmte Grenze gelangen ließ, darf er jenes Ziel nur durch Ersparungen anstreben. Jenes Gleichgewicht ist auch überall, wo es erreicht ist oder nahe liegt, das Maß für die Staatsausgaben, man ist bis auf

[1] Vergl. Mill II, 272—284.

Kleinigkeiten hinab ängstlich und sparsam, um von jenem Ziele nicht abgebracht zu werden, ist aber die Herrschaft der Deficite eingebrochen, ist man um eine Unzahl von Millionen vom Gleichgewichte entfernt, da erscheint jede Ersparung im Kleinen unnütze, man erwartet die Rettung von sogenannten großen Maßregeln und ein Geist der Unwirthschaft und Sorglosigkeit bemächtigt sich der Finanzverwaltung. Der Verfasser dieses Buches hat unter zwei der größten Finanzminister Oesterreichs gedient, dem Freiherrn von Kübeck und von Bruck, und hatte das Glück ihnen näher zu stehen. Der erste verwaltete in Zeiten des Gleichgewichts, der zweite in jenen des Deficits; der erste beachtete die Hunderte und Tausende, der zweite hatte nur Millionen im Auge; vieles mag im Unterschiede der Charaktere gelegen seyn, allein die Hauptsache blieb die Verschiedenheit der allgemeinen Finanzzustände.

Darum, wir wiederholen es, als Richtschnur, auf welche man immer zurückkommen und von welcher man in gewöhnlichen Zeiten nicht abweichen darf, gilt die aufgestellte Regel.[1]

Aus dieser Regel hat man die Folgerung abgeleitet, daß die Steuer auch bei jedem Einzelnen nur einen Theil seines freien Einkommens betragen dürfe. Uebersteige sie dieses Maß, so werde er in seinem wirthschaftlichen Fortschritte gehemmt oder gehe zu Grunde.

Hinsichts der Personal- und der Einkommensteuer, jedoch bei letzterer mit einer kleinen Modifikation, muß auch diese Folgerung zugestanden werden. Es widerstritte den Grundlagen der Personalsteuer, wenn sie die wirthschaftliche Existenz angriffe, für deren Sicherung sie entrichtet wird, und da die Einkommensteuer im Verhältniß des freien Einkommens entrichtet wird, so gilt das, was vom Verhältniß der Steuer zum freien Einkommen des gesammten Volkes festgesetzt worden, auch von ihrem Verhältniß zum freien Einkommen des Einzelnen.[2] Nur insoferne der Einzelne

---

[1] Uns ist nur Eine Verfassung bekannt, die der Cortes vom Jahr 1811, wo Art. 340 die entgegengesetzte Regel, daß die Ausgaben die Einnahmen zu bestimmen haben, zum Gesetz erhoben worden ist.

[2] Rau §. 259; Wirth, Nationalökonomie II, 342; Umpfenbach §. 54.

beliebt, aus seinem Vermögen statt des Einkommens Genüsse anderer Art zu ziehen, wenn er den Acker in einen Park, das verzinslich angelegte Kapital in eine kostbare Zimmereinrichtung verwandelt, kann es kommen, daß der Staat diese Genüsse noch fortwährend als das behandelt, was sie vertreten, als freies Einkommen. Die entgegengesetzte Maxime würde den Gewerbfleiß bestrafen und der unthätigen Genußliebe eine Steuerprämie gewähren.

Bei den Steuern für besondere Dienste ist die Anwendung jener Regel unstatthaft, denn sie richten sich nach den Kosten dieser Dienste, und sie ist um so weniger nöthig, als die Steuerentrichtung ganz in die freie Wahl des Pflichtigen gelegt ist. Wenn Jemand gegen sein wirthschaftliches Interesse processirt, zwecklos oder zu seinem Vergnügen auf Landstraßen und Eisenbahnen herumreist und Stöße von Briefen schreibt, ist nicht der Staat und nicht die Steuerumlegung Ursache, daß Proceßkosten, Weggelder, Fahrgebühren und Briefporto ihn zu Grunde richten.

Einige Staatswirthschaftslehrer [1] haben durch weitläufige Rechnungen zu ermitteln versucht, wie groß etwa der Theil des freien Einkommens sey, welchen der Staat ohne Gefährdung der Volkswirthschaft für sich in Anspruch nehmen dürfe; einige sind bis auf $1/10$ hinab-, andere auf $2/3$ hinaufgegangen. Wir glauben, es verhalte sich mit dieser Berechnung ungefähr wie mit jener über die Höhe der Atmosphäre. Alle Elemente, von denen diese Höhe abhängt, sind überaus schwankend und wechselnd, die rechte Mitte ist nicht zu finden. Das ist gewiß, je mehr Dienste ökonomischen Werths der Staat leistet [2] und je größer das absolute freie Einkommen des Volkes ist, je höher darf das Steuerpercent seyn, denn das Volk bedarf dann um so geringerer Summen zur Bestreitung der vom Staate nicht befriedigten Bedürfnisse und der dem Volke verbleibende Rest des Einkommens reicht vollkommen für alle zu

---

[1] Monthyon, Bilsch, Justi, Bielefeld, Pölitz, Schmalz.
[2] Parien I, 87.

erfüllende Zwecke aus. Aus diesen Gründen trägt England seine Steuern mit 50 Schilling auf den Kopf leichter als Ostindien die seinigen mit 1 Schilling auf den Kopf[1] und kann Schottland mit 2 Mill. Einwohnern ohne Nachtheil dieselbe Steuersumme wie Irland mit mehr als 6 Millionen entrichten.[2]

Auch das ist sicher, daß der größere Theil des freien Einkommens dem Erwerbe, der fruchtbringenden Verwendung gewidmet bleiben solle, es geht sonst die Vermehrung des Volksvermögens zu langsam von statten und jedes Jahr der Stockung, des Rückschritts, besonderer staatlicher Anstrengungen greift sogleich das Stammvermögen an; von dem Reste muß ein bedeutender Theil der Gemeinde, der Kirche, der Wissenschaft und der Kunst, den Werken der Liebe und dem heiteren Lebensgenusse gewidmet werden, sonst veröbet, verflacht, erkaltet und verkümmert das Volk; erst das, was übrig bleibt, kann der Staat in Anspruch nehmen. Wir würden darum ein Steuersystem, das jährlich im Durchschnitte mehr als 15 Proc. des freien Einkommens des Volkes kostet, schon für zu hoch halten.

Durch das niedere Ausmaß der Steuern im Allgemeinen ist selbstverständlich auch jenes der einzelnen Steuern bedingt. Die Personalsteuer und die Abgaben für besondere Dienste können auch nach ihren Grundlagen nicht anders als mäßig seyn, erstere, weil sie für Alle gleich ist, und auch bei denjenigen, die nur ein geringes freies Einkommen haben, nur einen Theil desselben treffen soll (§. 4), die letzteren, weil sie nicht der volle Ersatz der Kosten der Dienste, für die sie gefordert werden, sind (§. 4), und weil je nützlicher diese Dienste sind, desto mehr es im Interesse der Volkswirthschaft liegt, daß sie wirklich von Vielen benützt, also durch die Mäßigkeit des Entgelts Vielen zugänglich gemacht werden. Kein Staat wird durch hohe Gerichtskosten und Schulgelder das Recht und die Wissenschaft zum Monopol der Reichen gestalten wollen.

[1] Parieu I, 88.
[2] Mac-Culloch, Taxation, p. 392.

8.

Wir haben das geringe Ausmaß der Steuern bisher vom Standpunkte der Volkswirthschaft bevorwortet, allein nicht minder warm spricht für dasselbe das wohlverstandene Interesse der Staatsfinanzen selbst. Das Interesse, welches wir hier meinen, ist in erster Linie wohl jener allgemeine Zusammenhang zwischen der Staats- und der Volkswirthschaft, welcher in dem populären Sprichworte, man dürfe die Henne nicht schlachten, die goldene Eier legt, den schlagendsten Ausdruck gefunden hat; allein die Noth des Augenblicks, welche mit der Abhilfe nicht immer auf die Einnahmen der Zukunft verwiesen werden kann, würde weit öfter, als es ohnehin geschieht, jenes Zusammenhangs nicht gedenken, wenn nicht ein zweites unmittelbares finanzielles Interesse gegen hohe Steuern sich erklärte.

Hohe Steuern — und wir stehen hiemit auf dem Boden der zweiten der von uns aufgestellten wirthschaftlichen Regeln — sind der größte Reiz zur Umgehung der Steuergesetze, zur Steuer-Verkürzung in den tausend Gestalten und Formen, welche sie je nach der Verschiedenheit der Abgaben annimmt.

Die Verpflichtung zur Steuerzahlung ist so tief im Recht und in der Billigkeit gegründet, daß gegenüber einer nicht unbeliebten oder mißachteten Regierung, einer gerechten und gleichförmigen Umlage nur mächtige Motive des Eigennutzes den Einzelnen bewegen können, sich der Steuerentrichtung zu entziehen. So lange die Steuer eine geringe Quote des freien Einkommens ist, sind solche Motive nicht vorhanden, oder wenn sie in Einem oder dem Andern sich regen, werden sie durch die Furcht vor der allgemeinen Mißachtung und, was selbstverständlich nie fehlen darf, der gesetzlichen Ahndung der verletzten Steuerpflicht niedergehalten. Auch in einer anderen Beziehung fehlt bei niedrigen Steuern das Motiv zum Unterschleif, doch greifen wir hiemit einer späteren Untersuchung (§. 15) vor; bei ihnen darf der Pflichtige stets hoffen, sie ganz auf Andere überwälzen zu können, mit der Höhe der Steuern vermindert sich diese Hoffnung.

Es ist aber die Steuerverkürzung, der Unterschleif, der Schmuggel, eine der furchtbarsten Krankheiten der Staatswirthschaft.[1] Es ist nicht allein der unmittelbare Entgang an Staatseinkünften, der da schadet; dem Schmuggler ist es möglich dadurch, daß er an Auslagen erspart, die seine Mitconcurrenten zu tragen haben — und die Steuer ist eine Auslage — seine Erzeugnisse wohlfeiler zu geben, und diese Preisdifferenz wird um so größer, je höher die Steuer ist und in je näherer Beziehung sie zu dem Erzeugnisse selbst steht. Hierdurch wird dieser Mitconcurrent in seinem Absatze wie in seinem Einkommen beeinträchtigt, er verliert an Steuerfähigkeit, was wieder auf die Finanzen zurückwirkt, oder er wird genöthigt, zur Rettung seiner wirthschaftlichen Existenz selbst zur Steuerverkürzung die Zuflucht zu nehmen, der Schmuggel greift um sich, er wird zur Landplage. Aber in dem Maße, als er sich verbreitet, wird die öffentliche Meinung über seine Unsittlichkeit und Ungerechtigkeit abgestumpft und irregeleitet, und mit ihr fällt eine der kräftigsten Gegenwehren gegen die Umgehung des Steuergesetzes. Man sieht dann die Ahndung des verletzten Steuergesetzes nur als eine Conventionalstrafe an, in die verfallen zu seyn nichts Schimpfliches an sich hat. Der Schmuggel hat endlich mit allen Beschäftigungen, die ein Leben von Abenteuern und Wagnissen und starken Wechselfällen des Glücks bedingen, das gemein, daß er zur Leidenschaft wird und daß er einen Schimmer der Poesie und des Ruhmes um sich verbreitet; er reizt und verführt und der Schmuggler schließt sich, durch das Gemeinsame der Lebensweise, der Hülfsmittel und der Gegner veranlaßt, leicht an den Wildschützen und den Wegelagerer an. Die ganze Thätigkeit des Schmugglers ist nicht bloß eine unproduktive, da sein ganzer Gewinn nicht der Natur ab-

---

[1] Vergl. Monthyon, Discours: Quelle influence ont les diverses espèces d'impôt sur la moralité, activité et l'industrie des peuples in der Collection des Écon. Melanges. Vol. II, p. 471; v. Fulda, über die Wirkung der verschiedenen Arten der Steuern auf die Moralität, den Fleiß und die Industrie des Volks, 2. Auflage, Stuttgart 1837, beide in Folge einer von der Göttinger Gesellschaft der Wissenschaften 1807 ausgeschriebenen Preisschrift entstanden. Villermé (fils): Les douanes et la contrebande. Paris 1851.

gerungen, sondern dem Staate entzogen wird, sie ist eine positiv schädliche, da sie im ganzen Umfange für die Volkswirthschaft verloren geht, zu ihrer Unterdrückung bedeutende Kräfte des Staates in Anspruch nimmt, und dem redlichen Steuerpflichtigen einen weit größeren Schaden verursacht, als der dem Schmuggler erwachsene Vortheil ist.

Eine der größten Gefahren des Schmuggels ist endlich, daß fast alle Mittel, die man gegen ihn ergreifen könnte, theils volks- oder staatswirthschaftlich schädlich, theils, wenn der Schmuggel einmal eine gewisse Grenze überschritten hat, durchaus erfolglos sind und sogar den Schmuggel steigern. Eine bessere Bezahlung der Finanzorgane, um sie aus kenntnißreicheren und verläßlicheren Schichten der Gesellschaft wählen und gegen Versuchungen sichern zu können, erhöht die Kosten der Erhebung, die Vermehrung ihrer Zahl ist mit demselben Nachtheile verbunden, ist unwirksamer und entzieht dem Lande viele nutzbare Kräfte; eine Erhöhung der Steuer, um mit dem Mehrertrag den Entgang durch den Schmuggel zu decken, steigert den Reiz zum Schmuggel und vermindert dort, wo es sich um Verbrauchs- und Gebrauchssteuern handelt, auch die Zahl und Größe der Kreise, die an dem Genusse sich betheiligen; vermehrte Controlen machen die Steuer lästiger, verhaßter, und bringen die öffentliche Meinung auf die Seite der Uebertreter der Finanzgesetze; die Strafen haben ebenfalls ihr gegebenes Maß, darüber hinaus werden sie ungerecht, und werden weder ausgesprochen, noch vollzogen. Am meisten hilft noch die Ermäßigung der Abgabe, allein ihr setzt die Rücksicht auf das Staatseinkommen das Ziel. Ist der Gegenstand der Besteuerung einer des nothwendigen Lebensbedarfs oder ist die Steuer auf ein Genußmittel an und für sich so mäßig, daß dasselbe in alle die Kreise, für welche es sich eignet, bereits eingedrungen ist, so bringt eine weitere Ermäßigung Schaden. Die Zunahme der Steuerobjekte ersetzt nicht die Abnahme des Steuermaßes. Eine einfache mathematische Formel zeigt, daß je größer die bereits versteuerte Menge, je geringer die bestehende Steuer und je bedeutender die Ermäßigung ist, eine je größere Steigerung der Menge zum Ersatze des Verlustes durch das verringerte Steuerausmaß erfordert werde. ¹

Aber nicht bloß der Schmuggel ist Ursache des Mißverhältnisses zwischen Steuerlast und Steuerertrag; in weit höherem Maße ist es eine **untreue, verschwenderische, nachlässige oder ungeschickte Verwaltung**, welche den Schmuggel begünstigt oder selbst Schmuggel treibt, sich gegenüber den Steuerpflichtigen nur gegen Bezahlung innerhalb der Schranken des Gesetzes hält, Auslagen aufrechnet, die nicht statt gefunden, die Rechnungen fälscht, die Kassen leert, Beamte und Gehalte häuft oder zahlreiche Beamten in Elend verkümmern läßt, ohne Nachdruck und Strenge auftritt, Unterschleife vertuscht, statt bestraft, nach Gunst und Geld, Parteileidenschaft oder Interesse, oder nach Alter, Kinderzahl, Armuth befördert, die Controlen übel wählt, unterläßt, nur als leere Formalitäten behandelt, weitläufig und linkisch amtirt, das lebendige Leben nach den Akten, ohne Anschauung von dem grünen Tische aus beurtheilt, in den leitenden Kreisen die Gefügigkeit, Systemlosigkeit und Versatilität der strengen Wissenschaft und unbeugsamen Rechtlichkeit vorzieht. Ueberdieß entsteht augenblicklich eine lebhafte Wechselwirkung zwischen den Mißbräuchen in und außer den amtlichen Kreisen. Der großartige Schmuggel, den man nicht zu gewältigen vermag, verlockt die Beamten zur Unterstützung und Mitwirkung, die Bestechlichkeit der Beamten und die vernachlässigte Ueberwachung von Seite ihrer Oberen zur Ausdehnung des Schmuggels. Wie weit der Verlust für Staat und Volk aus solchen Unterschleifen gehen kann, davon gibt Sully in seinen Memoiren ein schlagendes Beispiel. Er erzählt, bei Uebernahme der Finanzleitung mit Schrecken wahrgenommen zu haben,

---

¹ Ist a das bestehende Steuermaß, m die Menge der Steuerobjekte, b die beabsichtigte Ermäßigung und x die durch dieselbe gehoffte Zunahme der Menge, so muß, wenn die Finanzen keinen Verlust erleiden sollen,

$$(a - b)(m + x) = am \text{ oder } x = \frac{bm}{a - b},$$

also x desto größer, je größer b und m und je kleiner a.

daß von 150 Mill. Livres, welche das Volk bezahlte, nur 30 Mill. in den königlichen Schatz gelangt seyen, noch unter Ludwig XIV. erhielt der Staatsschatz in Frankreich nicht die Hälfte der öffentlichen Abgaben; dagegen betrugen dort 1828 die Einhebungskosten nur 10.7 Proc. und 1855 sogar nicht ganz 10 Proc. Doch sind freilich unter jenen Abgängen aus den Zeiten Heinrichs IV. und Ludwigs XIV. nicht bloß Einhebungskosten, sondern auch jene Gelder der Erpressung und Bestechung gemeint, welche das Volk gelegentlich der öffentlichen Abgaben außer und neben denselben zu bezahlen hatte.

Helfen kann gegen solche Verwüstung der Hülfsquellen des Staates nur ein gutes Strafsystem und eine zwar ruhige und freundliche, aber unerbittlich strenge und folgerechte Handhabung desselben gegen Steuerpflichtige und Steuerbeamte, aber diese Strenge wird, besonders am Anfange leicht gehässig und trifft hart.

All das Gesagte zeigt, was auch jede anderweitige Betrachtung bestätigt, daß die Erfüllung der zweiten volkswirthschaftlichen Regel wesentlich auf der Steuerverwaltung und dem ihr zu Grunde liegenden Systeme beruhe. Sie zeigt aber ferner, daß die in derselben enthaltenen drei Anforderungen an eine rationelle Steuer, die Sicherung gegen den Unterschleif, die Wohlfeilheit der Erhebung und die Leichtigkeit der Controlen sich gegenseitig beschränken. Die Verhütung des Unterschleifs erfordert eine strenge Verwaltung und diese wird dem Steuerpflichtigen lästig, die Bequemlichkeit des letzteren fordert viele und stark besetzte Aemter und dieß verstößt gegen die Wohlfeilheit, letztere wird auch durch die ausreichend zu bemessenden, also verhältnißmäßig hohen Gehalte der Beamten verletzt, ohne welche eine erfolgreiche Bekämpfung des Schmuggels nicht möglich ist. Ein gewisses mittleres Maß, aus der genauen Abwägung der einzelnen Vor- und Nachtheile hervorgegangen, ist alles, was die Steuergesetzgebung und -Verwaltung in jenen drei Beziehungen zu leisten vermag. Auch halte man darum eine Finanzverwaltung noch nicht für gut, weil die Einhebungskosten ein geringes Percent der Staatseinnahme betragen, und noch nicht für schlecht, weil das Gegentheil beobachtet wird, denn das Verhältniß der Einnahmen aus den Staatsabgaben zu deren Erhebungskosten hängt nicht bloß von der Größe der letzteren, sondern auch von der Größe der ersteren ab und auf diese haben noch ganz andere Verhältnisse Einfluß als die Güte der Verwaltung. In Großbritannien betragen die Einhebungskosten der direkten Steuern 3.2 Proc. und jene der indirekten 4.2 Proc. der Einnahmen, in Preußen, dessen Steuerverwaltung die beste aller bekannten ist, steigen diese Zahlen auf 4 Proc. und 9.6 Proc.,[1] der Grund liegt bloß in den ungeheuern und auf wenige Punkte concentrirten Einnahmen des erstern Landes.

Mit Berücksichtigung aller dieser Umstände wollen wir das System der Verwaltung der Steuern,[2] die Einhebungs- und Zahlungsarten näher betrachten, vieles Andere kann erst später — in der Darstellung der einzelnen Steuern — nachgeholt werden.

9.

Der erste Verwaltungsgrundsatz ist: **Wenige, aber gut bezahlte Beamte.** Soll nicht auf Wohlfeilheit der Verwaltung verzichtet werden, so bedingt das Eine das Andere, beides zusammen aber gestattet eine strenge Auswahl und eine ehrenhafte bürgerliche Stellung der Beamteten und behütet sie vor manchen Vergehen, indem viele Versuchungen ihnen ferne bleiben und von anderen die Besorgniß des Verlustes der Stelle oder der Aussicht auf Beförderung zurückschreckt. Unter Beamten solcher Art bildet sich eine körperschaftliche Ehre heraus, vermöge welcher jeder Einzelne an sich selbst und an den Genossen kein Unrecht duldet, und diese ruft in sittlicher Wechselwirkung die Achtung des Publikums hervor; der Steuerpflichtige setzt bei dem Steuerbeamten keine Unehrenhaftigkeit voraus, und wagt nicht, dieselbe ihm anzusinnen. Am meisten in dieser Richtung ist in England geschehen, auch in Preußen ist bei größerer Sparsamkeit für das Loos der Beamten

---

[1] Czörnig, das österreichische Budget für 1862 in Vergleichung mit jenen der vorzüglicheren anderer europäischen Staaten, Wien 1862, S. 505.
[2] Rau I, §§. 281 ꝛc.; Stein, 203—213.

genügend gesorgt, Frankreich und Oesterreich stehen am weitesten zurück; ersteres sucht aber wenigstens durch reichliche Entlohnung der hohen Beamten, die Mittelpunkte der Verwaltung, die leitenden und bestimmenden Elemente in Treue und Ehre zu erhalten.

Man darf übrigens bei solchen Urtheilen die Umstände nicht übersehen, welche die Durchführung jenes Grundsatzes in dem einen Staate mehr, in dem andern weniger erleichtern. Bei einer dichten Bevölkerung, einem Insellande, wo der Verkehr mit dem Auslande auf wenige Häfen sich beschränkt, einer Industrie, die fast durchaus den Charakter des fabrikmäßigen Betriebs an sich trägt, und wo die Achtung vor dem Gesetze und dessen Vollstreckern tief im Volke wurzelt, genügt eine viel kleinere Zahl der Beamten als in einem Continentalstaate, mit offenen Grenzen, dünner Bevölkerung, kleinem, mehr handwerksmäßigem Industriebetriebe, einer durch die Veränderlichkeit der Gesetzgebung, durch Privilegien und Ausnahmen und durch die weniger feste und gerechte Verwaltung mißwöhnten Bevölkerung.

Der zweite Grundsatz, der in seiner Anwendung freilich durch den ersten bedingt wird, ist: wohl unterrichtete Beamte. Die technische oder wissenschaftliche Ausbildung ist nicht bloß darum, weil die Steuerverwaltung die mannigfachsten Kenntnisse des Rechts und der Rechtsverhältnisse, des Gewerbeverfahrens, des Ganges des Handels und des Verkehrs, der Volks= und der Staatswissenschaften voraussetzt, nothwendig, sondern sie ist auch darum von Nutzen, weil die Wissenschaft den Geist hebt und reinigt und ihn ober den Einfluß niedriger Gelüste stellt. Die treffliche Steuerverwaltung der deutschen Staaten, der genügende Stand der leitenden Steuer= behörden Oesterreichs ist vor allem dem Umstande zuzuschreiben, daß diese Staaten von ihren leitenden Beamten in der Regel die vollständigen Universitätsstudien fordern und sie strengen Prüfungen unterziehen. In Frankreich sind die Beamten des Enregistrements, von denen die meisten Vorbereitungsstudien gefordert werden, die tüchtigsten und angesehensten unter den Steuerbeamten. Freilich werden die juridischen Studien, mit denen man sich in Deutschland bisher auch für Steuerbeamte begnügte, von Tag zu Tag ungenügender für diesen speciellen Zweck und fordern gebieterisch ihre Ergänzung durch die Chemie, die Mechanik, die Technologie und ähnliche praktische Fächer.

Man würde aber diese Regel mißverstehen, wenn man von dem untergeordneten Beamten eine allseitige Ausbildung fordern würde, sie könnte nur auf Kosten der Tüchtigkeit in jedem einzelnen Fache erkauft werden. Zwischen dem Systeme Oesterreichs, das von seinen Finanzwachcommissären oder von den Gliedern der Finanzbezirksdirektion die gründliche Kenntniß aller Zweige der indirekten und vielfach auch der direkten Besteuerung und des mit ihnen zusammenhängenden technischen Betriebs, des Cassa- und Rechnungs-, Domänen- und Forstwesens und wer weiß was alles noch verlangt, und jenem Frankreichs, das fast für jeden Zweig der indirekten Besteuerung von der leitenden Behörde an bis zu dem untersten Beamten hinab seine besonderen Organe hat und bei seinen Zollämtern für jede Waarengattung eigene Revisoren aufstellt, liegt die rechte Mitte; aber je mehr die Technik und die ihr folgende Finanzgesetzgebung sich ausbilden und einen je reicheren Steuerertrag sie hoffen lassen, je weiter rückt sie auf die Seite Frankreichs hin.

Man glaube aber ja nicht, wenn man wohl bezahlte und wohl unterrichtete Beamte habe, sey schon alles erreicht, man muß diese Beamte auch zu benützen, ihren Eifer rege zu erhalten wissen. Ist das Steuersystem schlecht, das Ausmaß zu hoch, die Controle unausreichend oder unausführbar, so ist die Thätigkeit der Beamten eine verlorene. Prohibitionen und prohibitive Zölle lassen sich durch keine Beamtenwahl aufrecht erhalten; wenn — wie bei der Zuckersteuer im deutschen Zollverein und in Oesterreich — die ganze Ueberwachung darin besteht, daß man einen Beamten zur Rübenwage stellt, dessen Aufschreibungen keiner Controle mehr unterzogen werden können, ist der Unterschleif unausweichlich.

Die zweite Bedingung einer zweckmäßigen Benützung der Beamten ist die zweckmäßige Organisation der Verwaltung.

Die Organe der Steuerverwaltung sind nothwendig dreierlei Art, überwachende, einhebende, leitende. Es muß Personen geben, welche darauf sehen, daß kein steuerbarer Akt der Entrichtung der Abgabe und dem vollen gebührenden Maße derselben sich entziehe; sie erheben und sammeln die Elemente der Steuerbemessung oder prüfen die dießfälligen Angaben des Steuerpflichtigen und sie untersuchen in ihren höheren Graden, ob die Beamten, so die Steuer bemessen und einheben, dieß genau und nach Vorschrift gethan haben. Sie müssen frei beweglich seyn, denn es darf keinen Ort und keine Stunde geben, wo nicht ihr Erscheinen gefürchtet werden kann; für sie gibt es keine bestimmten Amtsstunden, keinen regelmäßigen Kreislauf der Geschäfte. Eben darum eignen sie sich nicht zur Geldperception, welche gerade ohne diese Voraussetzungen unstatthaft ist. Es würde auch ihrer Unparteilichkeit und der dieser entsprechenden äußeren Haltung Eintrag thun, wenn sie die einzigen Beamten wären, mit denen die Pflichtigen in unmittelbare Berührung träten, und wenn sie die Steuer, die sie in ihren Elementen feststellten, auch in ihrem Ergebnisse berechneten und erhöben. Es gibt also gesonderte Organe für die Geldperception, welche auf Grund der von dem Beamten des Ueberwachungsdienstes gesammelten oder geprüften Elemente die Steuer berechnen, einheben, abführen oder nach den ihnen gegebenen Weisungen an Ort und Stelle verwenden und dem Pflichtigen die Urkunden ausfertigen, die er für seinen Verkehr benöthigt. Ueber diesen zweifachen ausübenden Organen müssen endlich solche dritter Art aufgestellt seyn, welche sie leiten, ermuntern, zurückhalten, belohnen, und bestrafen, im Falle des Confliktes zwischen ihnen und den Steuerpflichtigen entscheiden, dort wo es erforderlich ist, die erleichternde Ausnahme, die Befreiung oder Nachsicht zugestehen, aus den einzelnen Thatsachen die allgemeine Regel, das statistische Ergebniß ableiten, die Gesetzesreformen vorbereiten und beantragen.

Die Geldperception kann unmittelbar von Organen des Staates besorgt oder auch ohne Nachtheil Privaten in Unternehmung gegeben werden, sie erfordert nichts als gewöhnliche kaufmännische

Geschicklichkeit und die Solvabilität; der Kostenpunkt ist hier der eigentlich entscheidende, die Erfahrung hat ihn aber bisher nicht zu Gunsten der Privatindustrie entschieden. Anders ist es mit der Leitung und Ueberwachung, diese ist die eigenthümlichste und lohnendste Thätigkeit der Steuerverwaltung, die sie nur mit der Steuer selbst aus den Händen geben darf.

Die überwachenden Beamten sind dann zweckmäßig organisirt, wenn das Verhältniß der Zahl der Untergeordneten zu jener der Obern ein günstiges und die unmittelbare Leitung des Dienstes hauptsächlich in die Hände der letzteren gelegt ist. Durch den unmittelbaren Einfluß der Obern gewinnt die Einheit und Intelligenz des Dienstes und durch ihre vermehrte Zahl erhöhen sich die Aussichten der untersten Organe auf Beförderung, eine neue Bürgschaft gegen die gerade ihnen nahe liegenden Versuchungen.

Die Oberen selbst sind durch die Kreuzcontrolen ihrer Nebenbeamten und die Nähe des leitenden Beamten in steter Wachsamkeit zu erhalten. Dieser Letztere muß ebenfalls frei beweglich, durch die Vereinigung aller Fäden der Perception und Controle in seiner Hand in Kenntniß aller maßgebenden Verhältnisse, durch seinen Bildungsgang, wenn nicht wissenschaftlich so doch technisch ausgebildet, und durch Amt, Stellung, Geldbezüge und vor allem durch einen selbstständigen weiten Wirkungskreis in den Stand gesetzt seyn, zu imponiren, Lohn und Strafe zu spenden, die große Masse der Geschäfte bei sich abzuthun. Zwischen ihm und dem Ministerium soll höchstens Eine Mittelbehörde seyn; in kleineren Staaten sollte auch diese fehlen, es ist durchaus überflüssig, daß in Sachen der Finanzen drei Instanzen vorhanden seyen.

Wir haben für die Trennung der einzelnen Zweige der Steuerverwaltung in den untersten Stufen gesprochen, allein daraus folgern wir keineswegs, daß das in den untersten Stufen Getrennte auch auf allen höheren getrennt bleiben und etwa nur in der Person des Ministers sich vereinigen müsse. Aus einer solchen durchgreifenden Trennung entsteht die Einseitigkeit der Bildung und Auffassung der leitenden Organe, ihr gegenseitiger Widerspruch und

Zwiespalt, eine Masse unnützen Ballasts und schädlicher Reibung; der Minister hat mehr zu thun die Conflikte zwischen seinen Behörden zu schlichten und aus den widerstreitenden Behauptungen die Wahrheit herauszufinden, als in Ernst zu handeln und auf der Bahn zum Bessern fortzuschreiten. Die Vereinigung findet am zweckmäßigsten schon in der Mittelbehörde statt; ist sie dort nicht möglich, so sollen wenigstens die Sektionen des Ministeriums Vereinigungen zusammengehöriger Zweige darstellen und wieder in einem Conseil der Sektionsvorstände unter dem **unmittelbaren Vorsitze** des Ministers zusammengefaßt werden.

Von den Mittelbehörden aufwärts tritt eine neue **Beamtenkategorie** in Wirksamkeit, jene der **Buchhaltungsbeamten**. Selbstverständlich hat jeder Geld verwaltende Beamte die Aufgabe, die Rechnung über seine Verwaltung festzustellen und auch der untergeordnete leitende Beamte hat das Bedürfniß nach einer Statistik seines Amtsgebietes, einer übersichtlichen Zusammenstellung der Daten, welche auf den Ertrag seiner Verwaltung von Einfluß sind; allein dort wie hier ist es der Beamte der bestimmten Kategorie, auf dem die Verantwortung für diese Amtshandlung lastet, es bildet sich nicht eine neue Klasse von Beamten für dieselbe heraus. Anders ist es bei den höheren Behörden. Mit einem Zwangsgebot tritt an sie die zweifache Forderung heran, die Summen, auf die sie zu rechnen, jene, über die sie zu verfügen haben, und die Beträge, die auf Rechnung jener eingehen und auf Rechnung dieser verausgabt werden, je nach dem Titel, auf dem sie beruhen, in Evidenz zu halten, und das Gebahren der einzelnen, ihnen unterstehenden Rechnungsleger durch die Verbuchung der einzelnen Daten und deren Vergleichung mit den einzelnen Dokumenten zu prüfen, die entdeckten Anstände ihnen zur Aufklärung oder Beseitigung bekannt zu geben, und wo Uebertretungen der Gesetze, grobe Versehen oder Veruntreuungen sich zeigen, die Untersuchung und Ahndung zu veranlassen. Hiezu reicht nicht die Zeit und nicht die Verantwortlichkeit der leitenden Beamten aus, und das Daseyn einer eigenen Beamtenkategorie für diese Geschäfte ist gerechtfertigt.

In Frankreich tritt die Buchhaltung erst beim Finanzministerium als eine selbstständige Geschäftsabtheilung hervor, und neben derselben ist mit der Prüfung des Gebahrens der einzelnen Rechnungsleger noch der außer dem Ministerium stehende oberste Rechnungshof beauftragt, der mit diesen Funktionen auch jene der obersten Rechnungscontrolsbehörde vereinigt, die Prüfung des Gebahrens der obersten Behörden des Staats, soweit es in Ziffern und Zahlen sich darstellt, die Uebereinstimmung mit den Belegen, den Gesetzen, dem Staatsvoranschlag.[1] In Oesterreich wird nur bei den Behörden erster Instanz und den selbstständigen Kassen förmlich Buch geführt, die Mittelbehörden und das Finanzministerium selbst entbehren der Buchführung und müssen sich mit einzelnen statistischen Daten und Rechnungsausweisen begnügen. Ferner ist dort der größte Theil der buchhalterischen Prüfung der Rechnungen den Finanzbehörden entzogen und bei eigenen, ihnen nicht unterstehenden Buchhaltungen zusammengedrängt. An der Prüfung der obersten Gebahrung mit den Geldern des Staates fehlt es gänzlich; es werden wohl die Ergebnisse statistisch zusammengestellt, allein weder ist ein Gesetz vorhanden, welches die Untersuchung und Ahndung regelte, noch Organe, die das Gesetz vollstrecken. Am zweckmäßigsten ist das Verfahren in Preußen. Jede finanzielle Mittelbehörde hat so wie das Finanzministerium seine buchführende und censurirende Rechnungskammer. Außer den Ministerien steht die oberste Rechnungsbehörde (Oberrechnungskammer), welche durch Stichproben von der Genauigkeit der Vorgänge der einzelnen Rechnungskammern sich überzeugt und außerdem eindringlich die Gebahrung der Staatskassen und, soweit es sich um die Geldgebahrung handelt, selbst jene der obersten Verwaltungsbehörden prüft.

Die Art der Buchführung zu besprechen fällt außer den Bereich dieser Schrift, denn sie kann für die Steuereinnahmen und -Ausgaben keine andere als die für alle anderen Einnahmen und Ausgaben des Staates seyn. Zwei Systeme sind in Uebung, das

---

[1] Gesetze vom 31. Mai 1838 und 31. Mai 1862.

deutsche oder der einfachen Buchführung, wo jede Post nur einmal in dem Conto, welchem sie ihrer Beschaffenheit nach anzugehören scheint, und das italienische oder, auf die Staatsrechnung angewendet, richtiger genannt das niederländische oder jenes der doppelten Buchhaltung, wo jede Post zweimal in einem Conto der Einnahmen und dem in entsprechendem Gegensatz stehenden Conto der Ausgaben verbucht wird. Eine Abfuhr eines Steuereinnehmers trägt die empfangende Cassa im Conto der betreffenden Steuer als Einnahme und in jenem des betreffenden Steuereinnehmers als Abtragung der ihm zur Last geschriebenen Steuerschuld vor, der vom Trafikanten eingezahlte Betrag für erkauften Tabak erscheint im Conto des Absatzes als Einnahme, in jenem des Vorrathes als Ausgabe, die Abfuhr beider Posten an den Staatsschatz wird letzterem zur Last und dem betreffenden Gefälle zu Gunsten geschrieben.

Wir haben hier absichtlich einer fünften Kategorie von Beamten nicht erwähnt, welche nirgends fehlt und gewissermaßen auch unentbehrlich ist, nämlich der Kanzleibeamten, jener zahlreichen Menschenklasse, welche sich mit Copiren, Protokolliren, Expediren, Reponiren und Indiciren der Akten beschäftigt. Der Grund liegt darin, daß die Leitung dieser Geschäfte offenbar die Sache des Vorstehers des Amtes ist, denn von derselben hängt die Raschheit, Zweckmäßigkeit und Genauigkeit der vom Amte getroffenen Anordnungen ab und umgekehrt ist jene Leitung wesentlich durch die Kenntniß und Einsicht in die Bedürfnisse der Amtsverwaltung bedingt, und daß der materielle Dienst am zweckmäßigsten in Lieferung gegeben wird, denn hiedurch wird an Kosten und Arbeitskräften erspart und der Beamtenstand von einer großen Zahl Mitglieder befreit, welche durch ihre geringe Bildung und ihre, der geringen Besoldung und kargen Aussicht wegen, verkümmerte ökonomische Lage seinem Ansehen wesentlich Eintrag thun. Meist geschieht die Verdingung in Form eines dem Amtsvorsteher zur Verfügung gestellten Pauschalbetrages, und wir halten dieß für das Zweckmäßigste; es steht hierdurch der Amtsvorstand als Dienstunternehmer sich selbst als Dienstforderer, sein Privatvortheil seiner Verantwortlichkeit gegenüber, und das Ergebniß ist eine schnelle, gedrängte und doch genügende Dienstleistung.

10.

Eine Eigenthümlichkeit der Steuerverwaltung sind die Steuer= controlen; Maßregeln ähnlicher Art kommen zwar auch bei anderen Zweigen der Staatsverwaltung vor, aber sporadisch und in Nebendingen, während sie bei jener den das ganze System durch= ziehenden rothen Faden bilden. Ihnen sind vorzüglich der Verlust an Zeit und Kraft, die Unannehmlichkeiten und wirthschaftlichen Beschränkungen zuzuschreiben, welche sich für den Steuerpflichtigen als traurige Beigabe an die Steuerzahlung knüpfen, und doch sind sie unerläßlich. Sie können vereinfacht und vermindert werden, allein so lange der Eigennutz ein Motiv für die Handlungen der Menschen bleibt, so lange es Steuern gibt und die Finanzver= waltung den Staatsschatz gegen Unterschleife und den redlichen Verkehr gegen betrügerische Mitbewerbung zu schützen verpflichtet ist, sind sie das nothwendige Mittel der Vertheidigung und, gegen= über dem Unterschleif, das kleinere und unvermeidliche Uebel.

Sie bestehen theils in Handlungen der Finanzorgane, denen die Verpflichtung des Steuerzahlenden, sie zu dulden und ihr Er= gebniß unangetastet zu lassen, zur Seite steht, theils in Handlungen, die dem Steuerzahlenden zur Pflicht gemacht werden und wo die Finanzorgane sich damit begnügen zu constatiren, daß die= selben wirklich vollzogen worden sind. Sie sind theils ganz all= gemeiner Art, ausnahmslos und für alle Steuerpflichtigen gültig, und erscheinen insoweit als berechtigt, als sie auf die Thatsache sich zu stützen vermögen, die Steuer sey ein Entgelt für die vom Staate geleisteten Dienste, und der Staat folglich zur Nachforschung berechtigt, ob der Moment, wo der Entgelt zu leisten ist, einge= treten sey und der Entgelt wirklich entrichtet werde, und der Steuer= pflichtige sey zur Anzeige dieses Moments und zur Nachweisung der wirklich entrichteten Steuer verpflichtet, theils treten sie nur in einzelnen Fällen und gegenüber einzelnen Steuerpflichtigen ein. (Allgemeine — besondere Controlen).

Allgemeine Controlen sind die Steueransage, die Revision und die Steuernachweisung. Der Steuerzahlende wird verpflichtet, das steuerbare Objekt oder den steuerbaren Akt vorhinein nach allen den das Steuermaß und den Steuerbetrag bestimmenden Merkmalen anzugeben, und die Finanzorgane sind berechtigt, durch Besichtigung und Untersuchung des Objekts, durch Beiwohnung dieses Aktes sich von der Wahrheit der Ansage zu überzeugen. So werden bei der Personalsteuer die Zahl der Familienglieder, bei der Einkommensteuer die Größe und die Quellen des Einkommens, bei den Abgaben für besondere Dienste die Einheiten, nach welchen sie bemessen werden, vom Pflichtigen anzugeben, von den Finanzorganen zu constatiren seyn. Die Verpflichtung, sich über die Entrichtung der Steuer auszuweisen, wird bei der allgemeinen Controle auf die Dauer des steuerbaren Aktes oder den Besitz des Steuerobjektes beschränkt, die Art und Weise, wie die Ausweisung zu leisten, ist genau vorgeschrieben, gewöhnlich dient eine nach Inhalt und Form genau bestimmte Steuerquittung zu diesem Zwecke. Oft wird auch dem Steuerobjekte ein Stämpel, als Zeichen der vollzogenen Besteuerung, aufgedrückt oder beigeheftet.

Man hat die Steueransage häufig für überflüssig erklärt, weil denn am Ende doch nur der Befund des Steuerbeamten an und für sich oder, falls der Steuerpflichtige Einwendung dagegen erhebt, mit den durch die weitere Untersuchung sich ergebenden Abänderungen als Maßstab der Steuerbemessung diene; allein die Steueransage hat einen dreifachen Zweck: sie dient zur Abkürzung des Verfahrens, indem bei der Uebereinstimmung des Befundes mit der Ansage, der großen Mehrzahl der vorkommenden Fälle, die einfache Vidirung der Ansage die Amtshandlung abschließt, sie vermeidet im Falle der Abweichungen des Befundes von der Ansage Weiterungen, da die beiderseitigen Angaben feststehen, und sie dient zur Beseitigung von Einverständnissen zwischen ungetreuen

Steuerschuldnern und Steuerorganen, da bei Verfassung der Steuer=
ansage erstere nicht wissen, welcher Beamte die Revision vollziehen
werde, sie also die Ansage wahrheitsgetreu verfassen müssen, und
letztere nicht unter der Ansage zurückbleiben dürfen. Eben darum
wird auch eine die Steuer verkürzende Unrichtigkeit in der Steuer=
ansage als eine strafbare Handlung betrachtet, da die Vermuthung
allzu nahe liegt, der Steuerpflichtige habe auf das Nicht= oder Zu=
späterscheinen, die Unredlichkeit oder die Unkenntniß des revibiren=
den Beamten gezählt.

Häufig wird die Abgabe nicht den eigentlich Pflichtigen, son=
dern einem Dritten, gegen das ihm ausdrücklich oder stillschweigend
eingeräumte Recht abgefordert, sich von den Pflichtigen bezahlt zu
machen. Es ist klar, daß in einer solchen Stellung ein besonderer
Reiz zum Schmuggel liegt, weil hier der ungesetzliche Gewinn im
Großen, von der Steuer Vieler, gezogen werden kann und der=
selbe gestattet, einen Theil von ihm dem Abnehmer der Steuer=
objekte zu überlassen und dergestalt auf Kosten anderer redlicher
Concurrenten den Absatz der Waare zu monopolisiren. Darum
werden Personen in solcher Stellung unter besondere Controle ge=
setzt, die betreffenden Gewerbe heißen controlpflichtige. In
die Reihe derselben gehören die Verschleißer von Staatsmonopols=
gegenständen und dort, wo eine Steuer auf die Consumtion von
Getränken besteht und diese bei der Erzeugung oder dem Verschleiße
eingehoben wird, die Brauer, Branntweinbrenner, Weinschänker
u. dgl. m. Daß den Personen, bei denen bloß die in ihrer
Stellung liegende Versuchung den Verdacht des Unterschleifs be=
gründet, mit um so größerem Rechte jene gleichgestellt werden,
gegen welche rechtliche Anzeigungen eines solchen Unterschleifs oder
der Neigung zu solchen vorliegen, versteht sich von selbst; als
solche Anzeigungen sind vor allem bereits begangene Uebertretungen
anzusehen. — Oft geht man aber weiter als das Recht es gestattet
und setzt ganze Bezirke oder den gesammten Verkehr mit gewissen
hochbelegten Gegenständen z. B. die Gegenden längs der Grenze
oder den Verkehr mit Zucker und Kaffee, hochbelegten Geweben u. dgl.

unter Controle, bloß weil größere Leichtigkeit oder größere Versuchung zum Schmuggel vorhanden ist.

Diese besonderen Controlen bestehen in der Buchführung über den steuerpflichtigen Verkehr, in der Sperre der Gewerbsvorrichtungen außer der Dauer der angemeldeten steuerbaren Akte, in der Revision der Waarenvorräthe, in der Forderung der Nachweisung über die Versteuerung in Fällen, wo die allgemeine Controle sie nicht vorschreibt, in Beschränkungen des Verkehrs auf gewisse Wege und Tageszeiten und da wo rechtliche Anzeigungen vorliegen, selbst in Beschränkungen der persönlichen freien Bewegung (Paßcontrole, welche den Uebertritt über die Landesgrenzen an besondere Nachweisungen und Vorsichten knüpft).

Anderen Steuerpflichtigen werden besondere Begünstigungen eingeräumt: Sie werden z. B. ermächtigt, das Steuerobjekt nicht sogleich, bei Vollziehung des steuerbaren Aktes und im Orte desselben, sondern erst später und an einem anderen ihnen gelegeneren Orte der Revision zu unterziehen und auch die Steuer in einem spätern Zeitpunkte zu entrichten, oder man gewährt ihnen die Nachsicht oder die Restitution einer entfallenden Gebühr gegen den Nachweis, daß der Rechtsgrund, auf welchen sich die Einhebung der Steuer gründet, durch eine nachfolgende Thatsache wieder aufgehoben sey, z. B. daß eine eingeführte, in der Einfuhr zollbare Waare wieder ausgeführt, ein wegen seiner Bestimmung zur Consumtion bei der Erzeugung steuerpflichtiger Gegenstand nicht consumirt, sondern in's Ausland ausgetreten sey. Im Interesse des Staatsschatzes sind hier Maßregeln zur Feststellung der Identität der revisions- und steuerpflichtigen mit der seiner Zeit zur Revision und Versteuerung gestellten Waare, also der ämtliche Verschluß oder die ämtliche Bezeichnung, und zur Sicherung der gestundeten oder im Falle der Nichterfüllung der geforderten Nachweisung fälligen Steuer unvermeidlich, und das Recht hiezu ist in der dem Steuerpflichtigen gewährten, von ihm freiwillig angenommenen oder selbst nachgesuchten Begünstigung gelegen.

Oft reicht die Thätigkeit der Beamten zur Entdeckung der Uebertretungen gegen die Finanzgesetze nicht aus oder sie bedarf namentlich den Versuchungen gegenüber, denen sie unablässig ausgesetzt sind, einer besonderen, noch über den Gedanken der Diensttreue und die Aussicht auf Beförderung und Auszeichnung hinausliegenden Anspornung. Hier hilft man durch Belohnungen, die man den nicht dem Kreise der Beamten angehörigen Anzeigern einer Uebertretung und den bei Entdeckung und Ergreifung des Schuldigen und der Gegenstände und Hülfsmittel der Uebertretung mitwirkenden Beamten gewährt. Es läßt sich nicht läugnen, jene Anzeigersantheile sind eine Berufung an den Eigennutz und den Verrath und die Ergreifersbelohnungen schaden dem Finanzbeamten in der öffentlichen Achtung, als wenn er in seinen Angaben weniger gewissenhaft, in der Behandlung der Steuerpflichtigen weniger schonend sey, bloß um für sich Belohnungen zu erringen, aber ganz verzichten läßt sich auf diese Mittel, wie die Sachen nun einmal liegen, nicht. Am Ende ist die Anzeige eines Betruges gegen den Staat eine Bürgerpflicht und es ist nicht die Sache des Staatsmannes oder des Richters, die Motive zu ergründen, aus denen sie erfolgt. Die Ergreifersantheile werden am zweckmäßigsten in eine gemeinsame Kasse gegeben und von den Obern über Zustimmung der von den übrigen Beamten gewählten Vertreter unter besonders Verdiente oder Bedürftige vertheilt.

Mit allen diesen Controlen sind als unerläßliche Vorbedingung ihrer Anwendung gewisse Rechte der Steuerverwaltung und ihrer Organe verbunden, aber diese Rechte reichen noch über den Bereich der Controle hinaus, denn ohne sie wäre das Steuergesetz gegenüber allfälligem passiven oder aktiven Widerstande der Pflichtigen nicht durchzuführen oder würde die Steuer nie rechtzeitig oder vollständig hereingebracht werden, und für sie spricht die rechtliche Vermuthung der vollen Gesetzlichkeit der im Amte handelnden Organe der öffentlichen Verwaltung und die volle Glaubwürdigkeit der von ihnen ausgestellten Urkunden.

Aus diesen Gründen haben die Steuerorgane das Recht der öffentlichen Diener und da, wo sie bewaffnet auftreten, das der

Wache; über Gegenstände ihres Berufs ist Jedermann verpflichtet, ihnen Rede zu stehen, Auskünfte zu ertheilen, alle Beamten des Staats und der Gemeinden haben ihnen über Ansuchen Beistand zu leisten und alle sind verpflichtet, Uebertretungen der Finanz=gesetze, die zu ihrer Kenntniß kommen, der gesetzlichen Ahndung zuzuführen; in die Gewerbsräume der Controlpflichtigen dürfen die Steuerorgane eintreten, dort verweilen, Nachschauen und Durch=suchungen vornehmen, in Fällen rechtlicher Anzeigungen dehnt sich dieses Recht auch auf andere Räume und Personen, auf Rech=nungen, Briefe, Geschäftsbücher aus.

Den Registern und Ausfertigungen der Steuerorgane wird volle Glaubwürdigkeit zuerkannt, das Erkenntniß der Steuerbehörde, daß die Steuersumme verfallen und unbezahlt sey, bildet einen rechtskräftigen Beweis vor Gericht. Für rückständige Steuerbeträge werden größere als die allgemein gestatteten Verzugszinsen berechnet, die laufenden Steuern werden als eine auf dem Steuerobjekte ruhende Last betrachtet, sie gehen allen anderen Forderungen und selbst Pfandrechten vor; die Steuern genießen gewisse Vorrechte in Concursen und in der Execution und einer längeren Verjährungs=frist, das Compensationsrecht des Staates ist ein ausgedehntes.

Nicht alles, was in dieser Richtung in den einzelnen Staaten besteht, kann gebilligt werden. Manche amtliche Verzögerung und Verschleppung träte nicht ein, wenn nicht auf die späte Verjähr=barkeit und die mannigfachen Begünstigungen bei Execution der Steuern gesündigt würde, und die stillschweigenden Pfandrechte, die hie und da auch auf verfallene Steuern oder in Betreff des Schadens, welcher der Steuerverwaltung aus dem fahrlässigen oder untreuen Gebahren eines *** erwachsen kann, auf das ganze Vermögen desselben ausgedehnt werden,[1] verstoßen gegen die ersten Regeln des Hypothekarkredits.

Die Ergänzung der Steuercontrolen sind endlich die Steuer=strafen. Erstere wären fruchtlos, wenn nicht in der Erwägung

---

[1] Vergl. Hock, die Finanzverwaltung Frankreichs, S. 69—84.

des Steuerpflichtigen dem vom Schmuggel erhofften Nutzen der von der Strafe zu befürchtende Schaden entgegenstände, und letztere blieben ohne Anwendung, wenn nicht die Controlen die Uebertretungen der Steuergesetze erschwerten und entdeckten.

Diese Uebertretungen sind zweifacher Art, versuchte und vollzogene Steuerverkürzungen und Verletzungen der durch die Controlsvorschriften bedingten Verpflichtungen; beide können endlich von Handlungen begleitet seyn, welche als offene oder selbst gewaltthätige Auflehnung gegen die Steuergewalt, als trotzige Wiederholung desselben bereits bestraften Vergehens, als Vereinigung Mehrerer zu dem ungesetzlichen Zwecke, oder als Mißbrauch der Personen und Sachen, deren der Staat zum Schutze der Steuerinteressen sich bedient, besonders gefährlich erscheinen. Nach diesen Unterschieden verhängt das Gesetz Vermögensstrafen, die nach dem Werthe des Steuerobjektes oder der Größe der Abgabe sich richten, und Ordnungsstrafen in innerhalb gewisser Grenzen fixen Beträgen, oder verbindet mit beiden selbstständige Arreststrafen.

Es war oft die Frage, welche der beiden auf die eigentliche Steuerverkürzung gesetzten Strafen, die nach dem Werthe des Steuerobjekts oder jene nach der Größe der Abgabe, vorzuziehen sey. Die letztere ist offenbar die in größerem Umfange, nämlich auch für Personalsteuern und für Abgaben von Rechts= und Titelverleihungen, Gerichtsakten, der Gestattung gewisser Beschäftigungen oder Geschäftshandlungen, kurz für alle, deren Objekt kein schätzbarer Gegenstand ist, anwendbare. Vom Standpunkte der Gerechtigkeit aus spricht für sie, daß sie genau nach dem Gegenstande der Uebertretung sich richtet, während das Steuerobjekt sich zu letzterer ganz gleichgültig verhält. Gold und Silber, Edelsteine, Indigo, sehr hoch bewerthete Waaren, pflegen in der Regel einem sehr geringen Einfuhrszolle, einer Art Controlsabgabe unterworfen zu seyn, während gewöhnliche Leinen= und Baumwollgewebe von weit geringerem Werthe einem sehr hohen unterliegen; die Gefahr für den Staat bei Verkürzung der Abgabe ist offenbar im letzten Falle weit höher als im ersten, und doch würde, wenn in beiden

Fällen die Strafe nach dem Werthe der Waare bemessen wird, dieselbe im ersten Falle weit empfindlicher seyn; wollte man diesen Uebelstand vermeiden, müßte man die Werthstrafe im verkehrten Verhältniß zur Höhe der Abgabe abstufen, also beide Maßstäbe der Bestrafung zu einem sehr complicirten Strafsysteme vereinigen. Gegen die Strafe nach der Größe der Abgabe läßt sich nur der Grund geltend machen, daß sie einer der Hauptwirkungen geringer Abgaben, bei Verminderung des Schmuggels, hindernd in den Weg tritt, denn dem durch Ermäßigung der Abgabe verminderten Gewinne des Schmuggels wirkt der durch die ermäßigte Strafe verminderte Verlust im Falle seiner Entdeckung entgegen. Uebrigens ist hier leicht dadurch zu helfen, daß die Strafe mit einem desto höheren Vielfachen der Abgabe bemessen wird, je niedriger die letztere ist.

Tiefer geht die weitere Frage, warum die Verkürzung der Abgaben, da sie doch als Betrug sich darstelle, nicht gleich dem letzteren ausnahmslos durch Freiheitsstrafen geahndet werde. Der Grund liegt eben darin, daß die durch die Steuergesetze geschaffenen Zustände nicht so einfacher und natürlicher Art sind, wie jene Verhältnisse, in denen Betrügereien gewöhnlich begangen zu werden pflegen; die Beurtheilung, ob die Verkürzung der Abgabe absichtlich oder aus Versehen begangen worden, ist daher äußerst schwierig und die Strafgesetzgebung in Steuersachen verzichtet in der Regel darum auf Erhebung dieser Thatsache und betrachtet sie, wo sie erhoben wird, lediglich als einen erschwerenden Umstand; eben deßhalb ist es aber auch nicht statthaft, jene Verkürzungen dem Betruge gleich zu stellen.

Ferner sind nirgends häufiger als bei Verkürzung der Steuern die durch die Bemühungen der Finanzorgane zur Rechenschaft gezogenen Thäter ganz untergeordnete Individuen, Tagwerker, Dienstknechte und wenn es hoch kömmt Handelscommis, Arbeiteraufseher u. dgl., während diejenigen, zu deren Vortheile die Uebertretung begangen wird, die Handels- und Fabriksherren, selten der Urheberschaft, Mitschuld oder Theilnahme an derselben überwiesen werden können. Die gegen die Thäter verhängten Geldstrafen treffen in ihren Wirkungen auch diese Personen, theils weil letztere civilrechtlich für die Handlungen ihrer Bevollmächtigten haften, theils weil das ihnen gehörige Steuerobjekt, als Gegenstand der Uebertretung, in Haftung für die Strafe gezogen wird; sie würden aber durch die Personalstrafen der Thäter gar nicht berührt werden.

Hingegen ist es vollkommen im Rechte und im Strafzwecke gegründet, daß die Strafen von den allgemeinen Strafgerichten verhängt werden; die Anordnung, daß ein Steuerbeamte die Stelle des öffentlichen Anklägers vertrete oder doch diesem berathend und helfend zur Seite stehe, hilft das einzige Bedenken, die mangelnde Sachkenntniß von Seite des Richters, entfernen, das entgegen gesetzt werden könnte. Hierdurch wird die Gleichstellung der Uebertretungen des Steuergesetzes mit jenen anderer positiver Vorschriften, so weit sie rechtlich statthaft ist, erreicht, und die über das Unrecht des Schleichhandels zweifelhafte öffentliche Meinung berichtigt und dem Richterspruche der zweideutige fiscalische Charakter genommen. Allerdings hat dem Verfahren der Gerichte dort, wo die Uebertretung sich als eine, durch eine Geldstrafe zu ahndende und überdieß als eine nicht besonders gefährliche und umfangreiche sich darstellt, ein Abfindungsverfahren von Seite der Finanzbehörden vorauszugehen, wodurch bedeutend an Zeit und Kosten erspart wird, und muß der Finanzbehörde das Milderungs= und Begnadigungsrecht auszuüben oder höchsten Orts zu beantragen vorbehalten bleiben.

Steuern und Strafen sind von geringem Nutzen, wenn sie nicht pünktlich, vollständig und schnell eingehoben und, woferne der Schuldner nicht zur rechten Zeit freiwillig zahlt, zwangsweise eingebracht werden[1] — das Executionsverfahren. Man halte die Steuern mäßig, die Strafen eher unter als über das gerechte Maß, fordere sie zu gelegener Zeit und in höflichen Formen ein, allein

---

[1] Rau I, §. 287.

man dulde nicht Saumsal und übe nicht Nachsicht oder Begünstigung. Weiß der Schuldner, daß die Steuer nicht gestundet wird, wird er sie in den meisten Fällen zur Steuerfrist vorräthig haben. Ist die Steuer uneinbringlich oder ist gesetzlicher Grund zu ihrer Nachsicht oder Ermäßigung vorhanden, so treten diese bei Zeiten von Amtswegen ein, in jedem anderen Falle werde die Verzögerung der Steuerentrichtung durch Verzugszinsen bestraft. Dieselben seyen höher als der gesetzliche Zinsfuß, allein die Grausamkeit der französisch-italienischen Gesetzgebung, welche jede Verzögerung ohne Rücksicht auf ihre Dauer mit 5 Proc. der Abgabe ahndet, werde vermieden. Die Execution erfolge rasch, in begünstigten Formen, in der natürlichen Stufenfolge von den Früchten des besteuerten Gegenstandes zur beweglichen und von dieser zur unbeweglichen Habe, ohne Dazwischenkunft der Gerichte, insoweit es sich nicht um unbewegliche Sachen oder die Austragung der Rechte Dritter an die exequirten Gegenstände handelt, allein unter den Augen der Oeffentlichkeit und so, daß über jeden Akt dem Schuldner ein Dokument zum Belege seiner allfälligen Beschwerde ausgefolgt wird. Das häufig angewendete System der Einleger (garnisonaires) oder der Militärexecution, wo der Schuldner eine bestimmte Anzahl Strafboten oder Soldaten eine bestimmte Zeit hindurch oder so lange erhalten muß bis er zahlt, vermag nur gegenüber strafbarer Steuerverweigerung empfohlen zu werden, es erdrückt den Schuldner und entwürdigt den Krieger. Dieselbe Strenge muß aber auch gegen den Steuerbeamten selbst gerichtet seyn. Er muß als haftend für die Steuer angesehen, dieselbe ihm zur Zahlung vorgeschrieben und er derselben nicht eher entlastet werden, als bis er durch die Quittung über die abgeführten, die höheren Bewilligungen über die abgeschriebenen Steuern und die Dokumente über die vollzogenen Zwangsmaßregeln nachweist, seiner Pflicht Genüge geleistet zu haben. Dieses ist das System Frankreichs und es ist ihm gelungen die Steuerrückstände, die in anderen Staaten mit ungeheuren Summen Jahre lang fortgeschleppt werden, fast ganz verschwinden zu machen.

11.

Zurückschreckend vor den Schwierigkeiten und Kosten der Umlage und der Erhebung der Steuern, hat die Finanzverwaltung manche Auswege ergriffen, sich dieser Last zu entledigen. Sie begnügt sich mit einer bestimmten Steuersumme und überläßt die Vertheilung dieser Summe unter die einzelnen Steuerpflichtigen dem Complexe derselben oder eigenen Pächtern, oder sie bestimmt zwar die Quote des einzelnen Steuerschuldners, überläßt aber die Einhebung derselben eigenen Privatunternehmern gegen einen vereinbarten Entgelt ihrer Mühe. Hieraus entspringt die Eintheilung der Abgaben in Auftheilungs= und Umlagesteuern (impôts de repartition et de quotité), und die verschiedenen Arten der Steuereinhebung in Staats= oder Privatregie, durch Verpachtung oder Abfindung.

Bei der Auftheilungssteuer ist die Steuersumme eine gegebene Größe, welche unmittelbar oder mit Hülfe mehrerer Mittelglieder auf die einzelnen Steuereinheiten vertheilt wird, so daß parallel den Aenderungen in der Zahl der Steuereinheiten oder in den sonst in Betracht kommenden Verhältnissen die auf jede Steuereinheit entfallende Steuerquote eine veränderliche Größe wird; bei der Umlagesteuer ist die auf die einzelne Steuereinheit entfallende Quote gegeben und daher mit der Zahl der Steuereinheiten die Steuersumme veränderlich. Die Auftheilungssteuer ist nur dort anwendbar, wo die Steuerpflichtigen durch Gleichheit des Berufs oder des Steuerobjekts und örtliche Nähe als eine zusammengehörige Einheit erscheinen und bereits eine gemeinsame Vertretung besitzen oder leicht sich schaffen können, z. B. eine Gewerbsgenossenschaft, eine Kreis=, Bezirks= oder Ortsgemeinde; sie hat das Gute, daß sie kostspielige Erhebungen zur Feststellung der Steuereinheit entbehrlich macht, Aenderungen in den Erzeugungs=, Absatz= und Verkehrsverhältnissen zu berücksichtigen gestattet, für welche in der mathematisch=strengen Umlagssteuer ein Platz nicht gegönnt ist, und da der Betrag, welcher nicht auf den Einen repartirt wird, von dem Anderen bezahlt werden muß, Jeden von selbst zum Wächter und Controlor des Andern stämpelt.[1] Wenn jedoch bei der Auftheilungssteuer der Maßstab der Vertheilung der Steuersumme nicht wenigstens in letzter Linie, d. i. bei der Vertheilung auf die einzelnen Steuerpflichtigen ein genau nach Maß und Art gegebener ist oder nicht in der Zusammensetzung der vertheilenden Körperschaften die Bürgschaft der höchsten Einsicht und Unparteilichkeit liegt, so entstehen Ungleichheit vor dem Gesetze und Unsicherheit in der Belegung, bekanntlich die größten Verstöße gegen die Grundsätze jeder Besteuerung. Ist die Auftheilung so geregelt, daß die Schwankungen in der auf die Steuereinheit entfallenden Quote sehr gering sind, so ist die Auftheilungssteuer dort, wo sie anwendbar ist, gewiß die einfachste und am wenigsten fiscalische. Will man aber eine den Schwankungen des Jahreseinkommens sich anschmiegende Steuer oder sind die jährlichen Aenderungen in der Zahl der Steuereinheiten so groß, daß durch die Auftheilung die Schwankungen in den einzelnen Steuerquoten allzu bedeutend würden, so ist eine Umlagssteuer vorzuziehen.

In Frankreich ist die Grund- und Haus-, die Fenster- und Thüren-, die Personal- und Wohnungssteuer (contribution foncière, portes et fenêtres, personelle et mobilière) eine Auftheilungs- und die Gewerbesteuer (contr. des patentes) eine Umlagssteuer. Nur bei der drittgenannten, der Personal- und Wohnungssteuer, könnte die Zweckmäßigkeit der Einreihung in Frage gestellt werden, weil die Bevölkerung, der Arbeitslohn und die Wohnungszinse sehr veränderliche und im Allgemeinen in Zunahme begriffene Elemente sind. In Frankreich sind übrigens die Nachtheile, die mit der Auftheilungssteuer verbunden zu seyn pflegen, durch einige kluge Maßregeln vermieden. Die neu in oder außer Besteuerung tretenden Häuser und Grundstücke, Fenster und Thüren, Personen und Wohnungen werden jährlich in Rechnung gezogen und hiernach die Steuersummen geändert, die Freiheit, welche dem gesetzgebenden Körper, den Departements- und Arrondissements-

---

[1] Vorzüglich hervorgehoben von Turgot: Oeuvres, Coll. des Écon. I, p. 902.

vertretungen in Bestimmung der Steuersumme der Departements, Arrondissements und Gemeinden gegönnt ist, wird innerhalb enger und rationeller Grenzen benützt, so daß die Belegung eine ziemlich gleichförmige bleibt, die Vertheilung der Steuersumme der Gemeinde auf die einzelnen Steuereinheiten, wo am meisten die Kirchthurminteressen fälschend wirken könnten, ist jeder Willkür entrückt und vom Gesetz mit mathematischer Bestimmtheit geregelt.

Eine Art Auftheilungssteuer ist dort vorhanden, wo — wie in Württemberg — vom Steuergesetze ein festes Verhältniß zwischen einzelnen zusammengehörigen Steuern festgesetzt ist. Es soll nämlich dort die Grundsteuer $^{17}/_{24}$, die Gebäudesteuer $^{4}/_{24}$ und die Gewerbesteuer $^{3}/_{24}$ eines Steuersimplums betragen,[1] und es ist klar, daß hierdurch jede der drei Steuern im Steuerpercente begrenzt ist, und daß solche aus dem Anfange der zwanziger Jahre stammende Anordnungen auf das nun sich namentlich in industrieller Richtung so rasch entfaltende Württemberg nicht passen.

Es mag die Steuer wie immer umgelegt seyn, ist es nicht unumgänglich nöthig, daß die Finanzverwaltung sie durch ihre eigenen Organe (in Staatsregie) einhebe. Er kann die Einhebung anderen Personen überlassen werden, die sich entweder freiwillig anbieten oder denen dießfalls eine gesetzliche Verpflichtung obliegt (die Privatregie); ein Antheil am Ertrage der Steuer oder ein nach dem Umfange der übernommenen Amtshandlungen bemessenes Honorar ist das Entgelt für die Haftung und Mühe. Eine solche Verpflichtung erscheint dort zulässig, wo der Verpflichtete ohnehin für die Einbringlichkeit der Steuer haftet, und wo es sich um genau bestimmte, regelmäßig wiederkehrende, leicht einbringliche Beträge handelt; eine solche Verpflichtung liegt im Mailändischen und Venetianischen den Gemeinden in Ansehung der Grundsteuer ob.[2] Sind zwar die Beträge bestimmt, aber die einzelnen Quoten sehr klein, ihre Gesammtzahl groß, die Einbringung oft schwierig und

---

[1] Rau II, §. 360.
[2] Gegen die Einhebung der Steuern durch die Gemeinden erklären sich Malchus I. 371, Rau, §. 290.

mit Zwangsmaßregeln verbunden; so erscheint die Verpachtung gegen eine bestimmte, dem Pächter bezahlte Provision oder gegen genau geregelte Honorare für jeden Schritt der gütlichen oder zwangsweisen Einhebung angezeigt; auf solche Weise verpachten z. B. die genannten italienischen Gemeinden die ihnen übertragene Einhebung der Grundsteuer, wird in Frankreich vielfach die Verzehrungssteuer eingehoben, die zwangsweise Einbringung rückständiger direkter Steuern besorgt. Handelt es sich um einzelne Steuerobjekte besonders kostspieliger Einhebung, bei denen der Umstand, ob sie das vom Gesetz gewollte Steuerausmaß mehr oder minder genau entrichten, für das Wohl anderer steuerpflichtiger Personen ohne namhaften Einfluß ist, wie z. B. um die Einhebung der Verzehrungssteuer in den geschlossenen Städten oder unmittelbar von den Verbrauchern in einzelnen Bezirken, die Weg- und Brückenmauthe, den Betrieb öffentlicher Wag- oder Meß- und ähnlicher Anstalten, so ist die Verpachtung gegen einen vom Pächter zu entrichtenden Pauschbetrag gestattet, so daß der etwaige Ueberschuß der Steuer in den Säckel des Pächters fällt. Der Pächter ist hier ein Unternehmer, während er bei jener ersten Art der Verpachtung ein Lohndiener war.

Das Verfahren gegen Uebertreter des Steuergesetzes und über Beschwerden gegen die Vorgänge des Pächters pflegt der Staat sich selbst vorzubehalten, gegen Ausschreitungen des Pächters sind Conventionalstrafen festgesetzt. Allgemeine Verpachtungen wichtiger Steuern werden vermieden, man fürchtet die Härte des Pächters und den Unwillen des Volkes; die Bedrückungen nach unten und der schamlose Handel nach oben, der sich an die Generalpachtungen des alten Frankreichs vor der Revolution knüpfte, ist bekannt.[1]

Welches aber immer die einhebenden Organe sind, so kann

---

[1] In Gegenwart dieser Pachtungen erklärt sich Ad. Smith entschieden gegen das Pachtsystem, aber schon Bentham (Théorie des peines et des recompenses t. II, p. 203) hat billigere Ansichten, M'Culloch, taxation, p. 30, erkennt ebenfalls den Nutzen der Verpachtung in vielen Fällen an. Dagegen Malchus 1, 382, Murhard 1, 153, Rau 1, §. 288. Unparteiisch würdigt die Gründe für und gegen v. Jakob, 852—857.

die Einhebung gegenüber dem einzelnen Steuerpflichtigen entweder in der Art erfolgen, daß er die Steuer genau nach dem Tarife bei jedem einzelnen steuerbaren Akte und gegen Erfüllung der vom Gesetz geforderten Förmlichkeiten entrichtet, oder er kann gegen einen Pauschbetrag dieser Verpflichtungen enthoben werden (Steuer= entrichtung im Wege der Abfindung, abonnement);[1] der Steuerpflichtige pachtet gewissermaßen seine eigene Steuer. Hieraus folgt, daß die Abfindung nur in jenen Fällen gestattet ist, wo die Verpachtung gegen einen Pauschbetrag sich als zulässig darstellt. Pachtung und Abfindung ersparen dem Staate Verwaltungskosten, aber von diesem Ersparniß kömmt bei der Pachtung dem Steuer= pflichtigen nichts zu Gute, da auch der Pächter sich von ihm seine Verwaltungskosten und überdieß Zins= und Assekuranzkosten seines Kapitals und seinen oft nicht unbedeutenden Unternehmungsgewinn zahlen läßt. Die Abfindung leidet an einem anderen Gebrechen, jenem der ungleichen und willkürlichen Grundlage, denn der Ab= findungsbetrag, über den sich geeinigt wird, hängt in den meisten Fällen weit weniger von den einzelnen Elementen der Steuer= grundlage als von der Gewandtheit, Hartnäckigkeit und einfluß= reichen Stellung der beiden Verhandelnden, des Steuerpflichtigen und des Steuerbeamten ab. Schon Royer=Collard nennt die Ab= findung ein enges, grobes (grossier) unmächtiges System.[2]

12.

Die Besprechung der einzelnen Steuern wird Gelegenheit bieten, die dritte volkswirthschaftliche Regel, daß die Steuer nicht den wirthschaftlichen Fortschritt hindern dürfe, durch Beispiele zu er= läutern, hier dürfte vorläufig die Bemerkung am Platze seyn, daß es selten fiscalische Rücksichten waren, durch welche die Steuer ihren gegen=volkswirthschaftlichen Charakter erhielt, die nothwendige Rücksicht auf einen reichlichen und nachhaltigen Ertrag wirkten

---

[1] Rau II, §. 430.
[2] Moniteur 1822, S. 619, Parien I, p. 14. Vergl. auch die gleiche An= sicht des Ministers Humann, Parien I, p. 262.

verbessernd ein. Weit nachtheiliger zeigten sich verkehrte volkswirth=
schaftliche Ansichten und politische Vorurtheile ¹ Wir erinnern an
die Prohibitionen und prohibitiven Zölle, die Belastung der frem=
den Schifffahrt, die Abzugsgelder und die Luxussteuern in dem
Sinne, den Aufwand zu hindern und zu bestrafen oder den Un=
terschied der Stände auch nach außen hervortreten zu lassen.

In Beziehung sowohl auf diese dritte Regel als auf die Anfor=
derung, daß der Unterschied zwischen der Last des Steuerpflichtigen
und dem Nutzen des Staates der möglichst kleine sey, verdienen
ferner auch die Gegenstände, in denen die Steuer zu entrichten ist,
die Steuerwährung — wenn anders diese ausdehnende Anwen=
dung des Wortes: Währung gestattet wird, — besondere Beachtung.

In der Regel wird die Steuer in Geld entrichtet, und bei
vielen Abgaben, wie bei den meisten Entgelten für persönliche
Dienste und bei der Steuer von allem in Geld einfließenden Ein=
kommen läßt sich eine andere Art Steuerzahlung kaum denken.
Indeß hat sich bei einigen aus älteren Zeiten herstammenden Ab=
gaben die Leistung in anderen Gegenständen als Geld erhalten.
So wird hie und da die Steuer vom Einkommen aus dem Grund
und Boden in Theilen des Naturalertrags bezahlt, sey es, daß
diese Theile in Percenten des jeweiligen Ertrags oder in unver=
änderlichen Größen bemessen sind, Zehnte und fixe Grunddienste.
Es gibt auch Leute, welche der Beibehaltung und Ausdehnung
dieser Einrichtung das Wort reden, da sie den Steuerpflichtigen
und den Staat der Mühe und des Verlustes enthebe, die für jenen
mit dem Verkaufe seiner Erzeugnisse behufs der Zahlung der Steuer
und für diesen mit dem Einkauf seiner Bedürfnisse, die häufig in
solchen Erzeugnissen bestehen, verbunden sind; doch haben diese
Fürsprecher den Nebenumstand unbeantwortet gelassen, an welchem
Orte die Steuer zu entrichten sey, an dem, wohin sie der Steuer=
schuldner am leichtesten schafft, oder an jenem, wo sie der Staat
am dringendsten benöthigt, die Antwort, wie sie immer ausgefallen

¹ Heßmann, S. 74 ꝛc.

wäre, hätte das Irrationale jenes Vorschlags überzeugend dargethan.¹ Der Staat hat z. B. in den fruchtbaren Niederungen eine Festung, soll er zu deren Proviantirung auf seine Kosten das Zehentgetreide aus dem theuern Gebirgslande herabbringen lassen oder die Gebirgsbewohner zur Zufuhr zwingen? Wenn man selbstverständlich zu keinem von Beiden räth, so bleibt dem Staate nichts übrig, als jenes Zehentgetreide um jeden Preis zu verkaufen, die Mühe und der Verlust des Verkaufs sind also einfach vom Steuerpflichtigen auf den Staat übergegangen. Bedenkt man, daß der Staat überdieß Magazine und Magazinsbeamte halten muß, welche bei der Geldzahlung gänzlich entfallen, und daß er schon bei der Ablieferung des Zehent- und Dienstgetreides und dergl. in der Qualität verkürzt worden ist, so liegt der volks- und staatswirthschaftliche Nachtheil der Maßregel klar am Tage.

Aber auch in anderen Beziehungen zeigt jener Gedanke, wie man ihn bestimmter faßt, sich als ungenügend. Die fixen Naturalgebühren sind, wenn in guten Jahren billig, in schlechten offenbar erdrückend, weil sie einen großen Theil des Rohertrags in Anspruch nehmen. Die Proportionalgebühren wechseln in ihrem Werthe nicht in gleichem Maße, weil sie in schlechten Jahren der Menge nach kleiner sind als in guten; allein da die Preise nothwendiger Lebensbedürfnisse, und von diesen ist hier die Rede, bei Fehlernten in höherem Maße steigen, als die Mengen sinken, ist jene Abgabe dennoch in den Zeiten der Noth, also wo die Steuer eher ermäßigt als erhöht werden sollte, am höchsten. Stehen endlich diese Proportionalgebühren im Verhältniß zum Rohertrage, so sind sie ein Hinderniß gegen die Verwendung neuer Kapitalien, denn um den bekannten Ricardo'schen Satz, daß jedes auf Grund und Boden neu verwendete Kapital ein geringeres reines Einkommen abwerfe, als das bereits früher verwendete, als angezweifelt und nur bedingnißweise wahr, gar nicht zu erwähnen, so setzt doch eine solche Verwendung, um nutzhaft zu seyn, voraus, daß das neue Kapital

---

¹ Hoffmann, S. 100.

wenigstens dasselbe reine Einkommen abwerfe als das bereits verwendete, und daß dasselbe in dieser seiner neuen Verwendung keiner höheren Steuer unterliege als in anderen Verwendungen, zwei Voraussetzungen, die jedenfalls selten eintreffen. Sollen aber die Proportionalgebühren im Verhältniß zum Reineinkommen stehen, wie es die Theorie fordert, so hat die Steuergesetzgebung eine eigenthümliche Aufgabe zu vollziehen. Es sind nämlich die Größen, welche das Roheinkommen und die bei Ermittlung des Reineinkommens zu berücksichtigenden Abzugsposten von ersteren bilden, höchst verschiedenartig, um sie abbiren und abziehen zu können, müssen sie zuerst auf eine gemeinsame Benennung gebracht werden. Dieses geschieht in der Regel durch Berechnung ihres Geldwerthes. Will man nun die Steuer in Naturalien zahlen, so wird man selbstverständlich statt des Geldwerthes die Getreidewerthe berechnen müssen, aber wohlbemerkt nicht den Werth in Getreide überhaupt, sondern jenen in einer bestimmten Fruchtgattung von bestimmter Güte. Unmöglich ist dieß nun eben nicht, aber es ist unzweckmäßig, statt eines Maßstabes, der gleich dem Gelde mathematisch bestimmt und für Perioden, die ein Menschenleben nicht überschreiten, unveränderlich ist oder doch nur unbedeutende Schwankungen zuläßt, einen anderen wählen, der bei aller Unveränderlichkeit der großen rechnungsmäßigen Durchschnitte in der Wirklichkeit von Jahr zu Jahr, von Ort zu Ort wechselt, und das alles thun um eine Steuer einzuführen, welche an dem größten aller Gebrechen, an kränkender Ungleichheit und stetem Wechsel leidet, ist durch und durch unvernünftig. Jede Gemeinde, ja fast jeder Grundbesitzer wäre nach einem andern Maße besteuert und dieses Maß wechselte bei ihm selbst mit den Preisen jedes Markttages.[1]

Es gibt übrigens noch eine irrationellere Art der Steuerentrichtung, jene in Form **persönlicher Dienste**.[2] Die letzten sind

---

[1] Rau I, §. 284; Hoffmann, S. 11.
[2] Hieher gehören die sogenannten "versteckten Abgaben." Vergl. meinen Bericht über die Finanzstatistik im Rechenschaftsberichte der dritten Versammlung des internationalen Congresses für Statistik. Wien 1856, S. 357 u. s. w.

nämlich je nach dem Stande, dem Berufe, den Bedürfnissen des
Steuerpflichtigen für ihn von höchst ungleichem Werthe, und für
den Staat oft sehr schwer verwendbar und stets (wegen der Wider=
willigkeit und oft auch Ungeeignetheit der gezwungenen Arbeiter)
von weit geringerem Werthe als jene freiwilliger Arbeit. Man hat
auch fast in allen Staaten die öffentlichen Frohnden bis auf einige
Leistungen für Straßen und Dämme [1] aufzuheben versucht, jedoch
leider die lästigste und ungerechteste aller ist geblieben oder vielmehr
gerade in den Zeiten des Beginnes einer rationellen Volks= uud
Staatswirthschaft neu eingeführt worden. Wir meinen die gezwun=
genen Militärdienste in Form der Conscription. Wir wollen
annehmen, sie bestehe in ihrer rationellsten Form, es seyen nämlich
die Exemtionen des Adels und anderer bevorrechteter Stände be=
seitigt, nicht die Willkür dieses oder jenes Beamten, sondern das
Loos bestimme, wer die Last des Militärdienstes zu tragen habe,
die Wahl sey auf wenige und jugendliche Altersklassen beschränkt,
so daß die reiferen Männer, die sich schon einen bleibenden Beruf
gewählt haben, von der Wirklichkeit und selbst von der Gefahr des
Militärdienstes befreit bleiben, und durch die Zulassung der Stell=
vertretung seyen die äußersten Ungleichheiten der Belastung hinweg=
geräumt; ein großer Guts= oder Fabrikbesitzer, welcher seine per=
sönliche Thätigkeit mit 5—10,000 Frk. des Jahres zu verwerthen
vermag, während er als Soldat einen Jahresentgelt von 4—800 Frk.
erhielte, kann mit einem Kapital von 2500—5000 Frk. sich das
Verbleiben in seinem lukrativen Berufe erkaufen. Aber auch in
dieser Form ist die Conscription vom Standpunkte der Gerechtigkeit
wie der Volkswirthschaft aus verdammenswerth: sie trifft nur
einen Theil der Bevölkerung, die Gesunden, Starken und Großen

---

[1] Vergl. französisches Gesetz über die Vicinalwege vom 21. Mai 1836.
Dienstpflichtig ist jeder in der Rolle der direkten Steuer Eingetragene, für den
Umfang der geforderten Dienste ist auch die Zahl des Gesindes und der Zug=
stiere maßgebend. 18 Proc. der Gemeinden machen von Naturaldiensten keinen
Gebrauch, ³/₄ der Pflichtigen leisten die Dienste in Wirklichkeit, ¹/₄ lösen sie in
Geld ab. Bericht des Ministers des Innern vom Jahr 1860.

und selbst von diesen nur denjenigen, auf den das Loos fällt, dieser Loose gibt es bald mehrere, bald wenigere und sie sind von ungleicher Bedeutung. In Friedenszeiten halten sie in ihrem dunkeln Schoße nichts als eine Zahl Jahre rauher Zucht und gezwungener schlecht gelohnter Arbeit, aber in den Zeiten des Krieges gesellen sich Gefahren des Leibes und Lebens hinzu. Es ist durchaus kein Rechtsgrund zu erdenken, warum der Eine gegen seinen Willen für alle Anderen diese große Last übernehmen solle und die Volkswirthschaft hat gegen die Conscription alles gegen die Abgaben in Form persönlicher Dienste Gesagte einzuwenden. Ja wenn man den Krieger, wie man doch soll, etwas höher als eine todte Masse, Futter für Pulver, veranschlagt, wenn man Liebe zu seinem Stande, Ausdauer, Muth, eine gewisse Heiterkeit und Freudigkeit des Geistes als seine nothwendigen Eigenschaften betrachtet, und wenn man endlich den volkswirthschaftlichen Verlust erwägt, der dadurch entsteht, daß jährlich hunderttausende von Menschen ihren eigentlichen Beruf unterbrechen und die zukunftreichsten Jahre ihres Lebens einem aufgenöthigten ungeliebten und darum nur mit halber Kraft verrichteten Dienste widmen und erst nach Jahren, den Gewohnheiten und Fertigkeiten ihres Berufs entwöhnt und den angeknüpften Verbindungen entfremdet, ins bürgerliche Leben zurückgesendet werden, so kann man die Zweckwidrigkeit und den ökonomischen Nachtheil der gezwungenen Militärdienste nicht hart genug beurtheilen.

Wir wissen wohl, eie Aufhebung der Conscription ist bei dem jetzigen Zustande der europäischen Continentalstaaten etwas Unmögliches. Es müßte eine allgemeine Entwaffnung vorausgehen, und gegenseitig volles Vertrauen in deren wirklichen (nicht bloß scheinbaren) Vollzug gesetzt werden, aber Entwaffnen, Vertrauen, wer darf bei den aufgeregten Leidenschaften der Menge, den Spaltungen unter den Regierungen und vor allem bei der Sphynx mit ihren todbringenden Räthseln, die an den Ufern der Seine ruht, aus voller Ueberzeugung dazu rathen? Allein die Frage der Zeitgemäßheit ist eine ganz andere als jene des Nutzens und des

Rechts an sich. Was wir wollen, ist nichts Abstraktes, In-sich-Unhaltbares, Nie-Dagewesenes, es ist das System Englands und Nordamerika's, für die gewöhnlichen Zeiten ein freigewordenes Heer und für den Augenblick der Gefahr den Aufruf an eine mannhafte, vaterlandsliebende, in Gang, Lauf, Sprung, Hieb und Schuß, Stoß und Wurf geübte Miliz. Das Zurückführen des Bestandes der stehenden Heere auf eine kleine der finanziellen Lage entsprechende Kriegerzahl, das Aufhören fast aller Eroberungskriege und der großen durch die neuen Zerstörungsmaschinen ins Ungeheuere gesteigerten Menschenschlächtereien wären die sekundären die primären an Wichtigkeit fast übertreffenden Wirkungen der allgemeinen Einführung jenes Systems. Man hat von den Gefahren für die Freiheit des Volkes gesprochen, die aus einem solchen geworbenen, nicht in stetem Wechsel aus dem Volke hervor und in das Volk zurück gehenden Heere erwachsen könnten; aber die Verfassung Englands hat Mittel dagegen dargeboten, und es gibt gewiß noch andere dem Charakter eines monarchischen Staates angemessenere. Man hat endlich durch die Ausdehnung der Militärpflicht auf sämmtliche waffenfähige Mannschaft die Ungleichheit und durch eine äußerst kurze 1—3jährige Dienstzeit die Größe der Belastung zu vermindern gesucht; allein beide Nachtheile dauern, wenn auch vermindert, fort, es wird ein größerer als eben nothwendiger Präsenzstand erhalten, und wenn es zu einem Kriege kömmt (nicht bloß in außerordentlichen Fällen der Gefahr), werden zum empfindlichsten Nachtheile der geistigen wie der materiellen Interessen des Landes Hunderttausende aus ihren Lebensstellungen abgerufen. Sachmänner sprechen sich auch gegen ein System aus, welches das Heer bloß aus ungeübten, weder an einander noch an ihre Officiere durch die Bande vieljährigen Ineinanderlebens gewöhnten Leuten zusammensetzt. Noch ein anderes System ist gegenwärtig in Belgien in Berathung, hiernach soll derjenige, den das Loos zum Eintritt in die Militärdienste nöthigt, eine Entschädigung aus Staatsmitteln erhalten; es dürfte jedoch schwer seyn, diese Entschädigung den Verhältnissen des Betroffenen adäquat zu bemessen, und ungerecht, wenn es nicht geschieht.

Ein Mittel zur Beseitigung der Conscription, jedoch härter als diese, sind die Militärcolonien, wie sie in einigen Ländern bestehen und in denen jedes waffenfähige Glied der männlichen Bevölkerung Soldat ist, ein hoher Präsenzstand, jedes Jahr Waffenübungen, jeden Augenblick die Möglichkeit des Befehls zum Ausrücken in den Dienst, in Kriegszeiten diese Möglichkeit zur Wirklichkeit geworden. Ein hartes, unbeugsames Joch drückt die ganze Bevölkerung darnieder, da gibt es nicht Freiheit, nicht Hoffnung, nicht Lust zur Arbeit, nicht Lust zum Kampfe, die Waffe wird zur Qual, die Disciplin zur Plage. Ist die Conscription Frohnde, so ist das Verhältniß der Militärcolonisten — Leibeigenschaft! — Aber auch hier ist der Zeitpunkt der Reform wohl zu wählen. Wenn, wie gegenwärtig in Oesterreich, die plötzliche Aufhebung jener militärischen Ordnung und Disciplin eine ruhige Bevölkerung zum Spielballe des Parteikampfes und der nationalen Aufregung machen würde, bleibt sie besser noch vertagt.

13.

Wenden wir nun die Regeln, die wir aufgestellt, und die praktischen Folgerungen, die wir daraus gezogen haben, auf jene drei Ursteuern an, welche uns die Theorie als nothwendig dargethan hat; wir werden daraus Manches in Betreff der inneren Einrichtung lernen, welche diesen Steuern zu geben wäre, und vielleicht auch über die befremdende Thatsache Aufschluß erhalten, daß die zwei wichtigsten derselben, die Personal- und die Einkommensteuer, nur in wenigen Ländern, in einer sehr untergeordneten Stellung oder nur ausnahmsweise als ein vorübergehendes Auskunftsmittel[1] oder nicht in voller Reinheit bestehen, und während sie doch nach der Theorie den ganzen Begriff der Steuer erschöpfen, allenthalben neben und ohne ihnen eine Unzahl anderer Steuern des verschiedensten Inhalts und der verschiedensten Namen eingeführt sind.

[1] So ausdrücklich in England und Nordamerika, vergl. die Rede Gladstone's im Unterhause vom 18. April 1853.

Die Personalsteuer soll, wie wir gesehen, ihrer Begründung nach für alle Steuerpflichtigen gleich und so niedrig bemessen seyn, daß sie selbst bei jenen, die nur ein geringes freies Einkommen beziehen, dasselbe nicht ganz verzehrt und noch weniger die Substanz, bestehe dieselbe in einem materiellen oder in einem geistigen Kapital, angreift. Diejenigen, die gar kein freies Einkommen beziehen, sind selbstverständlich steuerfrei. Kinder und Greise sind ebenfalls auszuscheiden, denn sie gehören in der Regel nicht in die Reihe der Erwerbenden, ihr allfälliger Verdienst wird durch die Kosten ihrer Erhaltung mehr als aufgewogen.[1] Wegen des geringen Ausmaßes und der vielen Befreiungen kann der Gesammtertrag der Steuer nur ein geringer seyn; wegen der vielen, wenig bemittelten Steuerpflichtigen, bei denen ein freies Einkommen bald vorhanden ist, bald nicht, wird sie trotz des geringen Ausmaßes leicht hart und ungerecht, eben deßhalb und wegen der großen Zahl der Steuerpflichtigen, verglichen mit der kleinen Steuerquote, ist ihre Einhebung sehr kostspielig; wegen der Gleichheit der Steuer für Reiche und Arme wird sie leicht als eine Bedrückung der Armen erscheinen und ein Gegenstand des Volkshasses, historische Erinnerungen, wie oft das Kopfgeld ein Zeichen der Unterdrückung und Schmach unterjochter, verachteter, in Sklaverei und Knechtschaft versetzter Völker gewesen, verschärfen den Eindruck.[2]

Man hilft theilweise, indem man die Dienstherren für ihr Gesinde, die Arbeitsgeber für ihre Arbeiter, die Gemeinden für die Gemeindeglieder zahlungspflichtig erklärt; allein entweder schiebt man dadurch die Last der Steuereinhebung bloß vom Staate auf Andere ab, die sie vielleicht schwerer tragen als ersterer, ohne die

---

[1] Die preußischen Gesetze vom 21. April 1827 und 18. Juni 1828 befreien Kinder unter 16 Jahren und Personen der arbeitenden Klasse über 60 Jahre von der Klassensteuer; in Frankreich unterliegen die Minderjährigen ohne eigenes Vermögen oder Einkommen nicht der Personalsteuer.

[2] Der Charadsch der Ungläubigen bei den Türken, der Leibzoll der Juden im Mittelalter, der Obrock der Leibeigenen bei den Russen. Daß Montesquieu die Personalsteuer als Zeichen der Knechtschaft, die Waarenbesteuerung als Zeichen der Freiheit betrachtet, ist bekannt.

Last der Steuer für die Steuerpflichtigen zu vermindern, oder man geräth in die Gefahr, statt einer Personalsteuer unvermerkt Steuern ganz anderer Art, eine Aufwand= oder eine Gewerbe= oder eine ganz unbestimmte Steuer eingeführt zu haben, bei der erst die Art ihrer Austheilung durch die Gemeinde über ihren Charakter entscheidet.

Ein anderes Mittel ist, daß man die Personalsteuer für die Wohlhabenderen höher bemißt, also gewissermaßen eine mehr oder minder roh angelegte Einkommensteuer mit ihr verbindet, von solcher Art war die Klassensteuer in Preußen [1] und ist die Personal= und Personalerwerbsteuer in den ungarischen Ländern Oesterreichs. [2]

In Frankreich [3] ist die Personalsteuer nicht für alle Steuerpflichtige vollkommen gleich, sie soll dem Lohne für drei Arbeitstage entsprechen und wechselt also mit diesem Lohne, doch ist dadurch, daß innerhalb jedes Departements ein gleicher Lohnsatz und zwar nie geringer als mit 50 Cent. und nie höher als mit 1 Frc. 50 Cent. angenommen werden darf, daß die Steuer zu den Repartitionssteuern gehört und die aufzutheilenden Steuersummen niedrig bemessen sind, dafür gesorgt, daß die Differenzen nie bedeutend werden und nur in weit von einander entfernten Bezirken sich bemerkbar machen. Der Schein der Ungerechtigkeit ist der Steuer dadurch genommen, daß sie mit der Wohnungssteuer vereint ist und überdieß ist den Gemeinden gestattet, die Personalsteuer für die ärmeren Einwohner selbst zu zahlen und durch das Octroi hereinzubringen. [4]

Aber was man auch immer anwende, die reine Personalsteuer trägt wenig, kostet viel und bleibt verhaßt.

[1] Gesetze vom 30. Mai 1820 und 1. Mai 1851.

[2] Auf Grund alter Gesetze und Uebungen mit einigen Erleichterungen beibehalten durch die Gesetze vom 20. November 1850 und 27. September 1854.

[3] Gesetz vom 21. April 1832, beruhend auf den Beschlüssen der Nationalversammlung von 1791.

[4] Im Jahr 1861 machten Paris, Lyon, Marseille, Straßburg, Mühlhausen, Cherbourg, Versailles und Lorient von dieser Gestattung Gebrauch, der Gesammtertrag der Steuer war 15,270,000 Fr.

Die Einkommensteuer scheitert häufig an der Schwierigkeit der Ermittlung ihrer Grundlage, des reinen freien Einkommens.[1] Bei Personen, die von fixen Renten und Besoldungen leben, ist allerdings das Roheinkommen mit Sicherheit festzustellen, aber selbst in diesem Falle müßten die Renten solche seyn, die auf den Namen des Steuerpflichtigen lauten; bei den Eigenthümern der Milliarden von Staats= und Industriepapieren, die auf den Ueberbringer lauten oder durch einfache Giri übertragen werden, fehlt es an solchen Anhaltspunkten und das Gleiche ist bei dieser ganzen Steuer= klasse in Betreff der Passivposten der Fall. Bei kaufmännischen und Industrieunternehmungen könnten die Bücher und Handels= bilanzen Aufschluß über das rohe und reine Einkommen geben, allein welcher tiefe und gefährliche Eingriff in die Geheimnisse des Geschäftslebens ist die Einsichtnahme der Finanzorgane in diese Bücher, wie nahe liegt der Mißbrauch der auf solche Weise erlang= ten Kenntnisse. Bei dem Einkommen aus selbst bearbeitetem Grund= besitze ließen sich vielleicht durch sorgfältige Erhebungen, die wir später ausführlicher besprechen werden, Grundlagen für die Be= rechnung des reinen Einkommens finden, allein bei allen hier nicht genannten, so zahlreichen und vermöglichen Steuerpflichtigen, den Rentnern, die ihre Kapitalien auf Wechsel ausleihen, den Advo= katen, Aerzten, Künstlern, Ingenieuren und allen anderen, die von geistiger Arbeit leben und nicht Buch führen oder wenigstens nicht zur Buchführung gesetzlich verpflichtet sind, wie da das reine Einkommen finden? — Ein fiscalischer Vorgang, Controlen, wie sie geradezu der dritten unserer volkswirthschaftlichen Regeln ent= gegen wären, oder die breiteste Bahn für den Unterschleif, im Widerspruch mit der zweiten jener Regeln, und zugleich die schreiendste Ungerechtigkeit, indem nämlich jene Steuerklasse, welche sich der Einkommensermittlung nicht entziehen kann, wie die Be= soldeten und die Besitzer von auf ihre Namen lautenden Renten, die volle Abgabe, und alle anderen nur einen Theil derselben

---

[1] Mill II, 293—295; Hoffmann, S. 37—43.

entrichteten. Große Vaterlandsliebe, Achtung vor dem Gesetze, politische Rechte, gerade an diese Steuer geknüpft, die Hülfe der Oeffentlichkeit oder wenigstens die Zuziehung von mit den Einkommensverhältnissen der Steuerpflichtigen bekannten Männern des öffentlichen Vertrauens zur Steuerbemessung, strenge Strafen gegen den Unterschleif und vor allem ein sehr geringes, dem Unterschleif wenig Reiz bietendes Ausmaß der Steuer werden etwas helfen. Glaubwürdige Männer erzählen, daß wenn in den Hansestädten ein Schoß, eine Art temporärer Einkommensteuer, angesagt wurde, jeder Bürger den Antheil, den er seinem Einkommen angemessen glaubte, ungesehen in die Staatskasse warf und daß dessen ungeachtet die Gesammtsumme nie unter dem Voranschlage zurückblieb. Ebenso nimmt die Einkommensteuer Englands in einem den Verkehrsverhältnissen durchaus entsprechenden Verhältnisse zu. Anders ist es freilich in Oesterreich, wo die Einkommensteuer stagnirt und durchschnittlich etwa 25—27 Mill. Frcs. beträgt, also weit unter dem Betrage zurückbleibt, welcher dem wirklichen Einkommen des Volkes entspräche. Jedenfalls wird die Einkommensteuer eben wegen ihres geringen Ausmaßes und der Leichtigkeit sich ihr zu entziehen, nirgends so viel tragen, daß sie als die Hauptsteuer des Landes wird betrachtet werden können. Endlich, selbst wenn alles dieß anders wäre, bleibt eine Ungerechtigkeit anderer Art unvermeidlich: das aus dem Lande gezogene Einkommen der Fremden, oft sehr beträchtlich und dessen Besteuerung, wie wir gesehen (§. 4) vollkommen gerechtfertigt erscheint, entzieht sich ganz der Abgabe, denn wie sie zur Steueransage auffordern, wie ihre Richtigkeit constatiren?

Es gibt noch andere, nahe liegende Gebrechen, aber ihnen ist zu begegnen: Leibrenten werden in der Besteuerung gewöhnlich anderen Renten gleichgehalten, aber mit Unrecht; denn in der Leibrente wird außer den Interessen des Kapitals auch ein Theil desselben mitbezogen und letzterer fällt außer den Bereich der Besteuerung. Es wird daher nach der bekannten Wahrscheinlichkeitsrechnung das Kapital, welchem die Leibrente bei ihrer Constituirung

entsprach, zu ermitteln und die diesem nach dem üblichen Zins=
fuße entsprechende Rente als Steuergrundlage anzunehmen seyn.
Aus demselben Grunde ist das Einkommen aus Kapitalien, die zu
einem höheren oder niedrigeren Zinsfuße als dem üblichen angelegt
sind, doch nur nach letzterem zu berechnen, denn jene Differenzen
müssen als Folge einer höheren Assecuranz für die Sicherheit des
Kapitals oder eines schon vorweggenommenen und versteuerten
Gewinns, kurz als Umstände angesehen werden, die auf das eigent=
liche reine Einkommen aus dem Kapital keinen Einfluß haben.
Endlich spricht die gleiche Analogie dafür, daß das Einkommen aus
dem geistigen Kapitale mit einem geringeren Steuerpercent zu be=
legen sey, als die Grundrente oder das Einkommen aus materiellen
Kapitalien; denn ersteres nutzt sich in hohem Grade ab, und es ist
daher ein Theil seines Ertrags als Ersatz dieser Abnützung gerade
so abzuschreiben, wie der Fabriks= oder Handelsherr von dem Er=
trage seines Geschäfts eine bestimmte Quote auf Rechnung der Ab=
nützung und Verschlechterung der Fabrik, der Fabrikseinrichtungen
und Waarenvorräthe in Abzug bringt. [1]

Ganz verschieden von dem Abzuge zum Ersatz der Abnützung
des geistigen Kapitals ist jener zur Erhaltung der persönlichen
Thätigkeit, welcher gleichmäßig bei allen Arten des Einkommens
zu berücksichtigen ist, denn kein Einkommen wird ohne persönliche
Thätigkeit erzielt. Wenn man das gesammte reine Einkommen,
wie es sich aus dem Rohertrage des Aktivvermögens nach Abzug
der Auslagen für die Erhaltung des Kapitals und der Kosten des
Passivvermögens ergibt, der Besteuerung zu Grunde legt, so han=
delt man ungerecht, denn man besteuert das kleine Einkommen,
d. i. jenes, welches nach Abzug der Kosten der Erhaltung des

---

[1] Vergl. die Rede des Schatzkanzlers Disraeli in der Unterhaussitzung vom
3. December 1852; Mill II, 273—278. Umpfenbach §§. 57 und 58 verwirft mit
Unrecht diese Theorie, um den Grund der auch von ihm als billig anerkannten
Steuererleichterung lediglich darin zu suchen, daß nicht der Steuerpflichtige durch
Alter und Krankheit dem Proletariat anheimfalle; auch sucht er die Erleichterung
nicht in einem geringeren Steuerpercent, sondern in der Freilassung einer nach
den Grundsätzen der Wahrscheinlichkeitsrechnung zu ermittelnden Einnahmsquote.

Besitzers einen kleinen freien Ueberschuß gewährt, stärker als das
große[1] und man geräth sogar in Gefahr bei dem sehr kleinen Ein=
kommen das Kapital selbst anzugreifen, falls nämlich der nach Ab=
zug der Steuer verbleibende Rest des Einkommens zur Erhaltung
des Besitzers nicht hinreicht.[2] Wollte man aber, dieser Rücksicht zu
weit nachgebend, stets nur das *wirkliche freie* Einkommen, d. i.
bloß den Ueberschuß besteuern, der nach Befriedigung aller Gelüste
und Launen des Eigners als Ersparniß am Schlusse des Jahres
übrig bleibt, so besteuert man eigentlich nichts als die Sparsamkeit,
gewährt der Verschwendung eine Prämie und verliert, da selten
ein solches Ersparniß handgreiflich nachgewiesen werden kann, das
ganze Steuerobjekt aus den Händen. Das richtige Verhältniß in
der Besteuerung ist also nur dadurch herzustellen, daß man einen
vom Gesetze bestimmten Betrag des Einkommens, den es zum
Lebensunterhalt durchschnittlich für hinreichend hält, ganz steuerfrei
läßt und nur vom Reste die Steuer erhebt. Hiefür spricht auch,
daß man jenes Minimum dort, wo eine Personalsteuer besteht, als
durch diese getroffen betrachten muß, so daß die Erhebung der Ein=
kommensteuer von demselben eine Doppelbesteuerung wäre (§. 7).

Unsere Auffassung schließt also bei Bestimmung jenes Mini=
mums auch jede Rücksichtnahme auf die Familie des Steuerpflichtigen
aus. Abgesehen von den Schwierigkeiten der Verwaltung, welche
aus einer solchen Rücksichtnahme hervorgingen, setzt die Gründung
einer Familie auch die Mittel zu ihrer Erhaltung voraus, sey es
auch, daß diese dem steuerfreien, durchschnittlichen Minimum oder

---

[1] Es seyen a und $a + m$ zwei Einkommen, bei beiden sey der nöthige Abzug zur Erhaltung des Besitzers c, und die Steuer, welche den pten Theil des Einkommens betrage, nehme auf diesen Abzug keine Rücksicht. Das Steuer-percent vom freien Ueberschuß wird im ersten Falle $x = \dfrac{100\,a}{p\,(a-c)}$ und im zweiten $x' = \dfrac{100\,(a+m)}{p\,(a+m-c)}$ seyn; folglich $x : x' = \dfrac{a}{a-c} : \dfrac{a+m}{a+m-c} = 1 + \dfrac{c}{a-c} : 1 + \dfrac{c}{a+m-c}$ also $x > x'$, und der Unterschied ist um so bedeutender, je größer m, d. h. je größer die Differenz im Einkommen ist.

[2] Vergl. Mill II, 268; Rau I, §§. 258 und 259; Umpfenbach §§. 54—56.

dem durch die Steuer verminderten freien Ueberschusse entnommen
werden. Nur wenn in einem Lande die Personalsteuer nicht bloß
das Familienhaupt, sondern auch einzelne Familienglieder treffen
würde, müßte bei der Einkommensteuer folgerecht ein verhältniß=
mäßiger weiterer Abzug an dem steuerpflichtigen Einkommen ge=
stattet werden.

In der Praxis begegnet man wohl öfters, daß diejenigen,
deren Einkommen ein vom Gesetze bestimmtes Minimum nicht über=
schreitet, steuerfrei bleiben, dieß ist z. B. in England und in Oester=
reich, hier unter sehr mannigfachen und verwickelten Formen der
Fall, allein nur in den unionsfreundlichen Staaten Nordamerika's
wird die Einkommensteuer in Folge des Gesetzes vom 23. Juni 1861
ganz nach dem obigen Princip erhoben: von dem Einkommen
jeder Person, es sey so hoch als es wolle, werden 3000 Fr. als
steuerfrei abgezogen, nur der Rest unterliegt der Abgabe.

Dagegen spricht sich dieses Gesetz für ein Princip aus, welchem
beizustimmen wir nicht vermögen, nämlich der Zunahme des Steuer=
percents mit der Größe des Einkommens (der progressiven
Einkommensteuer).[1] Besitzt z. B. Jemand ein Einkommen von
5000 Fr., so versteuert er hievon 3000 Fr. mit 3 Proc., beträgt
das Einkommen 51,000 Fr., so sind hievon 48,000 Fr. mit 5 Proc.
belegt, erreicht endlich das Einkommen 251,000 Fr., so sind 7 1/2 Proc.
von 248,000 Fr. zu bezahlen.[2] Ein Rechtsgrund, warum das
größere Einkommen, auch nach allen den Abzügen, von denen wir
gesprochen, außer Verhältniß mehr zahlen solle als das kleinere,
ist durchaus nicht aufzufinden, so daß zuletzt kein anderes Motiv
für jenen Unterschied übrig bleibt als daß die Steuer dort leichter

---

[1] Rau II, 400, b; J. H. Mill II, 267—272; Umpfenbach §. 53; v. Groß,
allgemeine progressive Grund= und Einkommensteuer, Jena 1848; Jos. Garnier,
einer der eifrigsten Vertheidiger einer „langsamen und begrenzten Progression,"
S. 81—84.

[2] In Oesterreich besteht ein ähnliches Princip für das Einkommen aus
persönlichen Diensten. Einkommen bis 600 fl. sind steuerfrei, jene von 600 bis
1000 fl. zahlen 1 Proc., jedes weitere Tausend zahlt 1 Proc. mehr; das Maxi=
mum für ein Einkommen von 9000 fl. und mehr ist 10 Proc.

getragen werde, wo der nach ihrer Entrichtung verbleibende Rest des Einkommens ein größerer ist, oder daß die Steuer auf solche Weise zur Ausgleichung der gesellschaftlichen Unterschiede beitrage, was seiner Zeit einer der socialistischen Zielpunkte war. Auch leidet der Vorschlag an der praktischen Folge, daß die Progression entweder in's Unendliche fortschreiten, also zuletzt das ganze Einkommen verzehren muß oder daß bei den höheren Einkommen, wo sie abbricht oder ihren Gang mäßigt, die unbillig gelinde Besteuerung, welche vermieden werden soll, um so greller hervortritt. — Uebrigens wollen wir nicht läugnen, daß sehr häufig die Reichen zu gering besteuert werden, aber nicht wegen des Mangels der progressiven Einkommensteuer, sondern weil man Genüsse unbesteuert läßt, welche ihnen das Einkommen ersetzen; wir erinnern an das in dieser Richtung §. 4 Gesagte. Eine Correktion der Einkommensteuer in dieser Richtung ist unerläßlich.

Es wurde darum vielfach vorgeschlagen, die Einkommensteuer in eine Vermögenssteuer[1] zu umwandeln, denn dieß böte den Vortheil, daß alles das Eigenthum, was statt des Einkommens andere Genüsse bietet, in die Besteuerung einbezogen würde und jene Ungerechtigkeiten verschwänden, welche, wie wir gesehen, dadurch entstehen, daß im Einkommen auch ein Theil des Kapitals verzehrt oder in Form desselben auch eine zur Erhaltung des Kapitals unentbehrliche Assecuranzprämie bezogen wird. Man wendet zwar dagegen ein, eine Vermögenssteuer greife das Kapital an, besteure Gegenstände, die weder Einkommen noch Genuß gewähren, und summire Kapitalien, die ungleiches Einkommen geben, so daß jedenfalls ein gefälschtes Ergebniß entstehe; allein hiegegen ist zu erwidern, daß eine Vermögenssteuer füglich auch so bemessen seyn könne, daß sie bloß einen Theil des freien Einkommens oder des denselben ersetzenden Genusses in Anspruch nimmt, und daß es für die Wissenschaft gleichgültig sey, ob eine Steuer 5 Proc. des reinen Einkommens oder $\cdot 1/4$ Proc. des diesem entsprechenden Kapitals

---

[1] Harl, Krönke, Mathy u. A.; vergl. Rau II, §§. 402—405; Stein, S. 219—222. In Freistaaten war und ist diese Abgabe vielfach in Wirksamkeit.

betrage, daß Gegenstände, die weder Genuß noch Einkommen gewähren, keine Güter sind, also außer Besteuerung fallen, daß durch den schon erwähnten Abzug für den Unterhalt des Eigenthümers die Compensation hergestellt sey, und daß endlich wirklich, wenn man auf den das Einkommen ersetzenden Genuß[1] und die in manchem Einkommen enthaltene Assecuranzprämie oder Parzelle der Kapitalssubstanz Rücksicht nimmt, alle Kapitalien, was auch ihre Verwendung sey, denselben Ertrag abwerfen oder doch abwerfen sollen.

Von manchen Seiten wird noch eine andere Rechts- und volkswirthschaftliche Frage aufgeworfen, nämlich ob bloß das ursprüngliche Einkommen, d. i. dasjenige, das der Eigner selbst durch Vermehrung der Werthe erwirbt oder auch das abgeleitete, d. i. jenes, welches dem Eigner Andere von ihrem Einkommen ohne seine wirthschaftliche Gegenleistung zutheilen, z. B. Geschenke und Entgelte für Leistungen ohne wirthschaftlichen Werth der Besteuerung zu unterziehen sind.[2] Ersteres, das erkennt man an, wäre eine Steuernachsicht zu Gunsten der Schönthuerei, Erbschleicherei, manchen, um sich milde auszudrücken, sehr unnützen Gewerbes, aber letzteres wird behauptet, führe die Gefahr einer Doppelbesteuerung desselben Einkommens, in den Händen des ursprünglichen und des betheilten Besitzers, herbei. Wir gestehen, daß wir, jene von uns bevorworteten Steuerabzüge zu Gunsten der Erhaltung des geistigen Kapitals und der persönlichen Thätigkeit vorausgesetzt, nicht fürchten, den ursprünglichen Besitzer zu hart zu treffen, wenn wir in seinem freien Einkommen auch das besteuern, was er etwa auf solche Betheilungen ausgibt, und daß wir noch viel weniger glauben, durch Hereinziehung auch des abgeleiteten Einkommens in die

---

[1] Courcelle-Seneuil II, 244; Schäffle, Deutsche Vierteljahrsschrift, 1861, Heft 4, 261 ꝛc.; Mlle. Clemence Royer, des conclusions de la science fiscale, Journ. des Écon. 1861, Décembre, 373.

[2] Die Ansicht, welche dem abgeleiteten Einkommen auch das aus dem Handel und Verkehr hervorgehende beizählt, also dem Verkehr die Eigenschaft der Wertherzeugung abspricht, wird als antiquirt unbeachtet gelassen.

Steuer gar zu häufig auf die Finanzverwaltung die Sünde der Doppelbesteuerung zu laden, denn selten sind diese Betheilungen so groß, um für sich allein im Besitze des Betheilten eine steuerpflichtige Rente zu bilden und sind sie es, so werden sie selten aus dem freien Einkommen, sondern vielmehr aus dem Vermögen bestritten und fallen also bei dem ursprünglichen Besitzer nicht in die Einkommensteuer. Betrachten wir z. B. einen Tanzmeister. Das Honorar, das ihm seine Schüler zahlen, wird im Einkommen der letzteren nicht versteuert, denn es fällt in den steuerfreien Abzug, sein eigenes steuerbares Einkommen bildet sich erst aus der Summe aller Honorare nach Abzug der Kosten seines Unterhaltes. Bei der Ballettänzerin sind es sogar nur die geringen Eintrittsgelder der Zuschauer, aus denen der Unternehmer ihre Gage zahlt, die Geschenke der Thoren, die sich um ihrer Willen zu Grunde richten, fallen unter die aus dem Vermögen gegebene, also ebenfalls steuerfreie Betheilung.[1]

Eine mehr praktische Schwierigkeit ist endlich die, daß selbst bei einer nicht progressiven Einkommensteuer in den meisten Fällen das Gesammteinkommen ermittelt werden muß, um zu beurtheilen, ob und um welchen Betrag dasselbe das steuerfreie Minimum überschreite; dieß setzt aber, wenn Unterschleife vermieden werden sollen, eine so genaue Kenntniß der Einkommensverhältnisse des einzelnen Steuerpflichtigen voraus, wie sie keinem Steuerbeamten und keinem Vertrauensmann vorangesonnen werden können. Solche Personen können wissen, welches Einkommen der Pflichtige aus dem Steuerbezirke, in dem er sich befinden, oder dessen Nähe beziehe, nicht aber ob er noch Besitzungen in entfernten Provinzen habe und welche Einkünfte ihm von dorther zufließen.

Gegen beide Steuern kehrt sich endlich das, was man sonst einer Abgabe zum Vorzug anrechnet, die Regelmäßigkeit ihrer Einhebung. Die Steuerquoten werden für ein Jahr bemessen, werden sie auf einmal eingehoben, fallen sie zu beschwerlich, in gar

---

[1] Vergl. Rau I. §. 261.

zu vielen Fristen wird ihre Einhebung zu kostspielig, aber auch wenn sie in eine mäßige Zahl Fristen und diese überdieß auf Zeiten vertheilt sind, wo nach der Sitte die Einkünfte flüssig zu werden pflegen, in die Zeit des Verkaufes der Ernten, der eingehenden Pacht- oder Miethrenten und dergl., treffen sie doch eine große Zahl der Steuerpflichtigen in Geldverlegenheiten, werden drückend und unbequem. Der Anforderung, daß eine Steuer dem Pflichtigen möglichst wenig lästig fallen solle, entsprechen sie nicht.

Fassen wir all das über die Personal- und Einkommensteuer Gesagte zusammen, so finden wir, daß beide, die eine gerade wegen ihrer abstrakten Gerechtigkeit, welche alle Personen mit der gleichen Quote belegt, die andere wegen ihrer tief in das Familien- und Geschäftsleben eingreifenden Controlen, sehr verhaßt sind, und die erstere der Schwierigkeit und Kostspieligkeit der Einhebung, letztere der Leichtigkeit des Unterschleifs sich nicht erwehren kann und überdieß an manchen andern auf der Verschiedenheit und der räumlichen Getrenntheit der Einnahmsquellen, der Schwierigkeit der Ermittlung der Abzugsposten beruhenden Gebrechen leidet, daß beide dem Zahlungspflichtigen oft drückend und unbequem werden und aus allen diesen Gründen an ein sehr geringes Steuerausmaß gebunden sind, also in der Regel nicht hinreichen, die steigenden Bedürfnisse des Staates zu decken und endlich, daß sie an und für sich zur Ergänzung und Correktur noch andere Steuern voraussetzen, die Personalsteuer eine andere mehr nach dem Vermögen oder Einkommen abgestufte, der sie angeschlossen werden kann, die Einkommensteuer eine Abgabe auf die das Einkommen ersetzenden Genüsse und das Einkommen der Fremden. Wir sehen also, es ist fast unmöglich, daß die drei Ursteuern allein und unvermischt bestehen, ja es liegt der Gedanke nahe, sie in andere jenen Einwürfen weniger ausgesetzte Steuern aufzulösen oder umzuwandeln.[1]

---

[1] Genz, Hist. Journal, 1800, September.

14.

Der nächste sich darbietende Ausweg ist nun folgender:

1. Man verzichtet auf die Personalsteuer, aber belegt die Gegenstände des allgemeinen Verbrauchs und Gebrauchs, und zwar solche, welche entweder nur in sehr geringen Mengen verzehrt zu werden pflegen, oder welche für die große Masse der weniger Wohlhabenden als ein Mittel feineren Lebensgenusses, der Zerstreuung, Anregung, Erholung gelten, also z. B. Salz, Gewürze, Zucker, Kaffee, Cacao, Thee, Tabak und geistige Getränke, je nach der Lebensweise der Bevölkerung wohl auch Fleisch und Weizenmehl, das öffentliche Personenfuhrwerk, die öffentlichen Belustigungen, Glücksspiele, Spielkarten, Würfel, Billarde, Kalender und Zeitungen mit einer entsprechenden Abgabe. Man vermeidet hierdurch die so gehässige persönliche Einforderung und darf doch mit ziemlicher Gewißheit hoffen, nicht das zum Lebensunterhalt nothwendige, sondern das darüber hinausreichende freie Kapital getroffen zu haben. Wird dadurch der Unmäßige härter belegt, trifft ihn nur die Strafe seines wirthschaftlichen Unrechts; zahlt der Reiche bei seinem größeren Lebensaufwande gleichfalls etwas mehr, so erscheint auch dieß als die Besteuerung eines das Einkommen ersetzenden Genusses gerechtfertigt.

Es gibt wohl Staaten, wo Verbrauchs= und Gebrauchsabgaben neben einer Personalsteuer bestehen, aber dieß ist offenbar eine Doppelbesteuerung. Als die erste französische Revolution die Personalsteuer einführte, schaffte sie folgerecht die Verzehrungssteuern ab, dieselben gelangten erst unter der Despotie Napoleons I. wieder ins Budget.

2. Aus dem gerade erwähnten Motive der Belegung der das Einkommen ersetzenden Genüsse der Reichen ist auch die Besteuerung der ausschließlichen Genüsse des Reichen gerechtfertigt, z. B. der Wohnungen von einem gewissen Miethwerthe aufwärts, der Dienerschaft, der Luxuspferde und =Wagen, gewisser feiner Eßwaaren u. dergl.

Die Ziffer 1 und 2 angedeuteten Steuern kann man mit dem

allgemeinen Namen **Verbrauchsabgaben**[1] bezeichnen, sie umfassen eigentliche Verbrauchs- oder Verzehrungs-, Gebrauchs- und Luxussteuern.

3. Um die Schwierigkeit der Ermittlung des Einkommens in seinen verschiedenen Stadien als rohes, reines und freies Eigenthum zu umgehen, hält man sich an die einzelnen materiellen Quellen des Einkommens, das Grundstück, das Gebäude, das Geldkapital oder die Rente, das Gewerbe, das Amt oder den Dienst, wählt aus diesen gewisse Elemente aus, nach welchen sich die Größe des Einkommens zu richten pflegt, z. B. die Größe des Ackers verbunden mit der Bonität des Bodens, die Zahl der Stockwerke, Fenster, Thüren und Schornsteine bei den Häusern, den Miethwerth der Gewerberäume verbunden mit dem Ort und der Art des Gewerbes und der Zahl der Hülfsarbeiter bei den Gewerben, oder ermittelt aus denselben durch mehr oder minder annähernde Schätzungen das durchschnittliche mittlere oder kleinste reine — aber nicht das freie — Einkommen, und benützt jene Elemente oder diese Durchschnitte als Grundlage der Besteuerung; hierdurch bekömmt man die **Ertragssteuern**,[2] (die Grund-, Haus-, Kapital- oder Renten, Gewerbe-, Besoldungssteuer).

4. Statt das gesammte Jahreseinkommen zu treffen, begnügt man sich die Steuer dann einzuheben, wenn die einzelnen rentetragenden Sachen oder Rechte erworben werden, eine Perception, die überdieß dadurch erleichtert wird, daß durch die zu Grunde liegenden Verträge das Einkommen dieser Objekte gewöhnlich constatirt zu seyn pflegt. Das Steuerausmaß steigt selbstverständlich, je nachdem ein zeitweiliges oder ein bleibendes Recht, eine bewegliche ihren Eigenthümer in der Regel oft wechselnde oder eine unbewegliche Sache erworben wird und je nachdem endlich die Erwerbung eine entgeltliche oder eine unentgeltliche ist. Hieraus entstehen, da es sich um Abgaben vom Erwerbe handelt, die von jedem einzelnen Akte zu entrichten sind, **Erwerbs-**, oder je nach der Verschiedenheit

---

[1] Bei Rau Aufwandssteuern, bei Umpfenbach Aufschläge.
[2] Bei Rau und Umpfenbach Schatzungen.

der Akte, Veränderungs- oder Uebertragungs-, Erbschafts- und Schenkungsgebühren.

5. Das Einkommen der Fremden, insoweit es nicht durch die Ziffer 3 und 4 erwähnten Abgaben besteuert erscheint, belegt man durch den Zoll, die Abgabe auf die Waaren, die sie als leicht entbehrlich dem Lande der Besteuerung zusenden oder als besonders benöthigt aus diesem Lande beziehen. Es ist hiermit die Bedeutung der Zölle bei weitem nicht erschöpft, denn der Zoll ist auch eine der Hauptformen der Verbrauchsabgaben, eine Verwaltungsgebühr (siehe Ziffer 7) für den dem Waarenverkehr geleisteten Schutz und oft sogar etwas ganz anderes als eine Steuer, nämlich eine handelspolitische Maßregel; aber an diesem Platze genügt jene seine Nothwendigkeit rechtfertigende Bedeutung als eine durch die Wissenschaft geforderte Ergänzung der Einkommensteuer.

6. Diesen Abgaben fügt man eine Art Einkommensteuer für jene Zweige des Einkommens bei, welche durch die Ziffer 3 und 4 erwähnte Besteuerung der Elemente, aus denen auf die Größe des Einkommens geschlossen werden kann und durch die Erwerbsgebühren nicht hinlänglich getroffen erscheinen, auch pflegt man derselben die Besoldungssteuer einzureihen. Wir sagen darum eine „Art" Einkommensteuer, weil sie den wesentlichen Charakter der letzteren, eine Abgabe vom freien Einkommen und eine Haupt- und Ursteuer zu seyn verleugnet, indem sie nicht das Gesammteinkommen und den steuerfreien Abzug von demselben ermittelt und nur als eine Ergänzung schon vorhandener Abgaben auftritt. Wird die Steuer nicht genau in Percenten des Einkommens, sondern in fixen Beträgen für jede Klasse bemessen, in welche das Gesetz die Einkommen je nach ihrer Größe theilt, so entsteht die Klassen- oder die klassificirte Einkommensteuer.

7. Schließlich erwähnen wir der Entgelte für besondere Dienste, als

a) der Taxen für Verleihung besonderer Rechte und Privilegien als der Titel und Würden, der Adels- und Bürger-,[1]

---
[1] Hermann, volkswirthschaftliche Untersuchungen, S. 307.

Stadt- und Marktrechte, der Anerkennung des geistigen Eigenthums (der sogenannten Erfindungsprivilegien, der Autorrechte auf Modelle und Muster, literarische und künstlerische Erzeugnisse), das Recht des Waffentragens, da, wo dasselbe nicht Jedem zusteht u. dgl. m.;

b) der **Gerichts- und Verwaltungsgebühren** in ihren mannigfachen Abzweigungen und Benennungen, als eigentliche Gerichts-, Grundbuchs-, Notariats-, Gesuchs-, Protokolls-, Ausfertigungs-, Cimentirungs-, Punzirungs- und Tonnengebühren (für die Prüfung und Constatirung der Maße und Gewichte, des Feingehalts der Gold- und Silberwaaren, der Tragfähigkeit der Schiffe), die Contumaz- und Sanitätsabgaben, die Wag- und Siegelgelder für gewisse mit Auslagen verbundene Amtshandlungen gelegentlich der Steuereinhebung, Geldstrafen;

c) der **Abgaben für die Benützung gewisser öffentlicher Anstalten und Unternehmungen** oder die Ausübung gewisser dem Staate vorbehaltenen Rechte, des Postporto, der Telegraphengebühren, der Weg-, Brücken-, Ueberfuhrgelder, Wassermäuthe, der Hafen-, Lootsen- und Leuchtthurmsgelder, der Assekuranzprämien für staatliche zwangsweise Versicherungsanstalten, der Niederlagsgebühren für die Aufnahme von Waaren in die ämtlichen Niederlagen, der Gebühren für die Ausübung der Jagd und Fischerei in dem Staate vorbehaltenen Revieren.

Wir haben hier eine vollständige Uebersicht, wenn auch nicht aller einzelnen Abgaben, die bestanden haben oder noch bestehen — denn deren Zahl ist Legion —, so doch jener, die sich wissenschaftlich rechtfertigen und miteinander zu einem die Ursteuern vertretenden **Steuersystem** vereinigen lassen, nach den Haupt- und Unterabtheilungen gegeben, unter welche sie gereiht werden können. Wollte man auch die Naturalsteuern berücksichtigen, so müßte man die Conscription als Personal-, die Einquartirung als Haus-, die Vorspann als Gewerbe-, die Arbeiten für Straßen, Dämme u. drgl. als Klassensteuern betrachten.

Man sieht, im Vergleich mit den drei Ursteuern, daß die Zahl 1 genannte Abgabe die Personalsteuer und die Zahl 2—6 genannten die Einkommensteuer vertreten und ergänzen, während die Entgelte für besondere Dienste Zahl 7 zusammengefaßt sind. In der Praxis wird das System manchmal dadurch beirrt, daß es gemischte Steuern gibt, die nach ihren Elementen in zwei oder mehrere der aufgestellten Abtheilungen gereiht werden müssen, z. B. die hohe Steuer auf Schankgewerbe u. dgl. ist zugleich eine Gewerbe- und eine Verbrauchsabgabe.

Man wird in unserer Darstellung vielleicht die Erwähnung der **Steuerzuschläge** vermißt haben, allein diese sind nicht besondere Steuerarten, sondern Erhöhungen bestehender Steuern. Sie sind übrigens zweifacher Art, solche, die vom Staate selbst, und solche, die innerhalb der durch Verfassung und Gesetz eingeräumten Befugnisse mit oder ohne ausdrückliche Zustimmung der Staatsgewalt und der Reichsvertretung, von den Vertretern einzelner Provinzen, Bezirke und Gemeinden verfügt werden. — Erstere werden in die Form von Zuschlägen theils aus historischen auf die Art ihrer Entstehung sich beziehenden Gründen und theils darum gekleidet, um ihre, wie man meinte, bloß zeitweilige Dauer anzudeuten. Wir erinnern in Frankreich an die Zuschläge zu den direkten Steuern behufs der Deckung der uneinbringlichen und der abzuschreibenden Steuerquoten und der in Unglücksfällen den Steuerpflichtigen zu gebenden Unterstützungen, an den dreiprocentigen Zuschlag zur Gewerbesteuer, welcher an die Stelle des Stempels für die Handelsbücher und -Rechnungen getreten, an den doppelten 10procentigen Kriegszuschlag von 1799 und 1855 [1] zu der Mehrzahl der Steuern und in Oesterreich an die außerordentlichen Zuschläge vom 12. und 17. Mai 1859. — Letztere werden zumeist den direkten Steuern und solchen Verbrauchsabgaben und besonderen Entgelten beigefügt, welche genau dem Verbrauche und der Leistung des steuerpflichtigen Gebietes sich anschließen, also nicht den Verzehrungssteuern in Form des Monopols oder bei der Erzeugung, bei denen der Ort des Verbrauchs nicht vorhinein bestimmt werden kann, und nicht den

---

[1] Gesetze vom 25. Mai 1799 und 14. Juli 1855.

Gerichts- und Verwaltungsgebühren, dem Post- und Telegraphenporto und den Gebühren ähnlicher nicht für die Zwecke eines einzelnen Bezirks allein bestimmter Anstalten. Auch die Erwerbsgebühren werden in der Regel von Lokalzuschlägen frei erhalten, nicht daß sie sich für dieselben nicht eigneten, sondern weil sie so zweifelhafter und empfindlicher Art sind, daß selbst eine kleine Erhöhung für ihren Ertrag wie für den Verkehr von Nachtheil seyn kann. Es ist ferner darauf zu achten, daß die Lokalzuschläge bloß die Verzehrung des Ortes und nicht die bloß durchziehenden oder die ausgeführten Waaren und nicht die Erzeugnisse anderer Orte höher als jene des belegten Ortes treffen. Oft wird gegen dieses Gesetz der Gerechtigkeit und des freien inneren Verkehres nicht durch den Betrag des Steuerzuschlages, sondern durch die Art seiner Einhebung gefehlt und die Markt- und Kaufordnungen vieler Gemeinden bedürfen in dieser Richtung einer strengen Revision. Bei den Ertragssteuern werden die Zuschläge nur von jenen Objekten zu fordern seyn, welche innerhalb des besteuerten Bezirkes liegen, dieß ist bei der Grund- und Gebäudesteuer ausnahmslos und bei den anderen Ertragssteuern in der Mehrzahl leicht zu ermitteln, aber bei den Großhändlern, Fabriken, Transportunternehmungen, kurz bei allen Gewerben, für deren Ertrag der Standort und der Lokalabsatz von keinem oder von geringem Einflusse sind, und bei Rentnern, die ihre Kapitalien in Renten des Staates, im Auslande oder sonst auf eine vom geographischen Bezirke unabhängige Weise angelegt haben, wird der Knoten nicht gelöst, sondern zerhaut, wenn man, wie es gewöhnlich geschieht, den Standort als entscheidend für die Pflicht zur Bezahlung der Steuerzuschläge betrachtet. —

Die Wissenschaft hat noch manche andere übersichtliche Anordnung und Eintheilung der Steuern versucht, nach den Gegenständen, auf welche die Steuern gelegt sind — Personen und Sachen, Kapitalien und Einkünfte, Verbrauch und Gebrauch, Rechtsakte;[1] Kapitalien und Einkünfte;[2] Einkommen, Genüsse (hiernach Schatzungen und

[1] Parieu T. I, 11.
[2] Garnier, Traité des Finances ed. 2, Paris 1862, 95 etc.

Aufwandsteuern);¹ oder nach dem Verhältnisse der steuerpflichtigen Person zur steuerpflichtigen Sache, ob es ein bleibendes oder vorübergehendes sey,² aber wir gestehen, daß uns theils die Eintheilungsglieder sich nicht auszuschließen, theils die Eintheilungsgründe nicht im Wesen der Lehre von den Steuern begründet scheinen. Am meisten gefehlt, weil unklar und vieldeutig und geradezu irreführend ist aber die von der Praxis allgemein und von der Wissenschaft vielfach angenommene Eintheilung in direkte und indirekte Steuern.

Ursprünglich nannte man direkte Steuern jene, von denen das Steuergesetz meinte oder wollte, daß sie von denjenigen, welche sie zahlen, aus Eigenem bestritten werden, und indirekte diejenigen, bei denen Wunsch und Absicht des Gesetzgebers dahin gerichtet war, daß sie denjenigen, welche sie zahlen, von denjenigen, welche man eigentlich treffen wollte, vollständig vergütet werden.³ Die Erfahrung hat längst gezeigt, daß diese Wünsche und Absichten fromme, d. i. (nach dem in diesem Falle etwas gottes- und menschenlästerlichen Sprachgebrauche) vergebliche waren, und würde man diese Definition beibehalten, so müßte man eine und dieselbe Abgabe, z. B. die Verzehrungssteuer, je nachdem sie von dem Erzeuger oder Verschleißer oder von dem Verzehrer selbst eingehoben wird, in zwei verschiedenen Hauptstücken unter den direkten und den indirekten Steuern abhandeln. Man hat darum später die Definition mit einer anderen mehr wissenschaftlichen vertauscht und nennt direkte Steuern jene, welche das Gesammteinkommen oder einzelne Zweige und Faktoren des Einkommens belasten, während alle anderen Steuern indirekte heißen.⁴ Hiernach fielen die unter den Ziffern 3 bis 5 genannten Steuern unter die direkten, und die unter den Ziffern 1, 2 und 7 genannten unter die indirekten; der Zoll wird hauptsächlich

---

1. Rau §. 291 ꝛc.
2. Hoffmann, Roscher.
3. Garnier, J. St. Mill, Rau.
4. M'Culloch; Roschers Grundriß S. 111: vergl. dagegen Stein S. 186 bis 188.

als Verbrauchssteuer aufgefaßt, und daher ebenfalls den indirekten Abgaben beigezählt. Die österreichische, preußische und französische Finanzverwaltung schließen von den direkten Steuern die Erwerbsgebühren aus, wahrscheinlich nicht wegen eines inneren Grundes, sondern wegen des engen Zusammenhangs, in welchen diese in der Art der Vorschreibung und Einhebung mit den Gerichtsgebühren gebracht sind, doch wollen wir nicht verschweigen, daß auch Roscher sie als Steuern von Erwerbshandlungen den indirekten Abgaben beiordnet.[1] Hingegen reiht die französische Verwaltung die Wohnungssteuer, ungeachtet dieselbe eine Genußsteuer ist, den direkten Abgaben an, ebenfalls nur aus äußeren Gründen, nämlich wegen des administrativen Zusammenhangs mit der Personal-, Haus- und Gewerbesteuer. Noch andere legen das Hauptgewicht darauf, ob die Steuer von einer bestimmten Person in vorhinein festgesetzten Beträgen und in regelmäßigen Perioden gefordert werde oder nicht,[2] auch dieser Eintheilungsgrund ist ein ganz äußerlicher und würde manche Verbrauchsabgabe ganz, manche in gewissen Formen ihrer Einhebung (z. B. in jener der Abfindung §. 11) den direkten Steuern beizählen.

Die Umwandlung der drei Ursteuern in die verschiedenen direkten und indirekten Steuern, die wir aufgezählt haben, hat übrigens die Einwendungen gegen die Besteuerungsversuche nichts weniger als zum Schweigen gebracht. Gegen die direkten Steuern wird die Schwierigkeit, wo nicht Unmöglichkeit der Ermittlung der den Ertrag bestimmenden Elemente und die durch die Loslösung des Ertragsgegenstandes von der Persönlichkeit seines Eigners hervorgerufene Nichtberücksichtigung der Kosten des Unterhalts desselben, wodurch eine ungleiche Belastung entstehe, gegen die indirekten das blinde Hineingreifen in die Objekte eingewendet, ohne die Möglichkeit der Erwägung, wen und in welchem Maße man hiedurch treffe. Außer diesen allgemeinen Vorwürfen erheben sich gegen jede einzelne Steuer noch besondere. Die Verbrauchsabgaben auf Gegen-

---

[1] Roschers Grundriß S. 123.
[2] Baudrillart S. 473; Garnier S. 52, 95 ꝛc.; Courcelle-Seneuil S. 225.

stände allgemeinen Bedürfnisses belasten den Armen stärker als den Reichen, jene auf die Bedürfnisse der Reichen lassen sich durch die Wahl anderer als der besteuerten Genußmittel leicht umgehen und sind jedenfalls nur von geringem Ertrage. Die Grundsteuer, wenn sie bloß die Grundherren und diese mit einem Theile ihrer Grundrente trifft, belastet gerade jene Männer auf das Empfindlichste, welche wegen ihrer Freiheit von Nahrungssorgen, Unabhängigkeit und Selbstständigkeit, wenn sich eine zureichende Ausstattung von Talenten damit vereint, zur freien Thätigkeit für Staat und Gemeinde, Wissenschaft und Kunst, Wohlstand und Sittlichkeit berufen sind,[1] belastet sie auch den Grundbauer und das Anlage- oder Betriebskapital, so vertheuert sie die nothwendigen Lebensmittel, besteuert also wieder die Armen härter als die Reichen. Die Gebäude-, Gewerbe-, Besoldungssteuern u. dgl. treffen einzelne Arten der Anwendung des Kapitals, sind also nur gerecht, wenn alles werbende Kapital, also auch das freie gleichmäßig belegt ist, allein eine Belegung des freien Kapitals ist eine des Arbeitslohnes, das allein aus diesem bezahlt wird, also wieder eine Ungerechtigkeit gegen die Armen.[2] Die Zölle hindern an den Vorzügen anderer Völker Theil zu nehmen, sperren ein Volk vom anderen ab, rufen Repressalien, einen allgemeinen Krieg hervor. Die Erwerbsgebühren greifen durch ihre häufige Wiederholung das Kapital selbst an, wirken durch ihren ungewissen und ungleichen Eintritt schädlich und ungerecht. Ungerecht erscheinen endlich auch die Entgelte für besondere Dienste, denn da man dem Staate die Existenz und das Einkommen, den Erwerb und die Genüsse versteuern muß, sey es offenbar eine Doppelbesteuerung, wenn man dann, wenn man in die Lage kommt, seine Dienste in Anspruch zu nehmen, dafür besonders bezahlen soll. Einige dieser Einwürfe widersprechen dem im Laufe der Darstellung bereits Erörterten, andere werden bei Besprechung der einzelnen Steuern widerlegt werden, allein wir werden dagegen andere, aus dem Detail der Dinge abgeleitete aufzustellen genöthigt

---

[1] Hoffmann S. 57.
[2] Mill.

werden und das Ergebniß der Betrachtung wird das seyn, daß die Besteuerung durch die Umwandlung der drei Ursteuern in die verschiedenen, aus ihnen abgeleiteten um nichts rationeller geworden ist.

15.

Die Gründe, welche die Unterscheidung der direkten von den indirekten Steuern in's Leben riefen, weisen auf die Allgemeinheit der Thatsache hin, daß die Steuern nicht immer dem zur Last bleiben, welcher sie dem Staate bezahlt, sondern daß sie von diesem auf Andere überwälzt werden. Man nennt diese Erscheinung die **Ueberwälzung der Steuern** (répercussion, diffusion, incidence).

Für den Steuerpflichtigen ist die Steuer, je nach ihrer Beschaffenheit ein Theil a) der Produktionskosten der durch die Steuer getroffenen Erzeugnisse, b) der allgemeinen Regieauslagen, c) der Kosten des Lebensunterhalts oder d) eine Last des freien Einkommens; Beispiele von Steuern dieser Kategorien sind die Steuer auf die Erzeugung von Getränken, die Gewerbe-, die Personal- oder Wohnungs-, die Einkommensteuer.

In den beiden ersten Fällen (a und b) ist es eine natürliche Wirkung des Verkehrs, daß in der Regel und auf die Dauer dem Steuerpflichtigen die Steuer von den Abnehmern der Waare in vollem Betrage vergütet wird, denn da die Steuer nach der Voraussetzung eine allgemeine ist, kann kein Erzeuger im Lande die Waare wohlfeiler geben, als um die Produktionskosten mit Zuschlag der Steuer, nur muß, wenn ein Zuströmen fremder, gleich wohlfeiler jedoch geringer besteuerter Waaren zu fürchten, der Erzeuger dagegen geschützt seyn. Wer also die Waare kaufen will, muß im Preise die Steuer mitzahlen. Die Wirkung ist ganz dieselbe als wenn der Rohstoff oder der allgemeine Lebensunterhalt des Erzeugers theurer geworden wäre. Gewöhnlich ist auch die Steuer nicht so hoch, daß sie nicht unter den Schwankungen der anderen Elemente des Preises ganz verschwände; die Preise des Hectolitres Weizen oder des Grades Branntwein wechseln von Jahr zu Jahr um 6—10 Fr. und 1—2 Fr., warum soll der eine Franc, der im Maximum von der Grundsteuer auf das Hectolitre fällt, oder die Branntweinsteuer von 15—25 Cent. nicht dem Erzeuger im Preise ersetzt werden. Man sagt freilich, Bedarf und Angebot seyen gleich geblieben und die Waare habe nicht am Gebrauchswerthe gewonnen, der Preis könne daher nicht steigen; allein weil das Verhältniß der Nachfrage zum Angebot gleich geblieben, kann der Preis nicht unter das Minimum der Erzeugungskosten, zu welchen die Steuer gehört, hinabsinken, und endlich gewinnt jede Waare durch die Steuer, wenn diese gut verwendet wird — eine Voraussetzung, welche allein eine Steuer rechtfertigt — wirklich am Werthe, durch Verbesserung der Communikationen, Sicherheit des Marktes, Erhöhung des Wohlstandes und des Kredits der Käufer. Wir glauben, auf diese durch diese Steuer bewirkte Werthsteigerung hat die Wissenschaft bisher zu wenig Rücksicht genommen.[1]

Uebrigens erfolgt dieser Rückersatz der ausgelegten Steuer im Verkehre schon darum, weil er auch eine Pflicht der Gerechtigkeit ist, und die Finanzverwaltung rechnet mit solcher Zuversicht darauf, daß diese Ueberwälzung stattfinde, daß sie sich nicht scheut, dem Gewerbsmann neben der Steuer auf die Elemente seiner Thätigkeit oder auf das fertige Erzeugniß noch die Einkommensteuer von seinem freien Einkommen aufzulegen. Jene Ueberwälzung ist eine vom Steuergesetze gewollte.

In manchen Fällen wird jedoch der Wille des Steuergesetzes nicht durchgesetzt. **Allgemein und für lange Zeit**, wenn durch die Höhe der Steuer der Preis der Waare in solchem Maße sich steigert, daß ihr Absatzkreis sich vermindert. Die Concurrenz der vorhandenen Erzeuger, die sich in den kleineren Absatzkreis theilen müssen, nöthigt sie zu Preisen, die ihr reines Einkommen schmälern und vielleicht selbst unter den Erzeugungskosten zurückbleiben, die Differenz der jetzigen von den früheren Preisen ist der fortan von den Erzeugern getragene Theil der Steuern. Da ein großer Theil der Erzeugungskosten nicht von der Menge der

---

[1] Vergl. Schäffle, Deutsche Vierteljahrsschrift, 1861, Heft 4, 282.

Erzeugnisse abhängt, sondern constant bleibt, so steigt die davon auf das einzelne Erzeugniß entfallende Quote mit der Verminderung des Absatzes, die Waare wird also dem Erzeuger schon durch die Verminderung des Absatzes vertheuert, diese Vertheuerung wirkt wieder auf den Absatz zurück, und so steigern sich die Folgen einer zu hohen Steuer immer mehr. Diese Wechselwirkungen hören erst dann auf, wenn die Erzeugung mit dem Absatze sich wieder in's Gleichgewicht gestellt hat, ein Gleichgewicht, das jedoch mit Verlust am Nationalvermögen und häufig, wenn die verminderte Zahl der Steuerobjekte nicht durch die höhere Steuer jedes einzelnen Objektes ausgeglichen wird, der Staatsfinanzen selbst verbunden ist. Aehnlich, wie die Höhe der Steuer, wirkt das Vorhandenseyn von Surrogaten des besteuerten Gegenstandes. Thee und Kaffee äußern dieselbe Wirkung auf den Organismus und werden fast in denselben Kreisen der Gesellschaft genossen, Bier ersetzt häufig den Wein, der Schlitten im Winter den Wagen, der nicht krystallisirbare Zucker vertritt für viele Zwecke vollkommen die Stelle des krystallisirbaren. Die Ueberwälzung ist also zum Nachtheile der Volks- und Staatswirthschaft gänzlich gehemmt, wenn nicht außer dem Hauptgegenstande auch sein Surrogat entsprechend besteuert wird.

Temporär unterbleibt die gewollte Ueberwälzung, wenn durch die Schwankungen des Marktes die Nachfrage so weit hinter dem Angebote zurückbleibt, daß der Preis unter jenen vor der Besteuerung sinkt. Gewöhnlich wird aber dieser Verlust des Erzeugers durch Perioden der überwiegenden Nachfrage ausgeglichen, und jedenfalls kann nicht der ganze Verlust sondern höchstens jene Quote desselben die Steuer treffen, welche ihrem Verhältnisse zur Gesammtheit der Erzeugungskosten entspricht. Oft läßt sich aber erfahrungsmäßig nachweisen, welchem Elemente der Erzeugungskosten jener Verlust ausschließend zuzuschreiben ist. Es fällt z. B. der Preis des Getreides und mit ihm der Preis des Branntweins; der Landwirth findet bei dem aus seinem Getreide erzeugten Branntwein nicht den früheren Gewinn, die Differenz ist hier offenbar ausschließend auf das Getreideconto zu legen, die Branntweinsteuer ist vollständig ersetzt worden. Partiell tritt die Ueberwälzung nicht ein, wenn entweder das Steuerobjekt bei dem Erzeuger zu Grunde geht oder sich verschlechtert, oder wenn letzterer wegen ungünstiger Lage, unvollkommener Maschinen, theureren Kapitals, persönlichen Ungeschicks u. dgl. theurer erzeugt oder minder hoch verkauft, als seine Concurrenten, und wenn zugleich eine kleine Schwankung des Marktes zu Ungunsten des Angebots stattfindet, also der Absatz schon durch das Angebot begünstigterer Concurrenten befriedigt wird. Dem ersteren Falle liegt ein Zufall zu Grunde, welcher, falls er häufig eintritt, Berücksichtigung bei dem Steuerausmaß verdient, sonst aber, sobald der Beweis des Untergangs oder der Verschlechterung vollständig hergestellt ist, einen Steuernachlaß rechtfertigt; in dem zweiten Falle ist es nicht die Steuer, sondern der Unterschied in den Kosten des Transports, der Güte der Werkzeuge, der Maschinen u. s. w. und das Sinken des Marktpreises unter das regelnde Mittelmaß, also ein Ausnahmszustand, was den Verlust veranlaßte, die Steuer erhöht ihn bloß. Es ist hier eben so wenig Ursache vorhanden, einen Steuernachlaß zu bewilligen, als man die durch die Vorzüge ihrer Fabrikate besonders begünstigten Gewerbsleute mit einer erhöhten Steuer auf ihre Produkte belegt. Die entgegengesetzte Maxime wäre antinationalökonomisch, weil sie die Entstehung und den Fortbestand höchst unvollkommener wirthschaftlicher Zustände erleichterte.

Was von den Auflagen auf die Erzeugnisse und die Betriebselemente der Erzeuger gesagt worden, gilt vollkommen auch von den Steuern auf die nothwendigen Lebensbedürfnisse derselben und in weiterer Beziehung auch ihrer Arbeiter. Sie werden in der Regel im Preise der Erzeugnisse und der Dienste des Steuerpflichtigen auf Andere überwälzt, die Ueberwälzung ist eine vom Steuergesetze gewollte und hat ihre Ausnahmen. Leider sind aber hier die Ausnahmen zu Ungunsten der Arbeiter nicht denen zu Ungunsten der Erzeuger gleich, sondern häufiger und gefährlicher, weil Schwankungen im Preise der Arbeit sehr oft eintreten und bei geringem Arbeitslohn das durch die Steuer veranlaßte Steigen der Preise der Lebensmittel von bedenklichen Folgen ist, denn der Arbeiter wartet allzu schwer und sieht sehr ungeduldig besseren Zeiten entgegen, und endlich greifen jene Unterschiede in der Qualität der Leistung, von denen wir oben bei der Steuer auf die Erzeugnisse gesprochen, beim Arbeiter sehr tief, und ihnen gesellen sich, als neues bei jener Steuer nicht in Betracht kommendes Element, die großen Unterschiede in den Lebensbedürfnissen. Einer ist ein geschickter, lediger Arbeiter, der andere ein minder geschickter, verheiratheter, kinderreicher. Nur eine kleine Verschlechterung in den Absatzverhältnissen, verbunden mit einer Erhöhung der Lebensmittelpreise, und der eine Arbeiter ist entlassen oder mit seiner Familie dem Hungertode Preis gegeben, während der Andere noch lange Zeit Arbeit und ausreichende Mittel des Lebensunterhalts findet. Eine Besteuerung des nothwendigen Lebensunterhalts drückt ferner unter Verhältnissen, die eine Ueberwälzung nicht möglich machen, eine Menge kleiner Unternehmer und Rentner in die Klasse der Arbeiter herab und vermehrt das Angebot und das Elend der Arbeit.[1] Ein neuer Grund, wenn es noch eines bedürfte, für die Schwierigkeit der Personalsteuer und die Nothwendigkeit der Vorsicht in der Wahl der Gegenstände und des Ausmaßes der Consumtionsabgaben, welche die Personalsteuer vertreten sollen.

Ganz anders verhält es sich mit den Abgaben, welche nicht nothwendige Genüsse der Erzeuger und Arbeiter treffen. Der Steuerpflichtige wird wohl versuchen, sie in seinen Erzeugnissen und Diensten wieder hereinzubringen, allein in der Regel, d. i. so lange nicht die Nachfrage über das Angebot das Uebergewicht hat, gelingt ihm dieses Streben nicht, eben weil jene Genüsse nicht im nothwendigen Zusammenhange mit dem Kostenpreise der Waaren und Dienste stehen.

Die hier sich aufdringende Frage, was nothwendige und nicht nothwendige Genüsse seyen, läßt sich übrigens nicht allgemein

---

[1] Parieu I, 76.

beantworten, denn die Nothwendigkeit ist vielfach eine relative, von dem Bildungsstande, der Größe der materiellen oder geistigen Anstrengung, der Nationalität, Religion, Sitte abhängige.

Die Steuer vom freien Einkommen der Erzeuger und Arbeiter ist auf die Abnehmer ihrer Erzeugnisse und Dienste nicht überwälzbar, so wenig als das freie Einkommen selbst, das Gleichgewicht des Marktes vorausgesetzt, auf Kosten jener Abnehmer sich erhöhen läßt. Alle anderen Steuern außer der Einkommensteuer werden vom Steuerpflichtigen gewissermaßen vorhinein ausgelegt auf die Gefahr hin, ob und in welchem Maße er sie von Andern ersetzt erhalte, die Einkommensteuer allein wird auf Grund der Erfahrungen oder Berechnungen über den nach Beendigung der Operationen des Verkehrs verbleibenden freien Rest der Einnahme also ohne alle Hoffnung auf Ersatz entrichtet. Man könnte freilich behaupten, der Steuerpflichtige werde die Einkommensteuer, die er heuer bezahlte, das nächste Jahr von seinen Abnehmern herein zu bringen suchen, allein die Bestimmung des freien Einkommens liegt nur zum geringen Theile innerhalb des Bereichs der menschlichen Thätigkeit, und wer kann nachweisen, der Mehrgewinn des Nachjahres sey eben die Steuer des Vorjahres, es besteht zwischen den beiden Größen nicht der mindeste Zusammenhang.

Wir haben übrigens, um die dialektische Entwicklung zu vereinfachen, die Ueberwälzung als nur in einer Richtung, in jener vom Erzeuger oder Arbeiter zum Consumenten oder Unternehmer von dem Angebot zur Nachfrage sich bewegend betrachtet; man könnte diese Bewegung die Fortwälzung nennen. Es steht ihr aber eine andere, nicht minder wichtige in der entgegen gesetzten Richtung, vom Consumenten oder Unternehmer zum Erzeuger oder Arbeiter, von der Nachfrage zum Angebot zur Seite; wir wollen sie als Rückwälzung bezeichnen.

Dem Erzeuger einer besteuerten Waare bietet sich nämlich Behufs der Ueberwälzung der Steuer auch der Versuch dar, sie auf die Verkäufer der Grund- und Hülfsstoffe seines Erzeugnisses, oder auf seine Gehülfen und Arbeiter durch Verminderung des ihnen bisher bezahlten Preises oder Lohnes zu übertragen. Das Steuergesetz hat es allerdings nicht gewollt, allein die Gerechtigkeit und die Gesetze des Verkehrs sprechen nicht dagegen. Eines der Elemente jenes Preises oder Lohnes ist die Nachfrage von Seite der Erzeuger der besteuerten Waare, diese Nachfrage hängt von jener nach ihrem Erzeugnisse ab, erscheint diese durch die Vertheuerung in Folge der Steuer gefährdet oder wird sie wirklich vermindert, so tritt dieselbe Erscheinung bei der Nachfrage der Erzeuger nach jenen Stoffen und Arbeiten ein und eine Verminderung ihres Preises oder Lohnes ist die unmittelbare Folge. Einleuchtend ist aber, daß auf solche Weise nur ein kleiner Theil der Steuer wird rückgewälzt werden können, und zwar ein desto kleinerer, je mehrere andere Abnehmer außer den Erzeugern der besteuerten Waare für jene Stoffe und Arbeiter vorhanden sind und je weniger die Nachfrage nach dem besteuerten Erzeugnisse durch die Steuer sich vermindert.

Die Steuer auf die nothwendigen Lebensbedürfnisse der Erzeuger wird diese zur Entsagung auf manche, wenn auch unversteuerte entbehrliche und endlich, wenn die Noth dazu zwingt, selbst auf bis dahin für nothwendig gehaltene Genüsse veranlassen; die Wirkung ist eine theilweise Rückwälzung der Steuer auf die Erzeuger der betreffenden Genußmittel. Die Rückwälzung kann in manchen Fällen wegen der großen Menge der sich Beschränkenden eine ungemein ausgiebige seyn, z. B. wenn eine Geschäftsstockung die Fortwälzung der Steuer auf Unternehmer und Abnehmer nicht gestattet und der Arbeiter bisher in einem gewissen Ueberflusse gelebt hat, also manches entbehren kann.

Die Steuer auf überflüssige Genüsse und auf das freie Einkommen würde die Rückwälzung auf die Erzeuger aller der Genußmittel, die jenen Genüssen dienen und aus dem freien Einkommen angeschafft zu werden pflegen, am leichtesten und im größten Maßstabe gestatten, eben weil es sich um entbehrliche Dinge handelt, die man entweder um den den Einkommensverhältnissen zusagenden Preis oder gar nicht kauft. Allein soweit es sich um die

Genüsse der Wohlhabenden und Reichen handelt, kann es sehr leicht seyn, daß diese lieber auf einen größeren Theil des Einkommens als auf jene Genüsse verzichten, und insoweit ihr Einkommen besteuert ist, würden die einzelnen Steuerpflichtigen zum Objekte ihrer Ersparniß so verschiedenartige Gegenstände wählen, daß die Gesammtwirkung auf jeden einzelnen Gegenstand eine verschwindend kleine seyn würde.

Bei der Einkommensteuer ist übrigens die Rückwälzung für Volk und Staat gleichgültig, denn die Wirkung ist nur, daß das Einkommen auf andere und vielleicht nützlichere Weise verwendet wird; das Steuerobjekt ist dasselbe geblieben. Jedoch bei Luxussteuern ist die Rückwälzung allerdings von Bedeutung. Findet sie in großem Umfange statt, so sinkt der Verbrauch und der Preis der besteuerten Genußmittel so rasch, daß ihre Erzeugung nicht mehr lohnend erscheint, eine Anzahl Werthe geht der Industrie verloren und den Finanzen verschwindet das Steuerobjekt unter den Händen. Es ist daher Charakter, Sitte und Lebensgewohnheit der höheren Volksklassen sorgsam zu erforschen, ehe man sich für die Wahl der zu besteuernden Gegenstände und das Steuerausmaß entscheidet. Wohnung und Mobiliar, Wagen und Pferde, Dienerschaft, Titel und Auszeichnungen scheinen bleibende Gegenstände des Verlangens zu seyn, es gab übrigens eine Zeit, wo man mit Aussicht auf Erfolg Perücken, Zopfbänder und Puder zu Gegenständen der Besteuerung wählen durfte.

Außer der Ueberwälzung der Steuer auf andere Steuerpflichtige in den beiden Formen der Fortwälzung und Rückwälzung gibt es noch eine andere Art, sich der Steuer ganz oder zum Theile zu entledigen, man könnte sie die Abwälzung nennen, die Steuer wird nicht auf andere Steuerpflichtige übertragen, sondern einfach nicht gezahlt. Auch die Abwälzung tritt in zwei Formen auf, so tadelnswerth und verächlich die eine, so lobenswerth und volkswirthschaftlich nützlich die andere. Die Abwälzung in jener ersten Form ist der Schmuggel, wir haben ihn in seinen Folgen für den Verkehr bereits (§. 8) dargestellt, in der zweiten Form, wir wollen sie Abwälzung im engeren Sinne nennen, wird die Steuer auf irgend ein unpersönliches Element übertragen, so daß sie in ihren Wirkungen auf das Volkseinkommen ganz verschwindet.

Eine Abwälzung dieser Art ist bei allen Steuern mit Ausnahme der Einkommensteuer durchzuführen. Sie erfolgt dadurch, daß man, wo die Steuer auf die Waare nach einem oder dem anderen Elemente der Erzeugung, z. B. nach der Menge der verwendeten Stoffe oder der verwendeten Hilfsarbeiter sich richtet, aus diesen Elementen den möglichst größten Ertrag zu ziehen sucht, mit anderen Worten die Steuer zu einem immer geringeren Percente der Erzeugungskosten macht. Richtet sich die Steuer nach Menge und Qualität des Erzeugnisses, so muß man Stoffe, Werkzeuge, Maschinen, Erzeugungsmethoden verbessern, die Arbeit zweckmäßiger organisiren, mit anderen Worten die Kosten der Steuer durch Verminderung der anderen Kosten der Erzeugung decken. Die Steuer auf die Genüsse erscheint abgewälzt, wenn sie durch thätigere und intelligentere Arbeit bezahlt wird. Eine andere Art Abwälzung, die sich auf alle die genannten Steuern bezieht, findet statt, wenn die Landeserzeugnisse mit Vortheil ins Ausland verkauft werden. Durch diese Abwälzung bleibt dem Volke der durch die Steuer erkaufte Nutzen, die Macht, der Einfluß des Staates nach außen, Freiheit, Ordnung, Ruhe und gedeihliche Entwicklung im Innern, während die Kosten derselben sich vermindern und auf hundert Wegen wieder hereingebracht werden. Ihr und der nützlichen Verwendung der Steuern, nicht aber den Steuern selbst sind jene günstigen Folgen zuzuschreiben, die von manchen Schriftstellern den Steuern nachgerühmt werden. [1]

Als Beleg, von welchem ungeheuren Einflusse diese Abwälzung der Steuern sey, dienen folgende Beispiele. Die Landtaxe in England, ursprünglich (1696) mit 20 Proc. bemessen, beträgt jetzt durchschnittlich nicht $1/2$ Proc. und in Bedfordshire, wo sie am stärksten, nicht 3 Proc. des Reineinkommens. [2] Die Grundsteuer in Frankreich, die man bei der ersten Umlage mit 20 Proc. des Reinertrags

---

[1] Vergl. M'Culloch, Taxation, S. 6 rc.; Rau I, §§. 267—268.
[2] M'Culloch, Taxation, S. 58.

annahm, beträgt jetzt durchschnittlich nur 8 Proc.[1] Die Grundsteuer in vielen Provinzen Oesterreichs ohne die Zuschläge, ursprünglich freilich nach den Preisen des wohlfeilsten Jahres unseres Jahrhunderts (1824) auf 16 Proc. des Reinertrags geschätzt, beträgt jetzt durchschnittlich 6 Proc. Als in Oesterreich 1830 die Branntweinsteuer eingeführt wurde, belegte man den Grad Alkohol (der hunderttheiligen Skala) ungefähr mit 15 Cent. Als 1836 die Steuer auf die Erzeugung umgelegt wurde, ging man von der den damaligen Zuständen ziemlich entsprechenden Annahme aus, daß aus einem Eimer Maische mehliger Stoffe (Getreide, Erdäpfel) $2^{1}/_{2}°$ Alkohol erzeugt werden. Die Industrie bemühte sich, aus derselben Eimerzahl Maische so viel Alkohol als möglich zu erzeugen. Die Finanzverwaltung folgte allmälig, wenn auch in weiten Entfernungen, diesen Fortschritten und nahm 1849 an, daß man $4°$ und 1856, daß man $5°$ Alkohol aus einem Eimer Maische erzeuge, allein als 1862 die Steuer auf das Erzeugniß selbst nach Menge und Alkoholgehalt des erzeugten Branntweins umgelegt wurde, zeigten die vorausgegangenen Verhandlungen, daß aus einem Eimer Maische in allen großen,[2] gutgeleiteten Brennereien $7—7^{1}/_{2}°$ erzeugt werden. Die Steuer auf den Runkelrübenzucker wird in Oesterreich und Preußen nach dem Gewichte der Rüben bemessen; man ging bei der ersten Umlage von der genau konstatirten Erfahrung aus, daß zu einem Ctr. Rohzucker 20 Ctr. frischer Rüben benöthigt werden, gegenwärtig haben die Erhebungen der preußischen Finanzverwaltung dargethan, daß 12 Ctr. Rüben hinreichen.

16.

Wir haben in einem dieser Beispiele der Grundsteuer erwähnt und doch scheint es, daß sie gleich der Renten- und Dienst- oder Besoldungssteuer in keine der im §. 15 angeführten Steuerkategorien

---

[1] Hock, Finanzverwaltung Frankreichs, 142; Puynode 130; Wolowsky, de la division du sol. Paris, 1857, 28, 29.

[2] Auf eine ähnliche Erscheinung bei der Blasensteuer in Schottland macht M'Culloch, Taxation, S. 151 und 152 aufmerksam.

(a bis d) passe, auch dürfte man in unserer Darstellung jene Erörterungen über die Rückwirkung der auf die Grundrente, den Zins und den Arbeitslohn gelegten Steuern auf die anderen Elemente des Verkehrs vermißt haben, welche seit Ricardo in der Lehre von der Ueberwälzung Platz zu finden pflegen.[1]

Uns erscheinen aber nach allseitiger Erwägung die genannten Steuern in der Art und Weise, wie sie erhoben zu werden pflegen, vom Standpunkte des Steuerpflichtigen aus als Theile seiner allgemeinen Regieauslagen, in unsere Steuerkategorie b gehörig. Als solche werden sie in allen Rechnungen der Steuerzahler aufgeführt; sie lasten weder auf den einzelnen Erzeugnissen, noch auf Genüssen, noch auf dem freien Einkommen, sondern sie sind die Gewerbesteuern des Landmanns, des Kapitalisten, der höheren Klassen der vom Ertrage ihrer Dienste Lebenden. Bei der Grundsteuer tritt dieß auch in der äußeren Form klar heraus, es ist nicht der wirkliche, von Jahr zu Jahr wechselnde Ertrag, sondern es ist der aus gewissen Elementen berechnete ideale und jedes Jahr gleiche, welcher als Grundlage der Steuer dient, gerade wie die Gewerbesteuer des Industriellen als Ergebniß der Rechnung aus gewissen Elementen seines Betriebes sich ergibt. Es gilt darum von der Ueberwälzung dieser Steuern ganz dasselbe, was wir oben von der Ueberwälzung der in Form von allgemeinen Regieauslagen auf den Erzeugnissen der Steuerpflichtigen ruhenden Steuern sagten. Die Grundsteuer — in der eben dargestellten Form — wird zum großen Theile auf den Consumenten fortgewälzt, und wenn die Fortwälzung keine vollständige ist, so liegt der Grund in den gelegentlich der Kategorien a und b erörterten Verhältnissen, daß das Angebot ein sehr großes, in guten Jahren häufig die Nachfrage überwiegendes ist und daß die großen und zahlreichen Abstufungen in der Güte des Bodens, der Größe der darauf

---

[1] Ricardo, Principles, ch. 8 etc. Auf sehr lehrreiche Weise zusammengestellt in Bernardi S. 371—386. Vergl. Roschers Grundriß S. 111—112; Rau I, §§. 269—275; II, §§. 302, 346, 408, 421—422; Stein, 191—196; Umpfenbach §§. 66—70.

verwendeten Kapitalien und dem Ertrage der Ernten partiell die Ueberwälzung sehr erschweren.

Unseres Wissens gibt es nirgends eine besondere Steuer auf die Grundrente, sowohl in dem Sinne, wo sie die dem Grundeigenthümer für den Boden und das darauf verwendete Kapital gebührende Rente, die im Pachtschilling den verkehrsmäßigen Ausdruck findet, darstellt, als in dem Sinne, wo auch der Zins für das Kapital von ihr losgetrennt ist; wenn es aber eine solche gäbe und gleichzeitig die Rente auf viele Jahre hinaus feststände, dann aber auch nur dann würde diese Rentensteuer allerdings den Charakter einer Einkommensteuer annehmen und nicht überwälzbar seyn.

Das Gleiche ist hinsichts der Renten- und Besoldungssteuer der Fall, beide sind in der Regel in vollem Maße fortwälzbar auf den Unternehmer, rückwälzbar auf die Erzeuger der Lebensbedürfnisse der Rentner und der Besoldeten; die vielen Fälle, wo Schuldner und Dienstherren freiwillig in ihrem wohlverstandenen Interesse die Steuer für ihre Gläubiger und Diener zahlen, sprechen für ersteres, und das letztere ist eine nicht geleugnete Thatsache. Nur wenn das ausgeliehene Kapital ein gar nicht oder nur vom Schuldner oder erst in langer Zeit kündbares und das Dienstverhältniß ein auf viele Jahre unkündbar geschlossenes ist, nehmen jene Steuern mit dem Charakter auch die Unüberwälzbarkeit der Einkommensteuer an. Eine Rentensteuer, welche die Interessen von Staatspapieren ohne bestimmte Zahlungsfrist oder Staatsrenten gleich hoch wie die Interessen von auf kurze Zeit ausgeliehenen Kapitalien belegt, ist daher an und für sich erwogen ungerecht. (vgl. §. 30.)

Ricardo betrachtet die Grundrente (in ihrer engsten Bedeutung) bei jeder Dauer als nicht überwälzbar. Wenn man mit Baudrillart, Schäffle u. A. die Wirkung jener natürlichen Vorzüge und monopolistischen Stellungen, auf welche Ricardo die Theorie von der Grundrente stützt, nicht bloß im Grundbesitz, sondern in allen Sphären der wirthschaftlichen Thätigkeit als vorhanden anerkennt,[1]

---

[1] Schäffle, Nationalökonomie, Leipzig 1861, §§. 98—104, D. Vierteljahrsschrift 1861, Heft 4, 247 ꝛc.; Baudrillart 378; vergl. dagegen v. Thünen I. S. 343.

so ist man im Stande, R.'s Lehre auf ihren wahren Ausdruck zurück=
zuführen: Wenn ein Unternehmer von dem Eigenthümer eines beson=
ders fruchtbaren oder wegen der Eigenthümlichkeit seiner Erzeugnisse
hochgeschätzten Bodens, einer industriellen Erfindung oder eines be=
sonders großen merkantilen Talentes die Benützung des Bodens, der
Erfindung oder des Talentes für einige Zeit erwirbt, und ihm dafür
die dem Werthe entsprechende höhere Rente zahlt, so hat er nach
Ricardo an seinen Erzeugnissen nicht um 1 Cent. größeren Gewinn
als derjenige, welcher sich ganz gewöhnlicher Aecker, Verfahrungs=
arten, Hülfsarbeiter bedient, denn der Betrag, um welchen man
ihm seine Erzeugnisse besser bezahlt oder er sie wohlfeiler zu liefern
im Stande ist, entspricht den Gesetzen des Marktes gemäß genau
jener von ihm dem Eigenthümer jener Vorzüge bezahlten Rente und
umgekehrt ist eines der Elemente, welche diese Rente bestimmen,
der aus den Marktpreisen der mit gewöhnlichen Mitteln erzeugten
Waaren für den Unternehmer sich ergebende Gewinn. Wenn nun
den Eigenthümern jener Vorzüge eine Steuer von dieser Rente auf=
gelegt wird, können sie dieselbe nicht auf den Unternehmer über=
wälzen, weil dieser, wie erwähnt, die Preise seiner Waaren nicht
über das dem allgemeinen Marktpreise entsprechende Verhältniß
erhöhen kann und dieser Marktpreis durch jene Vorzüge und die
ihnen entsprechende Rente gar nicht berührt wird, die Eigenthümer
müssen daher die Steuer ungetheilt tragen. — Diese Schlußfolge
beruht auf zwei irrigen Voraussetzungen, die eine: daß der Unter=
nehmer jene zur Benützung erworbenen Vorzüge nicht besser und
zweckmäßiger benütze, als seine Mitconcurrenten die ihnen zu Gebote
stehenden gewöhnlichen Mittel, und die zweite: daß auf der einen
Seite ein solcher Vorzug und auf der anderen gar nichts dergleichen
stehe, oder um Ricardo's Sprache zu sprechen, daß dem Grund
und Boden, welcher eine Rente abwirft, ein anderer zur Seite stehe,
welcher bloß die Zinsen des darauf verwendeten Kapitals vergütet.

 In einem Felde von besonderer Fruchtbarkeit, in einer neuen
Erfindung, einem geschickten Hülfsarbeiter liegt außer dem unmit=
telbaren Nutzen, den sie gewähren, und der durch den Pachtschilling

oder den Lohn bezahlt wird, der weitere, daß sie der neuen Arbeitskraft, dem neuen Kapital, der neuen Erzeugungs- oder Arbeitsmethode, welche der Unternehmer anwendet, ein fruchtbareres Feld der Thätigkeit eröffnen. Nehmen wir an, es gelänge dem Pächter eines Weinbergs die Menge des gewonnenen Weins, ohne Abbruch seiner Güte, um 20 Proc. zu erhöhen; wie ganz anders stellt sich der Lohn seiner Thätigkeit, wenn dieser Weinberg der Johannisberg ist. Wie ganz anders stellt sich der Nutzen eines geschickten Procuraführers, Zeichners oder Mechanikers in einem Geschäfte, das jährlich 100,000 Fr., und in einem, das jährlich 1,000,000 Fr. umsetzt. Es ist also nicht richtig, daß der Unternehmer, der jene Vorzüge benützt, auf seinen Antheil keinen größeren Gewinn aus der Waare erhält, als der mit gewöhnlichen Mitteln ausgerüstete, und darum ist die Folgerung falsch, daß er nicht im Stande und nicht Willens sey, dem Eigenthümer jener Vorzüge die auf dessen Rente gelegte Steuer ganz oder theilweise zu ersetzen. Ferner stufen sich jene Vorzüge in der Wirklichkeit unmerklich ab, außer in Fällen einer neuen Erfindung oder eines Grundstücks von solcher ausschließender Eigenthümlichkeit, wie der Johannisberg in dem gebrauchten Beispiele, gibt es gar keinen Unternehmer, in dessen Benützung nicht einige solche vergleichsweise Vorzüge ständen, sein Acker ist nicht ohne natürliche Fruchtbarkeit, sein Verfahren nicht ohne alle Zweckmäßigkeit, sein Arbeiter nicht ohne Talent und Fleiß. Jenes Grenzland (limiting soil), welches gar keine Grundrente abwirft, weil es bloß die Zinsen des Kapitals ersetzt, gibt es in der Wirklichkeit nicht. Eben darum ist in dem Pacht und Lohn, welche der Unternehmer zahlt, auch einiger Entgelt (eine Rente) für jene Vorzüge enthalten; die Steuer auf das Einkommen der Eigner solcher Vorzüge kann daher nicht ausschließend auf die großen augenfällig hervortretenden sich beschränken, sondern muß verhältnißmäßig auch jene kleineren mehr gewöhnlichen treffen. Ist aber dieses der Fall, dann ist die Steuer zweifellos eine auf die Elemente der Erzeugung gelegte und richtet sich betreffs der Ueberwälzung nach den Gesetzen der letzteren. Hierin, nämlich daß alle jene Vorzüge bloß Gradunterschiede sind, und daher nicht eine gesonderte Belegung der für sie bezahlten Rente zulassen, liegt auch das Motiv, warum in keinem Lande eine Besteuerung der Grundrente in dem Ricardo'schen Sinne besteht.

Wir haben bisher nur die Ueberwälzung der Steuer von dem Steuerpflichtigen auf seinen nächsten Vor- oder Nachmann betrachtet. Es ist klar, daß auch in demjenigen, auf den sie ganz oder zum Theile übertragen wird, ein gleiches Streben, der ihm zugewiesenen Steuerquote sich zu entledigen, erwachen und nach denselben Gesetzen sich verwirklichen werde, wie jene erste Ueberwälzung. Der einzige Unterschied wird in der verschiedenen Stellung der übertragenen Steuer zu dem neuen Steuerpflichtigen bestehen. Die Steuer auf dem Genußmittel war für dessen besteuerten Erzeuger ein Theil der Produktionskosten, für den Consumenten, auf den er sie fortwälzt, ist sie eine Steuer auf den Lebensunterhalt, für den Erzeuger des Rohstoffes jenes Genußmittels oder für die Arbeiter, auf die er sie zurückwälzt, eine Einkommensteuer. Die Reihenfolge der Fort- und Rückwälzungen kann vom Standpunkte der Möglichkeit aus eine unendliche genannt werden.[1]

17.

Gegen die Ursteuern, auf welche die Theorie hinführte, erhoben sich wichtige Bedenken, was die Praxis an ihrer Statt bisher aufgestellt hat, ist noch größerem Tadel ausgesetzt, wenn dennoch irgend eine Steuer oder ein Steuersystem siegreich durchgefochten werden könnte, ist es durch die Ueberwälzung in Frage gestellt, da ganz andere Personen und in anderen Verhältnissen, als die Steuer voraussetzt, die Steuer entrichten, kein Wunder, wenn unter solchen Umständen viele und ausgezeichnete Theoretiker an der Möglichkeit rationeller Steuern verzweifeln und die Praxis in leere Routine sich verliert. J. B. Say leugnet, daß die Wissenschaft je bestimmen könne, von welcher Klasse der Gesellschaft eine gewisse

---

[1] Thiers, de la propriété, ch. V.

Steuer bezahlt werde,¹ Proudhon schüttet über den Unverstand und die Anmaßung der Finanzlehrer die volle Schale seines Spottes aus,² selbst Emil von Girardin, der den Socialismus bekämpft, nennt die Steuergesetzgebung ein Werk voll Widersprüchen, Ungerechtigkeiten und Ungleichheiten,³ und die Praxis begnügt sich endlich damit, ohne auf die Gerechtigkeit oder Volkswirthschaftlichkeit einer Steuer zu sehen, da zu nehmen, wo sie am leichtesten nimmt, am willigsten erhält. Welcher Unterschied ist zwischen indirekten und direkten Steuern? fragte man einen geistreichen Finanzmann. Derselbe, entgegnete er, wie zwischen Diebstahl und Raub, und die bittere Ironie, die dem Ausspruche zu Grunde liegt, ist nicht ohne Anflug von Wahrheit.

Den schärfsten Ausdruck hat jene Verzweiflung an der Auffindung und Verwirklichung einer rationellen Steuertheorie in dem bekannten Ausspruche Canards⁴ und Prittwitz⁵ gefunden: Jede alte Steuer ist gut, jede neue schlecht. Diese Ansicht, die, wenn auch nicht stets in gleicher Schärfe wiedergegeben, in vielen wissenschaftlichen Werken und praktischen Besteuerungsversuchen nachklingt, läßt sich auf folgende Gründe zurückführen.

Die durch die versuchten Ueberwälzungen hervorgebrachte Bewegung gelangt im Laufe der Zeit zum Gleichgewichte. An jedem Steuerpflichtigen, nachdem er vieles weggeschoben hat und zugeschoben erhielt, bleibt eine bestimmte Steuerquote haften und diese muß, da sie nach den Gesetzen des Verkehrs sich bildete, als die wahrhaft gerechte angesehen werden; eine solche definitive Vertheilung der Abgabe ist aber, wie erwähnt, nur Folge ihres langen Bestandes. Bei einer neuen Abgabe hingegen, wo die Ueberwälzungen erst beginnen, kann man sicher seyn, daß die Steuer

---

[1] Traité II, p. 367; vergl. auch Hoffmann S. 57, 69; Baumstark, zur Einkommensteuerfrage, Greifswalde 1850, S. 15.

[2] Théorie de l'impôt, Paris 1861, p. 264 et 323.

[3] Le socialisme et l'impôt p. 101.

[4] Canard Princ. d'Écon. pol., Paris 1801, p. 197.

[5] v. Prittwitz, Theorie der Steuern und Zölle, Stuttgart und Tübingen 1842, S. 21, 103—113.

nicht in jener Vertheilung entrichtet wird, welche sich nach dem Gesetze des Verkehrs zuletzt als die bleibende herausstellen wird, ist aber letztere die gerechte, so ist es jene anfängliche sicherlich nicht. Ferner stellt sich jede alte Steuer zuletzt als eine fixe, mit einem bestimmten Besitze oder bestimmten Gewerbe verbundene Last dar, bei den Steuern auf den unbeweglichen Besitz tritt zwar dieses Verhältniß am deutlichsten hervor, allein es fehlt auch bei den anderen nicht. Jeder neue Erwerber des besteuerten Grundstockes kauft denselben mit dieser Last und rechnet dieselbe vom Werthe ab, für ihn hat also die Abgabe aufgehört eine Steuer zu seyn, sie war es bloß für den Besitzer zur Zeit der Einführung der Steuer und seine Erben. Wird die alte Steuer erhöht oder erniedrigt, so erscheint die Differenz gegen die frühere Steuer als eine dem neuen Besitzer des Gutes auferlegte neue Last oder als ein ihm gemachtes Geschenk; wird eine neue Steuer auferlegt, so ist sie in ihrer Wirkung der Belastung des Gegenstandes mit einer neuen Hypothek gleich zu halten. „Ganz grundlos," ruft einer der Vertheidiger dieser Theorie aus,[1] „sind daher die Klagen der Grundeigenthümer über Druck und Ungleichheit der Grundsteuer in Ländern, wo seit vielen Generationen diese Abgabe als ständig gegolten und unverändert fortbestanden hat, denn ihr Verlust ist ihnen bei Erwerbung des Grundeigenthums im Preise vollständig vergütet worden."

Auch wir reden der Stabilität der Steuern das Wort, auf Grund der Regeln, daß jede Steuer genau bestimmt und bekannt und in ihrer Einhebung bequem seyn solle. Eine neue Steuer hat bei denen, die sie tragen und die sie einheben sollen, mit Unbekanntschaft, Mißverstand, Ungewohntheit zu kämpfen, sie muß sich dem Bestehenden und das Bestehende muß sich ihr anpassen und beides geht ohne starke Reibung nicht von Statten, folgen die Neuerungen rasch hinter einander, bestehen sie überdieß in Widerruf und Abänderung des kaum Verfügten, so wächst nicht bloß jenes Ungemach

---

[1] Murhard S. 326.

der Neuheit, sondern es gesellt sich ihm auch ein Gefühl der Unsicherheit im Verkehre, da Erzeugungs- und Betriebsmethoden, Löhne und Preise, kurz alles, was von den Steuern abhängt, in's Leere gestellt erscheinen. Mit Recht sagt v. Thünen: Ungleichheit oder Unzweckmäßigkeit der Steuern ist ein geringeres Unglück als deren häufige Aenderungen.¹ Allein dessen ungeachtet können wir weder die Unveränderlichkeit der Steuern, noch die dafür geltend gemachten Gründe bevorworten.

Es ist allerdings wahr, daß die Ueberwälzung der Steuern zuletzt deren Ausgleichung zur Folge habe, allein das hierdurch hergestellte Gleichgewicht ist ein labiles, das jeden Augenblick durch die Schwankungen des Marktes gestört und durch jede tiefer greifende wirthschaftliche Reform ganz aufgehoben wird. Auch das ist falsch, daß diese Ausgleichung, weil unter der Herrschaft der Gesetze des Verkehrs zu Stande gekommen, eben darum eine gerechte und volkswirthschaftlich wohlthätige sey. Es geht mit den Gesetzen des Verkehrs wie mit jenen der Mathematik und überhaupt mit allen Gesetzen in der Welt des Daseyns, unfehlbar und mit unabänderlicher Nothwendigkeit leiten sie aus gegebenen Grundlagen alle darin liegenden Folgerungen ab, ob aber jene Grundlagen richtig und diese Folgerungen wohlthätig seyen, dafür stehen sie nicht ein. Die Ausgleichung erfolgt stets zu Gunsten desjenigen, der bleibend den Markt beherrscht, nun kann aber diese Herrschaft eine monopolistische, ein Werk der Tyrannei, des Trugs, des Vorurtheils seyn, sie kann durch Versumpfung oder Austrocknung der natürlichen Hülfsquellen, Abbau der Absatzwege des Landes erfolgen, ja jene Art der Ausgleichung, die ehemals von Nutzen gewesen, kann im Laufe der Zeit zum Uebel geworden seyn. Als Adel und Geistlichkeit steuerfrei waren, und die anderen Volksklassen nicht bloß die Staatslasten tragen, sondern auch den bevorrechteten Ständen zehnten und frohnden mußten, war sicherlich im Laufe der Jahrhunderte auch eine Steuerausgleichung erfolgt;

---

[1] v. Thünen I, S. 348.

allein sie hatte die Entwerthung des größten Theils des Ackerlandes, nachläßige, kapitalarme Bewirthschaftung, Brache, Allmende, Nachweide, Wildschaden, Unlust zur Arbeit und Hochmuth des Adels, Trägheit und Kriecherei des Volks zur Folge. Prohibitive Zölle werden auch, wenn sie Jahrhunderte bestehen, keine andere Wirkung haben, als daß sie den Staatsschatz beeinträchtigen, die Trägheit des Volkes befördern oder seinen Gewerbsfleiß auf weniger produktive Thätigkeiten hinlenken. Die Kopfsteuer wird stets dem gemeinen Manne drückend seyn und den Staatsschatz mit einer Unzahl uneinbringlicher Rückstände belasten. Der Zehent, bei vorherrschender Naturalwirthschaft und so lange der Boden ohne großen Kapitalaufwand in alt hergebrachter Weise bearbeitet wird, leicht getragen, wird ungerecht und hemmend, sobald es sich lohnt, den Landbau intensiv mit großem Kapital auf kleinem Boden zu betreiben.

Es kann ferner nicht zugegeben werden, daß eine Steuer am Beginn der Ueberwälzungen, die sie veranlaßt, stets weniger gerecht vertheilt sey, als am Schluß der dadurch hervorgerufenen Bewegung, weil dieß voraussetzen würde, daß jede spätere Ueberwälzung eine gerechtere als die vorausgehende und die letzte die gerechteste aus allen sey, was faktisch nicht immer der Fall ist. Es kann unter gewissen politischen und commerciellen Vorbedingungen die Steuer durch fortgesetzte Ueberwälzungen eben so leicht ungerechter und schädlicher werden als das Gegentheil. Auch daß der Zustand des Stillstandes, wie er nach Beendigung der Steuerausgleichung eintritt, ein Vorzug gegen jenen der Bewegung in der Zeit der Ueberwälzungen sey, unterliegt manchen Bedenken, denn wir haben (§. 15) gesehen, wie häufig das Streben, sich der Steuerlast ganz oder zum Theile zu entledigen, die Quelle großartiger industrieller Fortschritte geworden ist. Aber auch abgesehen von allen Ueberwälzungen kann durch den Lauf der Ereignisse oder selbst durch die Thätigkeit des Staates eine Aenderung in den Ertragsverhältnissen eintreten, welche den Fortbestand der auf den letzteren gegründeten Steuern als eine Ungerechtigkeit erscheinen läßt. Wir erinnern an das bekannte Beispiel in Toscana, das Say anführt.¹ Der Kataster von 1496 hatte das Hügelland hoch besteuert, die den Ueberschwemmungen ausgesetzte Ebene niedrig. Im Laufe der Zeit hatte sich hier das Terrain erhöht, Eindämmungen den Bächen Grenzen gesetzt, der Ertrag hob sich und die Hügel vermochten nicht mehr mit der Ebene den Markt zu halten und veröbeten. Eine Eisenbahn, die Nähe einer rasch emporblühenden Fabriksstadt ändern die Ertragsverhältnisse noch gründlicher.

Daß man in der Praxis die Steuer auf einem Grundstücke, einem Gewerbe oder sonst einem als Grundstock für eine Reihe von Früchten dienenden Gegenstande als eine auf letzterem ruhende Passivrente betrachte, ist eine unbestrittene Thatsache, allein jener Last steht ein entsprechender Nutzen gegenüber, nämlich der im Preise der Früchte liegende Ersatz jener Rente, der nur darum in der Praxis nicht besonders ausgeschieden wird, weil seine Sonderung von den übrigen Elementen des Preises schwierig und von keinem praktischen Interesse ist. Dieser Nutzen wird jener Last nicht immer gleich seyn und soll es nach der Absicht des Steuergesetzes nicht seyn; der Unterschied zwischen beiden ist die eigentliche, auf dem Grunde lastende Steuer. Ist sie ursprünglich gerecht bemessen oder durch die Ausgleichung gerecht geworden, so ist sie für alle Steuerobjekte derselben Kategorie ganz gleich, kann also auf den Preis eines einzelnen derselben von keinem Einfluß seyn. Ist sie nicht gerecht, so erscheint sie als ein dem einzelnen Objekt anhaftender Vor= oder Nachtheil und erhöht oder erniedrigt den Preis desselben; jede Realbelastung der einen Klasse von Grundstücken, während die andere frei bleibt — sagt Roscher² — muß ähnlich wirken, wie eine geringere Fruchtbarkeit jener, sie vermehrt die Grundrente der freien Grundstücke. Also nur das ursprüngliche oder durch die Ueberwälzungen entstandene Unrecht einer Steuer und nur das Plus oder Minus derselben gegen das Mittelmaß begründen jenen Preisunterschied, aber ein Unrecht kann nie

¹ Traité d'Econ. pol. II, p. 364.
² Nationalökonomie des Ackerbaus, Stuttgart 1860, 311.

ein Recht begründen. Eine weise Steuergesetzgebung wird vielfach
z. B. durch die Anordnung periodischer Ueberprüfungen der Steuer=
grundlagen verhindern, daß solche Ungleichheiten fortbestehen und
auch nur der Wahn von der Unveränderlichkeit der einmal fest=
gesetzten Steuer im Volke Wurzel fasse. Aber auch, wenn die
Steuer für alle Pflichtigen gleichmäßig bemessen ist, liegt kein
Rechtsgrund vor, daß sie eine ewig unwandelbare seyn müsse; im
Gegentheil, wenn die Dienste, welche der Staat dem Einkommen
aus dem Grundstock leistete oder zusagt, mehr oder weniger werth
sind als die sie vergeltende Steuer, so fordert die Gerechtigkeit,
daß diese letztere entsprechend vermehrt oder vermindert werde. Die
gegentheilige Meinung läßt sich nur durch die Anschauung recht=
fertigen, die Steuer sey ein reines Geschenk, don gratuit, nach der
Geschäftssprache gewisser alter Stände, oder in der speciellen An=
wendung auf die Steuer von Grund und Boden ein auf zwei=
seitigem Vertrage beruhender Grundzins, ohne Zustimmung nicht
etwa des ganzen Volks, sondern des betreffenden Grundbesitzers
nicht erhöhbar. Ein Geschenk ist aber die Steuer nicht, das be=
weisen die ganz realen und kostspieligen Gegendienste, die man vom
Staate erwartet. Aber sie ist auch kein Grundzins und dieß selbst
dann nicht, wenn es sich um die eigentliche Grundsteuer handelt.
Man führt freilich an, der Staat als Obereigenthümer alles Grunds
und Bodens habe für die Verleihung des Privateigenthums sich die
Steuer als Grundzins bedungen, fest bestimmt und ohne Einwil=
ligung der einzelnen Verpflichteten unabänderlich wie dieser; allein
wir haben diese gefährliche Lehre bereits widerlegt (§. 2) und selbst
wenn sie richtig wäre, würde sie für die Unveränderlichkeit der
Grundzinse nichts beweisen; denn es gibt veränderliche wie unver=
änderliche Grundzinse, und am Ende wer zwingt uns das Ver=
hältniß des Staates zum Einzelnen jenem des Ober= zum Nutzungs=
eigenthum gleichzustellen, man kann es ja gleich gut oder schlecht
dem Pacht vergleichen? Von einer anderen Seite betrachtet, ist die
Steuer nichts als eine der Einrichtungen des Staates, die Aende=
rung jeder solchen Einrichtung bringt Störungen einzelner Privat=

verhältnisse hervor, ist darum jede solche Störung ein Unrecht und jede solche Aenderung an die Zustimmung aller derjenigen gebunden, in deren Verhältnisse sie eingreift?

Manchmal, nämlich wenn Länder verschiedener Steuerverfassungen mit einander vereint werden, ja oft schon dann, wenn sie in eine Zolleinigung mit einander treten, bleibt dem Staate keine Wahl, er muß die Steuern ändern, damit die erste Bedingung des Gedeihens, der Hauptvortheil der Vereinigung, der freie Verkehr zwischen den einzelnen Ländern stattfinden kann und Sonne, Wind und Wetter zwischen den Erzeugnissen derselben gleich getheilt werde. Solche durchgreifende Reformen haben fast alle, jetzt bestehende deutsche Staaten bei ihrer ersten Bildung in den zwei ersten Decennien dieses Jahrhunderts durchzuführen gehabt, dieselbe Aufgabe hatte Oesterreich zu lösen, als es 1850 die Zwischenzolllinie zwischen den ungarischen Ländern und den übrigen Theilen des Reiches aufhob, und in demselben für die Regierten und die Regierenden gleich schweren Durchgangsstadium befindet sich jetzt das Königreich Italien. Bei Bildung und Erweiterung des deutschen Zollvereins waren so schwierige Reformen nicht durchzuführen, doch mußten in Bayern die das Weggeld vertretenden Grenzzölle weichen und diejenigen Staaten, welche zwischen sich und den sie allseitigst und eingreifendst berührenden Nachbarn nicht Zwischenzoll- (Uebergangssteuer-) Linien errichtet wissen wollten, mußten das preußische Bier-, Branntwein-, Wein- und Tabaksteuersystem annehmen.[1]

Man kann den hier widerlegten Ausspruch nicht einmal in

---

[1] Die Frage der Unveränderlichkeit ist besonders in Ansehung der Steuer von Grund und Boden lebhaft angeregt worden. Für unsere Meinung sind Pitt in seiner berühmten Rede vom 2. April 1798, Smith, Say, Jacob, Malchus, Lotz, Rau, Roscher, Stein, Rossi IV, 292, Parien in die Schranken getreten, dagegen aber Hipp. Passy, Dict. de l'Écon. pol. Art.: impôt, I, p. 902; Courcelle-Seneuil I, 496 ꝛc.; M'Culloch, Taxation, S. 66; Hoffmann S. 110 ꝛc.; Sismondi, Struensee, Sartorius, Fulda, Soden, Zachariä. Vergl. Fulda, die Veränderlichkeit und Unveränderlichkeit der Grundsteuer in Pölitz, Jahrbücher für Geschichte und Staatskunst, April 1835.

der von Einigen versuchte Beschränkung aufrecht erhalten, daß es unter allen Umständen zweckmäßiger sey, eine alte Steuer zu erhöhen, als eine neue einzuführen.[1] Das ist richtig, in der Regel ist der Widerwille des Volks im Falle der zweiten Alternative stärker, die Folgen der neuen Steuer lassen sich von Seite des Staates schwerer übersehen und letzterer hat überdieß mit der Ungeschicklichkeit und Ungewohntheit seiner Organe zu kämpfen; allein wie wenn der Staat vor den Folgen der Erhöhung der alten Steuer, eben weil er sie leichter übersehen kann, mit Recht zurückschreckt, die alte Steuer schon an sich hoch ist und nicht leicht getragen wird und die neue Steuer auch in wenig geübten Händen einen reichlichen Ertrag verspricht? Es ist klar, daß es nicht angeht, für die Wahl einen allgemein gültigen Grundsatz aufzustellen. Wenn eine Steuer an und für sich ungerecht ist und nur im Laufe der Zeit durch die Ueberwälzungen, die stattgefunden, ihre verwundenden Spitzen sich abgestumpft haben, läßt jede Erhöhung die alten Schäden wieder aufleben. Es sey der Grundsteuerkataster unrichtig angelegt worden, ganze Bezirke oder einzelne Grundstücke seyen härter belegt als andere gleichartige, allmälig, durch geringere Kaufschillinge und Erb- und Kaufsteuern für das höher belegte Feld, mag sich der Unterschied ausgeglichen haben. Nun erfolgt eine Erhöhung des Steuerpercents, augenblicklich tritt in Bezug auf diese Erhöhung der ganze Unterschied in der ursprünglichen Steuergrundlage zu Tage. Eine ganz neue Steuer hätte dieses Uebel nicht zur Folge gehabt.

Wir halten übrigens nicht bloß jenen Ausspruch, wir halten auch jene übertriebene Furcht vor den Folgen der Ueberwälzungen ungegründet. Wir haben gesehen, daß die Fortwälzungen vielfach vom Steuergesetz gewollt, daß die Rückwälzungen schwer durchzuführen, bei manchen Steuern von geringer Bedeutung, durch ein niederes Steuerausmaß leicht in ihren Wirkungen abzuschwächen sind, daß durch Abwälzungen die Reihenfolge der Ueberwälzungen

---

[1] Hoffmann S. 60; Garnier 187.

abgebrochen und beendet und die Last der Steuer wesentlich vermindert wird und daß die Folgen der Steuerwegschiebungen sich im Gange des Verkehrs vielfach durch Steuerzuschiebungen ausgleichen, alles Beweise, daß die Ueberwälzungen für die Aufrechthaltung des vom Staate gewollten Steuersystems weit weniger gefährlich sind als man annimmt, und daß der Staat durch Wahl der Steuerobjekte, der Steuereinhebungsmethoden und des Ausmaßes der Steuer und vor allem durch eine geschickte Verbindung der einzelnen Steuern, das Steuersystem,[1] die Mittel besitze, die Folgen der Ueberwälzung auf ein Minimum zu beschränken.

Wir haben endlich erkannt, daß die von der Theorie aufgestellten aber von der Praxis angefochtenen zwei Ursteuern, die Einkommen- und die Personalsteuer, jene sind, welche keine Ueberwälzung zulassen, und daß bei den die Personalsteuer ersetzenden, entsprechend bemessenen Verzehrungssteuern die Ueberwälzung auf denjenigen, welchen der Staat durch die Steuer wirklich treffen will, in der Regel im vollen Maße sich vollziehe. Bei der dritten Ursteuer, den Entgelten für besondere Dienste, hängt die Ueberwälzung von der Beschaffenheit dieser Dienste ab, nämlich ob sie als Elemente der Produktion bestimmter Waaren (hieher gehören die Dienste, für welche Weg- und Waggelder, Niederlagsgebühren u. dgl. bezahlt werden) oder als Bestandtheile der allgemeinen Regie (z. B. die Dienste, auf denen das Briefporto, die Cimentirungsgebühren u. dgl. beruhen) oder als persönliche Genüsse (z. B. Titel und Würden) erscheinen; in der Regel tritt hier die Ueberwälzung ganz im Sinne des Steuergesetzes ein. Es gibt also ein rationelles Steuersystem, das durch die Folgen der Ueberwälzung in seinem Wesen nicht alterirt wird.

Endlich, anknüpfend an das, was wir (§. 16) über den durch die Steuer wachsenden Werth des Steuerobjektes sagten, müssen wir auch der Ueberwälzung der Steuer die Ueberwälzung der

---

[1] Stein S. 181—182.

Steuerverwendungen entgegen stellen. Die Grundsteuer in einem Lande ist hoch, aber der Staat ist der größte Käufer der Grunderzeugnisse; die Städte werden durch hohe Consumtionssteuern belastet, aber die größten Ausgaben des Staates concentriren sich in den Städten;[1] die hohen Abgaben würden den Unternehmer zwingen, den Lohn seiner Arbeiter zu verkürzen, aber die Bestellungen des Staates entheben ihn dieser Nothwendigkeit. Jedenfalls hat es der Staat in der Gewalt durch die Art und den Ort seiner Verwendungen vorhandene Ungerechtigkeiten in der Steuerbelegung auszugleichen. Aber auch in einer höheren Beziehung soll der Staat durch die Verwendung der Steuern ausgleichen, indem er die Ursachen des ungleichen Steuerdrucks hebt. Das Volksvermögen ist zu ungleich vertheilt, wenigen sehr Reichen steht eine große Masse Proletarier gegenüber und der Mittelstand hat sich noch nicht entwickelt, der Staat hilft, indem er die Steuern zur Gründung von Schulen, Aufhebung der bäuerlichen Lasten und des Gewerbezwanges, Herstellung von Communikationswegen, Emporhebung der durch Bildung und Kenntnisse und erfolgreiche praktische Thätigkeit sich Auszeichnenden verwendet. Oft geschieht freilich das Gegentheil und die Steuerverwendung vergrößert die Ursachen und Uebel der ungleichen Besteuerung. Es ist kein Zweifel, daß in Frankreich das so nachtheilige Abströmen der ländlichen Bevölkerung in die Städte, außer der großen Belastung des Grundeigenthums und der Erschwerung des Kredits durch das Enregistrement, den großen Bauten zuzuschreiben ist, welche der Staat und die Gemeinde in den Städten vollführen, und daß dort die große Zunahme der müßigen Klasse der Rentner eben so in der Zunahme der Staatsschuld als in der Steuerfreiheit dieser Art des Einkommens gegenüber der hohen Belegung des werbenden Vermögens zu suchen ist.

[1] Nach Leonce de Lavergne (Garnier, 264) werden von den Staatsausgaben Frankreichs 877 Mill. Fr. in Paris ausgegeben, nur in 7 Departements sind die Ausgaben höher als die Einnahmen, in 76 sind sie kleiner, oft um mehr als die Hälfte.

18.

Mit der Lehre von der Ueberwälzung hätten wir den allgemeinen Theil der Steuern abgeschlossen. Von der Betrachtung der Rechtmäßigkeit und volkswirthschaftlichen Nothwendigkeit der Steuer ausgehend (§§. 1 und 2), sind wir zur Festsetzung der Regeln, welche bei ihrer Einführung, Umlage, Verwaltung und Einhebung als Richtschnur dienen (§§. 3—11), vorgeschritten, haben aus diesen sowohl die von der Theorie gegebenen Ursteuern (§§. 4 und 13) als die verschiedenen Einhebungs- und Zahlungsformen (§§. 11 und 12) und die Steuerkategorien, in welche die Praxis jene Ursteuern zu umstalten versucht (§. 14), abgeleitet und haben mit der Darstellung der Folgen der Steuern (§§. 15—17) geendet. Wir schreiten nun zur Besprechung der einzelnen öffentlichen Abgaben, doch haben wir an diesem Platze einige Mißverständnisse abzuwehren, denen unsere Darstellung ausgesetzt erscheint:

Was wir aus allgemeinen Regeln in streng logischer Schlußfolge abgeleitet haben, ist in der Wirklichkeit nicht auf gleiche Weise entstanden. Historische Veranlassungen, Bedürfnisse und Einfälle des Augenblicks haben zur Einführung und Umstaltung dieser oder jener Steuer weit mehr beigetragen als philosophische Betrachtungen und vor allem ist die alte Wahrheit nicht zu übersehen, die von Thünen und Roscher mit so vielem Scharfsinne auch in der Volks- und Staatswirthschaft geltend gemacht haben: daß sich nicht Jedes für alles schicke. Jedes Volk und jede Zeit haben ihr eigenes Ideal, und erst diese Ideale in ihrem Neben- und Nacheinander bilden die Stufen und das Ziel der menschlichen Entwicklung. Also geht es auch in der Staatswirthschaft. In den Anfängen des Staates ist es meist die Domäne und das Regale, aus denen seine materiellen Ausgaben bestritten werden, die nothwendigen Arbeitsleistungen werden unentgeltlich vom Volke selbst verrichtet; es ist eine höhere Stufe der Entwicklung, wo eine Theilung der Arbeit eintritt, die Mehrzahl der für die Staatszwecke erforderlichen Leistungen von besoldeten Dienern bestritten wird und bei dem Reste der Bevölkerung an Stelle des persönlichen Dienstes directe Abgaben treten. Und eine lange und inhaltreiche Geschichte, ein hochentwickeltes Bewußtseyn von den idealen Aufgaben des Staates und des inneren Zusammenhangs seiner Glieder setzt der moderne Staatshaushalt mit der Mannigfaltigkeit seines Abgaben= systems, seinen Kapitalsanlagen und Schulden, der regelrechten Verwaltung und Controle, dem Staatsvoranschlage und der Staats= schlußrechnung, dem Inventare des Staatsvermögens und dem Gleichgewichte zwischen freier Bewegung und strenger Verantwort= lichkeit in der Gebahrung voraus.

Was wir hier im Nacheinander der Zeiten sich entwickeln sahen, stellt sich uns auch im Nebeneinander des Raumes dar. Jede wissenschaftliche, religiöse, politische und volkswirthschaftliche Entwicklungsstufe fordert ein eigenthümliches Steuersystem. In den großen Agriculturstaaten wird stets die Grundsteuer eine der Haupt= abgaben bleiben, nur in Rußland, wo der Bauer bis in die letzte Zeit kein Grundeigenthum besaß, mußte sie durch eine Steuer vom persönlichen Verdienst ersetzt werden. In dem Maße als die Industrie und vor allem das freie Kapital sich vermehrt, tritt sie zurück. Als die Grundsteuer 1696 in England eingeführt wurde, betrug sie 40 Proc. der Staatseinnahmen, noch unter Walpole in der ersten Hälfte des 18. Jahrhunderts belief sie sich auf 23 Proc., jetzt nicht auf 1 Proc.[1] Die Stempel von Rechtsgeschäften und viele Ver= brauchsabgaben sind in Holland aufgetaucht, wo das kostspielig und mühsam dem Meere abgerungene Land eine hohe Grundsteuer nicht gestattete, lange und unglückliche Kriege die Staatsbedürfnisse gesteigert hatten und die Dichtheit der Bevölkerung, so wie der lebhafte Verkehr einen reichen Ertrag jener Abgaben in Aussicht stellten. So lange das kirchliche Verbot des Zinsennehmens auf= recht erhalten wurde, konnte die Rente nicht besteuert werden; nur der Fortschritt der Volkswirthschaftslehre ermöglichte die Aufhebung der Kornzölle und die Vereinfachung des Zolltarifs in England, wiewohl das jetzige Zollsystem, welches alle Industrieerzeugnisse

---

[1] Hendriks: on the statistics of the british land-tax assessments im Journal der statistischen Gesellschaft, September 1857.

zollfrei zuläßt, nicht der Wissenschaft, sondern dem Bewußtseyn des Engländers von der Superiorität seiner Industrie den Ursprung verdankt.

Aber trotz des Werthes, der auf Statistik und Geschichte zu legen, ist es nothwendig, und hierin liegt die Rechtfertigung unserer Methode, jenes Ziel der Fortbildung klar und fest hinzustellen und alle Folgerungen zu entwickeln, die sich aus demselben für Richtung und Gang der staatswirthschaftlichen Bestrebungen ergeben. Es ist dieß die Synthese, welche sich der analytischen Betrachtung als berichtigende Ergänzung und Probe mit Nothwendigkeit anschließt und zugleich die höchste Aufgabe der Wissenschaft enthält.

Unsere Steuertheorie erkennt die Nothwendigkeit dreier Ursteuern an, von denen die eine, die Entgelte für besondere Dienste, an und für sich eine große Mannigfaltigkeit in sich schließt, und sie läßt auch an Stelle der Personalsteuer eine oder mehrere Verzehrungssteuern zu. Damit soll aber weder der Vervielfältigung der Steuern, der wir in der Praxis begegnen, und noch viel weniger den verkehrten Combinationen derselben und den daraus hervorgehenden Doppelbesteuerungen das Wort geführt werden. Eine allzugroße Zahl Steuern vervielfältigt die Amtshandlungen und die Kosten der Einhebung; treffen sie verschiedene Objekte, so läßt sich ihre Gesammtwirkung nicht beurtheilen und jedenfalls belasten sie schwer den Verkehr; treffen sie ein und dasselbe Objekt, so wird der einzelne Steuerpflichtige durch die Summation der Lasten erdrückt. Die Unzahl einzelner Taxen, welche den inneren Verkehr Englands erschweren, ist mit besserer Einsicht auf einzelne wenige besonders einträgliche zurückgeführt worden und gleichmäßig wurden dort die Zölle auf einige wenige Artikel großen Verbrauchs beschränkt; wenn in Frankreich dasselbe Rechtsgeschäft dem Stempel, dem Enregistrement, der Hypotheken= und der Gerichtskanzleigebühr (droit de greffe) unterliegt, so ist dieß sicherlich eine eben so unzweckmäßige als drückende Maßregel; die Verbindung der Grundsteuer mit den Vermögen=Uebertragungsgebühren wird oft zu einer unerschwinglichen Bürde, besonders wo die Grundsteuer hoch ist, der Werth der Grundstücke mit einem Vielfachen der davon zu entrichtenden Steuer angenommen, die Schnelle der Aufeinanderfolge der Besitzveränderungen nicht berücksichtigt wird.

Wir haben anerkannt, daß jeder Steuer, sowohl den drei Ursteuern als den aus ihnen abgeleiteten und sie ersetzenden, eigenthümliche Gebrechen ankleben, daß bei ihrer Festsetzung und Durchführung bestimmte Grundsätze und Regeln zu beachten sind, und daß durch Ueberwälzung und Abwälzung sich ihre Wirkungen mannigfach gegen die Absicht des Steuergesetzes ändern. Jede Steuer bedarf daher des Probirsteins der Erfahrung, um für billig, nachhaltig, den Vortheil des Staates und die Last des Volkes gerecht erwägend erkannt zu werden. Steigt das Erträgniß gleichmäßig mit dem Wohlstande des Volkes, Zahl und Umfang der besteuerten Unternehmungen und wird von der Steuer gleichwie von einer guten Hausfrau wenig gesprochen, so ist der Erfahrungsbeweis der Güte hergestellt; wird gegen die Steuer bloß gesprochen, ohne daß die erwähnten materiellen Belege gegen sie zeugen, so sind wahrscheinlich einzelne Mängel der Verwaltung oder Härten der Controle Schuld, doch erwäge man wohl, ob nicht Eigennutz, Vorurtheil, politische Mißstimmung, vorübergehende der Steuer ferne liegende Verhältnisse der Klage zu Grunde liegen. Nicht bloß in China, sondern in allen Staaten, wo die Regierung die Stelle einer alles durchdringenden und lenkenden Vorsehung übernimmt, geschieht es, daß man sie und ihre Maßregeln auch für das Ausbleiben des Regens und die Härte des Winters verantwortlich hält.

Erklären sich die Thatsachen gegen die Steuer, so sind die eindringlichsten Forschungen vonnöthen, wo der Fehler liege, in der Höhe der Abgabe, in der Form ihrer Einhebung oder der Art ihrer Durchführung, und der Forschung hat die schnellste Abhülfe zu folgen. Weist die Forschung auf einen Fehler in der Steuergesetzgebung (nicht in der Steuerverwaltung) hin, so ist sie unvollständig oder ungründlich, wenn sie nicht genau den in der Theorie begangenen Irrthum nachweist, und der gleiche Vorwurf trifft die versuchte Abhülfe, wenn sie nicht auf der berichtigten Theorie beruht, denn das ist die Eigenthümlichkeit jeder Wissenschaft, die gleichzeitig dem apriorischen Denken und der Erfahrung entstammt, daß eine Erkenntnißquelle die andere bereichert und berichtigt.

Unsere Darstellung hält sich endlich strenge an die Sache und nicht an die Namen, mit welchen eine Steuer in diesem oder jenem Lande bezeichnet wird. Die entgegengesetzte Maxime führt zu manchen Täuschungen, indem die Finanzverwaltungen oft mit demselben Namen ganz verschiedene Steuern oder die gleiche Steuer mit verschiedenen Namen belegen. Die Mahl- und Schlachtsteuer in Preußen ist in gewissen größeren Orten eine Consumtions-, auf dem flachen Lande war sie bis vor wenigen Jahren ein Gemisch einer Personal- und einer klassificirten Einkommensteuer; in der Form einer Stempelabgabe werden Erwerbs-, Gerichtsgebühren und Verbrauchsabgaben eingehoben; die Consumtionsabgabe von Tabak wird in vielen Ländern in Form eines Monopols, in England in Form eines Zolls (verbunden mit dem Verbot der Erzeugung im Lande), in anderen Staaten in Form einer Grund- und einer Fabrikationsabgabe eingebracht. Man ist vor solchen Täuschungen bewahrt, wenn man sich strenge an die Schlußfolgen der Theorie hält: Jede Steuer auf ein bestimmtes Erzeugniß, in welcher Form sie immer erscheine, ist nichts anderes als eine Verbrauchsabgabe; eine Steuer auf Rechtsakte und Rechtsurkunden, so lange sie nicht im Verhältnisse zu den Werthen, auf welche sie sich beziehen, steigt, ist eine Gerichts-, im entgegengesetzten Falle eine Erwerbsgebühr; eine Steuer, der ein besonderer vom Staate dem Steuerpflichtigen geleisteter Dienst vorausgeht oder folgt, ist ein Entgelt für besondere Dienste, jede Steuer auf Elemente des höheren Lebensgenusses eine Luxussteuer, auf Elemente des Ertrags eine Ertragssteuer (nach der Art des Ertrags eine Grund-, Häuser-, Gewerbe-, Renten-, Besoldungssteuer u. s. w.), eine Steuer auf Personen, die für alle gleich ist, eine Personalsteuer, und nur eine Steuer, welche nach dem freien Ueberschusse des Gesammteinkommens einer Person sich richtet, eine Einkommensteuer.

Die Reihenfolge, in welcher wir die einzelnen öffentlichen

Abgaben abhandeln, ist folgende: Die Einkommen- und die Personalsteuer, als bereits zu Genüge besprochen, ganz übergehend, beginnen wir mit den Zöllen und den Verbrauchsabgaben, welche beide
vertreten, gehen zu den Ertragssteuern und den Erwerbsgebühren
über, in welche die Einkommensteuer für sich allein aufgelöst zu
werden pflegt, und schließen mit den Entgelten für besondere Dienste.

Für diese, von der gewöhnlichen allerdings abweichende Ordnung redet auch der so natürliche fortschreitende Gang vom Allgemeinen zum Besonderen das Wort. Bei den Zöllen erscheint das gesammte Staatsgebiet als der Träger der Steuer, an seinen Grenzen
wird sie erhoben, bei den Verbrauchsabgaben sind es in der Regel
ganze Gewerbsklassen oder Ortsgebiete, welche die Steuer für den
Einzelnen vorstrecken, während bei den Ertragssteuern der Einzelne auf einer bleibenden oder höchst selten in weit aus einander
gelegenen Momenten sich ändernden Grundlage und bei den Erwerbsgebühren und den Entgelten der Einzelne in jeder seiner einzelnen
Handlungen es ist, an welchen die Steuerforderung gerichtet wird.

B. Die einzelnen öffentlichen Abgaben.

a) Die Zölle.

19.

Unter den Zöllen [1] versteht man jene Abgaben, welche bei der Ein-, Aus- oder Durchfuhr der Waaren entrichtet werden.

Wir haben die Nothwendigkeit des Zolls als einer Steuer auf das Einkommen, welches der Fremde durch den Waarenverkehr im Inlande findet, bereits (§. 14) begründet. Aber wir dürfen es nicht verhehlen, jene von diesem Standpunkt aus gewollte Wirkung der Steuer tritt bei Einfuhrswaaren nur dann ein, wenn entweder der Fremde, der die Waare verzollt, den Zoll nicht auf den inländischen Verkäufer fortzuwälzen vermag, oder wenn die Waare zwar der Inländer verzollt, allein seine Versuche, den Zoll auf den fremden Verkäufer rückzuwälzen, gelingen. In jedem anderen Falle hat der Einfuhrszoll den Charakter der Verbrauchsabgaben und er ist auch vielfach eine der für die letzteren gewählten Einhebungsformen. Umgekehrt hat der Ausfuhrzoll, je nachdem er in Folge der Gesetze des Marktes den Einen oder den Anderen trifft, für den Fremden den Charakter der Verbrauchsabgabe, für den Inländer den einer Ertragssteuer. Der Durchfuhrzoll ist für alle drei von ihm möglicherweise getroffenen Interessenten, den ausländischen Verkäufer, den ausländischen Käufer und den inländischen Transportunternehmer, eine Ertragsabgabe, für jene vom Gewinne an der Waare, für diesen vom Gewinne an dem Frachtlohne.

---

[1] Rau II, §§. 443—462; Stein S. 383—406; Umpfenbach §§. 106—110.

Die Wissenschaft spricht sich übrigens sowohl gegen Ausfuhr- wie gegen Durchfuhrzölle aus. Beide treffen entweder den Gewinn des Inländers und dann sind sie eine Doppelbesteuerung, da dieser Gewinn durch die Gewerbe- oder die Einkommensteuer oder sonst eine letztere vertretende Abgabe bereits getroffen ist, oder sie treffen den Ausländer, und dann fehlt es an jedem Rechtsgrunde, ihn (bei dem Ausfuhrzoll) mit einer Verbrauchsabgabe oder (bei dem Durchfuhrzoll) mit einer Ertragsteuer für einen Gewinn, den er im Inlande nicht gemacht hat und nicht machen kann, zu belegen.

Was die Ausfuhr betrifft, ist auch die Praxis immer mehr von der Besteuerung abgegangen und hat zuletzt mit Ausnahme geringer Controlsabgaben die Ausgangszölle fast nur auf Rohstoffe gelegt, letzteres, so weit sie sich bloß durch Steuerrücksichten leiten ließ, gewissermaßen zum Ersatze der Steuer, welche der Staat, wenn der Stoff im Lande verblieben wäre, von den zur weiteren Verarbeitung desselben verwendeten Werthen erhalten hätte. Da aber diese Werthe durch Unterlassung jener Verwendung nicht verloren gegangen sind und die stattgefundene Ausfuhr eben zeigt, daß sie für den Exporteur und somit auch für den an dessen Gewinne betheiligten Staatsschatz vortheilhafter war als die Rückbehaltung im Lande, so entfällt auch dieser Grund der Besteuerung.

Der Durchfuhrzoll hat offenbar historisch in jener wenig volkswirthschaftlichen Ansicht ihren Grund, welche die Oeffnung der Landeswege für den Waarendurchzug und die Nichtberaubung und die Sicherung der durchziehenden Waaren gegen die Angriffe Dritter als eine der Fremde erwiesene Gnade betrachtete, welche baar zu bezahlen jener mit Fug zugemuthet werden könne; unter diesem Gesichtspunkte erscheinen die Durchfuhrzölle als die Geleitsgelder, wie sie unsere alten reichsherrlichen Dynasten von den durchziehenden Kaufleuten einhoben und wie sie noch jetzt der Beduine den Reisenden der Wüste abdringt. Vielfach vertreten sie auch die Stelle des Entgelts für die Erhaltung der Land- und Wasserstraßen, auf denen der Transit sich bewegt. Im deutschen Zollverein, so

lange er noch Durchfuhrzölle erhob, behauptete diese Ansicht eine
große praktische Bedeutung. Auf jenen Durchfuhrstraßen, wo bloß
Wasserzölle eingehoben wurden, fielen die Durchfuhrzölle weg, auf
jenen, die theils zu Wasser und theils zu Lande durchzogen wurden,
griffen theils Wasser=, theils Durchfuhrzölle Platz und längs des
Rheins, wo die einzelnen Uferstaaten sorgsam darüber wachten,
daß nicht der Verkehr künstlich von ihnen ab= und zu ihren con=
currirenden oberen oder unteren Nachbarn hingeleitet werde, wurde
durch sehr verwickelte Abstufungen der Durchfuhrzölle dafür gesorgt,
daß die Summe jener Wasser= und Durchzölle auf allen großen den
Rhein benützenden Durchfuhrstraßen genau denselben Betrag erreiche.

Es war ein Glück für die Durchfuhr, daß gerade in den
älteren fiskalischen Zeiten die Langsamkeit und Schwierigkeit des
Transports die Summe Geldes, welche der Durchfuhrhandel im
durchzogenen Lande zurückließ, sehr hoch anwachsen ließ und
allmälig concurrirende Durchzugsländer heraustraten, beide Um=
stände zusammen nöthigten das fiskalische Interesse zurücktreten zu
lassen und so sanken fast überall die Durchfuhrzölle auf sehr geringe
Beträge herab und traten theilweise Durchfuhrzoll=Befreiungen ein.
Das Entstehen der Eisenbahnen, in deren Fracht ohnehin neben
dem Entgelt für den Transport eines für die Benützung der Straße
enthalten ist, hat endlich vielleicht mehr noch als der Einfluß der
Wissenschaft die gänzliche Zollfreiheit der Durchfuhr in den Haupt=
staaten Europa's, England, Frankreich, dem Zollverein, Oesterreich
und Italien herbeigeführt.

Wie für die Aus= und Durchfuhr die Zollfreiheit, bildet für
die Einfuhr die Zollpflicht die Regel, allein eine mit sehr zahl=
reichen Ausnahmen: Vom Zolle befreit sind alle Gegenstände nicht
ökonomischen Werthes, in denen diese ihre höhere Eigenschaft klar
hervortritt, also Leichen und Skelette, naturhistorische oder ethno=
graphische Sammlungen, Kunstwerke, Gegenstände öffentlichen Nutzens,
ferner Gegenstände des täglichen Grenzverkehrs, solche geringer Ge=
bühr, wo die Amtshandlung dem Staate Kosten und dem Pflichtigen
Belästigungen von unverhältnißmäßiger Höhe verursachen würde, die

Effekten der Reisenden, der Zuheirathenden, der Ansiedelnden, das Handwerksgeräthe u. drgl. m. Wird auf den Zoll als Abgabe auf das Einkommen der Fremden verzichtet, und derselbe nur insoweit beibehalten, als er als Verbrauchsabgabe sich herausstellt, so tritt Steuerfreiheit in noch größerem Maßstabe ein, allein hierüber kann erst später (§. 22) gesprochen werden.

Aus Anlaß des Zollverfahrens werden außer den Zöllen noch manche andere Nebengebühren eingehoben: sogenannte Controls= abgaben, welche bestimmt sind, bei der an und für sich zoll= freien Aus= und Durchfuhr oder den steuerfreien Gegenständen der Einfuhr die Richtigkeit der zu statistischen Zwecken erforderlichen Ansagen zu verbürgen, das Zettelgeld für die Ausfertigung der benöthigten ämtlichen Urkunden, das Waggeld für die amtliche Er= hebung des Gewichts, das Siegelgeld für die Anlegung des amt= lichen Verschlusses oder der amtlichen Bezeichnung zur Festhaltung der Identität der Waare, das Lagergeld für die Aufbewahrung der Waare in der amtlichen Niederlage, mannigfache Gebühren für die manipulirenden Beamten und Diener, besonders wenn sie außer den Ort ihrer regelmäßigen amtlichen Thätigkeit sich begeben oder einen Dienst leisten sollen, welcher eigentlich dem Steuerpflichtigen selbst obläge, z. B. die Auf= und Abladung oder Ent= und Ver= packung der Waare. Vom wissenschaftlichen wie vom praktischen Standpunkte ist die thunlichste Beseitigung dieser kleinlichen und theilweise ungerechten Abgaben (vrgl. §. 5) wünschenswerth, mit Ausnahme jener, welche ein Entgelt für Dienste darstellen, die nicht für den Staat, sondern für den Versteuernden nothwendig sind, oder welche den Zweck haben, sonst naheliegenden Mißbrauch der Kräfte des Staates oder seiner Beamten zu verhüten.

Jeder Zoll setzt die Existenz eines Zollgebietes, d. i. eines von allen anderen abgeschlossenen Landes voraus, in dem er ein= gehoben werden soll, die abschließende Grenze heißt die Zolllinie. Gewöhnlich ist das Zollgebiet dem Staatsgebiete gleich und der abstrakten Forderung der Gleichheit vor dem Gesetze nach soll es so seyn; aber mannigfache Gründe treten der ausnahmslosen

Anwendung dieses Grundsatzes entgegen. Oft hat das Land Exklaven, ausspringende Spitzen, nach dem Ausland offene, nach dem Innern unzugängliche Thäler, deren Einbeziehung ins Zollsystem den Einwohnern unerträglich, deren zollämtliche Ueberwachung im Verhältnisse zu ihrem Zollertrage allzu kostspielig wäre; der Staat sucht in solchen Fällen sie den angrenzenden Zollgebieten einzuverleiben, und dagegen anderen Staaten gehörige Enklaven in sein Zollgebiet aufzunehmen, oder er läßt sie als Zollausschlüsse bestehen, wobei gewöhnlich eine direkte Abgabe (ein jährlicher Kanon) an die Stelle der Zölle tritt. Später sind Zollausschlüsse anderer Art aufgetaucht, große Handels-, namentlich Seestädte, die zur Erleichterung der Vermittlung, die sie dem Handel zwischen Orten des Auslandes bieten sollten, und zur Anlockung fremder Handelsleute, die hierdurch die Freiheit von jeder Controle des Waarenverkehrs und jeder diesen belastenden Abgabe erhielten, unter den Namen Freihäfen, Freistädte als Zollausschlüsse erklärt wurden.. Solche Zollausschlüsse sind aller Welt Ausland. Ihre Erzeugnisse haben den Markt des Mutterlandes verloren und keinen neuen diesen ersetzenden erlangt, eine großartige Waarenerzeugung, eine Industrie kann sich daher in ihnen nicht entwickeln, sie stehen dem Mutterstaat entfremdet gegenüber, die inländischen Waaren, die zu ihnen gelangen, verlieren ihre Nationalität und können nicht zollfrei zurückgebracht werden. Diese Städte werden daher selten, wozu sie doch durch ihre Lage in der Regel berufen wären, die großen Niederlagen des inländischen Handels. Ohne Industrie und ohne großartigen Export sind sie dem Import nur ausnahmsweise, nämlich dann eine willkommene Stätte, wenn ein großartiger Zwischenhandel sich entwickelt, dazu sind aber nur wenige durch ihre Lage besonders begünstigte Orte berufen und im Allgemeinen macht mit dem vorschreitenden und sich verallgemeinenden Handel der indirekte Verkehr d. i. jener mit Hülfe von Mittelorten, dem direkten zwischen dem Ursprungs- und dem Verbrauchsland immer mehr Raum. Das Loos der Freihäfen als Zollausschlüsse ist geworfen, in England und Frankreich existirt keiner mehr, Marseille datirt nach eigenem

Geständniß sein Gedeihen vom Augenblicke seiner Einbeziehung ins Zollgebiet,¹ die österreichischen Freihäfen am Mittelmeere stagniren und vielleicht hängt selbst der nachhaltige Flor Hamburgs und Bremens von ihrem baldigen Eintritt in den deutschen Zollverein ab. Es gibt übrigens Freihäfen in anderen Beziehungen, als jenen der Freiheit vom Zolle des Hinterlandes, nämlich in Beziehung auf die Befreiung von jeder Lokalgebühr, die nicht ein Entgelt für empfangene Leistungen ist, oder auf die Freiheit von gewissen in anderen Häfen des Landes namentlich die fremden Schiffe belastenden Schifffahrts= und Hafenabgaben, oder auf das Recht freier Niederlagen, in denen die Waaren unverzollt lagern dürfen. Von der ersten Art sind die großen Weltemporien in der Kapstadt und Singapore, von der zweiten Art ist Marseille, von der dritten sind die Freihäfen am Rhein Beispiele.

20.

Der eigentliche Steuerpflichtige ist beim Zolle dem Principe nach offenbar derjenige, welcher die Waare zum Amte bringt, der Waarenführer, wiewohl hie und da nicht er, sondern derjenige, welcher die Waaren sendet, als der Verpflichtete betrachtet wird — das Steuerobjekt sind die von ihm überbrachten Gegenstände —; der steuerbare Moment ist die Ueberschreitung der Zolllinie, das Steuermaß ist durch den Zolltarif gegeben. Die Ermittlung erfolgt auf Grund der Ansage des Steuerpflichtigen, der Waarenerklärung, und der Erprobung der Richtigkeit derselben durch den Steuerbeamten, der Revision; die Einhebung findet bei dem Amte selbst baar oder gegen Borgung statt. Die Controlen bestehen gegenüber den Steuerpflichtigen in der Beschränkung des Uebergangs über die Zolllinie auf gewisse Straßen und Stunden, die Ueberwachung der Zolllinie und des Gebietes in ihrer Nähe (des Grenzbezirks), welche für gewisse, dem Schmuggel besonders ausgesetzte Gegenstände verschärft wird, dann in Fällen besonderen

¹ Gesetz vom 10. September 1817.

Verdachtes in der Forderung der Ausweisung der geschehenen Verzollung, der Verpflichtung zu besonderen Buchführungen, dem Verbote, die Zollinie zu überschreiten, der Stellung unter Aufsicht, Leibes= und Hausdurchsuchungen; gegenüber den Steuerorganen in der Verpflichtung, jeden amtlichen Akt schriftlich festzustellen und wichtigere Amtshandlungen nur mehrere vereint oder unter Leitung eines höheren Beamten vorzunehmen, in der gegenseitigen Uebereinstimmung der Scripturen (bolletta madre et figlia), in öfteren Nachschauen, Ueberprüfungen, Vergleichung der ausgestellten Urkunden mit den Waaren, für welche sie ausgestellt worden.

Da wo sehr hohe Zölle und Ein= oder Ausfuhrverbote den Reiz zum Schmuggel und die Bemühungen ihn abzuwehren steigern, hat man noch andere Controlen erdacht: Man errichtet eine zweite, die erste controlirende Zollinie dort, wo der Grenzbezirk vom inneren Lande sich scheidet (innere Zollinie), man versieht die hoch belegten fremden Waaren zum Zeichen der geschehenen Verzollung und die entsprechenden inländischen zum Zeichen der inländischen Erzeugung mit besonderen Stämpeln, unterwirft sie den Transport= und Aufbewahrungscontrolen auch im Innern, läßt beim Eintritte in die großen Handelsstädte die Waaren einer Revision unterziehen, ob sich nicht fremde, unverzollte darunter befinden; die Grenze wird mit Graben und Wall umgeben, die nur an den Punkten, wo sich ein Amt befindet, sich öffnen; man entleert den Grenzbezirk von Einwohnern.

Die Bedürfnisse des Verkehrs erheischen mannigfache Abänderungen des Verfahrens. Die Verzollung an der Grenze widerstreitet oft den Interessen des Kaufmanns, weil er sich gerne die Verfügung über die Waare, ob sie im Lande verzollt oder wieder außer Land gesendet werden soll, für spätere Zeiten vorbehält, weil er den Zoll erst in einem dem wirklichen Absatz näheren Zeitpunkte auslegen möchte, oder weil die Verzollung an der Grenze ihm wegen der damit verbundenen Auspackung und Wiederverpackung der Waaren zu kostspielig, die Wiederverpackung allzu schwierig ist. Es wird also gestattet, die Waare unter Bürgschaft für Zoll und Strafe unverzollt an das Amt im Orte der Bestimmung zu transportiren (Begleitscheinverfahren, acquit-à-caution), aber hierdurch werden neue Controllen zur Sicherung dieser Stellung, sowie der Identität der versendeten mit der einlangenden Waare nothwendig. Ein ähnliches Verfahren wird zur Sicherung des Austrittes der Durchfuhrswaaren oder der inländischen Erzeugnisse, deren Austritt aus Steuerrücksichten erwiesen werden soll, dann für den Verkehr solcher inländischer Waaren vorgezeichnet, die auf ihrem Wege von einem Landestheile zum andern fremdes Gebiet oder die See durchziehen. Es gibt endlich Waaren, die auf Messen oder Märkte oder überhaupt zu Verkaufsversuchen oder um eine weitere Bearbeitung zu erhalten, über die Zolllinie aus- oder eingeführt werden und denen sowohl beim Hin- als Rückweg die Zollfreiheit gewährt werden soll; auch hier sind besondere, dem Begleitscheinverfahren nachgebildete Controlen zur Verhütung nahe liegenden Unterschleifs erforderlich.

Selbst am Orte der Bestimmung wird die Waare nicht gleich bezogen, sondern bleibt in der ämtlichen Niederlage, wird getheilt, und in Theilmengen weiter gesendet oder verzollt. Oft hat die Waare in der ämtlichen Niederlage nicht Platz, sie soll einer Lüftung, Reinigung, Sortirung unterzogen werden, wozu im Amte die Vorrichtungen fehlen oder wodurch die Waaren anderer Hinterleger leiden könnten, es wird daher gestattet, unter sichernden Controlen in Privatmagazinen zu speichern. Daher Reglements über wirkliche und fictive Niederlagen (entrepôts réels et fictifs). Die Strenge der Zollvorschriften bedarf endlich hie und da der Ermäßigung, wo es sich mehr um den Verkehr der Personen als der Sachen, oder um einen sehr beschleunigten, häufigen und umfangreichen Waarenverkehr handelt und die volle Strenge zu großen Aufenthalt verursachte; hieher gehören die Begünstigungen für den Verkehr der Reisenden, Posten, Dampfschiffe oder sonstigen Schiffe unter Raumverschluß, Eisenbahnen.

Soweit der Zoll eine Consumtionsabgabe ist, fordert es die Gerechtigkeit, daß er für Gegenstände, die nicht im Lande consumirt,

sondern wieder ausgeführt werden, nicht gefordert oder zurück=
gestellt werde. (Drawback.) Bleiben die Gegenstände während
ihres Aufenthaltes im Lande unter ämtlicher Verwahrung, so unter=
liegt der Vollzug dieser Forderung keinem Anstande, sind sie aber
bereits in den freien Verkehr übergegangen, so entstehen die Zwei=
fel, ob die ausgeführten Gegenstände vielleicht nicht ausländischen
sondern inländischen Ursprungs, ob sie nicht havarirte oder sonst
schwer verkäufliche Lagerrückstände sind, ob nicht die Rückausfuhr
zur Erschleichung der Restitution fingirt werden wolle. Darum
wird die Restitution auf Gegenstände unzweifelhaften ausländischen
Ursprungs beschränkt und zwar auf solche, welche als Stoffe zu
Erzeugnissen des Inlandes dienten (z. B. auf Baumwolle und Seide
in Ländern, wo diese Stoffe nicht erzeugt werden); die Rücksicht
auf die Industrie, welche ohne diesen Rückzoll die Concurrenz mit
den Erzeugnissen anderer Länder auf dritten Märkten nicht bestehen
könnte, drängt jene auf den etwaigen Verlust der Finanzen zurück.
Hie und da ist man in Sorge für gewisse bevorzugte Handelsorte
und =zweige wohl weiter gegangen und hat den Rückzoll auch auf
andere Waaren ausgedehnt, z. B. auf fremde Webewaaren in
Leipzig, auf fremde Weine in den Lagern der großen Weinhändler,
allein dann wurden die Waaren einer genauen Buchführung unter=
worfen und dessen ungeachtet erscheint die Gefahr des Unterschleifs
nicht beseitigt. Alle Besorgnisse verschwinden, wenn der Gegenstand
ein solcher ist, der bei der Erzeugung im Innern einer dem Zoll
gleichen Consumtionsabgabe unterliegt, z. B. der Zucker in Frank=
reich, dann ist durch den Rückzoll eine Benachtheiligung der Finanzen
nicht möglich.

Wird ein Rückzoll für Waaren bewilligt, die sowohl aus frem=
den als aus inländischen Stoffen erzeugt werden können, oder in
einem höheren Ausmaße als dem im ausgeführten Erzeugnisse ent=
haltenen fremden Rohstoffe entspricht (wie für Schafwollwaaren in
Frankreich oder für Rohzucker in den Niederlanden); so nimmt er
den Charakter einer Ausfuhrprämie an, und zwar kömmt sie
im zweiten Falle dem Fabrikanten der Waare und im ersten dem

inländischen Erzeuger des Rohstoffs zu Gute, welcher, so lange der Markt zu seinen Gunsten sich neigt oder doch im Gleichgewicht steht, seine Stoffe um den ganzen Betrag des Rückzolles höher halten kann als das entsprechende Erzeugniß des Auslandes. Es gibt übrigens Ausfuhrprämien ohne Rücksicht auf die von der Waare bezahlte Steuer bloß im Interesse der „Hebung des Exports." Es ist klar, daß sie nichts als ein dem Auslande gemachtes Geschenk sind, denn durch dieselben erhält der Fremde die Waaren billiger und in dem einzigen Falle, wo die Prämie von dem eben geltend gemachten Standpunkte sich rechtfertigen ließe, nämlich falls die Waare ohne die Prämie nicht um den Kostenpreis abgesetzt werden könnte, sogar unter dem Kostenpreis.

Endlich, ob Rückzoll oder Ausfuhrprämie, der beabsichtigte Zweck würde vereitelt und dem Staatsschatz ein bedeutender Nachtheil zugefügt, wenn nicht strenge darauf gesehen würde, daß die Ausfuhr der begünstigten Waare wirklich stattfinde, darum wird die Waare unter Beobachtung des Begleitscheinverfahrens versendet und wird sie wenigstens einmal der innern Untersuchung unterzogen.

Der Zolltarif besteht, wenn auch nicht immer der Form, so doch der Sache nach aus zwei Theilen, einem allgemeinen, welcher die obersten Grundsätze und die Einrichtung des Tarifs darlegt, die aufgestellten Einheiten und Werthe näher erläutert und bestimmt und alles enthält, was nicht auf einzelne Waaren, sondern auf alle Waaren ohne Unterschied oder ganze Waarenabtheilungen Bezug nimmt, z. B. die allgemeinen Kriterien, ob eine Waare zollfrei sey oder einem Zolle und zwar einem allgemeinen (Grundzoll) oder einem besonderen Zoll unterliege, die Art der Bestimmung des Werthes und des Gewichtes der Waaren, die Behandlung gemengter, beschädigter, verdorbener Waaren, die Verzollungsbefugnisse der verschiedenen Kategorien der Aemter, den Weg der Beschwerde u. dgl. m. und dann einen besonderen, welcher die einem Zoll unterliegenden Gegenstände und die von jeder Einheit derselben entfallenden Zölle aufzählt. Die Aufzählung ist entweder eine alphabetische oder systematische. Sind der zollpflichtigen

Waaren nur wenige, aus keinem anderen Grunde, als weil sie sich für Consumtionsabgaben eignen, ausgewählte, so ist die alphabetische Ordnung die beste, weil sie das Auffinden erleichtert und die Gleichheit des Besteuerungsmotivs jede andere Ordnung als willkürlich erscheinen läßt. Auf solche Weise geht England vor. Sind aber der zollbaren Gegenstände viele, mit zahlreichen Zollabstufungen, und geht die Belegung nicht bloß von Steuermotiven, sondern auch von anderen Rücksichten aus, z. B. jener der Erleichterung der einheimischen Industrie im Bezuge ihrer Roh- und Hülfsstoffe und des Schutzes derselben gegen fremde Concurrenz, der sich nach dem Werthe der auf die Waare verwendeten Arbeit steigert, dann ist die alphabetische Ordnung vom Uebel, weil sie das Auffinden nicht erleichtert und auf den Tarif den Schein der Willkür und Verwicklung wirft. Das System des Tarifs soll aber kein anderes als das der Besteuerung selbst seyn, also unter der gegebenen Voraussetzung mit jenen beginnen, wo der Zoll bloß als Consumtionsabgabe erscheint, dann die Roh- und Hülfsstoffe der Industrie und zuletzt, von den Halbfabrikaten beginnend und mit den Waaren aus edlen Metallen schließend, die Industrieerzeugnisse selbst aufzählen. Ungefähr auf solche Weise ist der österreichische Tarif [1] verfaßt; jedes andere System, wie z. B. das des französischen Tarifs, dem die Eintheilung nach den drei Naturreichen zu Grunde liegt, ist willkürlich und leidet an den Uebeln des alphabetischen Tarifs. Sey aber nun der Tarif alphabetisch oder systematisch, so bald er sehr viele Waaren nennt und in zahlreichen Abstufungen belegt, ist neben dem Tarif ein Index, ein **alphabetisches Waarenverzeichniß** unentbehrlich, weil der Tarif doch nur die allgemeine Benennung, die Gattung angeben kann, und die Einreihung der einzelnen nach Beschaffenheit und Namen so mannigfaltigen und wechselnden Waaren unter die Gattung einer Führung bedarf. Doch, will man nicht in den Fehler der gleichzeitigen Geltung zweier Gesetze über denselben Gegenstand

---

[1] Gesetz vom 5. December 1853.

verfallen, so muß der Tarif das eigentliche Gesetz bleiben; das Waarenverzeichniß hat nur den Charakter eines Unterrichts, von welchem die Berufung an das Gesetz jederzeit gestattet seyn muß.

Welche Fehler der Systematik aber ein Tarif immer habe, ist er alt und in die Handels- und Beamtenwelt eingelebt, so besinne man sich sehr ihn abzuändern, man kürze die Sprache und die Schrift ab, erleichtere das Verständniß und seine Fehler sind vergessen; darum ist der Zollverein nicht sehr zu tadeln, daß er seinen Zoll=tarif bis nun beibehalten hat, ungeachtet derselbe allmälig durch Einschaltungen, Weglassungen, Abstufungen, Aenderungen aus ver=schiedenen Principien zu einem der systematisch schlechtesten in Europa geworden ist. Der Tarif des Zollvereins hat einen all=gemeinen niedrigen Satz (15 Sgr. der Zollctr.) für die im Tarif nicht genannten Waaren, nun erschöpft aber der Tarif nicht die Summe der Waarengattungen und unter den darin ausgelassenen sind solche, welche wegen ihrer Analogie mit den genannten und hoch belegten Waaren ohne Beeinträchtigung der Zollinteressen unmöglich zu jenem niedrigen Satze zugelassen werden können, daher die Nothwendigkeit durch das Waarenverzeichniß nachzuhelfen und daher enthält dieses den Charakter eines den Tarif derogiren=den Gesetzes und so lange dieses Verhältniß dauert, haben — nebenbei bemerkt — die Vereinsstaaten Recht, daß sie die Ver=fassung des Verzeichnisses nicht Preußen allein oder einem Staaten=ausschuß anheimgeben wollen. Der Vereinstarif hat ferner Schlag=worte von so zweideutiger und umfassender Bedeutung, z. B. Droguerien, Materialwaaren, daß Niemand ahnen kann, was alles darunter begriffen sey, er hat Positionen, welche bei 40—50 der verschiedenartigsten und für den Handel wie für den Zollertrag wichtigsten Waaren enthalten, während andere Positionen nur eine einzige, für das Zollinteresse unbedeutende Waare in sich schließen und zwei Positionen (P. 16 und 17) sogar ganz leer bleiben.

Wichtiger als die Anordnung des Tarifs ist die Maßeinheit und die Höhe der durch sie festgesetzten Zölle. Welches immer die Principien der Belegung waren, das einfachste und gerechteste sind der Theorie nach stets Werthzölle, das sind Zölle, die in Percenten des Werths der Waaren ausgedrückt sind. Die Waarengattung, die man mit einem bestimmten Zollsatze treffen will, zahlt gerade diesen, nicht mehr, nicht weniger. Den Werth muß der Zollpflichtige in seiner Waarenerklärung angeben; unter diesem Werthe wird der Marktpreis der Waare am Orte der Versendung mehr den Kosten des Transports bis zur Zolllinie des zolleinhebenden Staates verstanden. Gegen zu niedere Angabe sollen Certifikate von Behörden des Versendungs- oder Consulaten des Verzollungslandes und die bem Zollamte eingeräumte Gestattung helfen, die Waare, wenn der Steuerpflichtige auf seiner Angabe besteht, gegen ein (gewissermaßen den kaufmännischen Gewinn darstellendes) Aufgeld von 5—10 Proc. um den angegebenen Werth an sich zu lösen. In der Praxis begegnet diese Belegungsmethode allerdings großen Schwierigkeiten. Die Certifikate werden oft aus Gefälligkeit ohne Sachkunde und nähere Prüfung ausgestellt, die Verifikation durch den Zollbeamten ist daher unerläßlich. Diese fordert eine sehr genaue Revision; alle Merkmale erheben, welche auf den Werth schließen lassen, und nicht bloß die Waare erkennen, sondern auch ihren wechselnden Werth bestimmen, setzt Fachkenntnisse und eine Bekanntschaft mit dem Gange des Marktes voraus, wie sie wenige Zollbeamte besitzen, und noch viel weniger stehen der Behörde Männer zu Gebote, welche die Entscheidung des Beamten sachgemäß controlirten; alle Schwankungen der Waarenpreise fallen dem Zollpflichtigen zur Last, denn auch wenn der Preis während der Zwischenzeit von der Versendung bis zur Verzollung gefallen ist, wird nach seiner ursprünglichen Werthangabe verzollt, während wenn der Preis gestiegen ist, eine höhere Werthsangabe gefordert wird; das Vorkaufsrecht der Beamten kann leicht zum Schaden des Zollpflichtigen mißbraucht werden, nöthigt diesen durch nicht immer lautere Mittel die Gunst des Beamten zu gewinnen oder seine Werthschätzungen zu umgehen (z. B. dadurch, daß nur vereinzelte, an sich wenig werthvolle Bestandtheile zur Verzollung gebracht werden, lauter Untertassen, lauter linke

Handschuhe), veranlaßt letzteren sich in Waarenspekulationen einzulassen, die ihn wieder in manche gefährliche Verbindung mit Mäklern, Winkelhändlern u. dgl. bringen, endlich und hierin sehen wir den größten Nachtheil, ist der Werth etwas schwankendes und ungewisses, so daß er unmöglich bei allen Aemtern gleich bestimmt wird, daher Ungleichheiten in der Besteuerung und wenn sie länger andauern, Ableitungen des Handels aus seinen natürlichen Bahnen an jene Orte, wo die Waare am niedrigsten bewerthet wird. Dessenungeachtet thun Staaten, bei denen der ganze zollpflichtige Verkehr oder wenigstens jener mit den Waaren, die nach dem Werthe belegt sind, in wenigen sehr großen Aemtern sich zusammendrängt, z. B. England und Frankreich, wohl daran, bei den Werthzöllen zu verbleiben; die geringe Zahl der Aemter macht es möglich, Ungleichheiten zu vermeiden und ihre Größe Specialitäten für die Werthschätzung jeder einzelnen Waarengattung zu verwenden. Aber bei Staaten, wie Oesterreich oder der Zollverein, wo der Verkehr sich in eine Unzahl kleiner Aemter theilt, wären Werthzölle die ungerechteste und unzweckmäßigste Art der Zollbelegung. Hier bleibt nichts übrig als sogenannte specifische Zölle festzusetzen, solche, welche nicht nach dem Werthe der Waare, sondern in gewissen mit Rücksicht auf einzelne mit dem Werth der Waare in Zusammenhang stehende Merkmale bestimmten Abstufungen nach dem Gewichte oder überhaupt nach der Menge der Waare sich richten. Man unterscheidet z. B. bei Baumwollgeweben, ob sie roh, appretirt, bedruckt, dicht oder undicht sind, und bestimmt für jede dieser Arten einen eigenen Gewichtszoll.

Ob aber die Zölle specifische oder Werthzölle sind, sie müssen in dem Maße, als die Waaren denselben Werth in einem kleineren Gewicht und Volumen zusammendrängen, niedriger werden und es gibt in jedem Staat eine gewisse Grenze, welche ihr Ausmaß nicht ungestraft überschreiten darf.

Waaren von hohem Werth bei geringem Volumen werden so leicht verborgen und verführt, daß nur ein sehr geringer Zoll die Verlockung zum Schmuggel hindern kann, und überschreitet der Zoll

eine gewisse Grenze, die in jedem Lande mit Rücksicht auf den
Taglohn, den Zoll, die Strafe, die Umsicht der Finanzorgane, die
allgemeine Achtung vor dem Gesetze, die Neigung zu Wagnissen eine
andere ist aber nie fehlt, so wird er unfehlbar umgangen. Dort,
wo in einem Lande ein Monopol besteht, richtet sich die Grenze
meistens nach dem Monopolsgewinne, das Maximum des Zolls
kann nicht unter diesem Gewinne zurückbleiben, denn dasselbe Auf=
gebot an Kräften, welches das Monopol gegen das Mitgebot des
Auslandes schützt, wird auch einen andern Gegenstand, der in
gleichem Volumen gleichen Zollwerth enthält, zu schützen vermögen.
Aus diesem Grunde sind Gold= und Silberarbeiten, Bijouterien,
Spitzen, Stickereien u. dgl. nicht höher zu belegen, als andere
Waaren von weniger kostspieligen Stoffen und Kunstarbeiten; der
höchste Zoll des deutschen Zollvereins ist 110 Rthlr., jener Oester=
reichs der des durchschnittlichen Tabakmonopolgewinns, 262 fl. 50 kr.
für den Zollcentner.[1]

21.

Steuermotive sind es übrigens nicht, welche bisher ausschließ=
lich oder auch nur vorzugsweise die Höhe der Zölle bestimmten.
Der Zoll soll auch politischen oder volkswirthschaftlichen Zwecken
dienen, eine Verwaltungsmaßregel seyn. Durch ihn wurden An=
griffe und Repressalien gegen fremde Regierungen ausgeführt, er
wurde zu mannigfachen polizeilichen Zwecken benützt und haupt=
sächlich sollte er den Zutritt solcher fremder Waaren, deren Con=
currenz man fürchtete, auf dem inländischen Markt unmöglich
machen oder erschweren. Die hiebei leitenden Ideen sind unter dem
Namen des Prohibitiv= und des Schutzzollsystems bekannt
und sie beruhen theils auf dem antiquirten Merkantilsystem, welches,
da es im Gelde den einzigen Werth erblickte, alles anwendete und
selbst vor Einfuhrverboten (Prohibitionen) nicht zurückschreckte, um
nicht Geld für Waaren in's Ausland gehen zu lassen — einer

[1] Rau, Volkswirthschaftspflege, §§. 293—299.

Ansicht, über die wir kein Wort verlieren — theils lassen sie sich unter folgenden Gesichtspunkten zusammenfassen:[1] Der materielle Reichthum eines Landes wird allerdings dadurch gefördert, daß man dort kauft, wo man die Waare am billigsten bekömmt, sey es auch im Auslande, allein der materielle Reichthum ist nur die eine Seite des Nationalreichthums, die andere ist der geistige, die Summe der Reichthum schaffenden Kräfte, unter welchen die Gewerbsthätigkeit obenan steht, diese bedarf aber der Erziehung und Pflege. Sie kann nicht empor, wenn sie schon in den ersten Anfängen den ungleichen Kampf mit dem überwiegenden Kapital und der langen Erfahrung des Auslandes bestehen soll, darum sind diese Unterschiede durch Zölle auszugleichen. In der Einfuhr sind die Roh- und Hülfsstoffe, welche die Industrie benöthigt, zollfrei zuzulassen, die Halb- und Ganzfabrikate in dem Maße höher zu belegen, als die darauf verwendete Arbeit größere Werthe darstellt und für die inländischen Industriellen die Hoffnung näher liegt, die gleichen Fabrikate zu erzeugen. Die Ausfuhr der im Lande nur in beschränkter Menge erzeugbaren, für die Industrie benöthigten Rohstoffe ist durch Ausfuhrzölle zu erschweren. Alle diese Zölle sollen so hoch gegriffen seyn, daß sie den Verkehr wirklich verhindern oder doch sehr erschweren. Freilich vermindert sich hierdurch die Zolleinnahme des Staates, allein was er an Zöllen verliert, kommt ihm reichlich durch die inneren Steuern herein, welche ihm ein zahlreicher und gedeihender Arbeiterstand und die durch den Contakt mit einer dichten industriellen Bevölkerung sich bereichernden Grundbesitzer zahlen.

Diese Beweisführung hat offenbar zwei Lücken: sie weist nicht nach, daß die Entwicklung der Gewerbthätigkeit und der Steuerfähigkeit durch den Zollschutz mehr gedeihe als ohne denselben, und daß, wenn dieß wirklich der Fall wäre, der dadurch für Staat und Volk erwachsende Vortheil größer sey als die Vermehrung des Volkswohlstandes und der Zolleinnahmen bei einem

[1] List, Hildebrand, Stein, Carey, Knies.

freien Zollsystem. Jedes Land bietet dem einheimischen Gewerbsmanne große Vortheile gegenüber dem fremden durch die genaue Kenntniß der Hülfsquellen, Lebensgewohnheiten, Absatzkreise, abgesehen von der Ersparung an Zeitaufwand und Transportkosten, für viele Zweige der Industrie wiegen diese Vortheile jene des größeren Kapitals und der größeren Arbeiterfahrung auf. Die Entwicklung und Großziehung der produktiven Kräfte kann ohne Zollschutz durch Erziehung, Unterricht, Lecture, freie Institutionen erfolgen. Kapitalien sind frei beweglich und ziehen sich dorthin, wo sie die vortheilhafteste Anlage finden; sie fließen darum aus Ländern, wo sie sich im Uebermaß befinden, von selbst in jene ab, wo Mangel an denselben herrscht. Erfahrungen mußten von alten Industrien oft durch schwere Verluste erkauft werden, während eine neu entstehende dieselben unentgeltlich benützt, auch kann, was die eine Industrie durch größere Einübung ihrer Arbeiter und die Dauer ihrer Handelsverbindungen voraus hat, die andere durch größere Intelligenz und Gewandtheit ersetzen; das tägliche Leben bietet zahllose Beispiele solcher Erscheinungen. — Der Zollschutz bewirkt unfehlbar einen Zudrang zu den beschützten Gewerben, während andere vielleicht eine vortheilhaftere Verwendung des Kapitals und eine raschere und gedeihlichere Entwicklung der produktiven Kräfte hervorgerufen hätten. Der Verlust an materiellen Gütern und an der Zolleinnahme beim Prohibitiv- und Schutzzollsystem ist ein wirklicher, unvermeidlicher und ein solcher, der sowohl auf die Förderung als insbesondere auf die nutzhafte Verwendung der produktiven Kräfte zurückwirkt, die Steigerung der letzteren, die aus jenem Zollsystem hervorgehen soll, eine bloß gehoffte, ungewisse, durch die eben erwähnte Rückwirkung des Verlustes an Kapital jedenfalls geschwächte. — Allen Beispielen, die man anführt, wie durch Schutzzölle eine blühende Industrie geschaffen worden, läßt sich entgegnen, daß sie wahrscheinlich auch ohne dieses Hülfsmittel entstanden wäre, oder wenn sie desselben bedurfte oder vielleicht noch gegenwärtig nach langem Bestande bedarf, nicht zum volkswirthschaftlichen Nutzen betrieben werde. Die Rübenzuckerindustrie, die im Zollverein und in Oesterreich nur durch hohen Zollschutz gedeihen zu können erklärt, prosperirt in Frankreich unter weniger günstigen Bodenverhältnissen ohne jeden solchen Schutz. Als in Oesterreich 1852 die Einfuhrverbote und prohibitiven Zölle auf Eisen und Eisenwaaren aufgehoben wurden, erklärte die Eisenindustrie ihren Untergang bevorstehend; einige Monate später war sie durch die gestiegene Verwendung des Eisens im Stande, ihre Verkaufspreise zu erhöhen, und durch sechs Jahre hindurch, bis die große Handelskrisis des Jahres 1858 eine Stagnation in der Eisenverwendung hervorrief, ungeachtet mehrerer einander folgender Tarifsermäßigungen, stieg die Eisenerzeugung in ungleich höherem Verhältnisse als die Eiseneinfuhr. Man denke sich endlich die Maxime des Zollschutzes verallgemeinert, schon nach dem alten Kant'schen Moralprincipe die beste Probe der inneren Wahrheit eines Gesetzes, und man hat eine Reihe gegenseitiger Absperrungen, Retorsions- und Repressionsmaßregeln, welche jeden internationalen Verkehr unmöglich machen.

Einen der trefflichsten Erfahrungsbeweise gegen die Schutzzolltheorie hat André Cochut geführt.[1] Er hat die englischen und französischen Zustände während der Jahre 1820—1859 mit einander verglichen, einer Periode, während welcher in England das Freihandelssystem sich siegreich Bahn brach und in Frankreich die Prohibition und das schroffste Schutzzollsystem sich befestigten. Die Bevölkerung hat sich in England um 52.6 Proc., jährlich im Durchschnitt um $1/78$ vermehrt, in Frankreich nur um 11.8 Proc., oder jährlich um $1/309$. England hat seine Schuldenlast seit 1815 um mehr als 6000 Mill. Fr. vermindert, Frankreich dieselbe um mehr als 6.600 Mill., mit einer Zinsenlast von 180 Mill. Fr. vermehrt. Die Post hat 1859 in England 545 Mill. Briefe, mehr als 18 für einen Einwohner ausgegeben, in Frankreich 260 Mill. oder 7 für einen Einwohner. 1859 verführte die englische Handelsflotte 13 Mill. Tonnen, die französische 3 Mill., erstere bestand

---

[1] La politique du libre échange. IV. Progrès comparés de l'Angleterre et de la France. Revue de deux mondes, 1862. Bd. 1, 687 ꝛc.

Ende desselben Jahres aus 37.000 Schiffen mit einer Tragfähigkeit von mehr als 5 Mill. Tonnen, letztere aus 15.000 Schiffen mit etwas über 1 Mill. Tonnen, erstere vermehrt sich jährlich um 200.000 Tonnen, letztere stagnirt seit 1830, ungeachtet gerade ihr der Zollschutz am reichlichsten zugewendet ist. Das in Großbritannien in öffentlichen und Privatbanken für Wechselescompte, Vorschüsse u. dgl. verwendete Kapital wird auf 8000 Mill. Fr. geschätzt, in Frankreich auf 1500 Mill. Das Volkseinkommen Englands wird auf 21 Milliarden, jenes Frankreichs auf 16 Milliarden veranschlagt; auf eine englische Arbeiterfamilie (von 5 Personen) werden 1750 Fr., auf eine französische 1250 Fr. gerechnet, die Lebensmittelpreise in England sind seit der Aufhebung der Kornbill sehr gefallen, in London sind sie billiger als in Paris. Der Verbrauch an geistigen Getränken hat abgenommen, dagegen hat jener an Thee seit 1830 sich verdoppelt, an Zucker kommen in England 28 Zollpfund auf den Kopf, in Frankreich nur 10 Pfund. In England gab es 1859 bei 1½ Mill. Sparcassaeinlagen mit einem Kapitale von 975 Mill. Fr.; 6000 Arbeiterunterstützungsvereine mit 2 Mill. Theilnehmern und 225 Mill. Fr. Kapital, endlich 180 Lebensversicherungsgesellschaften mit einem versicherten Kapitale von 5000 Mill. Fr.; in Frankreich 1⅙ Mill. Sparcassaeinlagen mit einem Kapital von 337 Mill., 4327 Unterstützungsvereine mit 560.000 Theilnehmern und etwas mehr als 25 Mill. Kapital und 15 Lebensversicherungsgesellschaften mit kaum 600 Mill. Kapital. Unter 1000 Brautpaaren können nicht schreiben:

	Männer.	Frauen.
in England	295	412
„ Schottland	114	228
„ Frankreich	308	456.

Alle diese Zahlen sind zwar durch so viele Faktoren bestimmt, daß sich daraus nicht bestimmen läßt, welchen Antheil die verschiedenen Zollsysteme an ihnen tragen, aber so viel ist gewiß, daß eine Theorie, die Restriktionen verlangt, welche eben so sehr den Anforderungen der Freiheit als jenen der Gerechtigkeit und der

Humanität widersprechen, zur Durchsetzung ihrer Ansprüche auf Wirkungen hinweisen müßte, welche durch entgegengesetzte Elemente nicht in solchem Maße verdunkelt und in's Gegentheil umgekehrt werden können, als die Zahlen Cochut's darthun.

Für die Verhinderung oder Erschwerung der Ausfuhr gewisser Stoffe machen die Männer der hier besprochenen Ansichten geltend, es seyen diese Stoffe der Voraussetzung nach solche, welche nur in beschränkter Menge erzeugt werden können, wie gewisse Abfälle, Hadern, Leimleder, Knochen. Ihre Ausfuhr vermindere zunächst ihre Menge, offenbar ein Schaden für die sie benöthigende Industrie, während die entferntere Wirkung der Ausfuhr, der gesteigerte Werth der Waare, den Ersatz der ausgeführten Menge dem Begriffe eines Abfalls nach nicht zu schaffen vermag oder, wenn er ihn schafft, eine Abfallsproduktion, als gewiß etwas volkswirthschaftlich nicht Empfehlenswerthes hervorruft.

Vollkommen richtig ist diese Ansicht auch nicht, wenn ihr gleich ein größerer Theil an Wahrheit als der Vertheidigung der hohen Einfuhrzölle zugestanden werden kann. Jene Abfälle werden zur kaufrechten Waare nur durch Arbeit, durch Aufbewahren, Sammeln, Reinigen, Sortiren, und diese Arbeit wird durch den gesteigerten Werth der Abfälle gefördert, endlich ist es durchaus nicht von Uebel, daß durch den gesteigerten Werth der Abfälle theils der durch die sonstige Verwendung der Waare, also der durch das Abtragen der Leinwand, Verzehren des Fleisches und Fettes des Thieres entstehende volkswirthschaftliche Verlust sich verringert, theils der Werth der Waare selbst steigt. Es ist durchaus kein Unglück für das Land, wenn man wegen des höheren Werths der Hadern die Wäsche öfters erneuert oder wenn wegen des höheren Werths der Knochen das Fleisch wohlfeiler wird und in Wechselwirkung hiemit wieder die Verwendung von Leinwand und Fleisch, die Menge von Hadern und Knochen steigt. Jedenfalls wird daher einer Verminderung der mit Rücksicht auf den Preis der Waare und den die Wirkung der Zölle unterstützenden Betrag der Frachtkosten übermäßigen Höhe der noch bestehenden Ausfuhrzölle das Wort zu sprechen seyn. In Oesterreich unterliegt noch die Rohseide einem Ausfuhrzolle, offenbar ein Mißgriff, da er die Produktion eines werthvollen Gegenstandes hemmt und auch vom Standpunkte der Gerechtigkeit bei der Höhe der Grundsteuer für den mit Maulbeerbäumen besetzten Grund nicht zu rechtfertigen ist.

Einen zweiten Grund für hohe Schutzzölle hat kürzlich Carey in der Liebig'schen Lehre von den Bodenbestandtheilen entdeckt: Bei der Ausfuhr von rohen Bodenerzeugnissen gegen die Einfuhr von Manufakturen gehen jährlich eine Menge metallinischer Bodenbestandtheile (Salze) ohne Ersatz verloren, dieß muß auf die Länge zur Verarmung und Unfruchtbarkeit des Bodens führen, das größte Unglück für das Land; Virginien und Kentucky im Vaterlande des Verfassers werden als Beispiele angeführt.

Hiegegen Folgendes: Die Ausfuhr in die Fremde ist ein verschwindend kleiner Theil der Bodenerzeugnisse; werden dem Boden die im Lande verbleibenden Salze zurückgegeben, so können die durch die Ausfuhr entstehenden Verluste leicht verschmerzt werden und am allerleichtesten in Ländern, die eben noch auf der Stufe der Urproduktion stehen, wo es noch ur- oder unvollkommen beurbartes Land die Fülle gibt; leider findet aber jene Rückgabe nicht statt, wie die unzureichende Düngung und die in das Wasser abfließenden Abfälle der großen Städte zeigen. Bei den meisten Bodenerzeugnissen ist es ferner nur ein kleiner Theil der Frucht, der durch die Ausfuhr dem Lande entzogen wird, der größte bleibt darin, bei den Cerealien das Stroh, die Kleien, bei den Kartoffeln die ganze Pflanze bis auf die Knollen, von anderen Cerealien werden nur jene Bestandtheile ausgeführt, die keine Salze enthalten, wie Branntwein, Zucker, Bier, Wein, oft wird die Ausfuhr der dem Acker unzugänglichen Tiefe oder den für die Bodenkultur gleichgültigen Stoffen entnommen, wie die Ausfuhr von Bergwerksprodukten, oft besteht sie in Hindernissen des Ackerbaues, welche, wenn sie nicht ausgeführt würden, mit Kosten vernichtet werden müßten, wie z. B. die Hölzer der Urforste. Endlich scheint die ganze Klage über die bevorstehende Unfruchtbarkeit der Erde ganz auf gleichem Niveau mit jener über die bevorstehende Uebervölkerung zu stehen. So lange es selbst in Kulturländern noch schlamm= führende Flüsse gibt, die ihren Bodensatz unbenützt in's Meer führen, Ackererde, die nichts als Waldbäume oder Büffel nährt, Teiche und Sümpfe, die vergeblich der Trockenlegung entgegen harren, Haiden, denen die Bewässerung fehlt, ist es Thorheit an die Verluste durch den Export zu denken, und für einen Nord= amerikaner, der kaum den Rand seiner Urwälder und Savannen umgeackert, ist eine Besorgniß solcher Art geradezu lächerlich.

Ein dritter Grund der Vertheidiger des Zollschutzes wird von der nationalen Unabhängigkeit hergenommen: Die Erzeugung von Gegenständen, die zur Vertheidigung des Staates oder zur Auf= rechthaltung des inneren Verkehrs unentbehrlich sind, ist selbst mit Opfern zu begünstigen, weil man sonst in Abhängigkeit von den Erzeugungsstaaten geräth; auch hat der Staat die Pflicht, das Volk vor Ausbeutung durch andere Völker zu schützen, und diese tritt augenblicklich ein, wenn es in wichtigeren Verkehrsgegenständen von ihnen abhängig ist.

Auch diesen Motiven kann nicht zugestimmt werden. Es ist sehr die Frage, ob die Maxime, den Zoll nur als Abgabe zu be= trachten, zu einem Monopol eines oder einiger Völker führte. Jedes Volk wird, wenn diese Maxime allgemein werden sollte, allerdings jene Gegenstände erzeugen, zu denen es Menge und Art seiner Werthe am meisten eignen, und es kann sehn, daß hierdurch eine nationale Theilung der Arbeit entsteht, allein die allgemeinen Gesetze der Concurrenz werden hierdurch nicht berührt und wie ein Volk monopolistische Preise fordern würde, entständen die gleichen Industrien bei andern Völkern. Man besorgt zwar, solche An= fänge würden von dem vorherrschenden Volke durch das augenblick= liche Hinwerfen großer Waarenmassen zu niedrigen Preisen erdrückt; aber eine solche Gegenwehr ist zu kostspielig, um oft wiederholt zu werden, und könnte man auf ihre Wiederholung rechnen, so wäre es ja am Ende das vortheilhafteste Mittel für ein Volk, vom Nachbarstaate sich wohlfeile Waaren zu erringen, eine solche heraus=

fordernde Fabrik auf gemeinschaftliche Kosten auf unbestimmte Zeit fortzusetzen; die Verluste an der Fabrik wären offenbar kleiner als die Gewinne am billigen Einkauf. Es ist ferner sehr zweifelhaft, ob eben nach diesem Motive der Schutzzöllner und Prohibitionisten nicht eben so sorgsam der Export= wie der Importhandel zu unterdrücken sey; beide können eine Abhängigkeit herbeiführen. Eine vernünftigere Anschauung lehrt freilich, daß die durch einen starken Verkehr bedingte, gegenseitige Abhängigkeit der Völker eine im socialen, wie im politischen Interesse und namentlich zur Erhaltung des allgemeinen Friedens höchst wünschenswerthe sey. — Deßhalb, weil man zu einer bestimmten Zeit eine Waare vom Auslande nicht zu erhalten fürchtet, ihre Einfuhr für alle Zeit verbieten oder erschweren, hieße sich für immer den Gebrauch eines guten Werkzeugs entziehen, weil man einmal in die Lage kommen könnte, sich eines schlechteren bedienen zu müssen. Es liegt keine Logik in der Sache und läge eine darin, so müßte sie zu ganz sonderbaren Folgerungen führen, zum Verbote der Baumwolle, des Thee, Cacao, Kaffee, der Gewürze in Europa, der Seide, des Weins und der Südfrüchte im ganzen Norden, denn das sind alles Waaren, welche eine Abhängigkeit vom Auslande hervorrufen. Endlich ist das Opfer weit kleiner, wenn das Land, wie es in der Regel ohnehin in allen Fällen geschieht, so große Vorräthe an Kriegserfordernissen hält, daß sie für die ersten Zeiten des Kriegs ausreichen, und wenn es, sobald Gefahr vorhanden ist, durch das Anbot gewinnreicher Preise die inländische Erzeugung entstehen macht, als wenn es diese dauernd auf Staatskosten unterhält. Nehmen wir eine der unserer Ansicht ungünstigsten Voraussetzungen an, alle 20 Jahre einen solchen Krieg, der den Bezug von Kriegserfordernissen aus dem Auslande unmöglich macht, und in jedem Krieg den zwanzigfachen Verbrauch eines Friedensjahres, so sind doch die Zinsen und Zinseszinsen erspart, wenn man die Waffen und Munition in dem einen Kriegsjahre als wenn man sie in den zwanzig Friedensjahren theurer zahlt.

Das Merkwürdigste an diesem dritten Grunde ist, daß er

genau erwogen, den beiden anderen geradezu widerspricht. Der unentbehrlichste aller Gegenstände, so haben Lord Lauderdale in England, Marschall Bugeaud und Minister Thiers in Frankreich mit allem Aufwande von Scharfsinn und Beredtsamkeit gelehrt, ist das Getreide, seine Erzeugung ist also aus allen Kräften zu fördern und da, wo die Nothwendigkeit es erheischt, sein Verbleiben im Lande zu sichern. Das Getreide wird hiernach in Jahren guter Ernten theurer bezahlt als es nothwendig wäre, um es in Jahren des Mißwachses wohlfeiler kaufen zu können. Das höchste aller Gewerbe, jenes, welches dem Lande den bleibendsten Bestand, die gesündeste, kräftigste, anhänglichste und ruhigste Bevölkerung verbürgt, ist die Landwirthschaft, vor allen ihre Erzeugnisse sind des Schutzes würdig. — Es ist aber klar, wenn die Landwirthschaft eines Schutzes bedarf, so erzeugt sie theurer als das Ausland. Theure Nahrungsmittel sind jedoch das stärkste Hinderniß einer gedeihlichen Entwicklung der Industrie und wenn man das Getreide der Fremde nicht zuläßt, schneidet man sich selbst die Mittel ab, den nach der Schutzzolltheorie lohnendsten Handel, den Austausch seiner gewerblichen Erzeugnisse gegen ihre Rohstoffe, mit ihr zu treiben. Der Schutz der Landwirthschaft ist also nicht vereinbarlich mit jenem der Industrie, von solcher Ansicht gehen die Schutzzölle Oesterreichs und des deutschen Zollvereins aus. In England bis 1846 und in Frankreich bis 1860 hat die Praxis allerdings beide Maximen mit einander zu vereinen gewußt. Die Franzosen, die in ihrer unerbittlichen Logik jeden Gedanken bis zu seinen Extremen ausbilden, hatten alle landwirthschaftlichen Erzeugnisse hoch beschützt, den Getreidezoll nach einer beweglichen Skala (échelle mobile) geregelt, der Einfuhrzoll steigend, je nachdem die Getreidepreise auf den inländischen Märkten unter bestimmte Minima fallen, der Ausfuhrzoll sinkend, je nachdem diese Preise über gewisse Maxima sich erheben, die Einfuhr der Halbfabrikate war durch noch höhere Zölle gerade in dem Maße erschwert, als sie im Lande kostspieliger und schlechter erzeugt wurden, und endlich jene der bedeutenderen Ganzfabrikate gänzlich verboten; allein eine wissenschaftliche Rechtfertigung solcher

Vorgänge liegt nur im Merkantilsystem, und selbst bei dessen Annahme müßte sich gegen eine Regelung der Getreidezölle ausgesprochen werden, welche gegen eine der ersten Besteuerungsregeln, das feste Maß der Steuer, verstößt, dem so wichtigen Getreidehandel die Grundlage jeder sicheren Berechnung nimmt, ihn aus seiner ruhigen continuirlichen Bewegung in eine heftige und stoßweise hineinzwingt und dem Landmanne, den sie beschützen will, in schlechten Jahren die Mittel entzieht, seine Verluste zu ersetzen, damit sie ohne Ungerechtigkeit im Stande sey, seinen Gewinn in guten Jahren, also wenn er es nicht bedarf, um etwas zu erhöhen.

Wir hätten, um die Schutzzolltheorien zu erschöpfen, noch der geistreichen Ansicht zu erwähnen, welche L. Stein im ersten Bande seiner Staatswissenschaft über die Zollsysteme entwickelt[1] und nach welcher sowohl Prohibition als Freihandel wohlberechtigte gegensätzliche Standpunkte sind, welche in dialektischer Entwicklung im Schutzzoll für Ganzfabrikate ihre ausgleichende Synthese finden, allein ihr geistreicher Vertheidiger hat sie in seinem späteren Lehrbuche der Volkswirthschaft selbst fallen gelassen. Wir vermögen vom volkswirthschaftlichen Standpunkte aus unter keinem Verhältnisse die Prohibition als zweckmäßig und den Schutzzoll als endliche Ausgleichung zu betrachten und der Hegel'schen Dialektik eine größere Berechtigung beizumessen als manchem Dreitakt anderer Art, der die Melodie trägt aber nicht schafft. Vielleicht dürfte aber selbst eine Hegel'sche, alles vermittelnde Volkswirthschaftslehre jene langgesuchte rechte Mitte in der Ansicht finden, zu deren Entwicklung wir nun schreiten.

22.

Trotz allem dem gegen Prohibition und Schutzzölle Gesagten gehören wir nicht der Partei der Freihändler an. Wir haben bereits zweimal gesagt und wiederholen es hier: Da, wo eine Einkommensteuer besteht, oder wo das Einkommen des Volks auf eine andere direkte oder indirekte Weise besteuert ist — und das ist in

---

[1] S. 493–513, 533–564.

jedem civilisirten Lande der Fall — fordert es die Gerechtigkeit, daß auch das Einkommen, das der Fremde aus dem Lande zieht, besteuert werde; in Ansehung des Gewinns aus dem Waarenverkehr ist das einzig mögliche Mittel der Besteuerung der Zoll. Es kann für den Staat mannigfache Motive geben, um von dieser Forderung in einzelnen Fällen abzugehen, die Besorgniß, den eigenen Unterthanen gewisse nothwendige Gegenstände ihrer Thätigkeit zu vertheuern, die Hoffnung, durch die Steuerfreiheit der fremden Waaren den eigenen die Steuerfreiheit in der Fremde zu verschaffen, die geringe Einnahme, welche mit Rücksicht auf das Uebergewicht der eigenen Industrie die Besteuerung der fremden Waare in Aussicht stellt, die Räthlichkeit, den Tarif zu vereinfachen und den Zoll auf die wenigen Artikel zu beschränken, die entweder auch bei der Erzeugung im Innern einer Verbrauchsabgabe unterliegen oder bei denen der Moment der Einfuhr der zur Belegung mit einer Steuer geeignete Akt erscheint;[1] allein im Principe bleibt diese Forderung aufrecht und sie tritt gebieterisch auf, wo solche Rücksichten wegfallen, also bei allen Waaren, die nicht Roh- und Hülfsstoffe der Industrie sind, und dort, wo weder ein Reciprocitätsvertrag mit einem anderen Staate noch ein großes Uebergewicht der eigenen Industrie dazwischen liegt. Der auf dieser Forderung beruhende Zoll — wir wollen ihn, da er zur Ausgleichung der Steuer vom Einkommen aus der inländischen Waare dient, im Gegensatze zum Schutz- und zum Consumtionszoll den **Ausgleichungszoll** nennen — ist bei Rohstoffen am niedrigsten, bei Ganzfabrikaten am höchsten zu bemessen, denn der Gegenstand der Besteuerung ist die Summe der Einkommen derjenigen, welche an der Verfertigung der Waare mitgewirkt haben, und diese Summe ist bei Ganzfabrikaten die größte, er hat also in dieser Beziehung Aehnlichkeit mit dem

---

[1] Man hat in allen Ländern die Erfahrung gemacht, daß 10—20 Gegenstände, überall Zucker, Syrup, Kaffee, Thee, Cacao, Gewürze, Bier, Branntwein, Wein, Getreide, Vieh, und dort wo Manufacturen eingehen, die Garne, das Eisen, das Leder und die Gewebe mehr als $9/10$ des Zollertrags bilden, der Verlust für die Finanzen aus dem Verzicht auf den Rest ist daher gering.

Schutzzoll, während er von diesem sich dadurch unterscheidet, daß nicht der Gewinn des Fremden, sondern die von diesem Gewinn dem Staate gebührende Steuer die Höhe des Zolls bestimmt.

Ueber den Zoll als eine der zweckmäßigsten Formen der Verbrauchsabgaben haben wir ebenfalls schon geredet. Endlich vermögen wir selbst dem Schutzzolle nicht eine gewisse Berechtigung als temporäre Maßregel abzusprechen, denn wir erkennen die Verpflichtung des Staates an, da, wo unter der Herrschaft der Prohibition und des Schutzzolls oder durch andere vom Staate ausgegangene Maßregeln künstlich Industrien entstanden und beträchtliche Kapitalien in ihnen verwendet sind, welche durch ein freies Handelssystem verloren gingen, vorsichtig und langsam vorzuschreiten, damit diese Kapitalien allmälig herausgezogen und zu anderen Zwecken verwendet werden können. Aus demselben Grunde, warum wir den augenblicklich eintretenden sicheren Gewinn des wohlfeileren Gütererwerbs jenem erst in der Zukunft erwarteten aus der allfälligen Steigerung der Produktionskräfte vorgezogen haben, stellen wir den sicheren Verlust vorhandener Kapitalien höher als den erst allmälig sich ansammelnden Gewinn aus dem wohlfeilern Gütererwerb und wollen, daß jener Verlust, wenn auch auf Kosten eines Theils dieses Gewinns, auf mehrere Jahre vertheilt und thunlichst vermindert werde.

Manchmal dient der Schutzzoll auch als Repressalie gegen die hohen Zölle des Auslandes, gegen die vom letzteren seinen Ganzfabrikaten gewährten Ausfuhrprämien oder auf seine für unsere Ganzfabrikate nöthigen Rohstoffe gelegten Ausfuhrzölle oder gegen andere Beeinträchtigungen unseres Marktes.[1] Wenn diese Repressalie nicht etwa gegen Maßregeln gerichtet ist, welche nichts als Repressalien gegen unsere eigenen Angriffe waren, wenn sie nicht uns mehr schadet als dem Feinde, und vor allem, wenn sie wegen unserer und ihrer inneren Kraft den Zweck erreicht, den Feind zu größerer Gerechtigkeitsliebe und klarerem volkswirthschaftlichen Verständnisse zu vermögen, eine Reihe von Voraussetzungen, die in der Regel nicht einzutreten pflegen, läßt sich gegen eine solche

[1] Roscher, Colonien 282.

Bekehrungs- und Heilmethode eben nicht viel einwenden, wenn sie gleich mehr an das Kriegs- als an das Handelsrecht, mehr an die Volksmacht als an die Volkswirthschaft mahnt. Uebrigens, nebenbei gesagt: der Staat, der gegen einen andern, weil er Ausfuhrprämien gibt, mit Gewaltschritten vorgeht, handelt mit demselben Rechte wie Jemand, der einen Andern prügelt, weil dieser ihm Geld an den Kopf wirft; ob aber das Recht in beiden Fällen auch das Rechte ist, bleibt freilich zweifelhaft.

Dem Stab Wehe steht nach alter Lehrweisheit der Stab Wohl gegenüber und so entsprechen den Zollrepressalien die **Zollbegünstigungen** und das ganze daran geknüpfte System der Differentialzölle. Schon die obersten Grundsätze der Besteuerung fordern Gleichheit vor dem Gesetze und bei den Zöllen tritt diese Forderung um so dringender auf, als hier jeder Unterschied nicht bloß einzelne Private, sondern ganze Gegenden, Straßenzüge, Verkehrsrichtungen benachtheiligt. Indeß, wir haben es bereits gesagt, das Unglück war, daß so häufig die Zölle alles andere als eine Steuer seyn sollten. Man begünstigte also die Einfuhr über gewisse Richtungen, wie über die Seehäfen des Landes, durch gewisse Transportmittel, z. B. durch die inländischen Schiffe, oder aus gewissen Gegenden, z. B. aus den Ursprungsländern oder aus Staaten, von denen man viel hoffte oder fürchtete. Die Gründe, auf die man solches Handeln stützte, waren noch mannigfacher als jene Begünstigungen. Bald sollten der Seehandel, bald die Rhederei, bald weite Seefahrten oder Verbindungen mit transatlantischen oder sonst unserem Verkehr wohlgelegenen Ländern beschützt werden, der politischen Rücksichten, nämlich der Befestigung oder Belohnung politischer Bedürfnisse der Völker und Regentenfamilien, als nicht in die Volkswirthschaft gehörig, gar nicht zu erwähnen. Es ist klar, daß sich die Volkswirthschaft gegen alle solche Begünstigungen erklären muß. Solche Maßregeln gleichen vollkommen jenen der orientalischen Eroberer, welche zur Bevölkerung ihrer Hauptstädte Tausende ruhiger Einwohner aus ihren Wohn- und Gewerbestätten dahin versetzten.

Die Verkehrtheit wird noch ärger, wenn solche Begünstigungen nicht im administrativen Wege, sondern in Form völkerrechtlicher nur durch beiderseitige Einwilligung auflösbarer langjähriger Verträge bewilligt werden. Nur in drei Fällen, wenn sie auf Erleichterungen im Verkehr zweier einander vielfach durchschneidenden und enge zusammenhängenden Grenzgegenden sich beschränken, wenn sie der Beginn der Zolleinigung zweier zu einander gehöriger Völker sind, oder wenn sie wenige Consumtionsgegenstände betreffen und der Entgelt eines Zollkartels, d. i. eines Vertrags zum gegenseitigen Schutze der gemeinsamen Grenze gegen Schmuggel, also gewissermaßen das Opfer eines kleinen Theils der Abgabe zur Sicherung des großen Restes sind, lassen sie sich rechtfertigen. Es ist überhaupt gefehlt, eine öffentliche Steuer zum Gegenstande des Vertrags mit einem auswärtigen Staate zu machen, sie räumt demselben einen gebietenden Einfluß auf das Verhältniß zwischen Volk und Regierung, auf Wohl und Wehe Vieler ein, und besonders gefährlich wird dieser Einfluß in Bezug auf das alle Richtungen und Schichten des Verkehrs durchdringende Zollwesen. Ein internationaler Zollvertrag sollte gleich jenen Uebereinkommen, die in unserem Jahrhundert immer zahlreicher behufs der völkerrechtlichen Ordnung großer menschheitlicher Fragen, über die Aufhebung der Sklaverei und der Seeräuberei, über die Beschränkung der Seeblokade, das Aufhören der Kaperbriefe, die Freiheit der Schifffahrt auf den großen europäischen Strömen, die Anerkennung des geistigen Eigenthums, die Vollziehung gerichtlicher Urtheile, die Auslieferung von Verbrechern, die Beseitigung der Abzugs- und Confiskationsrechte (droits d'aubaine et d'épave) geschlossen worden sind, einen ganz allgemeinen Inhalt haben, eine Sanktion der großen volkswirthschaftlichen Grundsätze: keine Durchfuhrzölle, keine Begünstigung der Flagge, des Grenzzuges, des Hafens, des Ursprungslandes, keine Ausfuhrprämien, mit wenigen Ausnahmen keine Ausfuhrzölle und im Eingange keine Prohibitionen, nur wenige Consumtions- und durch die Verhältnisse gebotene allmälig erlöschende Schutzzölle und fast nur Ausgleichungszölle, überall dieselben Erleichterungen für den beschleunigten Personen- und Waarenverkehr, ein allgemeines Zollkartel.

Es ist in jüngster Zeit zwischen zwei Großstaaten ein Handels- und Zollvertrag geschlossen worden, welchen der eine derselben überdieß einer großen Reihe mit ihm zollgeeinter kleinerer Staaten zur Annahme empfohlen hat, wir meinen den Vertrag vom 2. August 1862. Wie ist dieser so ganz anders als die Wissenschaft empfiehlt! Von einem Zollkartel ist keine Rede, der Schmuggel mag zwischen den beiden Zollgebieten fortdauern wie bisher, die Differenzialzölle Frankreichs zu Gunsten seiner Schifffahrt werden aufrecht erhalten, viele Zölle in beiden Zollgebieten und gerade jene auf die Werkzeuge der Armen, die Materialien der Schmiede und Gießer, der Bau- und Maschinengewerke, bleiben von einer den Verkehr erschwerenden Höhe, dagegen sinken andere Zölle und gerade jene auf Kleidung und Schmuck der Reichen, die selbst eine Consumtionsabgabe verträgen, weit unter das Maß der Ausgleichungsabgaben, zu einer einfachen Controlsabgabe herab. Männer von Wissen und Talent haben jene Tarifsbestimmungen ein Compromiß zwischen Freihandel und Schutzzoll genannt; allein es ist nur in dem Sinne wahr, daß Ausschweifungen nach beiden Richtungen vorkommen. Bis in die kleinsten Details des Tarifs, die Unterabtheilungen der Abtheilungen reichen jene Vertragsbestimmungen und fast jede auch die kleinste Tarifänderung im Zollvereine bedarf fortan der Zustimmung Frankreichs. Wer sich dort durch das Zollgesetz beschwert erachtet, wird künftig eher nach Paris als nach Berlin um Abhülfe sich verwenden. Und um ein Nichts, um ein Linsengericht ist das handelspolitische Erstgeburtsrecht, die Freiheit und Selbstständigkeit des Zollvereins verschleudert, denn Frankreich kann nach den Verträgen, die es mit England und Belgien geschlossen, sein Prohibitivsystem gegenüber anderen Staaten nicht aufrecht erhalten; was es sich jetzt von Preußen theuer bezahlen ließ, gibt es später umsonst oder doch um weit geringeren Entgelt dahin. [1]

[1] Vergl. die trefflichen Aufsätze von Schäffle: der preußisch-französische Handelsvertrag und die Zolleinigung mit Oesterreich in der Deutschen Vierteljahrsschrift, 1862, Heft 3 und Abtheilung 1 des Heftes 4.

b) **Die Verbrauchsabgaben.**

23.

Die Verbrauchsabgaben¹ sind Steuern auf Gegenstände des Gebrauchs und Verbrauchs. Sie vertreten nach dem, was wir bereits erörterten, theils die Personalsteuer, und treffen daher Gegenstände des allgemeinen Verbrauchs auch der weniger bemittelten Klassen der Gesellschaft, theils stellen sie sich als eine Ergänzung der Einkommensteuer der wohlhabenden Klassen dar und treffen daher ausschließend Gegenstände des Verbrauchs der letzteren.²

Bei der ersten Kategorie ist, wie wir ebenfalls bereits berührt haben, darauf zu achten, daß sie nicht die massenhaftesten und unentbehrlichsten Gegenstände des Verbrauchs der untersten Volksklasse treffe und dergestalt ihr die Mittel des nothwendigen Lebensunterhalts beschränke. Der Zweck wird in der Praxis dadurch erreicht, daß man entweder diese Gegenstände allgemein steuerfrei läßt, also die Steuer auf Objekte beschränkt, die theils zu den, wenn auch sehr häufig gebrauchten so doch überflüssigen Genußmitteln gehören, (geistige Getränke, Tabak) theils in sehr geringen Mengen verbraucht werden (z. B. Salz, Zucker, Kaffee und Thee), oder daß man ihre Besteuerung erst in bevölkerteren Orten beginnen läßt, in der richtigen Voraussetzung, daß hier der Lohn des Arbeiters im Allgemeinen ein höherer sey, die Steuer daher nicht seinen Lebensunterhalt gefährde. So ist in Preußen die Mahl- und Schlachtsteuer und in Oesterreich die Besteuerung von Getreide, Mehl, Viehfutter, Baumaterialien auf gewisse größere Städte beschränkt. Derselbe Grund veranlaßt auch, daß die Verzehrungssteuer in größeren Mittelpunkten der Bevölkerung für dieselben Gegenstände höher bemessen wird als in kleineren, dieß ist z. B. in Frankreich und Oesterreich der Fall. Nur wo das Bedürfniß des Staates es dringend erheischt oder alte Gewohnheit es leicht ertragen

---

[1] Rau II, §§. 406—442; Stein 290—383; von besonderer Wichtigkeit Malchus §§. 60—61; Umpfenbach I, §§. 203—204, 211—217; II, 165—170, 172.

[2] v. Jakob 255—262.

macht, würden wir gestatten, weiter zu gehen, und das Fleisch, als die in den untern Volksklassen mehr ergänzende als Hauptnahrung, mit einer Verbrauchsabgabe zu belegen; in keinem Falle darf das Getreide, die Kartoffel, das Gemüse Gegenstand der allgemeinen Besteuerung seyn. — Bei der zweiten Kategorie muß gerade im Gegentheil das Hauptaugenmerk darauf gerichtet werden, daß sie die selbst für die untersten Klassen der wohlhabenden Welt unentbehrlichen Gegenstände des Haushalts treffe, indem sonst die zahlreichste Klasse der Steuerträger aus der Besteuerung herausfiele, also die Wohnung, die Wagen und Pferde, die Diener u. dgl. Bei der ersten Kategorie wird eine für jede Steuereinheit durchaus gleiche, bei der zweiten Kategorie eine progressive Steuer sich rechtfertigen, denn die Personalsteuer, welche jene erste Kategorie ersetzen soll, ist ja nach der Theorie eine vollkommen gleiche, während die Einkommensteuer, welche zu ergänzen die zweite Kategorie bestimmt ist, allerdings mit der Höhe des Einkommens steigen soll und dieses Einkommen mit den Luxusgegenständen im Verhältniß und zwar in einem solchen steht, daß in der Regel (d. h. die durchschnittlichen Wirthschaftsverhältnisse vorausgesetzt) das Einkommen in einem höheren Maße steigt, als die Zahl dieser Gegenstände. Eine Familie A, die bei derselben Zahl der Familienglieder und demselben Lebensberufe zwei Dienstboten oder einen Zweispänner hält, hat unter sonst gleichen Verhältnissen wahrscheinlich das dreifache Einkommen einer Familie B, die sich mit Einem Dienstboten oder einem Einspänner begnügt, und zwei Equipagen oder vier Dienstboten sind Zeichen eines vielleicht viermal so großen Einkommens als jenes der Familie A ist. Wer seinem Koch den doppelten Lohn gibt als ein Anderer, hat ebenfalls durchschnittlich mehr als das doppelte Einkommen als letzterer. In Paris ist die Wohnungssteuer nach diesem Princip umgelegt. Miethzinse unter 250 Fr. sind steuerfrei, solche von 250—500 Fr. 3 Proc., von 500 bis 1000 Fr. 5 Proc., von 1000—1500 Fr. 7 Proc., alle höheren 9 Proc.[1]

Die Gebühr wird selbstverständlich innerhalb der allgemeinen

[1] Moniteur vom 21. Januar 1863.

Schranken einer rationellen Besteuerung bei der ersten Kategorie im Verhältniß des Werthes der Steuerobjekte und des Einkommens der großen Mehrzahl der Steuerpflichtigen weit höher seyn können als bei der zweiten Kategorie, eben weil erstere jede andere Steuer ersetzt, die zweite bloß die schon auf den Pflichtigen lastende ergänzt, und dann weil nur bei der zweiten und nicht bei der ersten Kategorie ein Entsagen Vieler auf den an und für sich sehr kostspieligen Genuß, wenn er überdieß hoch besteuert wird, zu fürchten ist. Die Steuer von Bier beträgt in Wien beinahe 30 Proc. des Bierpreises im Großen, dessenungeachtet erreicht sie nicht 12.5 Cent. von der Maß, die im Kleinverschleiß 75 Cent. kostet, ein Betrag, der Niemand vom Genusse dieses Getränkes zurückhält. Die Unterhaltung eines Bedienten kommt in jener Hauptstadt auf 1000 Fr. des Jahrs, würde eine Gesindesteuer in gleicher Höhe wie die Biersteuer eingeführt, so wären für jeden Bedienten 300 Fr. zu zahlen.

Mit dem Gesagten ist aber durchaus nicht gemeint, daß in allen diesen Fällen der Werth wirklich erhoben und die Steuer in Percenten des Werths ausgedrückt werden solle. Es gilt hier, nur noch in höherem Maße, was gelegentlich der Werthzölle gesagt worden ist. Die Zahl der Steuerorgane ist eine noch weit größere und über das Land zerstreutere als bei den Zöllen, die Werthe sind noch verschiedener und wechselnder; specifische Gebühren werden daher in der Regel an die Stelle der unmittelbar nach dem Werthe bemessenen treten. Nur wo der Werth auf lange Zeit hinaus derselbe vielfach aus dem Leben bekannte bleibt oder der Controle durch die Oeffentlichkeit sich nicht entziehen kann, z. B. bei dem Lohne der Dienerschaft, dem Kleinverschleißen des Weines werden Werthzölle angewendet werden können.

Die specifischen Gebühren müssen wie bei den Zöllen dem Werthe entsprechende Abstufungen haben und je sachgemäßer, d. i. je mehr den im Verkehr den Werth bestimmenden Merkmalen angepaßt dieselben sind, desto mehr entspricht die Steuer ihrem Zwecke. Es ist daher eine rohe Art der Besteuerung, bei den geistigen Getränken bloß die Menge, bei dem Schlacht= und Stechvieh, den Wagen und Pferden bloß die Zahl als Maßstab der Besteuerung zu wählen, sondern die Alkoholgrade, das Gewicht des Schlachtviehes, die Art der Wagen und Pferde, mit oder ohne Federn, zwei- oder viersitzig, Reit- oder Wagen-, Race- oder gemeine Pferde werden zu berücksichtigen seyn.

Eine der schwierigsten Aufgaben bei den Consumtionsabgaben ist die **Art und den Moment der Einhebung** zu bestimmen. Die allgemeinste Rücksicht neben jener aller Besteuerung, großer Ertrag und geringe Verwaltungskosten, ist: die Last, welche für den Consumenten in der Vertheuerung des Genusses durch die Steuer liegt, nicht dadurch zu steigern, daß ihn auch die Plage der Förmlichkeiten und Controlen treffe, welche mit der Einhebung jeder Steuer verbunden ist, und daß, wenn es unmöglich ist, ihn ganz von ihr zu befreien, sie selten und schonend eintrete. Aus diesem Gesichtspunkte empfehlen sich vor allen drei Einhebungsmethoden, das Staatsmonopol, die Besteuerung bei der Erzeugung oder dem Verschleiß und jene bei der Einfuhr in das Zollgebiet oder in einzelne Gebietstheile oder Orte; bei der ersten zahlen die Debitanten des Staats, bei der zweiten die Erzeuger oder Verschleißer und bei der dritten die Händler die Steuer für den Consumenten und werden, soweit es nöthig, durch Steuerkredite und Provisionen für die Gefahren und Mühen dieser Vorausbezahlung entlohnt.

Das **Monopol**[1] ist nur bei denjenigen Gegenständen ausführbar, die mit geringem Wechsel des Geschmacks und der Mode, ohne Anspruch auf Kunstwerth und Eleganz erzeugt werden und deren Erzeugung entweder von Natur auf höchst wenige Punkte beschränkt ist oder ohne allzugroße Nachtheile für die Volkswirthschaft künstlich auf wenige Punkte beschränkt werden kann. Das Erste ist beim Salz,[2] das zweite beim Tabak[3] oder Schießpulver

---

[1] Malchus §. 69.

[2] Rau I, §§. 184—189; in Oesterreich, Preußen und den meisten andern deutschen Staaten in Anwendung.

[3] v. Jakob 280; Rau I, §§. 204 und 204 a; der Zollverein und das Tabakmonopol, Berlin 1857; Anzeige dieser Schrift durch Professor Stein, Wiener Zeitung 1858, Nr. 85 ꝛc.; gegenwärtig in England, Frankreich, Oesterreich, Italien, Spanien und Portugal in Anwendung.

der Fall. Wenn das Monopol einen Gegenstand trifft, auf dessen Erzeugung in weiten Kreisen die Volkswirthschaft Gewicht legt, wie in Rußland den Branntwein, der dem Landwirthe für die Vieh=futterbereitung von besonderer Wichtigkeit ist, ist es zweifellos von Uebel. Innerhalb dieser Schranke hat das Monopol das für sich, daß es die Massen von jeder Controle befreit und diese auf die im Dienst- oder Absatzverhältnisse zum Staate stehenden Erzeuger und Verschleißer beschränkt, daß die Abgabe eben wegen der auf wenige Punkte zusammengedrängten Controle eine höhere seyn kann, als bei jeder anderen Art der Einhebung (beim Salz das drei= bis sechsfache, beim Tabak die Hälfte bis zum Vierfachen der Erzeu=gungskosten) und daß Unterschiede im Preise oder in der Beschaffen=heit der Monopolsgegenstände zweckmäßig zu Abstufungen in der Besteuerung der mehr oder der minder wohlhabenden Klassen, der wegen der Nähe des Auslandes oder der Erzeugungsstätten vom Schmuggel bedrohten Gegenden, des Salzes zur Viehlecke, zur Düngung, zur Verwendung in Gewerben und zum menschlichen Genusse benützt werden können. Namentlich das Tabakmonopol fügt sich auf das genaueste den Vorschriften der Wissenschaft: der in sehr geringen Mengen verbrauchte Schnupftabak ist höher belegt als der Rauchtabak, dieser höher als die theure Cigarre, bei dem ordinären Tabak ist die Steuerquote höher als bei dem der Luxus=steuer des Reichen als Grundlage dienenden feinen. Die Nachtheile jedes Monopols — das Wegfallen der Concurrenz und des in ihr liegenden Hebels für Verwohlfeilerung der Erzeugung, Verbesserung des Erzeugnisses und Erweiterung des Absatzkreises, und daß der Consument neben der Steuer auch die volkswirthschaftlich ganz unnütze Differenz bezahlt und dadurch aufrecht erhält, um welche der monopolisirende Staat theurer erzeugt als der unter dem Ge=setze der Concurrenz stehende Private — werden theils durch die Erzeugung im Großen ausgeglichen, theils durch jene finanziellen Vortheile überwogen.

Das Tabakmonopol bietet jährlich Frankreich einen Reinertrag von 150 Mill. Fr. bei einem Absatze von 600,000 Zollcentner,

Oesterreich einen Reinertrag von 90 Mill. Fr. bei einem Absatze von 730,000 Zollcentner; es ist geradezu unmöglich, eine so hohe Steuer auf andere Weise hereinzubringen. Man denke sich die Abgabe von 250 Fr. und 123.3 Fr. für den Centner oder 233 Proc. und 118 Proc. des Werthes auf die Erzeugung oder die Fabrikation umgelegt, und der Unterschleif ist ein massenhafter. Jene Daten sind aber noch in anderer Weise lehrreich, sie zeigen, wie der größere Wohlstand Frankreichs und der dort stattfindende starke Verbrauch an dem nur in geringen Mengen verzehrbaren Schnupftabak ein weit höheres Ausmaß der Steuer gestatten als in Oesterreich mit seiner ärmeren Bevölkerung, die vorzugsweise Rauchtabak verbraucht. Die Lehren der Staatswirthschaft machen sich, woferne die Finanzverwaltung nicht eigensinnig Schutzdämme gegen sie aufführt, unwiderstehlich auf jedem Gebiete geltend.

Das Salzmonopol trägt in Oesterreich rein 81 Mill. Fr. bei einem Absatze von 6 Mill. Centner, in Preußen stellen sich diese Daten auf 21½ Mill. Fr. und 3½ Mill. Centner; die Salzsteuer in Frankreich wirft für einen Consum von 8 Mill. Centner 38 Mill. Fr. ab.

Das Schießpulvermonopol hat keine finanzielle Bedeutung, und da das Pulver im Privatverkehr mehr technischen Zwecken als dem freien Genusse (der Jagd, dem Festschießen, dem Feuerwerk) dient, so hat das Monopol auch keine wissenschaftliche Berechtigung. In den Ländern, wo es beibehalten ist, wie z. B. in Frankreich und Oesterreich, hat es mehr eine militärische und polizeiliche Wichtigkeit.

Durch das Monopol wird unter den Verbrauchsabgaben auch jene von Glücksspielen, das Lotto eingehoben.

Das Lotto[1] ist ein Spiel der gefährlichsten Art, weil es zwei der mächtigsten Triebfedern des Menschen, die Hoffnung und die Trägheit, gleichmäßig in Anspruch nimmt. Ohne Arbeit reich werden ist für Viele, und wir haben gesehen, selbst für manche Volkswirthschaftslehrer ein schmeichelndes Ideal. Der Reiz des Lotto wirkt am mächtigsten auf die ärmere Volksklasse, welche die Beengungen

---

[1] Rau I, §§. 220—226; Stein 150—151.

ihrer Lage am bittersten empfindet und aus Mangel an Kapital die wenigsten Mittel aus derselben sich emporzuhelfen besitzt. Am verlockendsten wirkt gerade auf diese Klasse das genuesische oder Zahlenlotto. Hier werden jede acht oder vierzehn Tage fünf Zahlen aus der Reihe der ersten 90 gezogen. Der Spielende wettet gegen den Staat einen innerhalb sehr weit gesteckter Maxima und Minima in sein Belieben gesetzten Einsatz, daß ein, zwei, drei oder mehrere von ihm benannte Nummern sich unter den in der nächsten Ziehung gezogenen befinden werden, das Vielfache der Einlage, welches dem Spielenden im Falle des Gewinnes der Wette ausbezahlt wird, steigt im Verhältniß, als die Wahrscheinlichkeit dieses Gewinnes abnimmt; der Nutzen des Staates besteht in dem höchst bedeutenden Unterschiede zwischen dem nach der Wahrscheinlichkeitsrechnung sich ergebenden und dem nach den Lottovorschriften wirklich ausgezahlten Vielfachen im Falle des Gewinnes der Wette des Spielenden. Dadurch daß mehrere Ziehungsorte, also mehrere Spiele, bestimmt werden, wird die Spielsucht noch vermehrt.

Die Häufigkeit der Ziehungen, die geringen Einsätze, die Wahl unter mehreren Ziehungsorten, die dem Spielenden in seiner Wette gestattete Freiheit der Combinationen, der Reiz, der in diesen Zahlenspielen liegt, alles das verlockt und verdirbt. Das Lotto ist also ein unmoralisches und volkswirthschaftlich nachtheiliges Besteuerungsmittel und trifft weder im Verhältniß der geleisteten Dienste, noch in jenem des Einkommens, sondern gerade die weniger Wohlhabenden am stärksten. Durch die Gewinne, die es auszahlt, und die große Zahl Spielsammler (Collektanten), die es besoldet, und von denen die einen wie die anderen gleichmäßig volkswirthschaftlich schädlich sind, ist auch die Einhebung der Lottosteuer mit unverhältnißmäßig hohen Kosten verbunden; kaum drei Achtel der Steuer, welche die Lottospieler entrichten, kommen in den Seckel des Staates.[1] Darum wurde auch in vielen Staaten, in England seit 1826, in

[1] Nach den Erfahrungen in Oesterreich betragen durchschnittlich die Gewinnste 55 Proc. der Einnahmen, die Provisionen der Collektanten und die sonstigen Auslagen 7 Proc.

Frankreich seit 1836, in Bayern seit 1862 das Lotto gänzlich aufgehoben. In anderen, wie namentlich in Preußen, glaubte man des Reizes, der im Lotto liegt, nicht ganz Herr werden zu können, und hat sich darum begnügt, eine weniger anlockende Art des Spieles einzuführen (die Klassen= statt der Zahlenlotterie),[1] die Einsätze höher zu halten und dadurch dem Bereich der ärmsten Volksklasse zu entziehen, und durch die Widmung der Erträgnisse zu milden Zwecken das Schlechte, das im Lotto liegt, etwas zu übertünchen. Es sind dieß halbe Maßregeln, doch wollen wir, da sie eine finanzielle oder volkswirthschaftliche Bedeutung nicht in Anspruch nehmen, nicht allzustrenge uns erweisen; wenn man zum Besten der Armen tanzt, warum soll man zu ihrem Besten nicht auch Hazardspiele gestatten! — Hingegen müssen wir mit Entschiedenheit dem oft gehörten Grunde entgegentreten, die Finanzen des Staates gestatten nicht, auf das Lotto zu verzichten. Je schlechter die Finanzen eines Staates stehen, desto mehr Ursache hat er, darauf zu achten, daß seine Steuern nicht der Volkswirthschaft schaden, und gerade an die Stelle des Lotto können mit Vortheil andere Consumtionsabgaben treten.

Mit dem Lotto stehen einige andere Abgaben in Verbindung, die man als Entgelte des theilweisen Verzichts auf das Monopol betrachten kann, z. B. die Abgaben auf Privatlotterien und öffentliche Glücksspiele. Sie sind so tadelnswerth als das Lotto selbst. Aber die fürchterlichste Abgabe dieser Art sind die von öffentlichen Spielbanken, gewöhnlich in Form von Pachtgeldern erscheinend, wie sie namentlich in einigen kleinen deutschen Staaten noch bestehen. Wenn das Lotto seiner Einrichtung nach nur ein= oder zweimal in der Woche einen noch dazu beschränkten Einsatz gestattet, und zu diesem einfach durch den Reiz des Gewinnes ohne den Reiz der guten Gesellschaft, des feinen Tons, der geschmeichelten Sinne lockt,

---

[1] Bei der Klassenlotterie wird für eine bestimmte Zahl Loose eine bestimmte Zahl Gewinnste gewidmet, die in mehreren Ziehungen (Klassen) — etwa 3—4 des Jahres — gezogen werden; der Nutzen des Staates beruht in dem Unterschiede zwischen dem Erlöse aus den Loosen und dem Werthe der Gewinnste.

ladet die Spielbank jeden Tag durch viele Stunden ununterbrochen mit allen Mitteln der Verführung ihre Gäste ein. — —

Staatsmonopole sind wohl auch jene Geschäfte, welche dem Staate als solchen, als Vertreter der allgemeinen Interessen und Wächter des Rechts und der Sitte, ausschließend vorbehalten werden, z. B. die Münze, die Obsorge für Maße und Gewichte, die Landstraßen, die schiffbaren Flüsse und Kanäle, die Rechtspflege, die Polizei, und wenn auch mit geringerem Rechte die Post und der Telegraph; allein den Entgelt, welchen der Staat in vielen Fällen für diese Dienste fordert, bis zur Höhe einer Consumtionsabgabe zu steigern und den staatlichen Zweck dem finanziellen Mittel unterzuordnen, liegt außer allem rationellen Gebahren. Diese Abgaben werden unter den Entgelten für besondere Dienste besprochen werden.

Der Arten und Weisen, wie das Monopol ausgeübt wird, gibt es mancherlei. Das Monopol ist ein **vollständiges**, d. h. der Staat betreibt alles, die Erzeugung des Rohstoffes, die Fabrikation und den Verkauf, oder es ist ein **unvollständiges**, d. h. der Staat überläßt eine oder zwei Funktionen der Privatindustrie, während er sich den Rest vorbehält. Am zweckmäßigsten ist, er behauptet den Ein= und Verkauf im Großen und gibt Erzeugung des Rohstoffs, Fabrikation und Kleinverschleiß Privatunternehmern anheim, weil der Betrieb sehr ausgedehnter oder sehr zahlreicher ökonomischer, industrieller oder commercieller Unternehmungen von Seite des Staats aus den schon angedeuteten Gründen (§. 3) eine mißliche Sache, die Controle leicht ausführbar ist, und dem Reize zum Schmuggel von Seite der Unternehmer oder ihrer Hilfsarbeiter die Gefahr vor dem Verluste einer bleibenden und einträglichen Stellung entgegensteht. Aus diesen Gründen pflanzt weder die französische noch die österreichische Finanzverwaltung den benöthigten Tabak selbst, sondern sie kaufen ihn entweder im Auslande oder lassen ihn von licenzirten Pflanzern im Inland erzeugen. Dadurch, daß diese Licenz nur für gewisse Distrikte und Orte und in diesen nur jenen Grundbesitzern ertheilt wird, die mit einander zusammenhängende, große Flächen mit Tabak bestellen, daß diese Flächen genau bemessen, die Zahl der Pflanzen erhoben, sowohl nach der Ernte als bei Uebernahme von Seite des Staats die Blätter gewogen oder selbst gezählt werden, wird die Controle räumlich beschränkt und wirksam geübt. In den südlichen Provinzen Oesterreichs ist auch die Meersalzerzeugung der Privatindustrie anheim gegeben; es bestehen an gewissen, begünstigten Orten[1] große Gemeinschaften, welche dieses Geschäft betreiben, das Erzeugniß kauft bis zu einer gewissen Menge der Staat, den Rest können sie unter Controle des richtigen Austritts in's Ausland absetzen. In Oesterreich ist ferner mit wenigen Ausnahmen der Salzhandel im Innern ganz freigegeben, das Monopol äußert sich in dieser Richtung darin, daß der Verkehr sich auf das aus den Erzeugungs- oder Hauptverkaufsstätten des Staates erkaufte Salz beschränkt; Ausnahmen bestehen dort, wo wegen der großen Entfernung von den Erzeugungsstätten das Salz zu theuer käme und die Einschwärzung des wohlfeileren Salzes des benachbarten Auslandes zu besorgen wäre. Der Staat errichtet in solchen Gegenden eigene Verkaufsmagazine und übernimmt einen Theil der Transportkosten auf den Staatsschatz. Hinsichts des Verkaufs der Lotterieloose und des Tabaks waltet in Oesterreich ein gemischtes System ob; Plätze mit größerem Absatze werden Privaten, welche im Wege der Concurrenz sich zur Besorgung eines solchen Geschäfts anbieten, kleinere den Pensionisten oder anderen, um den Staat verdienten Personen aus freier Hand überlassen (Concurrenz-, Concessionssystem); ausschließend das letztere System herrscht in Frankreich bei dem Tabakkleinverschleiß. Die Entlohnung dieser Personen, der Verleger, Trafikanten und Collektanten (débitants), besteht theils in von Fall zu Fall festgesetzten Verschleißprovisionen, theils in dem allgemein festgesetzten Unterschiede zwischen den Groß- und Kleinverschleißpreisen; eben darum besteht dort, wo diese Verschleißplätze im Wege der Concurrenz hintangegeben werden, das Wettbieten der Concurrenten darin, daß entweder mit einer geringeren Provision sich begnügt oder ein

---

[1] Capodistria und Pirano in Istrien, San Felice im Venetianischen, Pago, Arbe und Dignisca in Dalmatien.

größerer Rücklaß vom Verschleißgewinne angeboten wird. Das Concurrenzsystem erscheint als das vorzüglichere, und verdiente eine ausgedehntere und folgerechtere Durchführung, weil, abgesehen von der Ersparung an Verwaltungskosten, der Verschleiß in jene Hände kommt, welche das größte Interesse und die meisten Mittel besitzen, ihn in Schwung zu bringen, und die Willkür und mit ihr jenes Gewebe von Protektion und Intrigue beseitigt wird, die mit dem Concessionssystem untrennbar verbunden sind. Man sagt, daß die bei weitem größere Hälfte der Geschäftsstücke, die vom französischen Finanzminister an das kaiserliche Kabinet gelangen, Gesuche um Debitanten- und Postbureauposten betreffen; in Oesterreich haben ebenfalls unter 10 Berichten, die in Sachen des Tabak- und Lottogefälles vom Finanzministerium an das kaiserliche Kabinet erstattet werden, 9 die Verleihung von Verschleißplätzen zum Gegenstande; in beiden Ländern — dieß macht diese Erscheinung noch auffälliger — liegt im gewöhnlichen Geschäftsgange die Besetzung solcher Stellen ganz im Kreise der Administrativbehörden, es sind daher nur besondere Gnadenakte, die jene Vorlage nothwendig machen.

Wenn, wie Niemand zweifelt, die hier bevorwortete Art der Ausübung des Monopols, bei welcher der Staat sich auf den Ein- und Verkauf im Großen beschränkt, noch ein Monopol zu nennen ist, so ist auch die Besteuerung des Salzes in Frankreich und des Tabakes in England ein solches; der ganze Unterschied besteht darin, daß dort der Staat die Steuer vom Käufer, hier vom Verkäufer einfordert, oder was dasselbe ist, dort der Käufer und hier der Verkäufer dem Staate das Monopol ablöst und dem Staate die ganze Vorauslage erspart, welche der Einkauf des Monopolsgegenstandes ihn kostet. Salz darf in Frankreich nur an einigen wenigen Orten der Südküste und in einigen Salzbergwerken des Ostens erzeugt werden, Tabakpflanzungen in England sind gänzlich verboten,[1] der Fremde und beziehungsweise jenen wenigen Salinen wird also das Monopol des Tabak- und Salzverkaufs überlassen, als Entgelt

---

[1] Die Tabakverschleißer zahlen überdieß eine hohe, mit der Größe des Verschleißes zunehmende Licenzgebühr.

eine hohe Steuer gefordert. Jene Salinen unterliegen überdieß sehr strengen Controlen, Absperrung vom übrigen Lande, der andauernden Ueberwachung durch besondere Beamte, der Transportbeschränkungen, der Buchführung, der Anmeldung und Revision der Erzeugnisse.

Wer darüber, daß hier wirklich ein Monopol ausgeübt werde, noch ein Bedenken hätte, den müßte das Verbot der anderweitigen Erzeugung im Inlande und die Analogie mit Ländern des unzweifelhaften Monopols überzeugen, in denen neben dem Monopol auf die Erzeugnisse des Inlands ein die Monopolsabgabe ersetzender Zoll für die Erzeugnisse des Auslands besteht. Wer z. B. in Oesterreich nicht der Erzeugnisse der Tabakregie sich bedienen will, kann seinen Bedarf gegen Entrichtung eines dem durchschnittlichen Betrage der Monopolsabgabe gleichkommenden Zolls (der Licenzgebühr) aus dem Auslande beziehen. Ja die Staatsregie selbst verkauft seit 1846 ächte Havannahcigarren um die eigenen Einkaufspreise unter Zuschlagung der Licenzgebühr und eines kleinen kaufmännischen Gewinns, ein Beispiel, dem seit 1862 auch die französische Regie gefolgt ist.

Uneigentlich könnte man auch als eine Steuer mit Benützung eines freilich natürlichen (nicht vom Staate geschaffenen) Monopols die im Zoll eingehobene Verbrauchsabgabe auf Gegenstände ausschließend ausländischen Ursprungs nennen, z. B. jene auf Kaffee, Kakao, Thee und die transatlantischen Gewürze; sie eignen sich wegen dieses ihres monopolistischen Charakters, der ihren Eintritt in den Verkehr auf dem Wege über die ohnehin aus anderen Rücksichten amtlich überwachte Zolllinie beschränkt, wegen ihrer allgemeinen Verwendung, der geringen Menge in der sie von jedem Einzelnen auf einmal genossen werden, und des um ein Weniges über die Schichte des gemeinsten und unentbehrlichsten Genusses hervorragenden Kreises dem sie angehören, ganz vorzugsweise zu Gegenständen einer Verbrauchsabgabe.

In manchen Gegenden und Ländern, wo der Schmuggel mit Monopolsgegenständen, z. B. mit Salz, besonders lebhaft betrieben wird, besteht die Verpflichtung, daß jedes Familienhaupt eine bestimmte, dem Familienstande angemessene Menge dieser Gegenstände kaufen muß. Hier nimmt das Monopol den Charakter einer direkten Abgabe an, und nur die über das Minimum abgesetzte Menge bewahrt der Steuer den Charakter einer indirekten.

24.

Zur Versteuerung bei der Erzeugung eignen sich jene Gegenstände, welche ohne auf so wenige Erzeugungspunkte beschränkt zu seyn, wie jene des Monopols, doch nur im Großen an verhältnißmäßig wenigen Punkten erzeugt zu werden pflegen. Hieher gehören Branntwein, Zucker, Bier, Mehl, Kalender und Spielkarten, Zeitungen und Ankündigungen. Nicht der Staat, sondern der Private ist der Erzeuger und bedarf dieser zu seinem Gewerbe der Steuerlicenz, so erlangt er durch diese doch kein Monopol. Eine Folge der im Principe des Gesetzes liegenden Erzeugung im Großen ist, daß oft eine Erzeugung unter einem bestimmten Minimum nicht gestattet, oder wo die Verhältnisse ein solches Verbot nicht zulassen, jedoch die Erzeugung im Kleinen wegen der größeren Kosten und schlechteren Einrichtungen mit jener im Großen nicht concurriren kann, sie lieber ganz freigegeben oder der Steuer nur im Wege einer ziemlich laxen Abfindung unterworfen wird.

Auch hier wird ähnlich wie beim Zolle das Steuergesetz die für die Steuer verantwortliche Person, den steuerbaren Moment, das steuerbare Objekt, die Art der Einhebung und die sichernde Controle zu bestimmen haben.

Haftend für die Abgabe ist offenbar der Geschäftsunternehmer, leitet er aber nicht selbst das Geschäft, so hat er den zur Leitung Bevollmächtigten, der auch mit der Aufsicht und Verantwortung für das übrige Personal beauftragt seyn muß, der Behörde namhaft zu machen. Als steuerbarer Akt ist jener Moment des Verfahrens zu wählen, der bei keiner Art des Erzeugungsverfahrens umgangen, nicht mit einem andern, der Erzeugung fremden Akt verwechselt werden kann und so nahe beim Beginn der Erzeugung liegt, daß nicht unbemerkt und unbestraft die Vorbereitungen zu einer gesetzwidrigen Erzeugung getroffen werden können. Solche Momente sind die Einmaischung oder die Unterzündung des mit den zu verarbeitenden Stoffen gefüllten Kessels bei der Branntweinerzeugung, das Einschroten des Malzes, das Einfüllen desselben in die Pfanne, das Einlassen der Würze auf die Kühle bei der Biererzeugung, das Zerreiben oder Pressen der Rübe oder das Einfließen des Saftes in die Läuterkessel bei der Zuckererzeugung, das Aufschütten des Getreides auf die Mühle bei der Mehlerzeugung, der Druck der Kalender, Spielkarten, Zeitungen und Ankündigungen.

Der steuerbare Gegenstand ist entweder das gewonnene Erzeugniß oder der zur Erzeugung verwendete Stoff; für jedes von beiden sind Gründe und Gegengründe vorhanden. Für die Steuer nach dem verwendeten Stoffe spricht: Letzterer ist im Moment des steuerbaren Verfahrens vollkommen bekannt, die Steuer kann daher mit voller Sicherheit vorhinein bemessen und geprüft werden; das natürliche und volkswirthschaftlich zu unterstützende Streben des Unternehmers, aus derselben Menge Stoffes die möglichst große Menge des Erzeugnisses zu gewinnen, erhält durch die hiemit verbundene Steuerersparung neuen Reiz, die so wohlthätige Abwälzung der Steuer wird also möglich erhalten; die nöthigen Controlen können auf wenige Momente und zwar, wenn der steuerbare Akt nahe zum Anfange des Verfahrens hingerückt ist, auf die Anfangsmomente der Erzeugung beschränkt werden, im Uebrigen kann dann der Steuerpflichtige sich frei bewegen. Dagegen wird angeführt: Der Stoff geht mit dem Erzeugnisse genau parallel, er wechselt nach Erzeugungsmitteln, nach Jahrgängen, eine nach ihm bemessene Steuer ist daher eine ungerechte, da sie den Preis des Erzeugnisses demjenigen, der mit schlechten Stoffen arbeitet, mehr erhöht als seinen Concurrenten; wenn die Steuer auf den Stoff ein Motiv für industriellen Fortschritt ist, so ist sie es in sehr einseitiger Richtung, da sie ein Hinderniß gegen die Verwendung schlechterer, vielleicht nur auf diese Weise nutzbar zu machender Stoffe ist, und nicht die absolut beste, sondern die dem Maßstabe der Besteuerung am meisten

angepaßte Methode begünstigt. So z. B. macht die Branntwein=
steuer in Preußen, welche nach dem Rauminhalt der Maischgefäße
sich richtet, also für dicke Maischen dieselbe Gebühr, wie für dünne
fordert, die Anwendung einer Dünnmaischmethode geradezu unmög=
lich, eine der in Oesterreich üblichen Methoden für die Besteuerung
des Rübenzuckers, welche auf die Leistungsfähigkeit der Rübenpressen
Rücksicht nimmt, läßt bei niederen Zuckerpreisen das schnelle Pressen
dem guten, allen Saft der Rübe gewinnenden vorziehen. Endlich
nöthigt die nahe liegende Gefahr, daß Stoffe unangemeldet in die
Erzeugungsstätten gebracht und verarbeitet werden, oft zu Controlen,
welche den bei der Versteuerung nach dem wirklichen Erzeugniß
erforderlichen um nichts nachstehen, ja in vielen Fällen sie über=
treffen. Die gerechteste Steuer ist daher jene nach Menge und Ge=
halt des Erzeugnisses und dort, wo es gelingt, sie festzuhalten,
ohne den Gewerbebetrieb durch Controlen erdrücken zu müssen, ist
das Ideal der Consumtionsversteuerung bei der Erzeugung erreicht.
So ist es bei der Besteuerung des Branntweins in Oesterreich der
Fall, seitdem es gelungen, einen Apparat zu erhalten, der, an
das Auslaufsrohr der Brennvorrichtung hermetisch angebracht, Menge
und Gradgehalt des ihn durchlaufenden Branntweins angibt.[1] Frei=
lich sind viele Staaten in Betreff des Umfangs der Controlen weniger
ängstlich gewesen. Ob sie nun den Stoff, den Hopfen und Malz
in England, den Zuckersaft in Belgien, oder das fertige Erzeugniß,
wie Zucker und Branntwein in Frankreich, belegen, die Controlen
begleiten die ganze Reihe der Erzeugungsoperationen, ja dauern
darüber hinaus noch fort. In Frankreich muß die Zuckersiederei
mit einer Mauer umschlossen seyn, die nur einen einzigen Ausgang
offen läßt, alle nach außen gehenden Fenster sind enge vergittert,
eine Abtheilung von Finanzbeamten hält Tag und Nacht Wache,
daß kein Erzeugniß unbemerkt austrete. In der Zuckersiederei wird
ferner jede einzelne Operation angemeldet, registrirt und verificirt,
von Zeit zu Zeit das letzte Ergebniß der Buchführung mit den

---

[1] Gesetz vom 9. Juli 1862.

wirklichen Vorräthen in den verschiedenen Stadien der Bearbeitung verglichen. Wir verkennen nicht, daß in diesen Ländern die Volkssitte, nämlich die Achtung vor dem Gesetze, das man durch seine Vertreter selbst gegeben, und die Anerkennung der Vorschrift, der man sich durch Antritt eines bestimmten Gewerbes aus freier Wahl unterworfen, die Ausführung solcher Zwangsmaßregeln erträglicher und die Größe der Unternehmungen und ihres Steuerertrags sie weniger kostspielig macht, allein sie bleiben doch ein den Zweck überbietendes Mittel.

Der Besteuerung bei dem **Verschleiß** sind alle überhaupt für eine allgemeine Verbrauchsabgabe wählbaren Gegenstände zu unterziehen, welche wegen der zahlreichen und theilweise kleinen Erzeugungsstätten innerhalb des Landes zur Besteuerung in der Form eines Monopols oder Zolls oder einer Steuer bei der Erzeugung sich nicht eignen und von zu allgemeinem Vorkommen, so wie nach Beschaffenheit und Menge von allzu großer Veränderlichkeit sind, um unmittelbar bei den Verbrauchern selbst besteuert zu werden. Auch die Rücksicht wird zu beachten seyn, daß diese Gegenstände nicht etwa das Objekt des Verkehres sehr verschiedenartiger Handelsgeschäfte, sondern einiger weniger wo möglich solcher bilden, welche durch die Art ihres Gewerbes angewiesen sind, in die Oeffentlichkeit hinauszutreten, sich, ihr Gewerbe, ihre Waaren und ihre Preise anzukündigen. Hieher gehören vor allen anderen Wein und Fleisch.

Von manchen Gegenständen, namentlich von Wein, hebt man die Steuer beim Verschleiß sogar neben anderen Verzehrungssteuern von demselben Gegenstande, z. B. neben der Verbrauchssteuer im Allgemeinen oder neben der Steuer bei der Einfuhr in geschlossene Städte ein, dieß ist z. B. in Frankreich der Fall. Rechtfertigen läßt sich die Abgabe nicht, denn die Abnehmer des Verschleißers im Kleinen sind weder diejenigen Steuerpflichtigen, welche das größte Einkommen besitzen, noch sind sie in der Lage, die Abgabe leichter als Andere überwälzen zu können. Es ist wieder nur die Leichtigkeit der Steuereinbringung, da der Kleinverschleißer sie willig vorstreckt und der Gast der Schenke in dem Behagen des Genusses sie gerne zahlt, welche die Steuer erfunden hat und erhält. Der Steuerbeamte, der ein Paar Freunde in einer Kneipe ganz gemüthlich ihr Glas trinken und ihre Pfeife rauchen sieht, ruft nicht ohne Anflug gerechten Stolzes aus: sie wissen nicht, was sie jetzt thun, sie zahlen Steuer!

Bei der Steuer vom Verschleiße und wenn nicht die Elemente der Erzeugung, sondern das Erzeugniß selbst, versteuert wird, auch bei der Steuer von der Erzeugung ist darauf zu sehen, daß das Steuerausmaß, wenn es überhaupt so hoch ist, daß auf die im Detailverkehr übliche kleinste Einheit des Verbrauchs ein zahlbarer Bruchtheil entfallen kann, genau mit einem solchen zahlbaren Bruchtheile, nicht niedriger und höher entfalle; jeder nicht zahlbare Bruch wird von dem Verschleißer oder Erzeuger, der ohnehin strebt, die Kosten und die Last der Controle das Publikum zahlen zu machen, zu seinen Gunsten ausgebeutet. Richtet sich also die Steuer nach dem Hektoliter, so werde sie in ganzen Francs bemessen, damit auf jedes Litre das ein- oder mehrfache des Centime entfalle. Dagegen aber fordert die Gerechtigkeit zu Gunsten des Erzeugers oder Verschleißers, daß ihm ein Steuerkredit für die ganze Zeit gewährt werde, die zwischen der Erzeugung oder der Einkellerung des steuerbaren Gegenstandes und dessen Verschleiß zu verstreichen pflegt; er ist der gezwungene Einnehmer des Staats, aber kein Grund spricht dafür, daß er auch dessen Vorschußkassa bilde. Wenn er dem Staate das Geld abführt, sobald er es vom Consumenten erhält, hat er seine Steuerpflicht vollkommen erfüllt; der Staat wird selbstverständlich Sicherheit für die gestundeten Summen fordern.

Als Consumtionssteuern, die bei der Erzeugung oder dem Verschleiß eingehoben werden, sind endlich auch diejenigen Abgaben von Gewerben anzusehen, welche durch ihre Höhe anzeigen, daß sie nicht gleich der gewöhnlichen Gewerbesteuer bloß Ertragssteuern sind, und welche durch die dem Umfange der dem Publikum dargebotenen Verbrauchs- und Gebrauchsmittel angepaßte Grundlage der Bemessung den Charakter der Consumtionsabgabe verrathen. Hieher gehören die Abgaben auf das öffentliche Fuhrwerk mit

Inbegriff der Eisenbahnen und der Personen-Transportschiffe, wenn sie nach seinem Rohertrage, nach den Preiseinheiten jeder Fahrt, der Zahl der Transportmittel und der Sitze in denselben oder der Menge der beförderten Personen und Sachen sich richten, jene auf Fleischer- und Schankgewerbe, Kaffee- und Billardhäuser, Theater und andere öffentliche Belustigungsanstalten, wenn sie auf die Menge oder den Werth des geschlachteten Viehes und der verschließenen Getränke, die Zahl der Gäste, die Preise der Plätze, die Zahl der Vorstellungen Rücksicht nehmen. Hieher müßten auch die Abgaben auf Bordelle und in Staaten, wo es kein Lottoregale gibt, jene auf Privatlotterien und Spielbanken gerechnet werden, wenn es überhaupt solche Abgaben geben dürfte.

Die Abgaben bei der Erzeugung fordern als nothwendige Ergänzung, daß dieselben Gegenstände bei der Einfuhr aus dem Auslande wenigstens einer dem Ausmaße nach gleichen Steuer unterworfen werden; das hinsichtlich der Nothwendigkeit der Ausgleichungszölle Erörterte (§. 22) fordert sogar eine höhere Belegung, da nicht bloß die Verzehrungssteuer, sondern auch die Steuern von dem Einkommen Aller, die an dem Erzeugnisse mitwirkten, auf dem inländischen Produkte haften. Gewöhnlich werden die Ausgleichungs- und die Verzehrungssteuer vereint in der Form des Zolls eingehoben, manchmal erscheint jene als Zoll, diese als Verzehrungssteuerzuschlag. Wenn die Verbrauchssteuer nicht vom Erzeugnisse selbst, sondern von dem ihm als Grundlage dienenden Stoffe eingehoben wird, unterliegt die Ermittlung der Abgabe bei der Einfuhr einiger Schwierigkeit. Gewöhnlich nimmt man etwas mehr als den Durchschnitt zur Grundlage dieser Abgabe, ausgehend von dem Erfahrungsgrundsatze, daß es bessere und concentrirtere Waare sey, die aus weiter Entfernung zugeführt wird. Abgaben bei dem Verschleiß bedürfen keiner solchen Ergänzungsabgabe für die Einfuhr aus dem Auslande; der eingeführte Gegenstand unterliegt der Abgabe beim Verschleiß ebenso wie der im Inlande erzeugte. — Aus ähnlichem Grunde nehmen die Gegenstände dieser letzteren Abgabe an der Steuerrestitution nicht Theil, welche den bei der Erzeugung versteuerten bei der Ausfuhr über die Zolllinie bewilligt werden. Sie sind erzeugt, darum versteuert, jene anderen nicht verschlissen und darum nicht versteuert. Dieß ist die Annahme des Steuergesetzes.

Unter den Controlen der Verbrauchssteuern bei der Erzeugung oder dem Verschleiße tritt die Steueransage und der Steuerbefund besonders hervor, erstere muß dem steuerbaren Akte vorausgehen, letzterer während desselben erfolgen. Damit aber beide auf denselben Zustand der Dinge sich beziehen und damit auch Ueberprüfungen möglich werden, ist es räthlich, den steuerbaren Akt so zu wählen, daß der durch ihn hervorgerufene Zustand längere Zeit ohne Aenderung fortdaure. Darum ist es besser, Menge und Gradgehalt des Biers auf der Kühle als das Gewicht des in die Pfanne geschütteten Malzes, Menge und Zuckergehalt des geklärten Rübensaftes als das Gewicht der die Reibe oder Presse passirenden Rüben als Grundlage der Besteuerung zu wählen.

Die anderen Controlen bestehen gewöhnlich in der Anmeldung des Gewerbeantrittes, Beschreibung der Gewerbslokalitäten- und Vorrichtungen, Prüfung der Anmeldung hinsichts der Uebereinstimmung ihrer einzelnen Theile, Vergleichung der späteren mit den früheren Stadien der Erzeugung, des Erzeugnisses mit den verwendeten Stoffen, Buchführung durch den Steuerpflichtigen oder die Finanzorgane, manchmal sogar die amtliche Mitsperre. Bei manchen Consumtionssteuern werden noch andere Controlen angewendet: Kalender, Zeitungen, Ankündigungen, Spielkarten, Lotterielose werden in der Regel vor dem Druck auf dem für diesen bestimmten Papier gestempelt, und da die Stempelmaschinen mit einem die Zahl der Abdrücke markirenden Zählwerke versehen sind, so ist auch Einverständnissen zwischen den Steuerpflichtigen und Steuerbeamten entgegengewirkt. Bei Spielkarten muß sich in Frankreich und England für gewisse Kartenblätter der Stampiglien des Staates bedient und jedes Spiel in eine vom Staate gelieferte Schleife gehüllt werden. Oeffentliches Fuhrwerk muß mit einer amtlichen Bezeichnung versehen seyn.

Damit nicht eine Steuerrestitution für Waaren erschlichen werde, die nicht ausgeführt worden, wird eine doppelte sich controlirende Revision, bei dem Amte im Orte der Absendung und bei jenem im Orte des Austritts vorgeschrieben, erstere constatirt die Versendung des versteuerten Gegenstandes, letzteres den wirklichen Austritt, beide dessen der Steueransage entsprechende Beschaffenheit; der amtliche Verschluß hält während des Transportes die Identität fest. Ist die Steuer bloß nach den Elementen des Erzeugnisses, nicht nach diesem selbst eingehoben worden, so ist die Restitution mit einem geringeren als dem der durchschnittlichen Erzeugung entsprechenden Betrage zu leisten, damit nicht der Staat mehr zahle als er erhalten hat und die Restitution nicht den Charakter einer Ausfuhrprämie gewinne.

25.

Bei der Besteuerung der Einfuhr in gewisse Orte ist die Hauptrücksicht der Wahl dieser Orte zu widmen. Es sollen deren wenige seyn, denn jede Steuerlinie wirkt wie eine Zolllinie, sie sperrt den umschlossenen Ort von der Umgebung ab, bindet den gesammten (auch den nicht steuerpflichtigen) Verkehr und nicht bloß den in, sondern auch den durch die Stadt an zeit- und kraftraubende Controlen, und verursacht dem Staate wie dem Volke so viele Kosten, daß nur ein sehr hoher Ertrag dieselbe als lohnend erscheinen lassen kann. Darum ist das System Frankreichs, welches alle Orte über 4000 Einwohner hinsichts des Weins und Branntweins Einfuhrsteuern unterwirft und welches bereits mehr als 1400 Gemeinden behufs der Deckung ihrer Auslagen zu Octrois, d. i. eben zu Einfuhrsteuern ermächtigt hat, entschieden zu tadeln und der Vorgang Belgiens anzuerkennen, welches die auch dort überwuchernden Octrois mit Einem entscheidenden Schritte durch Entschädigung der Gemeinden mittelst Antheilen an gewissen Consumtionsabgaben des Staates aufgehoben hat.[1] Die Wahl der Orte hat sich auf jene mit der größten, dichtesten und wohlhabendsten,

[1] Gesetz vom 18. Juli 1861.

mehr städtischen als ländlichen Bevölkerung zu beschränken, die Größe der Bevölkerung zeigt die Leichtigkeit des Lebensunterhalts, ihre Dichte verspricht einen großen Ertrag bei geringer Ausdehnung der zu überwachenden Steuerlinie, ihr vom flachen Lande abstechender Charakter rechtfertigt ihre besondere Behandlung und ihr Wohlstand verbürgt, daß die Steuer nicht das Kapital selbst angreife.

Hat man die Orte gut gewählt, so braucht man bei der Bestimmung der zu besteuernden Objekte nicht allzu skrupulos zu seyn. Im Allgemeinen kann alles besteuert werden, was sich überhaupt zum Gegenstande einer Consumtionsabgabe eignet und transportabel ist, Waaren allgemeinen und Waaren feineren Verbrauchs. Selbst Gegenstände, die bereits auf dem flachen Lande versteuert worden sind, können bei der Einfuhr in jene Orte einem Zuschlage zu dieser Steuer unterworfen werden. Es ist überhaupt räthlich, eine große Zahl Objekte in die Besteuerung einzubeziehen; die Kosten der Einhebung werden dadurch nicht vermehrt, ohne Verminderung des Ertrags können die Gegenstände des Verbrauchs der Aermeren geringer belegt werden, die leicht erregbare Abneigung der großen Menge gegen die Einfuhrsteuern wird vermindert, wenn sie auch die Genüsse der Reichen entsprechend belegt sieht, und es wird möglich, diejenigen Klassen der Gesellschaft, welche durch die Steuer auf das eine Objekt gar nicht oder nicht im gehörigen Maße getroffen werden, durch die Steuer auf das andere zu erreichen. Bei dem Equipagen= und dem Hausbesitzer, welche durch die Steuer auf Lebensmittel zu wenig getroffen werden, holt z. B. die Steuer auf das Heu und auf die Baumaterialien u. dgl. m. den Rest nach. Daß nicht in allen geschlossenen Orten dieselben Gegenstände besteuert und die besteuerten nicht überall gleich und daß namentlich die bevölkertsten und wohlhabendsten Orte am höchsten belegt werden, rechtfertigt sich durch die bei jeder Consumtionsabgabe unerläßliche Anschmiegung an Lebensgewohnheiten und Vermögensverhältnisse vollkommen.

Gerne vermeidet man, solche Gegenstände bei der Einfuhr in geschlossene Orte zu besteuern, deren Consumtion in der Stadt in tiefere Schichten herabsteigt als auf dem Lande, z. B. Zucker, Kaffee, denn hier fehlt eine der Voraussetzungen, durch welche jene Steuer gerechtfertigt wird, die größere Wohlhabenheit der städtischen Consumenten.

Bei der Erhebung der Steuer ist alles das zu beachten, was bei den Zöllen gesagt worden ist, ist sie doch ein lokaler Zoll, bloß durch den Umfang seines Zollgebietes von den allgemein an der Landesgrenze eingehobenen unterschieden. Es gibt Zollausschüsse, Zollenklaven, Zolllinien, ein Begleitschein=, ein Durchfuhrverfahren, ämtliche Niederlagen und Privatniederlagen unter ämtlicher Aufsicht, ein Losungs=, ein Appreturverfahren und Rückzölle, Perceptions= und Aufsichtsbeamte und deren gegenseitige Controle. Selbst das kann man nicht eine Eigenthümlichkeit der Consumtionsabgabe in geschlossenen Städten nennen, daß wegen der Gleichheit vor dem Gesetze der innerhalb der Steuerlinie erzeugte steuerbare Gegenstand dieselbe Steuer bei der Erzeugung entrichtet, die der von außen importirte bei der Einfuhr zahlt, denn derselbe Grundsatz wurde bereits, wenn auch in anderer Anwendung, bei der Verbrauchsabgabe von der Erzeugung im Innern gegenüber den Einfuhrzöllen zur Geltung gebracht. Indeß entsteht in dem Falle, wenn die Steuer bei der Erzeugung nach den verwendeten Stoffen sich richtet, während doch die Gleichheit zwischen der Steuer der Erzeugnisse herzustellen ist, eine eigene Schwierigkeit, denn hier handelt es sich um eine Ausgleichung zwischen Erzeugern desselben Staats, also um volles Gleichmaß. Der Branntwein in Oesterreich bietet ein Beispiel, wo diese Schwierigkeit von der Besteuerung bei der Einfuhr in geschlossene Städte ganz abgeschreckt hat; erst im vorigen Jahre, wo die Branntweinsteuer allgemein von den verwendeten Stoffen, auf denen sie bisher ruhte, auf das fertige Erzeugniß umgelegt wurde, hat man dort gewagt, den Branntwein bei jener Einfuhr mit einem Zuschlage zu belegen, welchem dann auch der in den geschlossenen Orten erzeugte unterworfen wurde.[1]

---

[1] Gesetz vom 29. Oktober 1862.

Die Steuern auf den unmittelbaren Gebrauch und Verbrauch tragen vielfach den Charakter der direkten Steuern an sich, sie werden nämlich unmittelbar von dem gefordert, den sie nach der Meinung des Staates wirklich treffen sollen, die Wohnungs- und Mobiliarsteuer vom Miethsmann, die Bedientensteuer vom Herrn, die Steuer vom Privatfuhrwerk vom Eigenthümer, die Steuer vom Privatverbrauch an Wein und Fleisch vom Familienvater u. dgl. m.; indirekt sind sie nur darum, weil sie nicht im Verhältniß des Einkommens oder einer bestimmten Art desselben, sondern im Verhältniß eines Aufwandes umgelegt werden, aus dem man mittelbar auf die Größe des Einkommens schließt. Wegen dieses ihres Charakters sind sie die gerechtesten aller Consumtionsabgaben, denn sie richten sich genau nach der Größe des Genusses oder beziehungsweise des damit verbundenen Aufwandes und nöthigen Niemand zur Vorausbezahlung einer Steuer, die eigentlich Andere trifft und von welcher er nie weiß, ob er sie ganz zurückersetzt erhält;[1] allein verkennen läßt sich nicht, manche derselben greifen so tief in die Privatverhältnisse ein und nöthigen zu so belastenden Selbstangaben, daß wie bei der Einkommensteuer die Wahl nur zwischen einem peinlichen Inquisitionsverfahren oder einem matten die Steuererträgnisse im höchsten Maße gefährdenden Gehenlassen bleibt. Viele Uebelstände werden durch eine kluge Wahl der Steuerobjekte beseitigt, wenn sie nämlich Gegenstände trifft, welche auffallend hervortreten und längere Zeit festzuhalten sind, also Gegenstände von großem Umfange, die nicht bloß innerhalb der Räume des Hauses gebraucht werden, mehr Gegenstände des Gebrauchs als des Verbrauchs. Werden zur Sicherung des Ertrags Gegenstände besteuert, welche auch von minder Wohlhabenden benützt werden, z. B. Wohnungen, so ist es besser, man scheidet durch entsprechende Exemtionen die ärmste Klasse der Verbraucher aus. Man kann hier großmüthiger als bei den anderen Arten der Verbrauchsabgaben sich erweisen, wo die Begünstigung nicht dem Consumenten, sondern dem Erzeuger

---

[1] Vergl. in Bezug auf die Wohnungssteuer Hofmann S. 233—245.

oder Händler und zwar zum Nachtheile seiner nicht exinirten Mitbewerber zu Gute kommt.

Auf gleiche Weise ist zu beachten, daß Objekte, die für den Einen Gegenstände des Aufwandes und Genusses sind, dem anderen als Hülfsmittel seines Erwerbes dienen und gegen die Absicht der Steuer daher die Consumtions- plötzlich in eine Erwerbsteuer verwandelt werden könnte. Will man dieß vermeiden, so muß man zu den nöthigen Exemtionen sich entschließen. Man wird die Mobilien und die Pferde und Wagen, die sich im Besitz des Händlers befinden (so lange er nicht zugleich das Geschäft des Vermiethers treibt) alle Lastwagen, dann alle Pferde, die ausschließend zu landwirthschaftlichen oder industriellen Zwecken verwendet werden, den Miethzins für die ausschließend als Fabriks- oder Verkaufslokale benützten Räume, alle Gehülfen der Handwerker und Kaufleute, die ausschließend der Feldwirthschaft gewidmeten Knechte und Mägde der Bauern, die Wirthschaftsräthe, Verwalter, Schaffer und Maier der Großgrundbesitzer von der Verbrauchsabgabe ganz befreien oder wo solche Personen und Sachen nur zum Theile der persönlichen Bequemlichkeit der Herren dienen, für Steuerermäßigung Sorge tragen.

Es sind ferner solche Gegenstände als Objekte der Besteuerung zu wählen, die mit dem auf den gesammten Haushalt verwendeten Aufwand und daher mit dem Einkommen in einem gewissen Verhältnisse stehen. Aus Art und Zahl der Dienerschaft und der Equipagen, der Höhe des Wohnzinses kann man z. B. solche Schlüsse auf Haushalt und Einkommen ziehen, nicht aber aus Art und Zahl der Hunde, Katzen, Vögel u. dgl. Man besteuert vielleicht die einzige Erheiterung der Stube des Bettlers, der Dachkammer der Nähterin. Will man solche Thiere aus Sanitäts- oder ähnlichen Rücksichten besteuern, so haben wir nichts dagegen, aber vom finanziellen oder volkswirthschaftlichen Standpunkte ist es nicht zu rechtfertigen. Endlich eignen sich nicht zur unmittelbaren Besteuerung Gegenstände des täglichen Verbrauchs, die bald in das Haus ein-, bald weggebracht werden und in der Menge wechseln; die zur Feststellung der eigentlichen Grundlage der Steuer nöthigen

Controlen werden im Privatverkehr unerträglich. Eine Lehre der Erfahrung bietet in diesen Beziehungen die Weinsteuer in Oesterreich, wie sie von 1860—1862 allgemein bestand und zur Zeit noch in Ungarn und Siebenbürgen aufrecht erhalten ist.[1] Vor 1860 war der Weinverbrauch in diesen beiden Ländern nur in den Orten von mehr als 2000 Einwohnern aber allgemein, d. i. sowohl der Kleinverschleiß (in Mengen unter 1 n. ö. Eimer) als die Consumtion der Privaten an im Großen eingelagerten Weinen, und in den meisten übrigen Gebietstheilen Oesterreichs zwar an allen Orten aber nur im Kleinverschleiß besteuert. Es schien nicht gerecht und wurde in dieser Weise auch vom Volke aufgefaßt, daß dort in kleineren Orten und hier gerade von den wohlhabenderen Consumenten im Großen der Wein nicht besteuert werde, und die Ungerechtigkeit trat um so greller hervor, als in Oesterreich alle anderen geistigen Getränke der großen Massen, Bier und Branntwein, bei der Erzeugung und folglich für alle Verbraucher ohne Unterschied besteuert sind. Man beschloß also auch den Verbrauch von Wein allgemein zu belegen. Eine Besteuerung der Erzeugung erschien nicht ausführbar, weil sie dieselben Personen und fast zu denselben Zeiten trifft, welche die Grundsteuer vom Weinberg entrichten, weil sie zu weit von dem eigentlichen Moment der Versteuerung, dem Weinverbrauch entfernt liegt, weil sie die ungeheure Menge der Weinbauer unter Controle gestellt hätte und weil sie das traurige Beispiel der preußischen Moststeuer,[2] die nichts trägt und unzählige Plackereien verursacht, gegen sich hatte, es blieb also als steuerbares Moment nur der unmittelbare Verbrauch übrig. Man hatte aber über die Gerechtigkeit die Ausführbarkeit der Steuer übersehen. Schon bei Ausarbeitung des Gesetzes machte wegen des großen Umfangs, in welchem in Oesterreich Wein getrunken wird, die Menge der in die Steuerpflicht fallenden Verbraucher im Großen

---

[1] Gesetze vom 23. November 1850 und 12. Mai 1859.
[2] Gesetz vom 8. Februar 1819. — Der Ertrag belief sich durchschnittlich auf wenig über 100,000 Rthlr. des Jahrs; in Folge des französisch-preußischen Handelsvertrages wird sie gänzlich aufgehoben werden.

als ein nicht zu gewältigendes Hinderniß sich geltend. Man verzichtete darauf, je die nöthige Zahl Personen zu finden, um Hunderttausende unter Controle zu setzen und in ihren Kellern die Ein= und Auslagerung des Weins, dessen Ueberfüllung und Theilung zu überwachen, darüber Register und Rechnung zu führen, periodisch die vorhandene Menge und deren durch den Verbrauch entstandene Verminderung zu erheben, und je die Mittel zu ersinnen, um diese wiederholten und eindringlichen Controlen Hunderttausenden erträglich zu machen. Man erklärte darum gleichzeitig mit der Veröffentlichung des Gesetzes über die Einhebung und Ueberwachung der Steuer, daß der Staat es in der Regel weder selbst noch durch Pächter in Anwendung bringen, sondern sich auf andere Weise behelfen werde. Man rief nämlich die Gemeindeverwaltungen zu Hülfe, indem man mit ihnen Abfindungen über gewisse Pauschbeträge schloß oder sie amtlich zur Zahlung solcher Pauschbeträge verpflichtete und sie dagegen ermächtigte, innerhalb ihres Gebietes entweder die Steuer nach dem Gesetze einzuheben oder jene Pauschbeträge nach dem ihnen bekannten Verbrauche der einzelnen Steuerpflichtigen auf diese im Wege des freiwilligen Uebereinkommens oder des Zwanges zu vertheilen. Ein nicht ausführbares Steuergesetz, auf dessen Handhabung als letztes Auskunftsmittel die Finanzorgane sich nicht berufen durften, aufgeregte Steuerpflichtige, widerwillige und unerfahrene Gemeindeverwaltungen, man kann die Folgen solcher Verhältnisse leicht überschauen! Jene Pauschbeträge erreichten im Durchschnitte nicht $1/_8$ der dem wirklichen Verbrauche entsprechenden Steuer, wurden ungeschickt und ungerecht vertheilt und hart getragen. Die Aufhebung des Gesetzes [1] war in kurzem unvermeidlich. Hätte man sich ursprünglich begnügt, in Ungarn und Siebenbürgen in den gering bevölkerten Orten nur den Kleinverschleiß zu belegen und in den größeren Orten der anderen Gebietstheile die allgemeine Besteuerung des Verbrauchs wie in jenen Ländern einzuführen, so wäre wahrscheinlich ein so unangenehmer Ausweg, als die Zurücknahme des Steuergesetzes war, erspart worden; nur die

---

[1] Erfolgt durch das Gesetz vom 17. August 1862.

Motive des begangenen Fehlgriffs, die Liebe zur Gerechtigkeit und das Vertrauen in die Autonomie der Gemeinden, entschuldigen ihn.

Auch bei den Consumtionsabgaben vom unmittelbaren Verbrauche ist die Formulirung des eigentlichen steuerbaren Aktes von Wichtigkeit; er kann offenbar kein anderer seyn, als der Moment, in welchem der Steuerpflichtige in den physischen Besitz (den Gebrauch) des steuerbaren Gegenstandes tritt. Das Pferd, der Wagen darf nicht eher übernommen, die Wohnung nicht eher bezogen werden, das Gesinde nicht eher den Dienst antreten, als bis die Anmeldung vollzogen und die Steuer entrichtet ist. Oft scheut man die mit solchen sich oft (z. B. bei jedem Dienstbotenwechsel) wiederholenden Steueransagen verbundene Belästigung und von der Ansicht ausgehend, daß ein Wechsel in Zahl und Werth der fraglichen Steuerobjekte selten eintrete und kleinere oder vorübergehende Aenderungen für die Besteuerung gleichgültig seyen, bestimmt man einen Zeitpunkt, in welchem die Steueransage für das ganze Jahr ohne Rücksicht auf die im Laufe desselben eintretenden Aenderungen zu erstatten ist. Dieser Zeitpunkt wird so zu wählen seyn, daß er in die „Saison", d. i. in jene Jahreszeit fällt, wo die bessere Gesellschaft sich versammelt und jeder das Maximum des seinen Verhältnissen entsprechenden Aufwandes macht, auch wird die Steueransage nicht den zufälligen Stand im Augenblicke ihrer Erstattung, der absichtlich sehr reducirt werden könnte, sondern den höchsten innerhalb jener für den Aufwand maßgebenden Periode zu enthalten haben.

Die Controle über die Richtigkeit der Steueransage wird theils durch Bestätigungen von Seite derjenigen, die nothwendigerweise in Kenntniß von der Beschaffenheit des Steuerobjektes sind und im nächsten Rechtsverhältnisse zu demselben stehen, also des Hauseigenthümers hinsichts des Miethzinses, der Dienerschaft hinsichts des Dienstlohns, des Verkäufers hinsichts der Pferde und Wagen, theils durch Nachschauen und Revisionen herzustellen seyn. Letztere sollten in Anerkennung des Hausrechtes nur im Falle gegründeten Verdachts gestattet werden.

c) **Die Ertragssteuern.**

1. **Die Grundsteuer.**

26.

Die Grundsteuer [1] ist ihrem Namen nach eine Steuer vom Grund und Boden, und nach der ersten volkswirthschaftlichen Regel eine Quote des Reinertrags desselben. Der im Preise der Feldfrüchte liegende Ersatz des in diese Früchte übergegangenen Kapitals ist kein Gegenstand der Besteuerung und der Lohn für die auf das Produkt verwendete Arbeit, falls er überhaupt Gegenstand der Besteuerung ist, muß durch andere Steuern als die Grundsteuer getroffen werden.

Darum ist jede Grundsteuer bedenklich, die nach dem Rohertrage bemessen wird, denn bei der großen Quote des Rohertrags, welche in Theilen der früchtetragenden Substanz des Bodens, des auf letzteren verwendeten Kapitals und in baaren Auslagen besteht, und die man auf 66—84 Proc. des Rohertrags schätzen kann, liegt die Gefahr nie weit entfernt, daß die Steuer das Kapital angreife; ist die Steuer hoch, wie dieß z. B. beim Zehnten der Fall ist, so ist jene Gefahr wirklich vorhanden. Ebenso muß jede Grundsteuer getadelt werden, die nach irgend einem anderen Maße als dem Ertrage sich richtet, z. B. nach dem Flächenraum oder, wie es in den älteren Steuergesetzgebungen so häufig der Fall ist, nach Wirthschaftseinheiten, Sessionen, Gütern, Höfen. Nur daß die Abgaben sehr gering und ziemlich unveränderlich waren, machte die Unerträglichkeit ertragen, die in einer solchen Steuergrundlage liegt, wurde doch in jenen Zeiten selbst die Steuerfreiheit des adeligen und geistlichen Grundeigenthums trotz seines großen Umfanges weniger empfunden.

[1] Rau II, §§. 301—341; Stein, 222—260; Umpfenbach §§. 76—81; die Reform der direkten Steuern in Oesterreich, Deutsche Vierteljahrsschrift, 1860, Heft 3; die direkten Steuern in Oesterreich und ihre Reform, herausgegeben vom k. k. Finanzministerium. Wien, 1860.

Unter dem als Steuergrundlage benutzten Reinertrage versteht keine Steuergesetzgebung den wirklichen, mit jedem Jahre wechselnden; die Erhebung wäre so mühsam, kostspielig und zeitraubend, gäbe zu so vielen Eingriffen in die Privatwirthschaft und zu so vielen Streitigkeiten zwischen der Steuerbehörde und dem Steuerpflichtigen Anlaß, und würde in so vielen Fällen nicht den Boden, sondern die Geschicklichkeit und das Glück seines Besitzers besteuern, daß man mit gutem Grunde darauf verzichtet; alle Einwürfe, die verschiedene und vor allem Hoffmann [1] gegen die Grundsteuer erhoben haben, beziehen sich auf die Belegung jenes wirklichen Ertrags. Man begnügt sich darum überall mit irgend einem durchschnittlichen, der Wahrheit angenäherten Reinertrage und zwar einem aus den gegebenen Elementen der Wirthschaft unter Voraussetzung mittelmäßiger Jahre, gewöhnlicher Sorgfalt und mäßigen Glückes des Eigners berechneten. Die Ermittlung jener Elemente und der Ergebnisse dieser Berechnung nennt man die Katastrirung, die sie darstellenden Aufzeichnungen den Kataster. [2]

Bei dieser Ermittlung kann man auf verschiedenen Wegen vorgehen: Man betrachtet als Grundlage der Berechnung des Ertrags die Wirthschaftseinheit (das Gut, den Hof) oder jedes einzelne natürlich abgegrenzte Grundstück, die Parzelle (Guts-, Parzellenkataster); man kann unmittelbar den Ertrag der gewählten Einheit berechnen oder zuerst ihren Werth erheben und dann aus diesem nach dem landesüblichen Ertragsfuße der Grundstücke den Ertrag berechnen (Ertrags-, Werthkataster), und man kann endlich den Ertrag oder Werth für jedes gegebene Steuerobjekt an und für sich in ihrem Zusammenhange ohne Rücksicht auf andere Objekte oder für alle Steuerobjekte derselben Art und in demselben Orte bestimmen,

---

[1] S. 40 und 106.
[2] Der erste wissenschaftliche auf Landvermessung und Reinertragserhebung beruhende Kataster ist der 1718 von Kaiser Karl VI. im Herzogthum Mailand angeordnete, 1749 unter Maria Theresia vollendete; Einführung der Besteuerung nach demselben 1760. — Stein, 216—219, versteht unter Kataster, übereinstimmend mit der ursprünglichen Bedeutung des Wortes, jedes Verzeichniß der Objekte einer Ertragssteuer mit Angabe der Steuereinheiten, die sie enthalten.

so daß sich Ertrag oder Werth jedes einzelnen Objektes aus der Kategorie (Klasse) der Objekte, in welche es eingereiht wird, und den Feststellungen für jede Einheit dieser Klasse ergibt (Abschätzungs- und Einschätzungskataster).

Alle diese Methoden ohne Unterschied setzen selbstverständlich eine sehr detaillirte bis auf die Parzellen sich erstreckende und vollkommen richtige Vermessung des Landes, eine dieser sich anschließende genaue Verzeichnung der Steuerobjekte und aller ihrer Bestandtheile, die Ermittlung und Aufzeichnung aller in der Umgrenzung dieser Objekte und ihrer Bestandtheile, so wie in deren Eigenthümern sich ergebenden Aenderungen und endlich zur Controle, ob jene Vermessung schon ursprünglich richtig gewesen und ob alle Veränderungen gebührend berücksichtigt worden, so wie zur Berücksichtigung der Aenderungen, die im Laufe der Zeit im Werthe oder Ertrage der Objekte eingetreten, nach längeren Perioden eine Revision der Ergebnisse voraus (geometrische Katastralaufnahme, Katastralarchiv-Evidenzhaltung, -Revision). Ebenso setzen sie alle eine höhere örtliche Einheit voraus, innerhalb welcher man die Grundstücke mit einander in Verbindung stehend und einander vergleichbar betrachtet, die Katastralgemeinde. Auch die Controlen zur Gewinnung gerechter und sachgemäßer Grundlagen sind bei allen Methoden so ziemlich dieselben: das Zusammenwirken der Organe des Staates und der Gemeinde und des Steuerpflichtigen, die Oeffentlichkeit, die den ersten Feststellungen gegeben wird, das dem Pflichtigen gewährte wiederholte Reklamationsrecht. Endlich übt jeder Kataster die günstigsten Wirkungen auf die Feststellung und Sicherung des Grundeigenthums, indem er dessen Bestandtheile und deren Grenzen und Umfang vermißt und jede Aenderung hierin in Evidenz hält. Da zum Zwecke der Besteuerung jede Aenderung in der Person des Besitzers des steuerpflichtigen Grundes verzeichnet werden muß, so glaubte man diese Aufzeichnung auch zu dem juridischen Zwecke der Evidenzhaltung der Eigenthumsrechte benützen zu sollen und man versuchte darum den Kataster mit dem Grundbuche zu vereinigen. Dort, wo das Grundbuch nicht in der alphabetischen

Folge der Eigenthümer, sondern in der topographischen der Grundstücke geführt wird, hat die Vereinigung formell keine Schwierigkeit; allein die beiden Zwecke, denen sie dienen soll, lassen sich schwer gleichzeitig erreichen; die leichte und schnelle Einhebung der Steuer fordert, daß man beinahe jeden als Eigenthümer anerkenne, der sich als solcher zur Steuerzahlung meldet, die Rechtssicherheit hingegen, daß man hiebei auf Beibringung strenger Rechtsbeweise dringe, es ist darum besser, beide Institute bleiben im Wesen getrennt, und werden zur gegenseitigen Unterstützung und Controle benutzt.

Der Gutskataster leidet vor allem an dem Uebelstand, daß er auf einer ganz zufälligen, nach Willkür wechselnden Einheit beruht, denn was ist ein Gut anderes als mehrere Grundstücke ohne alle innere Regel durch einen gemeinsamen Eigenthümer in eine gewisse äußere Verbindung gebracht. Will man nicht alle Güter als an sich untheilbar, mit anderen unvereinbar und in ihren Bestandtheilen unwandelbar erklären, eine Maxime, für welche selbst die strengsten Vertheidiger des großen Grundbesitzes sich nie auszusprechen wagten, so findet ein steter Wechsel in der Zusammensetzung der Güter statt und mit jedem solchen Wechsel ist die ganze Steuergrundlage vernichtet. Ein Gut hat einen bestimmten Werth, weil es eben aus diesen und keinen anderen Theilen besteht; werden die zerstreut liegenden Grundstücke kommassirt, wird ein Wald verkauft, welcher das nöthige Holz und die Streu lieferte, oder wird eine Wiese erheirathet, welche nunmehr die Erhaltung eines ausreichenden Viehstandes ermöglicht; so ändert sich der Werth des gesammten Gutes, und da die aufgeführten Aenderungen solche sind, welche analoge auch bei jenen Gütern hervorrufen, welche bei der erwähnten Commassation mitbetheiligt waren, das verkaufte Waldstück erhielten, die erheirathete Wiese verloren, so rüttelt jede Aenderung im Besitze auch nur Eines Grundstücks die Steuergrundlagen wenigstens zweier Güter. Der Gutskataster ist also entweder eine immerwährende Erhebung oder eine immerwährende Lüge. Unter einer einzigen Voraussetzung ließe sich ein wenigstens anscheinend rechtfertigender Grund für den Gutskataster denken, nämlich wenn in einem Lande der Kataster kurz nach der Verwirklichung einer großartigen Commassation eingeführt würde, denn da nach der Voraussetzung die Güter durch die Commassation den möglichst großen Ertrag oder Werth erhalten hätten, so gäbe auch die Steuer auf Grundlage des Gutskatasters den größtmöglichen Werth, und wenn der Gesetzgeber zugleich anordnete, die Steuerquote für das Gut bleibe dieselbe, welche Veränderung auch in seinen Bestand= theilen vorgenommen werde, höchstens daß ein dem veränderten Umfange der Grundstücke der einzelnen Kulturgattungen entspre= chender Wechsel in der Steuerumlage erfolge, so hätte er nebenbei ein neues Motiv gegen Aenderungen der eingeführten Zusammen= setzung der Güter oder wenigstens gegen Verschlechterungen dieser Zusammensetzung geschaffen.

Die Ermittlung des Werthes statt des Ertrages ist offenbar ein Umweg, denn sie kann nach der Steuertheorie keinen anderen Zweck haben, als eben aus dem Werth den Reinertrag zu berechnen; warum also nicht unmittelbar zur Erhebung des letzteren schreiten! Der Werth, welcher als Steuergrundlage dienen soll, kann ohnehin nicht der Werth besonderer Vorliebe, sondern muß der allgemeine durchschnittliche Kaufwerth seyn, welcher seinerseits wieder nach dem Ertrage sich richtet. Freilich ist dieser werthbestimmende Ertrag nicht immer der, wenn auch genau erhobene wirkliche, sondern der letztere mit jenen Modifikationen, welche durch die mit größerer oder geringerer Wahrscheinlichkeit bevorstehenden Aenderungen dieses Werths gegeben sind. Ein Gut wird nie nach dem Ertrage zu schätzen seyn, den es in den Händen eines besonders ausgezeichneten oder eines unverständigen oder nachläßigen Landwirthes hatte. Allein hierdurch erlangt der Werthkataster keinen besonderen Vorzug, denn auch der steuerbestimmende Ertrag ist, richtig aufgefaßt, nicht der wirkliche, sondern der durch jene Wahrscheinlichkeit modificirte.

Ein zweiter Fehler des Werthkatasters ist das Schwankende seiner Grundlage. Der durchschnittliche Reinertrag ist, so lange nicht die Methode der Bewirthschaftung oder die Verhältnisse des

Verkehres sich gründlich ändern, auf lange Zeit hinaus derselbe, aber der diesem Reinertrag entsprechende Werth ist eine überaus wechselnde Größe, weil er auch von dem allgemeinen Zinsfuß des Landes und dem Verhältnisse des Zinsfußes der in der Landwirthschaft angelegten Kapitalien zu jenem der in anderen Erwerbszweigen verwendeten, also von höchst veränderlichen Voraussetzungen abhängt. Ebenso haben kleine Güter wegen der stärkeren Nachfrage einen höheren Werth als große, einzelne Parzellen, die zur Arrondirung anderer Güter benutzt werden können, einen höheren als andere zu diesem Zwecke nicht verwendbare, eine Ungleichheit in der Besteuerung des Reinertrags ist daher unvermeidlich.

Das große Gebrechen der Abschätzungsmethode im Gegensatze zur Einschätzungsmethode ist, daß sie ihrem Principe nach auf die oben erwähnten Modifikationen des wirklichen Werths, die für die Richtigkeit der Steuergrundlagen unentbehrlich sind, nicht Rücksicht nehmen kann. Das Gut oder die Parzelle wird ohne Hinblick auf andere gleichartige Objekte, auf Grund von Ertragsausweisen, Pacht- und Kaufverträgen, also nach der nackten Wirklichkeit erhoben, so daß wenn bloß diese Erhebungen als Steuergrundlage benützt werden, außer und neben dem Grundstücke auch die Intelligenz des Eigenthümers besteuert und dem Unverstand, der Trägheit oder unwirthschaftlichen Liebhaberei des Eigners eine Steuerprämie ertheilt wird, und Umstände, wie z. B. die Größe der Nachfrage oder die Nachbarschaft, berücksichtigt werden, welche auf den Reinertrag von keinem Einflusse sind. Man sagt nun freilich, es solle zur Berichtigung und Ausgleichung der individuellen Ergebnisse auf die Werthe anderer gleichartiger und in ähnlichen Verhältnissen befindlicher Grundstücke Rücksicht genommen werden, allein geschieht dieß auf die nothwendig wissenschaftliche Weise unter genauer Formulirung des Begriffs der Gleichartigkeit und der ähnlichen Verhältnisse, so steht man bereits mitten in der Einschätzungsmethode.

Allerdings ist auch der Kataster nach der Einschätzungsmethode und auf Grund des Parzellenertrags in der

Regel nicht frei von Gebrechen; allein in seinen Principien liegt die Möglichkeit der Beseitigung oder Verminderung dieser Fehler und er hat, wie eine nähere Darstellung der Vorgänge bei seiner Anlage zeigen wird, Vorzüge eigener Art, die er mit keinem anderen Kataster theilt.

Ein nach den Grundsätzen der Wissenschaft aufgebauter Kataster solcher Art sondert die durch die geometrische Aufnahme ermittelten einzelnen Parzellen zuerst nach Kulturarten auseinander, diese Arten müssen aber so beschaffen seyn, daß sie wirklich höchst bedeutende Unterschiede darstellen und zwar solche, die große Abstufungen in dem auf Grund und Boden verwendeten Kapital begründen, z. B. Alpe und Weide, Wald, Feld und Wiese, Weinberg, Garten. Grundstücke, die zu anderen als landwirthschaftlichen Zwecken verwendet werden, z. B. zu Lagerplätzen, Vorhöfen, Eisenbahnen werden am billigsten den umliegenden Grundstücken gleichgehalten, doch ist auch ihre Gleichstellung mit denen des höchsten Ertrags üblich. Gründe, die keinen Ertrag geben, bleiben ungeschätzt. Da, wo auch innerhalb der Kulturart die Unterschiede in dem Betrage des auf die Grundstücke verwendeten Kapitals oder der (von der natürlichen Beschaffenheit oder Lage derselben abhängigen) Grundrente bedeutend sind, zerfällt man die Arten in Klassen, welche dadurch bestimmt werden, daß man für jede Klasse eine Type, d. i. ein Grundstück wählt, bei welchem auf die Flächeneinheit jener bestimmte Betrag des Kapitals und der Grundrente entfällt, den man für den charakteristischesten Ausdruck jener Klasse hält, und wo keine Ausnahmsverhältnisse (z. B. besondere Nachtheile oder Vorzüge der örtlichen Lage, eine von der allgemeinen abweichende Bewirthschaftungsmethode, besondere Vorzüge oder Gebrechen des Besitzes) vorhanden sind, welche die Vergleichung mit anderen Grundstücken derselben Klasse erschweren könnten. Wo die Kulturart nicht in Klassen getheilt ist, hat die ganze Kulturart ihre Type. Man ermittelt nun den durchschnittlichen Reinertrag der Flächeneinheit jeder Type, indem man zuerst aus dem Durchschnitte vieler Jahre und mit Weglassung jener, wo außerordentliche Glücks- oder

Unglücksfälle allzugroße Abweichungen von dem gewöhnlichen Ergebnisse veranlaßten,¹ die Elemente des Naturalrohertrags und der Produktionskosten der Type feststellt, beide auf Geld zurückführt, die Summen von einander abzieht und den Rest durch den Flächeninhalt der Type theilt. Ehe diese Ermittlungen definitiv festgestellt werden, treten die Katastercommissionen der Nachbargemeinden zusammen, um Verschiedenheiten auszugleichen und für das in den Gemeinden Gleichartige auch gleiche Maßstäbe zu finden. Nun erst wird die eigentliche Einschätzung vorgenommen, d. i. jedes Grundstück wird in eine bestimmte Kulturart und durch genaue Vergleichung mit den einzelnen Typen in eine bestimmte Kulturklasse eingereiht. Hiedurch ist in der Regel auch sein Reinertrag festgestellt, es bedarf hiezu nichts als die Multiplikation des für die Flächeneinheit der Type ermittelten Reinertrags mit dem Flächeninhalt des Grundstücks; nur da, wo die örtliche Lage, z. B. die Abschüssigkeit, die Unwegsamkeit, die allzugroße Entfernung vom Sitz der Wirthschaft so bedeutende Unterschiede in den Produktionskosten begründen, daß der Reinertrag von jenem der Type in der Wirklichkeit allzusehr abweiche, wird jenen Unterschieden Rechnung getragen. Die Einschätzung wird nicht etwa bloß durch Vergleichung des Erntestandes oder der Ackerkrume vorgenommen, wiewohl diese Momente die Hauptgrundlagen bleiben, sondern es werden auch Ertragsausweise, Pacht- und Kaufverträge, kurz alle jene Elemente verglichen, auf denen die Abschätzung beruht hätte, nur daß sie durch die Vergleichung eine neue Gewähr erhalten und von den Zufälligkeiten und Partikularitäten befreit werden, welche wohl den wechselnden Pacht- oder Kaufpreis, nicht aber die bleibende Steuer bestimmen dürfen.

¹ Darum wählte das Badische Gesetz vom 20. Juli 1810 als Grundlage den Durchschnitt der Preise in den Jahren 1780—1790 und 1800—1810, mit Weglassung der Jahre des Kriegs, der Unruhen und der Neugestaltung 1790—1800. Daß in Oesterreich die Preise eines einzigen Jahres, und zwar des Ausnahmsjahres 1824, des wohlfeilsten seit dem Beginn des Jahrhunderts, zur Grundlage dienten, hat in der Durchführung des Katasters wie in der darauf gegründeten Besteuerung viel geschadet.

Man sieht, der auf solche Weise errichtete Kataster betrachtet das Grundstück ganz losgelöst von dessen Eigenthümer und dem anderen Besitzthume desselben, einfach als Glied einer bestimmten Kulturart und Kulturklasse; er findet darum allerdings nie den wahren, sondern nur den so zu sagen durchschnittlichen Ertrag des Grundstücks (wenn man Durchschnitt das bei der Type vorgefundene Verhältniß des Grundstücks zum Mittelpunkte der Bewirthschaftung nennen darf), allein er befreit es eben darum von allem Ertragswechsel, der durch Aenderungen jener Eigenthumsverhältnisse herbeigeführt wird. Durch die gewählte Methode werden ferner die einzelnen Elemente, aus denen der Ertrag des Grundstückes sich zusammensetzt, durch den Ertrag des gesammten Gutes (im Pachtschilling) oder den Ertrag aus dem Werthe (dem Kaufpreise) korrigirt, was nach der bekannten mathematischen Regel, daß der wahrscheinliche Fehler eines Resultates kleiner werde, wenn man es aus einem Durchschnitte zweier mittelst Anwendung verschiedener Methoden gewonnener Ergebnisse oder durch Division eines allgemeineren Ergebnisses erhalte, weit sicherer ist, als wenn, wie bei dem Abschätzungs=, Guts= oder Werthkataster, nur eine Methode der Ermittlung benützt wird oder der Werth des Guts aus jenem seiner einzelnen Grundstücke zusammengesetzt werden soll. Bei dem Einschätzungskataster bewegen sich ferner alle Fehler in derselben Richtung, ist der Reinertrag einer Type zu hoch gegriffen, so tritt derselbe Fehler bei allen Grundstücken derselben Kulturklasse ein, also diejenigen Besitzer, die einander Concurrenz machen, sind, wenn auch vielleicht irrig, doch in Vergleichung unter sich gleich besteuert, was für den Verkehr und die leichtere Ertragung der Steuer gewiß von großer Wichtigkeit ist; bei dem Abschätzungskataster ist eine Bürgschaft für eine solche gleiche Richtung des Irrthums nicht gewährt, es kann ein Nachbar zu hoch, ein anderer zu gering belegt seyn. Die Vorgänge beim Parzellen= und Einschätzungskataster erleichtern endlich die öftere Revision desselben. Die Parzellen bleiben in der weitaus größten Mehrzahl umgeändert, auch die Kulturarten werden, die Perioden großer landwirthschaftlicher

Revolutionen abgerechnet, mit wenigen Ausnahmen dieselben geblieben seyn, großentheils können auch die Kulturslassen und Typen beibehalten werden, so daß die Hauptmühe in der nochmaligen Abschätzung des Ertrags der Typen und der neuerlichen Vergleichung der einzelnen Grundstücke mit denselben bestehen wird. Der Grundbau und die Hauptmauern des alten Katasters sind stehen geblieben, nur der Rest ist neu aufzuführen. Bei jedem anderen Kataster ist von der alten Arbeit außer dem geometrischen Netze nichts zu benutzen.

27.

Die Errichtung des Katasters ist eine sehr langwierige Operation.[1] Sie kann nicht auf einmal auf weiten Flächen vorgenommen werden, weil die Anzahl geeigneter Organe nicht aufzubringen wäre, die Genauigkeit und Gleichförmigkeit des Vorgangs die successive Verwendung derselben Personen der gleichzeitigen verschiedener Personen vorziehen heißt, die Kosten auf wenige Jahre zusammengedrängt den Staatsschatz zu sehr belasten,[2] und sie aus einer Reihe von Amtshandlungen besteht, die nothwendig nach einander vollzogen werden müssen: die trigonometrische Landesaufnahme, die geometrische Vermessung und Aufzeichnung der einzelnen Parzellen und die Ab= und Einschätzung. Hierdurch kömmt es, daß der Kataster in dem einen Gebietstheile des Staates viele Jahre früher als in dem andern vollendet wird und die Folgen hievon sind **Ungleichheiten in den Grundlagen** desselben. Alle Fortschritte der Bodenkultur, die in der Zeit zwischen den beiden Katastrirungen gemacht, und alle Aenderungen in den Preisen, die durch verbesserte Verkehrsmittel, vergrößerte Bevölkerungen, neu entstandene industrielle Mittelpunkte u. dgl. herbeigeführt wurden, erscheinen in dem später

---

[1] In Frankreich, angeordnet mit dem Gesetze vom 15. September 1807, wurde er erst 1850 geschlossen, die Gemeinde Leyvaux, Departement Cantal, war die letztkatastrirte. In Oesterreich, wo ihn das Gesetz vom 23. December 1817 einführte, sind erst ⅘ des Reichs katastrirt.

[2] In Oesterreich betrugen die Kosten der Katastrirung bis Ende 1857 bei 98 Mill. Fr., in Frankreich werden sie auf 140 Mill. geschätzt.

katastrirten Gebiete verzeichnet, in dem früher katastrirten nicht. In Betreff der Preise stellt man die Gleichförmigkeit dadurch her, daß für das ganze Land die Preise eines bestimmten Jahres oder des Durchschnitts einer bestimmten Periode als Normalpreise angenommen werden; rationeller ist einen Durchschnitt zu wählen, da bekanntlich nichts nach Zeit und Ort stärker wechselt als das Verhältniß des Getreidepreises des einen Jahres zum andern, während im Gegentheile das Verhältniß großer Durchschnitte ein sehr constantes ist. Auch hinsichts des Kulturstandes wäre die Festhaltung eines Normaljahres für das ganze Land angezeigt, wenn nicht die Constatirung des Zustandes, in welchem ein Grundstück mehrere Jahre rückwärts sich befunden hat, eine überaus schwierige und zweifelhafte Sache wäre und wenn nicht ein anderes einfacheres Mittel zu Gebote stände, die periodische Revision des Katasters.

Die Idee des Katasters, als der Feststellung des Reinertrags der Grundstücke (d. i. der Grundrente und des Zinses der auf den Grund verwendeten Kapitalien) und der Person des steuerzahlenden Grundbesitzers fordert, daß jede Aenderung dieses Besitzers oder jenes Reinertrags, die als eine bleibende und bedeutende sich darstellt, sogleich verzeichnet werde. Manche dieser Aenderungen sind nun solche, daß ihre Bedeutung und Dauer im ersten Augenblicke hervortritt, z. B. wenn ein Grundstück den Eigenthümer wechselt oder wenn es zerstört, ein öder Fleck urbar gemacht wird u. dgl. m., sie werden darum durch die sogenannte Evidenzhaltung des Katasters sogleich mit dem Augenblicke ihres Eintritts ersichtlich gemacht. Andere Aenderungen aber treten allmälig ein und erst ihre Gesammtwirkung in einer Reihe von Jahren macht sie bemerkbar, oder sie haben zuerst den Charakter von Versuchen, deren Erfolg abzuwarten ist, oder endlich sie bedürfen einer bestimmten Zeit, um sich zu consolidiren und ihre Wirkung dem Maße nach klar hervortreten zu lassen. Ihre Verzeichnung im Kataster kann daher erst nach längeren Perioden von 10—30 Jahren [1] vorgenommen werden

---

[1] Die erste dieser Perioden ist die in Oesterreich vom Gesetz vorgeschriebene aber noch nie in Anwendung gebrachte, wiewohl in einigen Provinzen der

und diese Verzeichnung ist der Zweck jener Revision des Katasters. Sowohl der Zeitpunkt dieser Revision als die Reihenfolge, in welcher die einzelnen Gebietstheile ihr unterzogen werden, können so gewählt werden, daß hiebei auch jene Ungleichheiten in der Katastralgrundlage verschwinden oder durch Ungleichheiten entgegengesetzter Richtung ausgeglichen werden, welche durch die verschiedenen Zeitpunkte der Vollendung des Katasters entstanden sind.

Man sieht, vollkommen richtig ist der Kataster in keinem Momente, er ist noch nicht vollendet, so hat schon ein Theil der von ihm benutzten Elemente sich geändert. In einer oft angeführten, aber jedesmal mißverstandenen Stelle seines Werkes über die Finanzverwaltung Frankreichs [1] hat darum der Verfasser gegenwärtigen Buches den dort bestehenden Parzellenertragskataster dem Gewebe der Penelope verglichen, ewig im Werden und im Vergehen begriffen, allein es ist klar, daß der Vorwurf sich auf den Kataster jeder Art bezieht und die Verdienstlichkeit des Unternehmens nicht beirrt. Wir können darum auch jener Ansicht nicht beipflichten, welche den Kataster der großen Kosten, die er verursacht, unwerth erklärt, und wenn sie ihn überhaupt zuläßt, auf mehr summarische Vermessungen und Feststellungen bringt. Die geometrische Vermessung des Landes bis zur Parzelle herab und die Ermittlung und Feststellung aller Bestandtheile des jedem Eigenthümer gehörigen Grundbesitzes erfüllt nicht bloß Steuerzwecke, die Katastrirung in ihrem kostspieligsten Theile wäre daher aus juridischen und volkswirthschaftlichen Motiven nothwendig, selbst wenn es keine Grundsteuer gebe. Die Kosten, so beträchtlich sie in ihrer Gesammtheit sind, verlieren doch sehr an ihrer Bedeutung, wenn man sie mit dem zu katastrirenden Flächenraum vergleicht,[2] auch wird der größere

---

Kataster schon mehr als 30 Jahre vollendet ist, die zweite ist durch das Gesetz vom 7. August 1850 in Frankreich als diejenige bezeichnet, welche die Gemeinden zur Forderung der Revision ihres Katasters ermächtigt.

[1] S. 140—141.

[2] In Oesterreich betragen die Kosten des Katasters 32.5 Cent. für das Joch (0.5768 Hectares).

Theil einmal für immer bestritten und der kleinere wiederholt sich erst alle 10—30 Jahre. Hält man die Kosten der Erhebung indirekter Abgaben entgegen, wo jeder einzelne, vielleicht jeden Tag im Jahre sich wiederholende Steuerakt Verifikationen und Controlen erfordert, so schreckt man vor den Kosten des Katasters nicht mehr zurück. Endlich ohne Kataster keine Grundsteuer und, dieß gegenüber denjenigen gesagt, welche wirklich gegen die Grundsteuer sich erklären, auch eine Einkommensteuer, die den Ertrag des Grundbesitzes mit berücksichtigen soll, kann, ohne in Willkür oder Trug auszuarten, ohne Kataster nicht bestehen. Vielleicht entstammt jener Widerwille gegen Kataster und Grundsteuer, der vorzüglich bei älteren Staatswirthschaftslehrern hervortritt, der Reaktion gegen die Physiokraten, welche die Grund- oder Territorialsteuer als die einzig mögliche und gerechte und den Kataster als die Panacee gegen alle Uebel des Steuerwesens anpriesen.

Der Kataster gibt das **Steuerkapital** des Landes, d. i. die Summe des zu besteuernden Reinertrags von Grund und Boden. Die Gesetzgebung bestimmt nun das **Steuerpercent**, d. i. die als Steuer zu entrichtende Quote des Reinertrags. Nach den allgemeinen Fragen, welche sich der Gesetzgeber bei jeder Steuerumlage zu beantworten hat, ist die erste sich hier aufdrängende specielle Frage die, ob dieses Percent für das ganze Land dasselbe seyn solle.

Im ersten Augenblicke sollte man glauben, es sey kein Zweifel möglich, jene Gleichheit sey von der Gerechtigkeit gefordert, sie zu ermöglichen sey ja der Zweck des so mühevollen und kostspieligen Katasters, ohne sie wäre die freie gegenseitige Conkurrenz der Bodenerzeugnisse erschwert.

Und doch erwachen Bedenken, wenn man gewahrt, daß in der Praxis diese Frage fast durchweg verneinend beantwortet erscheine. In Frankreich ist die Steuersumme ganz ohne Rücksicht auf das durch den Kataster ermittelte Steuerkapital gebildet und wird mit geringer Rücksichtnahme auf dasselbe auf die Departements, Arrondissements und Gemeinden vertheilt, nur innerhalb der Gemeinde erfolgt die Vertheilung genau nach dem konstatirten Steuerkapital.¹ In Oesterreich waren bis 1849 selbst die nach dem Ergebnisse des Parzellenertragskatasters besteuerten Provinzen nicht mit dem gleichen Steuerpercent belegt, sondern die alten Steuersummen waren nach dem Kataster auf die einzelnen Besitzer aufgetheilt, selbst gegenwärtig sind die ungarischen Länder mit einem geringeren Steuerpercente belegt als die anderen, weil in jenen der Grundbesitzer von seinem Einkommen auch Personalsteuern zu zahlen hat.² Aber selbst wo der Staat eine solche gleichmäßige Besteuerung anstrebt, wird sein Bemühen durch die Zuschläge vereitelt, welche für die Provinzial=, Kreis=, Bezirks= und Gemeindebedürfnisse von den betreffenden Vertretungen in sehr verschiedenen Beträgen auferlegt werden. In Oesterreich z. B. betragen alle diese Zuschläge zusammengenommen an manchen Orten nur 20 Proc. der allgemeinen Steuer, während sie an anderen 1200 Proc. derselben überschreiten, und alles dieß ohne innere Absperrungen, ohne Beirrung der freien Concurrenz, ja ohne daß über diese Ungleichheit in weiten Kreisen und mit Lebendigkeit Klagen vernommen würden.

Auch die Theorie kann bei näherer Erwägung jener Gleichheit nicht unbedingt das Wort reden. Letztere ist vor allem nur dort möglich, wo die Grundsteuer die einzige Steuer ist, welche der Grundbesitzer zu zahlen hat, aber selbst wo sie möglich erscheint, ist sie nicht immer gerecht. Der aus dem Kataster sich ergebende Reinertrag ist noch nicht jener freie Ueberschuß, der allein Gegenstand der Besteuerung seyn soll, denn von ihm sind nicht die Zinsen der Passivkapitalien abgezogen, die auf dem Boden haften, und kann der Eigenthümer sein Grundstück nicht selbst bearbeiten, so

---

1 Gesetz vom 15. September 1807. Wiederholt war die Steuervertheilung nach dem Kataster auch für die weiteren Kreise vorgeschrieben worden, schon in dem eben erwähnten Gesetz für die katastrirten Gemeinden desselben Cantons, durch das Gesetz vom 26. März 1813 für die Cantone desselben Departements, durch das Gesetz vom 15. Mai 1818 für die Cantone desselben Arrondissements; allein die Gesetze wurden widerrufen oder gelangten nicht zur Ausführung; man hielt sich stets an die alten, für die als überlastet erkannten Departements wiederholt ermäßigten Quoten der ursprünglichen Repartition vom Jahre 1791.

2 Gesetze vom 2. Mai und 6. September 1853 und 27. September 1854.

ist auch ein Abzug für die Kosten seines Lebensunterhalts nicht gemacht. Die Bodenbesteuerung mit demselben Percent des Katastralertrages ist daher nur in jenen Ländern gerechtfertigt, wo die Steuer so gering oder der Absatz der Bodenerzeugnisse so lohnend ist, daß der größte Theil der Steuer im Preise der Erzeugnisse wieder hereingebracht werden kann und (was damit zusammenhängt) wo das Angebot an Kapitalien für den Grundbesitz so groß ist, daß ein Theil der Steuer auf das im Landbau verwendete Kapital auf die Kapitalisten übergeht und der verschuldete Grundbesitzer, wenn ihm die Steuerlast zu schwer wird, seinen Besitz mit Leichtigkeit an einen nicht verschuldeten Erwerber abzutreten vermag. Ist aber die Steuer hoch, so kann in einem Gebietstheile, wo der Markt erschwert und das Kapital selten ist, unmöglich dasselbe Percent des Katastralertrags als Grundsteuer auferlegt werden, wie in anderen Gegenden des Staatsgebiets.[1] Dieselben Verhältnisse, welche eine Ermäßigung der Grundsteuer fordern, bewirken aber auch, daß diese Ermäßigung nicht anderen günstiger gelegenen Theilen des Staatsgebiets in Beziehung auf die Concurrenz ihrer Erzeugnisse zum Nachtheile gereicht. Ferner üben sehr häufig gerade die Verhältnisse, welche provinciell oder lokal ein höheres Ausmaß der Grundsteuer hervorrufen, die günstigsten Wirkungen auf die Bodenkultur und gleichen daher die in der höheren Steuer liegende Erschwerung der Concurrenz mehr als aus. Dieß ist z. B. der Fall, wenn jene Zuschläge zur Ablösung grundherrlicher Lasten und Dienstbarkeiten des Bodens, zu Straßen, Dämmen, Ent- und Bewässerungsarbeiten, Schulen u. dgl. verwendet wurden. Endlich darf man nicht übersehen, daß der größte Absatz der Bodenerzeugnisse innerhalb geringer Entfernungen vom Erzeugungsorte stattfindet und der Absatz in die Ferne von so vielen Verhältnissen abhängt, daß die Wirkung der höheren Steuer vielfach durch andere entgegenstehende Potenzen aufgehoben wird. Der Zweck des Katasters

---

[1] Hoffmann S. 132 rc. hat mit Unrecht die Bevölkerungsverhältnisse für besonders maßgebend gehalten, diese äußern ihren Einfluß vorzugsweise auf den Kataftral-Reinertrag.

ist auch nicht, die abstrakte, oft unzweckmäßige Gleichheit der Besteuerung, sondern die Gleichheit der Steuergrundlage herzustellen, Staat und Volk zur klaren Erkenntniß zu bringen, ob und daß eine ungleiche Besteuerung bestehe, und dort, wo die ungleiche Besteuerung wegen der häufigen und nahen Berührung empfunden wird, wie namentlich innerhalb derselben Gemeinde, sie aufhören zu machen.

Man kann allerdings einwenden: der Kataster gibt den Reinertrag des Grundstücks ohne Rücksicht auf die Lasten, welche der Eigenthümer aus denselben zu bestreiten hat, also ohne Rücksicht auf die Zinsen der auf dem Gute haftenden Passivkapitalien und auf die Kosten des Lebensunterhalts des Eigners, soweit letztere nicht aus den allerdings in Abzug gebrachten Bearbeitungskosten bestritten werden, und der Kataster kann nicht anders verfahren, ohne den Charakter seiner allgemeinen und bleibenden Gültigkeit aufzugeben, allein die eigentliche Frage ist, ob nicht bei der Steuerbemessung auf jene Lasten Rücksicht zu nehmen sey. Die nahe liegende rein formale Antwort: die Grundsteuer ist eine Ertrags- und keine Einkommensteuer, genügt nicht, denn wenn die Gerechtigkeit jener Rücksichtnahme sich beweisen ließe, würde aus jener Antwort nichts anderes folgen, als daß Ertragsteuern als ungerecht durchaus verwerflich seyen. Doch jener Beweis läßt sich nicht führen. Es besteht häufig gar kein innerer Zusammenhang zwischen dem Grundstücke und dem auf demselben haftenden Kapital. In Frankfurt a. M. nimmt jeder Handelsherr auf seinen Grundbesitz Kapitalien auf, weil das Vorurtheil gegen denjenigen Kaufmann spricht, der einen bedeutenden Theil seines Vermögens in Grundbesitz anlegt, also dem Geschäfte entzieht, und aus den entlehnten Kapitalien im Geschäfte nicht höhere Zinsen herauszuschlagen die Zuversicht hegt, als er selbst zahlt. Hier und in vielen anderen Fällen sind die auf dem Grundstücke haftenden Kapitalien Passiven des Gewerbes und nicht der Landwirthschaft. Noch häufiger sind die haftenden Kapitalien Reste des Kaufschillings, ihre Berücksichtigung wäre also ein ganz unverdienter Steuernachlaß.

Die seltenen Fälle endlich, wo die Kapitalien zur Erhöhung des Ertrags des Guts verwendet wurden, finden in dem langen Zwischenraum von einer Katasterrevision zur andern die Berücksichtigung, es kann als Durchschnitt angenommen werden, daß sie binnen dieser Zeit amortisirt worden sind. Der große Grundbesitzer, der sein Feld nicht selbst bearbeitet und dem daher ein Abzug für die Kosten seines Lebensunterhalts nicht zu Gute kömmt, findet darin den Ersatz, daß die Summe seines freien Einkommens eine größere, folglich das auf dasselbe fallende Percent der Grundsteuer ein kleineres ist.[1] Etwas Unausgeglichenes und Irrationales bleibt übrigens bei allen Steuern zurück, die nicht zu den drei Ursteuern gehören.

Eine weitere Frage ist, ob bei dem Fehlschlagen der Jahresernte, tief greifenden Beschädigungen der Substanz des Gutes oder seiner wesentlichen Bestandtheile, Unglücksfällen in der Person und Familie des Besitzers Steuernachlässe einzutreten haben. Die Antwort kann nur in Beziehung auf die Würdigung des Ernteausfalles zweifelhaft seyn, und selbst hier nur dann, wenn gegen die Forderung der Wissenschaft bei Ermittlung des Naturalrohertrages auch Jahre besonderer Unfälle berücksichtigt wurden, denn in diesem Falle würde jedes Unglücksjahr dem Steuerpflichtigen doppelt zu Gute gerechnet, bei Berechnung des Durchschnittertrags und durch den Steuernachlaß bei dem wirklichen Eintritt eines solchen Jahres. In allen übrigen Fällen ist sicherlich die Abforderung einer Steuer, die gar nicht oder nur durch Zerstörung des ohnehin angegriffenen Kapitals entrichtet werden könnte, weder gerecht noch billig und am allerwenigsten volkswirthschaftlich. In einigen Ländern ist es

---

[1] Es sey p der Reinertrag des kleinen, mp des großen Grundbesitzers, die hievon mit demselben Percent bemessene Steuer s und ms, das freie Einkommen sey in beiden Fällen $p-r$, $mp-(m-n)r$, so ist die auf dasselbe fallende Steuerquote $\frac{sp}{p-r}$ und $\frac{msp}{m(p-r)+nr}$, welcher letzteren Größe die Form gegeben werden kann $\frac{sp}{p-r} - \frac{nrsp}{(p-r)[m(p-r)+nr]}$; da $p > r$, also das letzte Glied wirklich eine negative Größe, so ist die geringere Belastung des großen Grundbesitzers bewiesen.

übrigens nicht der Staat, der diesen Ausfall trägt, sondern er wird
auf die übrigen Steuerpflichtigen, am besten durch einen Jahr aus
Jahr ein konstanten Zuschlag zur Steuer, eine Art Assekuranz=
prämie, vertheilt, auch wird diese Assekuranzprämie manchmal so
hoch gegriffen, daß sie selbst die Unterstützungen deckt, welche der
Staat bei solchen Unfällen darzureichen sich veranlaßt sieht.[1]

Selbstverständlich werden Grundstücke, die das Wasser weg=
reißt oder ein Bergsturz überdeckt, aus dem Kataster gelöscht und
die Steuerzahlung ist beendet. Der Eigenthümer kann sich auch
eines Grundstücks, das ihm die Steuer nicht zu lohnen scheint, zu
Gunsten des Staats oder (in Frankreich) der Commune[2] entäußern.

Die Umlage der Grundsteuer geschah in älteren Zeiten fast
überall in Form der Auftheilung (Repartition, vrgl. §. 11). So
lange nicht alle Staatsbürger gleichberechtigt in unmittelbarer Ver=
bindung mit dem Staate standen, sondern erst mittelst ihres allein
vollberechtigten Grundherrn oder der Körperschaft, welcher sie an=
gehörten, mit ihm zusammenhingen, war keine andere Art der Ver=
theilung möglich; jetzt ist der Umweg der Repartition nur dann
zu rechtfertigen, wenn die Steuergrundlage, z. B. der Kataster,
als mangelhaft erkannt und seine Revision noch nicht durchgeführt
wird, dann kann durch die Repartition manche Härte beseitigt
werden, welche die Anwendung des Steuerschlüssels auf das ein=
zelne Steuerobjekt in ihrer mathematischen Unbeugsamkeit zur un=
abweisbaren Folge gehabt hätte.[3] Aus jenen alten Zeiten hat
noch ein anderes nicht zu billigendes Ueberbleibsel sich erhalten, die
Haftung der Gemeinde für die Steuer ihres Bezirks. Sie ist
ohne Härte nur ausführbar, wenn bei Verminderung der Steuer=
objekte auch die Steuer sich vermindert, die Gemeinde wohlhabend
oder die Steuer mäßig ist, und damit nicht der Staat selbst durch
die Lauheit oder Zahlungsunfähigkeit der Gemeinde leide, ist

---

[1] Die Fonds communs in Frankreich.
[2] Gesetz vom 3 brumaire an VII, art. 66.
[3] Hierin liegt die Wahrheit dessen, was Stein S. 256—260 über die Ver=
bindung des Katasters mit der Selbstbesteuerung sagt.

überdieß die Verpachtung der Steuereinbringung von Seite der Gemeinde an einen zahlungsfähigen Unternehmer nothwendig, aber nur in sehr bevölkerten und reichen Ländern dürften sich Unternehmer zu so mäßigen Percenten finden, daß die Maßregel als pekuniär vortheilhaft sich darstellte. Die Türkei ist durch eine Verpflichtung der Gemeinden in der hier erwähnten Weise, ohne die nöthige Vorsicht ausgeführt, verödet. Die Steuer ist dort für jede Gemeinde eine fixe Summe, auf Verminderung der Elemente, welche die ursprüngliche Festsetzung begründeten, wird nicht Rücksicht genommen. Die Zahl der Einwohner und Häuser, Umfang und Ertrag des steuerbaren Bodens mag sich vermindert haben, die Steuer bleibt dieselbe, es trifft darum die Uebergebliebenen eine um so größere Quote. Da die Ursachen jener Verminderung dieselben bleiben, wirkt jene Steuererhöhung desto verderblicher und dieses furchtbare Spiel der Steuerzunahme und der Verminderung der Zahl und Kraft der Steuerpflichtigen dauert fort, bis die letzten Reste der Einwohnerschaft sich in alle Weltgegenden zerstreuen; die Gemeinde ist verschwunden, der Ort wird zur Ruine. Die Willkür und Härte der Steuereinhebung durch Pächter trägt übrigens wesentlich zur Steigerung des Uebels bei.

Es bestehen mannigfache Steuerbefreiungen von der Grundsteuer für öffentliche Straßen und Wege, Kirchhöfe, Neubrüche, Bewaldungen der Berggipfel und -Abhänge, der Dünen; sie rechtfertigen sich durch den öffentlichen Zweck, welchem diese Grundstücke gewidmet sind. Zweifelhafteren Werthes ist die Steuerbefreiung der Dotation der Krone und der Staatsforste, als letzte Ueberbleibsel der Staatsgüter, wie sie in Frankreich üblich ist;[1] allerdings ist eine solche Besteuerung streng genommen eine bloße Rechnungssache, der Staat gibt mit der einen Hand, was er mit der anderen nimmt, allein die Form scheint verletzt. Was der Staat als Private besitzt, soll er auch als Private besteuern, und der Ertrag des Staatseigenthums ist gefälscht, wenn die Steuer davon

---

[1] Gesetze vom 19 ventôse, an IV, und 2. März 1832.

nicht in Abzug kommt. Die Rechnungsdurchführung erscheint jedenfalls gerathen.

Die **Steuerzahlung** ist den Grundbesitzern so bequem als möglich zu machen. Eine Steuerrolle, welche alle jeden Pflichtigen treffenden direkten Steuern enthält, wird ihm am Beginn des Jahres zugestellt, in ihr sind auch die einzelnen Zahlungsfristen und die in jeder zu entrichtenden Theilbeträge angegeben. In Frankreich sind solche Fristen eine in jedem Monate, in anderen Ländern eine in jedem Quartale, so daß mehrere derselben mit den Zeiten der Veräußerung der Hauptgegenstände des Ertrags, des Getreides, Weines, Viehes zusammenfallen; das französische System hat das für sich, daß es den Erlag mehrerer Raten auf einmal in günstiger Zeit nicht ausschließt und doch den Schwankungen des Wetters Rechnung trägt, die jene Perioden des Gelderlöses nicht immer auf den gleichen Monat fallen lassen. Daher kommt es auch, daß die direkten Steuern Frankreichs in den drei ersten Quartalen des Jahres durchweg Ueberzahlungen ausweisen und selbst am Schlusse des Jahres unbedeutende Reste sich zeigen, während in den anderen Ländern die Rückstände von Jahr zu Jahr sich immer mehr häufen.[1] An den Zahlungstagen, die vorhinein bekannt gemacht werden, kommt in Frankreich der Steuereinnehmer in den Ort selbst und erspart derart dem Steuerpflichtigen den Weg, den er oft sich so hoch anrechnet als die Steuer, ebenfalls eine allgemein wünschenswerthe und in Frankreich, wo die große Theilung des Bodens die Steuerquote oft auf ein Minimum hinabbringt, unerläßliche Einrichtung.

Die Grundsteuer bezieht sich wohl nur auf den Ertrag der Erdoberfläche, aber häufig pflegen ihr auch die **Bergwerksabgaben**[2] beigezählt zu werden, weniger weil sie von einer Art

---

[1] Von der Steuervorschreibung für 1861 mit 492.9 Mill. Fr. waren im März 1862 nur 0.3 Mill. im Rückstande.

[2] Französisches Gesetz vom 21. April 1810, bayerisches vom 1. Juli 1856, österreichisches vom 28. April 1862, preußisches vom 20. Oktober 1862. Vergl. Freiherr von Hingenau, Betrachtungen über Bergwerksabgaben; Oesterreichische Zeitschrift für Berg- und Hüttenwesen, Juni 1860, Januar 1861, April 1862.

des Ertrags des Grundstückes bezahlt, als weil sie theils nach dem Flächenraum des zur Bearbeitung erkorenen oder wirklich bearbeiteten Bergreviers (die Freischurf- und die Maßengebühr), theils nach dem Ertrage des Bergwerks (die Bergfrohnde) bemessen werden. Theoretisch richtig ist diese Einreihung nicht, denn jene Abgaben sind Gewerbesteuern oder sollen es wenigstens seyn, weil der Betrieb eines Bergwerkes durchaus, nach seinen unregelmäßigen Erfolgen, seinen Wagnissen; und den technischen Kenntnissen, die er fordert, ein Gewerbe und der gerade Gegensatz der Landwirthschaft ist, welche den Boden conservirt, und ihm alles, was sie ihm nimmt, wieder zurückzuerstatten strebt, während der Bergmann den Boden zerstört und ausleert; allein auf die Praxis haben die Erinnerungen an die Zeiten Einfluß geübt, wo die Gewinnung der Schätze der Tiefe ein Regale war und der Staat, wenn er dessen Ausbeute Anderen anheimgab, sich gewissermaßen das Obereigenthum mit den demselben anklebenden Rechten, als der Licenzgebühr, für die Uebertragung des Rechts, und dem Zehent, für die Ueberlassung des Ertrags, vorbehielt. Erst in den letzten Zeiten ist man von der Besteuerung des Rohertrags auf jene des Reinertrags übergegangen, oder hat, wie in Preußen, erstere so niedrig gestellt, daß sie gegenüber der letzteren sogar als ein Vorzug erscheint.

2. Die Gebäudesteuer.

28.

Die Gebäudesteuer[1] ist eine Abgabe vom Ertrage der Gebäude. Oft erscheint sie auch in Form einer Herd-, Rauchfang-, Fenster- und Thürensteuer; die einzelnen Bestandtheile, welche auf Umfang und Wohnlichkeit des Gebäudes schließen lassen, dienen als Maßstäbe der Belegung, doch muß man genau zusehen, ob unter solchen Benennungen statt einer Gebäudesteuer nicht eine Familien- oder

[1] Ad. Smith B. V. K. 2; Rau II, §§. 342—357; Stein, 260—269; Umpfenbach §§. 84—85.

eine Wohnungssteuer sich verberge, von denen weiter unten die Rede ist.

In vielen Ländern umfaßt die Grundsteuer auch die Abgabe von allen auf dem Grund errichteten Gebäuden. Es wird hiebei das Haus als eine Art Instruirung des Grundes betrachtet und das bebaute Grundstück ebenso katastrirt, ab- oder eingeschätzt, wie das auf eine andere Art benützte. Richtig ist diese Anschauung aber nur, wenn sie auf Gebäude beschränkt wird, die wirklich nur Mittel zur Durchführung derselben landwirthschaftlichen Zwecke sind, denen der Grund gewidmet ist, denn in diesem Falle ist kein Unterschied zwischen dem als Haus oder dem als Einfassungsmauer oder lebendige Hecke, als Bodenverbesserung oder Weinbergbestockung verwendeten Kapital. Ungehörig erscheint die Grundsteuer, wenn nicht das Gebäude den Zwecken des Grundes, sondern der Grund den Zwecken des Gebäudes dient und diese Zwecke keine landwirthschaftlichen, sondern industrielle oder kaufmännische oder jene eines freien Kapitals (die Vermiethung) oder des selbstständigen Genusses sind. Das Einkommen aus solchen Gebäuden kann unmöglich unter dem Einkommen aus Grund und Boden besteuert werden. Auch die Grundsätze, die man bei der Besteuerung des letzteren anerkannte, die Besteuerung des Durchschnitts statt des wechselnden wirklichen Ertrages und die lange Unveränderlichkeit der Steuerziffer, sie sind bei der Besteuerung von stark schwankenden Erträgnissen, die nicht mit Wahrscheinlichkeit ihrem Ausmaße nach in einer Reihe von Jahren sich wiederholen, geradezu verwerflich, bei Miethzinsen, deren Betrag man leicht unmittelbar erheben kann, wo es also der Ab- und Einschätzungsmethoden des Katasters nicht bedarf, viel zu künstlich, und belegt man diese Gebäude mit der Grundsteuer, während man die Gewerbe, denen sie dienen, oder die freien Kapitalien gesondert besteuert, so geräth man in die Gefahr einer Doppelbesteuerung desselben Objekts oder eines fehlerhaften weil Zusammengehöriges auseinander reißenden Steuersystems. Wenn man die Gebäudesteuer, selbst in jenen Staaten, die sie gesondert einheben, nicht in so nahe Verbindung mit der Grundsteuer gebracht hätte, wäre es gewiß Niemand eingefallen, das als Zinshaus erscheinende freie Kapital mit 20 bis 24 Proc. des Reinertrags zu belegen, während man die Zinsen des auf dem Hause haftenden freien Kapitals des Gläubigers schüchtern kaum mit einer 5—7procentigen Steuer zu belegen wagte.[1]

Vom Standpunkte der Wissenschaft aus läßt sich also eine allgemeine Gebäudesteuer, d. i. eine für alle Gebäude nach denselben Grundsätzen bemessene, nicht rechtfertigen, sondern man muß für die Zwecke der Besteuerung das Land- (das landwirthschaftliche) und das Zins- oder Industriegebäude unterscheiden, unter letzterem ist selbstverständlich auch das dem eigenen freien Genusse gewidmete begriffen.

Das Landgebäude kann füglich bei der Ab- oder Einschätzung der Grundstücke berücksichtigt und in die Elemente der Grundsteuer einbezogen werden. Noch zweckmäßiger erscheint das in Oesterreich vorherrschende System:[2]

Die landwirthschaftlichen Wohngebäude, denn nur solche unterliegen in Oesterreich der Besteuerung, werden in gewisse Klassen eingetheilt (darum die betreffende Steuer Hausklassensteuer heißt); die unterste höchst gering belegte umfaßt alle, die eben dem landesüblichen Bedürfnisse des kleinen Grundbesitzes genügen, gewöhnliche Bauernwohnungen. Was dieses Maß nach Anzahl der Stockwerke oder Wohnungsbestandtheile überschreitet, wird nach gewissen Abstufungen in die höheren Klassen eingereiht; allein immer bleibt die Steuer weit hinter jener zurück, die nach dem Miethwerthe sich ergäbe, denn es wird nicht vergessen, daß auch das schönste und prächtigste Landhaus hauptsächlich ein Mittel zu dem schon entsprechend besteuerten Zwecke, die Stätte der Leitung des landwirthschaftlichen Betriebes ist. Was wir hier an dem Systeme Oesterreichs anerkennen, ist übrigens nur der maßgebende Gedanke; die Steuer könnte füglich höher bemessen, statt der Klassen, die nur zu bald abbrechen, so daß die Palläste der großen Grundbesitzer

---

[1] Vergl. Wirth II, S. 439.
[2] Gesetz vom 23. Februar 1820.

nicht höher belegt sind als die bescheidenen Wohnungen der mittleren, könnten fixe Beträge für jeden ein gewisses Minimum überschreitenden Wohnungsbestandtheil (vielleicht mit gewissen Abstufungen nach dem Kubikraum desselben) eingeführt werden.

Bei dem Zinsgebäude ist der Miethzins, nach Abzug einer bestimmten Quote für die Erhaltung des Gebäudes, dessen Assecuranz gegen Feuersgefahr und die Abnützung die natürliche Grundlage der Steuerbemessung (Hauszinssteuer). Zur Ermittlung des Miethzinses dienen Steuerbekenntnisse, vom Vermiether und Miether gefertigt. Bei Wohnungen, die nicht im Wege der Miethe benützt werden oder bei denen der Miethzins zugleich die Entlohnung anderer Dienste enthält, wie in Gasthäusern, meublirten Wohnungen oder Wohnungen mit dem Genusse eines Gartens, tritt die Einschätzung d. i. die Vergleichung mit anderen gleich großen und gleich gelegenen Wohnungen hinzu, deren Miethzins von solchen Nebenbeziehungen frei ist. Der Abzug vom Miethzinse kann nicht für alle Gebäude derselbe seyn, sondern muß sich nach dem Materiale richten, aus dem die Gebäude bestehen. Er ist also geringer für steinerne, höher für hölzerne, doch treten diese Unterschiede nicht bei den einzelnen Häusern hervor, weil sie sonst zu einer Prämie für die Benutzung des schlechteren Materials würden, sondern sie richten sich nach der im Land oder im Ort üblichen Bauart.

Das Industriegebäude d. i. jenes, welches ausschließend oder vorzugsweise industriellen Zwecken dient und zu anderen nur durch Umbau oder mit Abbruch an seinem Ertrage verwendet werden könnte, also Fabriksgebäude, Werkstätten u. drgl., kann gleich dem Zinshaus nach dem wirklichen oder dem eingeschätzten Miethzinse (die entsprechende Quote abgezogen) belegt werden und dieß ist jedenfalls dort das Gerechteste, wo der Eigenthümer des Gebäudes und jener des Gewerbes verschiedene Personen sind, denn hier hat das Gebäude ganz den Charakter eines freien Kapitals, welches vom Eigner Anderen zur Benutzung angeboten wird. Ist eine solche Trennung der Personen nicht vorhanden, so kann von einer besonderen Besteuerung des Industriegebäudes Umgang genommen werden, sie geht in die Steuer von dem Gewerbe auf.[1]

Die große Schwierigkeit in der Praxis ist zu bestimmen, welches Gebäude ein Land- und welches ein Zinsgebäude sey. Offenbar ist nicht jedes Haus, für welches zufällig ein Zins eingenommen wird, ein Zinshaus und nicht jedes, von dem aus zufällig eine Landwirthschaft geleitet wird, ein Landhaus; es gehört hiezu eine gewisse Stättigkeit der Bestimmung. Aber selbst die Stättigkeit genügt nicht, denn es wäre ungerecht mitten unter anderen gleichmäßig belegten Häusern ein einzelnes, weil ihm der Eigner eine andere als die übliche Bestimmung gegeben, herauszugreifen und nach einem anderen Maßstabe zu besteuern; es ist also eine gewisse örtliche Gleichförmigkeit der Bestimmung erforderlich. In der Praxis wird der Knoten dadurch gelöst oder zerhaut, daß alle Häuser in Orten von großer und dichter Bevölkerung, sowie in sehr besuchten Bade- und Vergnügungs-, Wallfahrts- und Marktorten als Zinshäuser und alle anderen als Landhäuser betrachtet werden, oder daß man sich nach der Bestimmung richtet, welche der Mehrzahl der Häuser gegeben wird.[2]

Wir haben absichtlich in unserer Darstellung von Gebäuden im Allgemeinen und nicht bloß von Häusern gesprochen, wiewohl in der Praxis gewöhnlich nur von Häusern die Rede ist, denn auf dem Standpunkte der Ertragsbesteuerung, auf dem wir uns hier bewegen, ist der Ertrag und nicht die spezielle Bestimmung zu menschlichen Wohnungen (worin der eigentliche Begriff des Hauses liegt) die Grundlage der Besteuerung der Gebäude und eben darum ist keine Ursache vorhanden andere Gebäude als Häuser von der Besteuerung auszuschließen. Jene Unterscheidungen zwischen Agricultur- und Industriegebäuden und bei letzteren zwischen solchen, die das Minimum des örtlichen

---

[1] Jakob, 230.
[2] In Oesterreich wurde, soweit dort die Unterscheidung zwischen der Hausklassen- und Hauszinssteuer besteht, bis zum Gesetze vom 10. Oktober 1849 durchwegs das erste dieser zwei Principe angewendet, seit jenem Gesetze wurde sich immer mehr dem zweiten Principe zugeneigt, doch werden in einzelnen Ländern des Reichs auch einzelne Häuser, die im Wege der Vermiethung benutzt werden, der Hauszinssteuer unterworfen.

Bedarfs nicht überschreiten und denen, wo dieß der Fall ist, finden bei anderen Gebäuden als Häusern ebenfalls volle Anwendung.

Da nicht der durchschnittliche, sondern der wirkliche Ertrag als Grundlage der Besteuerung dient, so wird billiger Weise für leer stehende Wohnungen keine Steuer gefordert oder die bezahlte zurückgestellt; der Ansage des Hauseigenthümers dient die Bestätigung des Gemeindevorstandes oder des Steuerbeamten als Controle.

Auch sonst ist die Thätigkeit des Steuerbeamten bei der Gebäude- und insbesondere der Hauszinssteuer mehr in Anspruch genommen als bei der Grundsteuer, bei letzterer gibt es keine jährlichen Einbekenntnisse, keine Prüfung derselben, keine Constatirung unbenützt bleibender Bestandtheile.

Die Einhebung der Gebäudesteuer erfolgt auf dieselbe Weise und gewöhnlich auch durch dieselben Personen wie jene der Grundsteuer.

Die Steuerbefreiungen beschränken sich fast ausschließlich auf Gebäude, die höheren als ökonomischen Zwecken dienen, also gottesdienstlichen, staatlichen und gemeindlichen, künstlerischen und wissenschaftlichen. In Frankreich sind auch die Gebäude der Krondotation steuerfrei.

Auch Neu- und Zubauten pflegt man auf eine bestimmte Anzahl Jahre die Steuerfreiheit zu bewilligen, in der Regel auf fünf bis zehn Jahre,[1] in Oesterreich ist man gelegentlich der Erweiterungsbauten in Wien sogar bis auf dreißig Jahre gegangen.[2] Man sagt zur Vertheidigung der Maßregel, es entstehe dadurch ein Steuerobjekt, das dem Staate eine dauernde Einnahme verspreche, und wenn an einem Orte sich ein Mangel an Wohnungen, einem der ersten Lebensbedürfnisse, zeige, sey der Staat verpflichtet, durch Steuererleichterungen zur Abhülfe beizutragen; allein der erste Grund beweist zu viel, denn aus ihm würde die zeitweilige Steuerbefreiung jedes neuen Steuerobjekts folgen, auch übersieht er, daß jedes

---

[1] Gesetze Bayerns vom 15. August 1828, 28. December 1834 und 25. Juli 1850; österreichisches Gesetz vom 10. Februar 1835. Das preußische Gesetz vom 21. Mai 1861 bewilligt sogar nur eine zweijährige Steuerfreiheit.

[2] Gesetz vom 14. Mai 1859.

neue Gebäude den vorhandenen alten Concurrenz macht, also nicht ein reiner Gewinn für den Staat ist, der zweite Grund beruht auf falscher Grundlage, denn der hohe Miethzins bei dem Mangel an Wohnungen ist ein vollkommen ausreichendes Motiv zu Neu- und Zubauten, so daß die Hülfe des Staates nicht nöthig ist, und gerade in den großen Städten ist es sehr die Frage, ob es im Interesse des Staates liege, den Zudrang der Bevölkerung zu denselben künstlich zu vermehren. Ist wirklich ein bedenklicher Mangel an Baulust vorhanden und von dieser die Höhe der Steuer der Grund, so ist eine Steuerermäßigung das gerechtere, schnellere und durchgreifendere Mittel. Auch läßt sich die zeitweise Steuerfreiheit jener Bauten nicht aus demselben Grunde, wie die ausdrücklich anerkannte oder durch die langen Zwischenräume von einer Katasterrevision zur anderen von selbst gegebene Steuerfreiheit der Neubrüche oder Gutsverbesserungen, vertheidigen, wenn der Abzug von dem Miethzinse, von welchem wir Seite 201 gesprochen, wirklich so bemessen ist, daß er nicht bloß die Kosten der Erhaltung und Assecuranz des Gebäudes, sondern auch eine Entschädigung für die allmälige Abnutzung desselben, die Amortisation des Baukapitals enthält, denn unter dieser Voraussetzung wäre die Steuerfreiheit der Neu- und Zubauten eine wiederholte Berücksichtigung dieser Amortisation.

Auch bei den Gebäuden können endlich aus den gelegentlich der Grundsteuer entwickelten Motiven weder die Interessen der auf ihnen lastenden Passivkapitalien, noch die Kosten des Unterhalts des Eigenthümers vom Ertrage in Abzug gebracht werden.

3. Die Gewerbesteuer.

29.

Die Gewerbesteuer[1] ist die Steuer vom Ertrage der Gewerbe im weitesten Sinne des Wortes, wo auch kaufmännische Unter-

---

[1] Rau II, 358 ꝛc.; Stein, 269—284; Umpfenbach §§. 94—98; C. H. L. Hoffmann, die verschiedenen Methoden der rationellen Gewerbebesteuerung. Tübinger Zeitschrift Bd. 6, 1850, S. 660.

nehmungen und freie (liberale) Beschäftigungen darunter verstanden werden. Das landwirthschaftliche Gewerbe, der eigentliche Ackerbau und die Viehzucht, die Bearbeitung ihrer Erzeugnisse, bis sie jene Form erlangen, in der allein sie zum Transport auf entferntere Märkte geeignet sind, also das Dreschen, Rösten, Brecheln, Dörren, Mahlen, Buttern, Käsen, der Verkauf derselben, wenn er von dem Landwirthe selbst vollzogen wird, und endlich der Pacht von Landgütern, bleibt in der Regel von der Steuer frei, weil es schon durch die Grundsteuer getroffen ist.[1] Dort, wo keine Grundsteuer besteht, findet man wohl noch Spuren einer landwirthschaftlichen Gewerbesteuer. Der Art ist die Mehrzahl der Steuern auf die ländliche arabische Bevölkerung in Algerien, die da den Pflug, das Rindvieh, den Dattelbaum belegen.

Der Ertrag der Gewerbe kann auf doppelte Weise ermittelt werden, nach der Wirklichkeit auf Grund der Einbekenntnisse der Steuerpflichtigen, analog der Gebäude=Zinssteuer, oder auf Grund der Einschätzung nach gewissen dem Umfange des Gewerbebetriebs bestimmenden Elementen, entsprechend der Grund= und der Hausklassensteuer.[2]

Es fehlt aber bei dem Gewerbe an jener numerisch festen Bestimmung des Ertrags und an jener Bestätigung desselben von Seite der ihn Vermittelnden, welche bei der Zinssteuer die Aufgabe so sehr erleichterten, und wenn die Elemente, aus denen der Ertrag erschlossen werden soll, noch so sorgsam gewählt werden, so läßt sich aus ihnen, wie oben angedeutet worden, doch nur der Umfang des Gewerbebetriebs, nicht sein Ertrag ermitteln. Aus der Zahl der Spindeln einer Baumwollgarn=Spinnerei läßt sich mit ziemlicher Genauigkeit die Menge der Centner Garne bestimmen, die durchschnittlich des Jahrs erzeugt werden, zwischen dieser Thatsache aber und jener, wie viel an jedem Centner dieser Garne verdient worden sey, liegt eine fast unausfüllbare Kluft.

[1] Fulda, die Gewerbesteuer der Landwirthschaft, in Pölitz, Jahrbücher für Geschichte und Staatskunst, Juni 1835.
[2] Vergl. v. Jakob, 668—695.

Die Schwierigkeiten der Ermittlung des wirklichen Ertrags wurden schon bei der wiederholten Besprechung der Einkommensteuer (§§. 3 und 13) hervorgehoben. Auf einige Specialpunkte muß jedoch hier aufmerksam gemacht werden: Es ist sicherer die Steuer auf die bereits vorliegenden Ergebnisse vorausgegangener Jahre als auf die Hoffnungen für das Steuerjahr selbst zu gründen; wird ein Durchschnitt aus den Ergebnissen einiger und zwar der letzten Jahre gewählt, so gewinnt man eine Steuergrundlage, die von zufälligen im Steuerjahr vielleicht sich nicht wiederholenden Einflüssen befreit und doch den Verhältnissen des letzteren möglichst angenähert ist. Unter den Auslagen können, da es sich nicht um eine Einkommen-, sondern um eine Ertragssteuer handelt, jene für den Unterhalt des Steuerpflichtigen und seiner Familie nicht einbezogen werden, allein dagegen ist, wenn der Pflichtige sich persönlich im Gewerbe verwendet, eine entsprechende Besoldung für ihn in Abzug zu bringen, denn diese ist eine auf dem Geschäfte haftende Auslage und bleibt sie unberücksichtigt, so wird der kleine Geschäftsmann härter behandelt als der große, der das Gewerbe ausschließend mit fremden Gehülfen betreibt und sich bloß die Oberaufsicht vorbehält, oder als eine Aktiengesellschaft, deren Einfluß auf die Thätigkeit ihrer Geschäftsführer in noch engeren Grenzen sich bewegt. Je kleiner das Kapital, je größer die persönliche Thätigkeit des Gewerbetreibenden, je geringer sey das Steuerpercent, aus den schon bei der Einkommensteuer (§. 13) hervorgehobenen Grunde der Nothwendigkeit, von dem Ertrage einen Theil als Affekuranz für das Erlöschen dieser geistigen Thätigkeit abzusetzen. Gewerbsgesellschaften, die öffentlich Rechnung legen, eignen sich ganz besonders zur Belegung nach dem wirklichen Ertrage, darum sind sie auch in manchen Gesetzgebungen, gewiß nicht mit Recht, die einzigen nach dem Ertrage belegten Gewerbeunternehmungen, während die anderen nach den Elementen des Gewerbeumfangs besteuert sind.[1]

[1] Sardinisches Gesetz vom 12. September 1853, Preußisches vom 18. November 1857 und 30. Mai 1859.

Bei der Gewerbesteuer auf Grund der den Gewerbeumfang bestimmenden Elemente verursacht die größte Schwierigkeit die technische Seite des Steuergesetzes. Es wird ein Zusammenwirken erfahrener Techniker und Geschäftsmänner der verschiedensten Art, ihre volle Unbefangenheit und Wahrheitsliebe und ihre Controlirung und Leitung durch sehr erfahrene und scharfsinnige Steuerbeamte erfordert, um a) für jedes einzelne Gewerbe die rechten Elemente, nämlich jene, welche wirklich für den Umfang des Gewerbes entscheidend sind, aufzufinden und b) diesen Umfang mit Erfolg zur Berechnung des beiläufigen Ertrags zu benützen. Die französische Gewerbe= (Patent=) Steuergesetzgebung, wiewohl eine der detaillirtesten und durchdachtesten, erkennt diese Schwierigkeit dadurch an, daß sie für die Einreihung jedes im Tarife nicht besonders genannten Gewerbes die Analogie als Regel aufstellt und alle fünf Jahre eine Revision des Tarifs anordnet. Auch die vielen Aenderungen, welche die sonst sehr stabile französische Finanzgesetzgebung gerade in der Patentsteuer erhielt und versuchte, weisen auf diese Schwierigkeit zurück. [1] Im Staatsrathe, der bekanntlich in Sachen der direkten Besteuerung die höchste Instanz ist, verursachen die Rekurse gegen die Bemessung der Patentsteuer mehr Arbeit als jene in allen anderen direkten Steuern zusammengenommen. [2]

Bei gleichen Gewerben gestattet der Umstand, ob es bloß im Großen d. i. bloß an Gewerbsleute desselben Fachs oder an solche Gewerbsleute anderer Fächer, die ihrerseits im Großen arbeiten,

---

[1] Das Gesetz vom 2. und 17. März 1791 besteuerte die Gewerbe nach dem Miethzins und zwar mit nach der Höhe des Miethzinses steigenden Percenten, das Gesetz vom 4 thermidor an III führte dagegen eine fixe Steuer nach der Art der Gewerbe und dem Orte des Betriebes ein, die Gesetze vom 6 fructidor an IV und 1 brumaire an VII vereinigten beide Besteuerungsarten und bilden die erste Grundlage der gegenwärtigen Besteuerung, die zweite gab das Gesetz vom 25. April 1844, welches vorzugsweise einen dritten Faktor, die rechnungsmäßigen Elemente des Gewerbeumfangs hervorhob. Verbesserungen erfuhr dieses Gesetz durch jene vom 18. Mai 1850, 10. Juni 1853, 4. Juni 1858 und die Finanzgesetze für 1861 und 1863.

[2] Die Zahl der ersteren in den 7 Jahren 1852—1858 war 336, jene aller andern 147.

im Großen und Kleinen oder bloß im Kleinen, ob es allein oder
mit einer größeren oder geringeren Zahl Gehülfen betrieben wird,
und bei Gewerben in demselben Orte oder in Orten von gleicher
Bevölkerung, die als Lohn für die verwendeten Arbeiter oder als
Miethe für die Gewerberäume bezahlte Summe [1] einen Schluß auf
das Verhältniß des Geschäftsumfangs des einen Gewerbes zu jenem
des andern. Bei dem Verkehr mit Getränken z. B. ist der Unterschied von Klein- und Großgewerben weit weniger wichtig, als bei
Gewerben, die nicht mit der Gasthalterei verbunden sind, hingegen
tritt gerade dort der Unterschied in der Zahl der Hülfsarbeiter
maßgebend hervor. Bei Erziehungsanstalten und Pensionaten ist
der Betrag der Miethzinse von besonderer Bedeutung, bei Gewerben,
wo der Geschmack und der Kunstsinn entscheidend ist, erscheint die
Summe der bezahlten Arbeitslöhne und Honorare als vorzugsweise
beachtenswerth.

Der Geschäftsumfang geschlossener Gewerbe, Advokaten, Notare,
Mäckler, Apotheker u. dergl., läßt sich beiläufig aus der Zahl der
Menschen beurtheilen, die auf jeden derselben in seinem Amts-
gebiete fallen; [2] bei nicht geschlossenen ist dieß völlig unanwendbar,
da vorauszusetzen ist, daß an jedem Orte sich so viele Gewerbe
derselben Art befinden, als sich zu erhalten vermögen. Ganz verschieden von dieser Maxime ist jene von einigen Gesetzgebungen bei
der Mehrzahl der Gewerbe angenommene, wornach der Standort
als eines der wichtigsten Elemente zur Bestimmung des Geschäftsumfangs betrachtet wird. Hier kommt es nicht auf die Anzahl der
Menschen an, welche auf jedes Gewerbe fallen, sondern auf die
Größe der Bevölkerung überhaupt. [3] Die Thatsache ist nun allerdings richtig, daß es in größeren Städten weit umfangreichere

---

[1] Vorzugsweise in der französischen Gesetzgebung zur Bestimmung des einen
Theiles der Gewerbesteuer, des droit proportionel, benutzt.

[2] Am weitesten ausgedehnt ist dieses Princip in dem Preußischen Gewerbe-
gesetz vom 30. Mai 1820.

[3] Oesterreichisches Gesetz vom 31. December 1812, dann in den französischen
und in den vielen ihnen nachgebildeten Patentsteuergesetzen.

Gewerbe gibt als auf dem flachen Lande; allein es sind nur die Maxima, die so weit auseinander gehen, auf der untersten Stufe stehen Stadt= und Landgewerbe fast auf gleichem Fuße.

Es ist darum besser, man läßt diesen Unterschied fallen und hält sich an andere für den Umfang entscheidendere Momente. Ein solcher ist nun im hohen Maße der vereinte Betrieb mehrerer Ge= werbe, oder der Betrieb eines Gewerbes als Nebenbeschäftigung der Landwirthschaft. Hier ist offenbar jedes einzelne Gewerbe von geringerer Bedeutung als bei selbstständigem Betriebe. In der französischen Gewerbesteuer wird diesem Verhältnisse dadurch Rech= nung getragen, daß nur für ein Gewerbe die ganze, für jedes andere die halbe Steuer entrichtet wird.

Weit scharfsinniger und der Wahrheit näher stehend als das Hervorheben solcher äußerer, den Ertrag des Geschäfts nur ver= gleichungsweise und im Allgemeinen andeutender Umstände ist die Wahl solcher Elemente, welche einen auf Wissenschaft und Erfah= rung gegründeten sicheren Schluß auf die durch sie bedingte Größe des zur Verwendung kommenden Kapitals gestatten z. B. die Zahl der Spindeln in Spinnereien, der Webstühle in Webereien, der Hochöfen in Eisenhütten, der Feuer in Eisenwerken, der bewegen= den Pferdekräfte in mechanischen Werkstätten, Mühlen, Stampfen, der Drehbänke bei Drechslern, Schlossern, der Schöpfmaschinen und Butten in der Papierfabrikation, der Drucktische oder Walzen in der Stoffdruckerei, der Saftpressen und Klärkessel in Zucker= siedereien, der Pressen in Druckereien, der Zugmittel bei Transport= unternehmungen, der Oefen in Glashütten, Thonwaarenfabriken, der Kessel in Seidenfilanden, der Küpen bei Blaufärbereien, der Plattenpaare in galvanoplastischen Anstalten, der Journale und Bücher in Lese= und Bücherleihanstalten, der Zöglinge in Erziehungs= und Lehranstalten, der Flächenraum der Bleikammern in Schwefel= werken, der Kubikraum der Kühlen und Maischgefäße in Bier= brauereien und Branntweinbrennereien, die Länge der Bahnen und der elektrischen Drähte bei Eisenbahn= und Telegraphenunternehmungen.

Es gibt endlich unter den Gewerben eine gewisse natürliche

Stufenfolge des verwendeten Kapitals und des wahrscheinlichen Ertrags, die sich nach dem Werthe der verwendeten Stoffe oder der auf die Waare verwendeten Arbeit und nach dem Maße der nöthigen wissenschaftlichen oder künstlerischen Vorbildung richtet; derselbe Umfang der Geschäfte und die diesen bestimmenden Elemente werden daher bald einen größeren, bald einen kleineren Ertrag veranlassen. Ein Bijouteriehandel im Kleinen kann, nach dem Werthe des verwendeten Kapitals zu urtheilen, einen höheren Ertrag abwerfen, als ein Obsthandel im Großen, ein Modenzeichner, der allein arbeitet, mehr erwerben als ein Böttcher mit drei Gesellen, Detaillisten in Modewaaren bedürfen kostspieligerer Gewerbsräume als Großhändler in Baumwolle und Seide, und doch ist ihr Gesammtgewinn durchschnittlich ein weit geringerer. Hieraus folgt, daß mit Recht fast in allen Steuergesetzgebungen die Gattung des Gewerbes eine der Grundlagen der Besteuerung bildet, und daß dort, wo auch andere Elemente berücksichtigt werden, dasselbe Element je nach Verschiedenheit der Gewerbe verschieden belegt wird. Man wird z. B. einen Seidenweber bei der gleichen Zahl der Webestühle etwas höher belegen als einen Wollweber, einen Kunsttischler bei derselben Zahl der Arbeiter höher als einen Bautischler. Besonders ist diese Verschiedenheit der Gewerbe dort zu beachten, wo die Gewerbesteuer sich nach dem Miethzinse richtet, denn manche Gewerbe bedürfen bei demselben Ertrage großer, manche kleiner Gewerberäume, bei manchen dienen dieselben zugleich als Wohnung des Gewerbetreibenden und sind daher bei der Gewerbebesteuerung theilweise außer Acht zu lassen. Vollkommen anerkennenswerth in der französischen Patentsteuergesetzgebung ist daher, daß sie zwar in der Regel jene Quote der Steuer, die sich nach dem Miethzinse richtet, mit 5 Proc. des letzteren bemißt, allein dieses Percent für manche Gewerbe ermäßigt, für manche erhöht und bei manchen jene Steuerquote ganz nachsieht.

Wenn es gelänge für alle Gewerbe die nach den Thatsachen der Erfahrung und der Wissenschaft den Ertrag bestimmenden Elemente wirklich aufzufinden und die Bedeutung jedes einzelnen Elementes für den Geschäftsertrag numerisch auszudrücken, dann wäre das Ideal der Gewerbesteuer erreicht. Leider ist dieß vielfach nicht der Fall, ja es gibt Gewerbe, wo es selbst an jenen früher erwähnten mehr äußerlichen und numerisch unbestimmten Elementen zur Bestimmung des Ertrages fehlt. Hier wird sich mit gewissen Minima begnügt, welche der Rentensteuer von dem Kapital entsprechen, ohne welches erfahrungsgemäß ein Gewerbe der fraglichen Art nicht unternommen werden kann. Auf solche Weise wird z. B. bei Banken und anderen mit geringem äußeren Apparate große Summen in Bewegung setzenden Gewerben vorgegangen.

Man sieht, die bisher benützten Mittel zur Lösung des Problems erscheinen als unausreichend. In Bayern[1] vereinigt man darum die Steuerbemessung nach den Elementen des Betriebs (Normalanlage) mit jener nach dem Ertrage (Betriebsanlage). Auf ähnliche Weise unterscheidet man in Württemberg[2] und Baden[3] den Ertrag aus der persönlichen Arbeit und jenen aus dem Kapital, die erste wird nach der Art des Gewerbes, dem Orte des Betriebs und der Zahl der Hülfsarbeiter veranschlagt, das zweite wirklich erhoben, jedoch wegen der häufigen Unterbrechungen und Stillstände nur mit einem Theile seines Betrags veranschlagt. Daß diese Trennung nicht rationell ist, weil schon die persönliche Arbeit auf dem Kapital der Vorbereitung und Ausbildung und jenem zur Erhaltung der Hülfsarbeiter beruht, und nicht gerecht, weil sie auf die Geschwindigkeit des Kapitalumsatzes nicht Rücksicht nimmt, ist einleuchtend. Bei allen Kleinstaaten ist es übrigens der geringe Steuersatz, welcher alle diese Unbilligkeiten in der Praxis verschwinden läßt.

Jene Unsicherheit der bestimmenden Elemente nöthigt auch allgemein für alle Gewerbe sich mit der Besteuerung des Minimums des Ertrags zu begnügen, welchen ein Gewerbe von bestimmtem Umfange des Betriebs verspricht. Fast alle Gewerbesteuergesetze

---

[1] Gesetz vom 28. Mai 1852.
[2] Gesetz vom 13. Juli 1821.
[3] Gesetz vom 23. März 1854.

wagen es auch nicht nach oben über eine bestimmte Steuergränze hinauszugehen. In Oesterreich sind 1500 fl. die höchste Steuer (ohne die Zuschläge), welche ein Gewerbe zu zahlen hat, in Bayern 1000 fl., in Nordamerika 200 Doll., in Frankreich 10,000 Frc. und dieser unterliegt ausschließend die französische Bank.[1] Da nach dem Dargestellten gerade für die Gewerbe, die unter allen das höchste Einkommen abwerfen, wegen des Mangels an maßgebenden Elementen mit einem fixen Betrage sich begnügt werden muß, so ist es allerdings gerecht, daß auch bei allen anderen Gewerben nicht über diesen Betrag hinausgegangen werde.

Sowohl der Ertrag der Gewerbsunternehmungen als die ihn bestimmenden Elemente sind nicht bloß unsicher, sie sind auch veränderlich, häufige Revisionen der Steuergrundlage sind daher unvermeidlich. In Frankreich wird die Steuer jedes Jahr neu bemessen, in Bayern und Baden findet jede drei Jahre eine Revision statt, in Oesterreich ist der Einsicht der Steuerbehörde freier Raum gelassen. Auf Veränderungen innerhalb des Jahres wird in der Regel, um die Verwaltung nicht zu erschweren, keine Rücksicht genommen.

In manchen Steuergesetzgebungen erscheinen einige Gewerbe, namentlich solche, die sich mit dem Absatz von Genußgegenständen oder dem Betriebe öffentlicher Belustigungen beschäftigen, Gasthäuser, Schenken, Kaffee- und Billardhäuser, Conditoreien, Lohnfuhrwerke, Theater, Menagerien, öffentliche Produktionen u. drgl. überaus hoch, außer allem Verhältniß mit ihrem Reinertrage besteuert. Was damit beabsichtigt wird, zeigt sich deutlich in anderen Gesetzgebungen, wo solche Gewerbe entweder die einzigen sind, die einer Steuer von dem Betriebe unterliegen (England), oder wo ihnen neben der

---

[1] Unter beinahe 1,700,000 Patentsteuerpflichtigen gab es 1857 in Frankreich nur 270, die in einem Departement mehr als 2500 Fr. Steuer zahlten, hierunter 22 Banken, 31 Eisenbahnen, 44 Hochöfen und Hammerwerke, 11 Maschinenwerkstätten, 18 Flachs- und 22 Baumwollspinnereien, 8 Stoffdruckereien, 9 Webereien, 25 Verkaufsstätten, 12 Zucker- und 9 chemische Fabriken. Parieu I, p. 313.

allgemeinen Gewerbesteuer noch eine besondere Licenzgebühr aufgebürdet ist. Wir haben bereits erwähnt (§. 24), daß diese Abgabe eine der Formen der Verbrauchssteuern sey.

In anderen Gesetzgebungen erscheinen die sogenannten freien Gewerbe, Gelehrte, Literaten, Künstler, Administratoren, Techniker, Advokaten, Apotheker, Aerzte u. s. w. von der Gewerbesteuer frei. Ob aus Achtung vor der Ansicht der alten Schule, welche der geistigen Arbeit keinen Werth beilegte und ihr Einkommen nur als ein abgeleitetes betrachtete, ob darum, weil man sie einer anderen Steuer, jener auf die rein persönliche Thätigkeit unterwarf, ob als Entgelt für den geistigen Nutzen, welchen sie dem Staate schaffen, wollen wir unentschieden lassen, aber jedenfalls läßt sich die Exemtion nicht rechtfertigen. Alle diese Männer arbeiten mit einem Kapital und noch dazu mit einem ziemlich hohen, wenn es auch zum geringsten Theile in materiellen Gütern, sondern vielmehr in den erworbenen Kenntnissen und Fähigkeiten sich kund gibt, und fast durchaus zu Erwerbszwecken. Auch bei ihnen lassen sich mit größerer oder geringerer Zuverlässigkeit die den Umfang und Ertrag ihrer Geschäfte bestimmenden Elemente auffinden und mancher schiefer Schein, der von der Bevölkerung auf diese Klassen geworfen wird, wäre vermieden worden, wenn man sie von jeher gleich Gevatter Schneider und Handschuhmacher behandelt hätte.[1]

Es ist zweifelhaft, ob die Abgabe, welche diejenigen trifft, die ihr geistiges Kapital nicht selbstständig ausbeuten, sondern gegen Entgelt Anderen zur Ausbeutung überlassen, der Gewerbesteuer als eine besondere Abtheilung eingereiht werden könne, oder als eine besondere Abgabe, eine Besoldungssteuer, anzusehen sey.[2] Wir stimmen für das Erstere, denn es ist gar kein wissenschaftlicher Grund vorhanden, warum von zwei aus derselben Quelle stammenden

---

[1] Die Steuer vom Einkommen aus der persönlichen Thätigkeit wurde 1862 in Brüssel auf dem Congreß der internationalen Gesellschaft für die Staatswissenschaften (science sociale) gegen die Angriffe Decheselle's trefflich vertheidigt von der ausgezeichneten staatswirthschaftlichen Schriftstellerin Clementine Royer.

[2] Malchus §. 57; Stein 288—290; Garnier 125.

Einkommen das eine, weil es Mehreren abgewonnen worden, mit einer anderen Steuer belegt werden solle als das zweite, das Einer allein bestritt. Eine gewisse veraltete Schule wird freilich sagen, im ersten Falle wird das Kapital und der Unternehmungsgewinn, im zweiten der Arbeitslohn besteuert, also die Quellen der Einkommen sind verschieden; allein die fortgeschrittene Wissenschaft erkennt an, daß in beiden Fällen Arbeit in Verbindung mit Kapital das Einkommen schuf, und daß von einem Unternehmungsgewinne, wenn man die Assekuranzprämie für das im Gewerbe aufs Spiel gesetzte Kapital, wie billig, nicht in denselben einrechnet, bei den meisten Gewerben nicht die Rede sey. Auch in der Praxis gehen beide Arten Einkommen unmerklich ineinander über. Der eine Zeichner arbeitet für mehrere Fabrikanten, der zweite und dritte nur für Einen, aber der Zweite nach dem Stücke und der Dritte gegen fixe Bezüge, wem wird es einfallen jeden von ihnen nach anderen Grundsätzen zu besteuern. Der einzige Unterschied, den die Praxis anerkennen dürfte, wird vielleicht seyn, daß sie in den beiden ersten Fällen die Steuer nach den Elementen des Ertrags und in dem dritten nach dem wirklichen Ertrage bemessen wird, aber selbst hierauf würde sie verzichten, wenn daraus eine Ungleichheit in der Besteuerung eines und desselben Betriebs entstehen würde. Vielleicht haben historische Motive — die Gewerbesteuer ist aus den alten Meisterrechtstaxen hervorgegangen, welche nur selbstständige Gewerbsleute zu zahlen hatten — mehr als wissenschaftliche für die meist stattfindende Trennung der beiden Steuern entschieden.[1]

Unter den Besoldeten sind die Diener des Staates die zahlreichsten, aber gegen ihre Besteuerung durch die Gewerbesteuer wird mit Recht eingewendet, sie sey nichts als eine überflüssige Rechnungsoperation, denn glaubt der Staat, seine Beamten könnten und sollten ihm von ihren Besoldungen einen Theil für die Staatsbedürfnisse zurücklassen, so gebe er ihnen gleich geringere Gehalte;

---

[1] In Sachsen, Gesetz vom 22. November 1834, sind die Gewerbe- und die Besoldungssteuer mit der Kapitalssteuer zusammen in Eine Steuer vereinigt.

er erspart hierdurch an Schreibereien aller Art. Man sagt zwar,[1] die Besolduung sey eine wesentlich stabile, die Steuer eine wesentlich veränderliche Größe, so daß ohne besondere Abrechnung der Steuer der Beamte bald mehr, bald minder belastet wäre, als die übrigen Staatsangehörigen; allein die Voraussetzung ist nicht richtig, auch die Steuer soll eine wesentlich unveränderliche Größe seyn, dann sind die Besoldungen, als ein wesentlicher Theil der Staatsausgaben, eines der bestimmenden Elemente der Höhe der Steuern und endlich würde das Argument nur rechtfertigen, die Differenz der gegenwärtigen Steuer gegen jene im Momente der Systemisirung der Gehalte nicht aber die ganze Steuer den Beamten aufzuerlegen. Da übrigens diese Besteuerung aus einem Zugeständnisse an das gemeine Vorurtheil gegen den Beamtenstand hervorgegangen ist, so kann es seyn, daß sie zur Abschwächung desselben beiträgt und daß für sie ähnliche Gründe sprechen wie jene, die wir oben für die Besteuerung der liberalen Gewerbe im Allgemeinen geltend gemacht haben.

Die Gewerbesteuer, besonders wenn sie auch die Bezüge der Besoldeten umfaßt, hat in ihren untersten Stufen dieselbe Gefahr zu vermeiden, wie die Personalsteuer, nämlich, daß sie nicht das Kapital selbst und den nothwendigen Lebensunterhalt angreife. Darum wird den gering Besoldeten und allen Gewerbetreibenden, deren Gewinn sich dem gewöhnlichen Taglohn nähert, die Steuerfreiheit bewilligt. Wo eine Personalsteuer oder an deren Statt Verbrauchsabgaben bestehen, wäre eine Gewerbesteuer für jene Kategorien geradezu eine Doppelbesteuerung.[2]

Die Gewerbesteuer setzt eine Steueranfage, nämlich die

---

[1] Umpfenbach S. 109.

[2] Mit Recht hat daher das französische Finanzgesetz für 1863 die Gewerbsleute, die ohne Hülfsarbeiter und Verkaufslokale arbeiten, von der Gewerbesteuer befreit. Die preußische Gesetzgebung, welche besonders schonend vorgehen muß, weil Handwerker und ihre Gehülfen auch die Personalsteuer zahlen, hilft auf doppelte Weise, indem sie die steuerpflichtigen Gewerbe namentlich anführt und die meisten Handwerker, welche ihr Gewerbe nur mit Einem Gehülfen oder Einem Lehrling betreiben und nur an Jahrmärkten fertige Waaren auf dem Lager halten, von der Steuer befreit.

Anzeige über den Gewerbeantritt und das Bekenntniß über den Ertrag desselben oder über die denselben bestimmenden Elemente voraus; Mittheilungen der Gewerbsbehörde und der Ortsvorstände, Bestätigungen der Miethherren und Arbeiter, Nachforschungen der Steuerbeamten dienen als Controle. Der Ertrag wird gewöhnlich für das ganze Jahr ermittelt, Aenderungen in den Elementen werden manchmal in kürzeren Perioden in Rechnung gezogen, doch tritt ihre Wirkung auf die Steuerbemessung der Vereinfachung der Rechnung wegen nicht augenblicklich, sondern mit dem Beginne der nächsten Periode dieser Art, z. B. des nächsten Quartals, ein.

4. Die Kapitalsteuer.

30.

Die Kapitalsteuer[1] wird aus dem Entgelte gefordert, das der Eigner eines Kapitals dafür erhält, daß er es Andern zur Benützung überläßt; auch die Einkünfte aus den dinglichen Rechten an dem Eigenthum Anderer unterliegen derselben, z. B. die Einkünfte der Lehen=, Grund=, Vogtei= und Zehentherrn (die ehemalige Gefällen= oder Dominikalsteuer).

Bei Würdigung dieser Entgelte sind mancherlei Verhältnisse zu beachten: Je nachdem bei der Ueberlassung die Rückzahlung des Kapitals bedungen wird oder nicht, heißt der Entgelt Zins oder Rente (wiewohl rente, rendita oft als gleichbedeutend mit jedem Einkommen aufgefaßt wird). Die Rente ist eine immerwährende, d. h. bis zur etwaigen Rückzahlung des Kapitals fortdauernde oder eine erlöschende (eine Annuität), von welcher angenommen wird, daß durch sie auch das Kapital selbst in Fristen zurückgezahlt werde. Die Dauer der Annuitäten ist entweder auf eine numerisch bestimmte Zahl von Jahren oder auf die Lebenszeit einer oder mehrerer Personen beschränkt (Leibrente). Der Zins wie die Rente können dort,

---

[1] Rau II, §§. 377—390; Stein 442—447; Umpfenbach §§. 86—89. Sächsisches Gesetz vom 23. April 1850; Bayrisches vom 31. Mai 1856.

wo mehrere Personen gemeinschaftlich ein Kapital hergeliehen haben, für alle Gläubiger gleich bemessen oder ganz oder zum Theile auf einige derselben, welche der Zufall (das Loos, das Ueberleben u. bergl.) bestimmt, aufgehäuft sein (Anlehen mit Verloosungen, Leibrenten mittelst Tontinen). Kapital, Zins und Rente können in der Form des Geldes wie in jeder anderen Form der Werthe erscheinen. Daß die Besteuerung des Gewinns aus dem Kapital vom Standpunkte der Gerechtigkeit und der Volkswirthschaft aus die Besteuerung auch jener Genüsse fordere, welche in vielen Fällen das Einkommen ersetzen, der Freude an Pracht und Prunk und den Schätzen der Kunst und Wissenschaft, ist bereits erwähnt worden (§§. 3 und 13).

Eine Abgabe von Zins- und Rente in mehreren dieser Formen ist bereits in einigen der bisher abgehandelten Steuern enthalten. Die Grundsteuer, als die Abgabe vom gesammten Ertrage des Grundstücks, trifft bei verpachteten Gütern außer dem Ertrag des Betriebskapitals des Pächters auch den Pachtzins des Grundherrn, die Hauszinssteuer bei einem vermietheten Hause trifft ausschließend den Miethzins; Pacht- und Miethzins sind aber nichts anderes als Zinse, der eine von dem in Form von Grund und Boden, der andere von dem in Form von Wohnungsbestandtheilen Anderen zur Benützung überlassenen Kapital. Die Gewerbesteuer umfaßt in ihrem Steuerobjekte auch den Zins von den Kapitalien, welche der Gewerbebesitzer zeitweilig, weil er sie zufällig in seinem Gewerbe nicht mit gleichem Vortheile verwenden kann, ausleiht, und bei manchen Gewerben z. B. bei Pfand- und Leihanstalten, Vermiethungen von Pferden, Wagen, musikalischen Instrumenten, Büchern u. bergl. ist im Entgelt für die ausgeliehene Sache sogar der eigentliche Gewerbsgewinn enthalten.

Man hat hieraus, sowie aus der nahe liegenden Gefahr, das freie, so empfindliche und so flüchtige Kapital durch eine solche Belastung aus dem Lande zu scheuchen, gegen die Einführung einer Kapitalsteuer sich erklärt, und zu gleichem Ende noch folgende Gründe angeführt: Einige der bestehenden Steuern, wie namentlich die Grund= die Gebäude= und die nach den Elementen des Betriebes bemessene Gewerbesteuer, nehmen auf die Passivkapitalien, die auf dem Steuerobjekte haften, keine Rücksicht (§§. 27 und 28). Man erschwert nun den Besitzern der Steuerobjekte die Rückwälzung der Steuer auf ihre Gläubiger oder macht dieselbe unmöglich, wenn man das Kapital gesondert durch eine Kapitalsteuer trifft, auch erscheint es ungerecht, den Ertrag, aus welchem die Interessen dieser Kapitalien bezahlt werden, und außerdem diese Interessen selbst zu besteuern.

Hiegegen ist vor allem geltend zu machen, daß es eine Menge Zinsen und Renten gibt, welche durch keine der bisher besprochenen Steuern berührt werden. Hieher gehören je nach dem Steuersysteme die Eingangs erwähnten Gefälle oder Dominicalerträgnisse und jedenfalls alle, die von solchen Kapitalien herstammen, die weder Grund- und Hausbesitzern noch Gewerbsleuten oder jenen nicht zu Ankäufen, Verbesserungen des Bodens, Neu= und Zubauten, diesen nicht zur Errichtung und Vergrößerung ihres Gewerbes geliehen worden sind. Ferner macht gerade der Umstand, daß das freie Kapital in so vielen Formen der Verwendung faktisch der Besteuerung unterworfen ist, es zur Pflicht der Gerechtigkeit, daß es auch in seinen anderen Verwendungsformen derselben unterzogen werde. Vom volkswirthschaftlichen Standpunkte aus erscheint es nicht gerathen, das freie Kapital günstiger zu behandeln als dasjenige, das in einem bestimmten Geschäfte angelegt worden, denn erst durch diese Anlage erhält das Kapital seine der Volkswirthschaft nützliche Verwendung. Die Steuer, welche auf Zins und Rente lastet, bleibt allerdings nicht ohne Einfluß auf den Entschluß des Kapitalisten, ob er sein Kapital in diesem oder jenem Lande anlegen solle, allein so lange sie mäßig ist, tritt sie in Hintergrund gegen die anderen den Kapitalszins bestimmenden Elemente, die Sicherheit des Kapitals, den Gewinn, welchen der Entlehner mit demselben macht, das Verhältniß des Angebots zur Nachfrage an Kapitalien, denn je nach diesen Elementen kann der durchschnittliche Zinsfuß um 2 bis 5 Proc. und mehr differiren, während eine 5procentige Steuer nur einen Unterschied von $1/4$ Proc. im Zinsfuß verursacht.

Die nach den Elementen des Betriebes bemessene Gewerbesteuer trifft, wie wir (§. 29) nachgewiesen, stets nur das Minimum des Ertrags, jenes das in der Regel ohne Benützung fremder Kapitalien erreicht wird. Bei der Grund= und Gebäudesteuer hat der Steuerpflichtige durch die Steuerfreiheit für Neubrüche, Meliorationen, Neu- und Zubauten die Steuer für die zu diesem Zwecke aufgenommenen Kapitalien längst amortisirt, die Steuer für die zur Erhaltung der fruchtbaren Ackerkrume oder des Gebäudes aufgenommenen Kapitalien erscheint durch die zu diesem Zwecke gestatteten Abzüge gedeckt, die zur Erreichung anderer, mit dem unbeweglichen Besitz in keinem Zusammenhang stehenden Einkünfte und Genüsse aufgenommenen Kapitalien stehen mit jenem Besitze durchaus in keinem Zusammenhang und es ist also nicht abzusehen, warum die Besteuerung dieser Kapitalien mit der Grund= oder Gebäudesteuer collidiren solle. Man vergesse endlich nicht, daß es sich um eine Ertrags= und nicht um eine Einkommensteuer handle.

Von noch mehreren Seiten wird die Gerechtigkeit und Zweckmäßigkeit der Besteuerung der vom Staate selbst bezahlten Zinsen und Renten angefochten.[1]

Man sagt vor allem: Wenn sich die Steuer auf Anlehen beziehen soll, die vor Einführung der Rentensteuer vom Staate aufgenommen worden, so sey dieselbe nichts als eine eigenmächtige und zwangsweise Zinsenreduktion, ein theilweiser Staatsbankerott, beziehe sie sich aber nur auf die zukünftigen Anlehen, so sey sie ohne Erfolg, da sie im Preise des Anlehens vom Gläubiger escomptirt werde.

Man verwechselt hier offenbar die doppelte Stellung des Staates, die privatrechtliche als Schuldner seiner Gläubiger und die staatsrechtliche als oberste Steuergewalt, und man vergißt, daß nicht die Besteuerung der dem Staate geliehenen Kapitalien gleich allen anderen, sondern die Steuerfreiheit jener Kapitalien gegenüber der Belegung aller anderen die Ungleichheit vor dem Gesetze, die eigentliche Ungerechtigkeit wäre. Ferner könnte in dem oben erwähnten

[1] Garnier 135; v. Jakob 153.

ersten Falle von Ungerechtigkeit nur dann die Rede seyn, wenn die Steuerfreiheit der Zinsen eine der Bedingungen des Anlehens gewesen wäre. In dem zweiten Falle werden allerdings die Geldmänner, mit denen der Staat ein neues Anlehen abschließt, bei Bestimmung des Kurses und des Zinsfußes darauf Rücksicht nehmen, daß von der Rente die Einkommensteuer zu bezahlen sey, es wird aber eben vom Stande des Geldmarktes abhängen, ob diese Rücksichtnahme dahin führen kann, daß ein Theil der Steuer und welcher dem Staate zur Last fällt. Bezieht sich endlich die Steuer auf alle dem Staate geliehenen oder noch zu leihenden Kapitalien, so ist im modernen Staatshaushalte, wo jedes neue Anlehen nur ein kleiner Theil der gesammten Staatsschuld ist, selbst im ungünstigsten Falle, nämlich wo bei Abschluß eines neuen Anlehens die Steuer vom Staate getragen werden muß, die Steuer in ihrem Gesammtertrag für den Staat vortheilhaft. Man sagt zwar, gegenüber einem Staate im Deficit, der häufig Anlehen abzuschließen genöthigt und auf dem Geldmarkte unbeliebt ist, könnten die Geldmänner leicht in die Lage kommen bei den Abschlüssen neuer Anlehen nach und nach auch die Steuer, die sie für ältere Renten bezahlten, auf den Staat fortzuwälzen; allein dieß Argument beruht auf einem Trugschlusse. Ganz gewiß werden die Geldleute bei jedem neuen Abschlusse ihre Forderungen so hoch spannen als sie es vermögen, daß aber hiebei die Rücksicht auf die für ältere Renten bezahlte Steuer eine oder gar die erste Bedeutung behaupten werde, ist durch nichts wahrscheinlich gemacht und würde voraussetzen, daß die Contrahenten des neuen Anlehens Eigenthümer der ganzen alten Schuld des Staates seyen oder sonst ein direktes Interesse an gewaltsamer Hebung dieser alten Schuld des Staates hätten, was außer im Falle eines ganz außerordentlichen Börsemanövers ganz unwahrscheinlich ist. Das Interesse der neuen Staatsgläubiger ist vielmehr zunächst auf die Hebung des neuen von ihnen weiter zu vergebenden Anlehens gerichtet, welchem die älteren Papiere Concurrenz machen.[1] Der Einwurf, welcher

---

[1] Nehmen wir an, der Zinsfuß für Anlehen des Staats sey bis zur Einführung der Rentensteuer 6 Proc. gewesen, die Kapitalsteuer betrage 5 Proc.

gegen die Gerechtigkeit der Besteuerung der Rente der im Auslande lebenden Staatsgläubiger erhoben werden könnte, ist bereits (§. 4) widerlegt.

Ein weit ernsterer Einwurf gegen die Kapitalsteuer ist die Schwierigkeit das zu besteuernde Kapital zu finden. Die Gläubiger des Staats und der öffentlichen Anstalten und jene, deren Forderungen in den öffentlichen Büchern eingetragen sind, können allerdings leicht ermittelt und selbst ohne die Ermittlung der Berechtigten kann die Steuer durch Abzüge von den Zinsen, welche die Verpflichteten zu entrichten haben, hereingebracht werden; allein die dem Betrage nach fast noch größeren Kapitalien, die auf Handschuldscheine und Wechsel ausgeliehen sind, bleiben völlig unbekannt, und wenn man sie kennte, wäre erst die Unterscheidung nothwendig, welche derselben wirklich unter die Kapitalsteuer fallen und welche, als einem bestimmten Gewerbe angehörig und nur während der Pausen desselben ausgeliehen, schon durch die Gewerbesteuer getroffen sind. Es ist nun jedenfalls weder zweckmäßig noch gerecht, während ein Theil der freien Kapitalien sich der Besteuerung entzieht, den anderen Theil sehr hoch zu belegen; eine Maßregel solcher Art würde die Kapitalien künstlich zum Schaden des öffentlichen und des Hypothekarkredits in die unbesteuerte Art der Verwendung hinüber, oder, bei der Flüchtigkeit des Kapitals und seiner Empfindlichkeit auch gegen geringe Lasten, zum Schaden des Gesammtverkehres selbst aus dem Lande treiben. Ein anderer Grund, das Steuerpercent höchst mäßig zu halten, ist die große Zahl der kleinen Rentner, denen eine hohe Steuer die Mittel des Lebensunterhaltes abschneidet. Auf sie, wie wir bei der Gewerbesteuer geratheu, durch eine Steuerbefreiung besondere Rücksicht zu nehmen, ist unthunlich, weil die Geldeffekten auf den Ueberbringer lauten

des Zinses oder $3/10$ des Kapitals, das neue Anlehen sey der nte Theil der gesammten Staatsschuld, so müßte der Zins, den der Staat für das neue Anlehen contrahirte auf $(6 + 3/10 [n+1])$ Proc. sich belaufen, damit die Steuer von der gesammten Staatsschuld auf den Staat überwälzt wäre. Beträgt die Staatsschuld 5000 Mill. Fr., das neue Anlehen 200 Mill. Fr., so müßte nach jener Voraussetzung der Zinsfuß 13.8 Proc. betragen.

oder ihre Cession an so erleichternde Bedingungen geknüpft ist, daß der Umstand, der Rentner besitze nur die von ihm angegebenen und keine anderen Papiere, sich nicht erweisen und dem Versuche großer Rentner, durch scheinbare Theilung ihres Besitzes unter mehrere Namensträger die Besteuerung zu umgehen, sich nicht entgegen treten läßt. Nur in einem Falle erscheint selbst eine hohe Belegung der Kapitalien und insbesondere der Staatsrente vollkommen gerecht= fertigt und wird gerne getragen, nämlich wenn durch allgemeine Steuererhöhungen der erschütterte Staatskredit wieder befestigt und namentlich die schwankende und entwerthete Valuta, in welcher die Interessen der Kapitalien gezahlt werden, wieder emporgebracht und sichergestellt werden soll. Hier ersetzt der Gewinn im Werthe des Kapitals und Zinses reichlich die Steuer, doch sollen solche Maß= regeln, um diesen Eindruck hervorzubringen, nicht am Beginne, son= dern mehr gegen den Schluß der rettenden Thaten und auf solche Weise ergriffen werden, daß sie die Gewähr ihres Erfolges in sich tragen.

Als Mittel zur leichteren Entdeckung steuerpflichtiger Kapitalien schlägt man zweierlei vor, eine Erhöhung der bei Ermittlung der Ertragsauslagen die Interessen der Passivkapitalien nicht berück= sichtigenden Ertragssteuern mit der Ermächtigung der Steuerpflich= tigen, ihren Gläubigern die Rentensteuer von den Zinsen abzuziehen, und ein Enregistrement der ausgeliehenen Kapitalien mit der Rechts= wirkung, daß die Nichteintragung des Klagerechtes verlustig mache.[1] Allein das erste Mittel ist sehr zweifelhafter Wirkung, denn bei der Schwierigkeit jeder Steuerrückwälzung (§. 15) ist sehr zu fürchten, daß die Steuer auf dem unbeweglichen Gute oder dem Gewerbe haften bleibt und dergestalt die Kluft zwischen der Belegung des freien und des gebundenen Kapitals noch mehr erhöht, und das zweite Mittel ist ein sehr hartes und, da es den Schuldner in gefährliche Versuchungen führt, unmoralisches; es wird übrigens gelegentlich der Rechtsgebühren, zu deren Aufrechthaltung es häufig

[1] Jakob S. 651.

angewendet wird, nochmals besprochen werden. Das erste Mittel wurde in Oesterreich praktisch angewendet. Als man 1849 die Steuer vom Einkommen aus allem beweglichen Vermögen einführte, erhöhte man die Grund- und Hauszinssteuer um ein Drittel mit der Ermächtigung für die Steuerpflichtigen, von den Zinsen ihrer Gläubiger die 5procentige Einkommensteuer abzuziehen.[1] Die Wirkung war ganz die oben angedeutete, der verschuldete Eigenthümer hat die höhere Steuer und verzichtet auf den Abzug, das Kapital bleibt steuerfrei. Hier wirken übrigens auch die Wuchergesetze der Rückwälzung der Steuer entgegen. Das Maximum des Zinsfußes für Hypothekarforderungen ist mit 5 Proc. fixirt, während um diesen Preis in der Regel Geld nicht zu haben ist, der Schuldner läßt sich daher viel größere Opfer als jenen Verzicht auf die Steuer gefallen, wenn er dadurch die Kündigung der Forderung verhütet. Im alten Athen ging man energischer zu Werke. Wer das Vermögen eines Anderen zu gering angegeben glaubte, konnte, wenn sein Vermögen höher geschätzt war, von ihm den Tausch des Vermögens und der Steuer fordern, und in jedem anderen Falle hatte er das Recht ihn wegen zu geringer Angabe zu belangen; konnte er den Beweis herstellen, so fielen ihm drei Viertheile des Vermögens zu, im Gegentheile hatte er tausend Drachmen Strafe zu bezahlen. Antidosis und Apographe heißen diese zwei sonderbaren Vermischungen des öffentlichen und des Privatrechts, deren keiner man übrigens die praktische Wirksamkeit absprechen kann. Belohnungen der Anzeiger und Entdecker falscher Kapitalsangaben und empfindliche Strafen gegen die letzteren fehlen auch den neueren Gesetzgebungen nicht.

Diese Bedenken gegen die Kapitalsteuer und ihre Höhe haben in vielen Staaten dazu geführt, auf die Besteuerung des freien Kapitals ganz oder doch wenigstens in Form einer directen Steuer zu verzichten. In reichen und vorschreitenden Ländern, wo das Kapital eifrig Verwendung sucht und ein reges Wechselspiel der

---

[1] Gesetz vom 10. Oktober 1849, §. 6.

Bedürfnisse und ihrer Befriedigungsmittel, des Angebots und der Nachfrage, wach erhält, entsteht aus dieser Lücke kein Nachtheil für das Steuererträgniß, denn das freie Kapital als solches ist nicht werbend, es wird dieß erst, wenn es der Grundbesitzer oder Gewerbsmann, an den es im Wege des Anlehens oder des Verkaufs übergeht, nutzhaft verwendet, und in die Besteuerung der letzteren kann daher auch jene des freien Kapitals einbezogen werden;[1] allein das ist klar, wenn die Steuern hoch sind und daher die Versuche ihrer Ueberwälzung selten ganz gelingen, und wenn auch bei dem Pacht, der Miethe, dem Gewerbe und dem persönlichen Dienste die Steuer so weit möglich nach dem wirklichen Ertrage bemessen wird, wird auch die Kapitalsteuer zur Nothwendigkeit.[2]

Dieser enge Zusammenhang zwischen der Besteuerung der Gewerbe und persönlichen Dienste nach dem wirklichen Ertrage und der Kapitalsteuer gründet sich darauf, daß zwischen den beiden Steuerobjekten eigentlich nur Gradunterschiede stattfinden und oft der Ertrag des einen jenen des andern ersetzt. Gewerbe und Dienste sind Verwendungen von Kapital mit großer Zugabe persönlicher Thätigkeit, beim Ausleihen der Kapitalien ist diese Zugabe eine geringe; bei jenen ist die Abnützung des Kapitals und die Gefahr seines Verlustes eine große, die Abnützungs= und die Assecuranzprämie müssen daher weit bedeutender seyn als bei dem Darlehen gegen volle Sicherheit. Die Besoldungen der auf Pension angestellten Beamten sind geringer als jene, deren Aktivitätsbezüge ihnen auch einen Ueberschuß für die Zeit ihrer Arbeitsunfähigkeit und ihre überlebende Familie darbieten müssen. Eine Pension ist eine Annuität für das während der Dienstleistung aufgebrauchte geistige Kapital. Es ist also eine Ungerechtigkeit, den Ertrag der Gewerbe und nicht den der Kapitalien, den Gewinn der Inhaber

---

[1] Diese Gründe werden namentlich in Frankreich geltend gemacht, wo bis nun eine unüberwindliche Abneigung gegen die Kapital= oder Rentensteuer herrscht. Vergl. die Erörterungen im gesetzgebenden Körper gelegentlich des Budgets für 1863 und die zaghaften Aeußerungen Parieu's I, 395 ꝛc. zu Gunsten der Steuer.

[2] Oesterreichisches Gesetz vom 29. Oktober 1849.

der Aktien und nicht die Zinsen der Inhaber der Schuldverschreibungen einer Unternehmung, die Besoldungen und nicht die Pensionen zu besteuern.

Die Unterscheidungen, die wir am Eingange dieses Paragraphen gemacht, weisen endlich darauf hin, daß es nicht angehe, Annuitäten gleich hoch wie Renten oder Zinsen zu belegen, oder umgekehrt, Gewinnste von Lotterieanleihen mit einer geringeren Gebühr als die Annuitäten, Renten oder Zinsen, deren Stelle sie vertreten. An früheren Stellen haben wir darauf hingewiesen, daß von jedem Kapital nicht die wirklichen, sondern die dem üblichen Zinsfuß entsprechenden Interessen als Steuergrundlage benützt werden sollen, woraus folgt, daß von Papieren, die einem Kurse unterliegen, diese Interessen, strenge genommen, nicht von dem Nominalwerthe, sondern von dem durchschnittlichen Jahreskurse zu berechnen sind. Eine ähnliche Rücksicht mag der Württembergschen Gesetzgebung[1] vorgeschwebt haben, wenn sie die Steuer nach dem Kapital ohne Rücksicht auf die Interessen bemißt. Auch hiedurch kommt jener Ueberschuß der Interessen, welcher die Assecuranzprämie des Kapitals darstellt, außer Belegung, nur wird übersehen, daß namentlich bei Staatsschuldverschreibungen diese Assecuranz die Form eines Ueberschusses des verschriebenen Kapitals über das wirklich empfangene annimmt.

Wir erinnern hier schließlich an das was wir über die Verschiedenheit der Belegung freikündbarer und unkündbarer Kapitalien, also des Zinses und der Rente sagten (§. 13), nur bedarf es in der Praxis mannigfacher Einschränkungen; denn oft wird die Kündbarkeit durch die leichte Verkäuflichkeit des Kapitals oder die größere Sicherheit und leichtere Behebung des Ertrags ersetzt.

Die vier Ertragsteuern (§§. 26 bis 30) umfassen alle Quellen des Einkommens, bei denen auch das Kapital wirksam ist, das

[1] Gesetz vom 29. Juli 1849.

Grundeigenthum, das Gewerbe, das Anderen zur Benützung geliehene Kapital; ihr Gegensatz ist die Personalsteuer, welche nicht auf einen bestimmten Erwerb und eine gewisse Höhe desselben, sondern auf die Erwerbsfähigkeit und den durch sie geschaffenen Ueberschuß überhaupt, also gewissermaßen auf den Ertrag der kapitallosen Arbeit sich bezieht.

Man sollte darum glauben, die vier Ertragsteuern zusammengefaßt, zumal wenn die Gewerbesteuer soweit immer möglich nach dem wirklichen oder durchschnittlichen Ertrage bemessen ist, müßten die Einkommensteuer ersetzen, oder besser gesagt, die Einkommensteuer selbst seyn, da diese in demselben Gegensatze zur Personalsteuer steht; allein der Schluß wäre nichts weniger als richtig. Alle vier Steuern richten sich nach dem reinen und nicht nach dem freien Einkommen, und alle belegen die einzelnen Einnahmsquellen isolirt, ohne Rücksicht auf die anderen, dem Steuerpflichtigen zu Gebote stehenden. Hieraus entsteht eine Ungerechtigkeit zu Ungunsten der kleinen Besitzer, deren freier Ueberschuß in einem weit höheren Maße angegriffen wird als jener der großen, und eine zu Gunsten derjenigen, welche ihr Einkommen aus verschiedenen Quellen ziehen, da ihnen alle die Steuerbefreiungen und Steuerbegünstigungen vereint zu Gute kommen, welche in der Furcht den ganzen Reinertrag oder das Kapital selbst zu treffen bei den einzelnen Steuern bewilligt sind. Der reiche Rentner, der zugleich ein gering besoldeter Beamte ist, genießt nach dem System der Ertragsteuern die Steuerfreiheit seiner Beamtenbezüge, während eine Einkommensteuer sie im vollen Maße besteuerte.

Wohl aber theilen die Ertragsteuern fast alle anderen Vor- und Nachtheile der Einkommensteuer. Unter den Vortheilen stellen wir das offene Bekenntniß der auf den Steuerpflichtigen gelegten Last und die hieraus hervorgehende ernstlichere und eindringlichere Berathung über die Einführung der Steuer voran; wenn es sich um eine Verbrauchsabgabe handelt, wird weit summarischer vorgegangen. Trefflich sagt L. Reybaud: Die direkte Steuer ist vielleicht brutal, aber sie hat jedenfalls das Verdienst der Freimüthigkeit.

Sie fordert eine bestimmte Summe, aber erweckt dadurch im Geiste desjenigen, von dem sie gefordert wird, den Wunsch zu erfahren, wofür er zahle und um welchen Preis er Bürger einer Stadt oder einer Gemeinde sey, eine allgemeine Controle entsteht aus dieser Stimmung der Geister.[1] Ein zweiter Vortheil ist die mit der Zahlung der direkten Steuer verbundene Steuerehre (§. 5) und als dritter erscheinen die geringen Einhebungskosten und Controlen; erstere sind in der Regel kaum ein Drittel von jenen der Verbrauchsabgaben und Zölle[2] und letztere beschränken sich auf den Zeitpunkt der Umlage und wenn es hoch kommt (bei der Gewerbe- oder Hauszinssteuer) auf noch drei oder vier Momente im Jahre. Auf der anderen Seite, unter den Nachtheilen steht vor allem die unmittelbare gebieterische Forderung, die verletzt und reizt, oft zur ungelegenen Zeit erhoben wird, und die wenn auch geringe, doch oft indiscrete und in die Geheimnisse des Geschäfts- und Privatlebens vordringende Controle, die noch dazu eine große Zahl von Personen und nicht bloß diejenigen trifft, welche freiwillig ein controlpflichtiges Gewerbe ergriffen. Diese letzten Gründe machen es begreiflich, daß Montesquieu und mit ihm die Mehrzahl seiner Zeitgenossen die direkte Steuer als gleichbedeutend mit Armuth, Tyrannei, die indirekte als Begleiterin der Freiheit und des Reichthums betrachteten, wiewohl in der Wirklichkeit die Sache sich oft anders gestaltet. Listige oder schwache Regierungen werden ihre Hülfe lieber bei indirekten Steuern, gerade oder starke bei direkten suchen. Diejenige Steuer ist die beste, sagte der Finanzminister Napoleons I., die ihren Zweck am täuschendsten verbirgt.

Auch in zwei andern Beziehungen stehen die Ertragssteuern gegenüber den Verbrauchsabgaben und Zöllen offenbar im Nachtheile. Erstere steigern ohne Aenderungen der Gesetzgebung wenig ihren Ertrag und halten daher mit den wachsenden Staatsausgaben nicht gleichen Schritt, und ohne sehr genaue Enquêten ist man auch

---

[1] Bei Garnier 146 ꝛc.
[2] In Frankreich erstere 3,8 Proc., letztere 11,9 Proc., Hock, Finanzverwaltung Frankreichs, S. 517.

über ihre Wirkungen nicht im Klaren, denn die Regelmäßigkeit und Pünktlichkeit ihrer Einzahlung kann ebenso Folge einer zu geringen Bemessung als eines sich erhaltenden und zunehmenden Wohlstandes seyn. Die Verbrauchsabgaben und Zölle aber stagniren in ihrem Ertrag und gehen zurück, wenn sie zu hoch bemessen sind, sie tragen also ihr Kriterium in sich selbst, und der Ertrag steigt, wenn das Steuermaß das richtige, d. i. das der Lebhaftigkeit des Verkehrs und der Größe des Wohlstandes, also gerade jenen Verhältnissen entsprechende ist, welche in ruhigen Zeiten zunächst die Zunahme der Ausgaben des Staates bedingen. England nimmt 1075 Millionen Franken an Accisen und Zöllen ein, Frankreich 570, Oesterreich 350 Millionen,[1] die Ursache liegt offenbar in dem größeren Wohlstande oder dem zweckmäßigeren Abgabensysteme oder in beiden zusammen.

Uebrigens haben die Steuern, wie das Recht und die Politik ihre Moden. In England waren im 17. Jahrhundert in Folge der außerordentlichen Erfolge der holländischen Finanzverwaltung die indirekten Steuern beliebt, gegen Ende desselben und am Beginn des folgenden die direkten, in seinem weiteren Verlaufe neigte sich das 18. Jahrhundert wieder den indirekten zu, jetzt scheinen wieder die Ertragssteuern populär zu werden. Vielleicht geht es den Staaten wie den Kranken, sie legen sich von der einen auf die andere Seite, nicht weil diese gerade weniger schmerzt, sondern weil sie hoffen, durch Vertheilung und Wechsel das Uebel leichter ertragen zu können.

[1] Diese Zahlen wurden gefunden, indem von den Erträgnissen des Jahres 1862 in Frankreich die Kosten des Tabakmaterials, und in Oesterreich sowohl diese als die Kosten des verkauften Salzes abgezogen wurden.

d) **Die Erwerbgebühren.**

31.

Wir verstehen unter den Erwerbgebühren [1] jene, welche für den Erwerb eines Rechtes bezahlt werden. Diese Rechte sind doppelter Art, öffentliche, welche vom Staate in Folge seiner Hoheitsrechte verliehen oder bestätigt werden, und private, die im Verkehre von einem Privaten auf den andern übergehen.

In die erste Reihe gehören die Taxen [2] für Titel, Würden, Auszeichnungen, Adels- und Bürgerrechte (große und kleine Naturalisation), Verleihung und Verbesserung von Wappen, Gestattung von Namensänderungen, Verleihung von Stadt- und Marktrechten, Gestattung von Messen, Jahr- und Wochenmärkten u. drgl. m. Es findet hier eine Art Verkauf statt, und der Staat ist berechtigt den vollen Entgelt für das verliehene Recht in Anspruch zu nehmen; dieser Entgelt besteht aber freilich meistens nicht in Geld, sondern in persönlichen Diensten, und seine Höhe hängt fast ausschließend nicht von dem inneren Werthe, sondern von der öffentlichen Meinung über den Werth jener Rechte ab. Bekanntlich wird in dieser ein wohlhabender Bürger Englands einem deutschen Baron und einem russischen Fürsten gleich gehalten. Der finanziellen Ausbeutung steht auch das schnelle Fallen dieses Werthes im Verhältniß zur Zahl der verliehenen Rechte und der gegen Geldleistungen verliehenen insbesondere entgegen. Der große Gegensatz zwischen den Preisverhältnissen unentbehrlicher und überflüssiger Dinge tritt auch hier heraus: dort nimmt der Preis beim Sinken des Angebots unter das Mittelmaß in einem weit höheren Verhältnisse als das Angebot zu und beim Steigen des Angebots über das Mittelmaß in einem weit geringeren Verhältnisse ab, hier tritt gerade das Umgekehrte ein, das Steigen des Angebots bringt ein weit größeres Fallen des Preises, das Fallen des ersteren ein verhältnißmäßig geringeres Steigen des Preises hervor. Auch zeigt sich klar, daß

---

[1] Rau 1, §§. 233, 236, 236 a, 237.
[2] Stein, 159—161.

es Werthe nicht-ökonomischen Charakters gibt, die herabgewürdigt werden, wenn man sie als Waare behandelt.

Aber bei allem dem glauben wir doch, daß der moderne Staat diese Einnahmsquelle weniger ausbeutet, als er könnte; frühere Jahrhunderte haben die Sache besser verstanden. So lange noch das canonische Verbot des Zinsennehmens aufrecht erhalten wurde, scheuten sich die Staaten Darlehen gegen Zinsen aufzunehmen, sie verkauften Renten oder sie brachten Würden und Dienstesstellen mit oder ohne entsprechende Einkünfte zum Verkaufe. Der französische Parlamentsadel, die Standeserhöhung der Welser und Fugger ist auf solche Weise entstanden. Es ist gar nicht abzusehen, warum nicht Adelsrechte, gewisse Titel und selbst einige Aemter, die weder besondere Fachbildung noch lange Erfahrung, sondern mehr eine sorgenfreie, angesehene bürgerliche Existenz, eine liberale Erziehung, Lust und Liebe zum gewählten Stande erfordern und nicht die Gelegenheit bieten, den Kaufpreis durch Ausbeutung der erlangten Stellung mit wucherischen Interessen wieder hereinzubringen, also z. B. Hofchargen, Offizierstellen in einzelnen durch glänzende Ausstattung und Ehrendienste ausgezeichneten Corps u. dergl. mit Geld erkauft werden könnten. Ist es für den Regenten weniger ehrenvoll seine reichsten als seine edelgeborensten Bürger um seine Person zu sehen? ist der englische Offizier, der seine Stelle durch Kauf erhalten, weniger angesehen oder brauchbar als der anderer Armeen? ist es schmählich, sich das Recht, für das Vaterland zu kämpfen und zu sterben, mit seinem Gelde zu erkaufen? Wenn Adelsrechte durch Geburt oder ehrenvolle Dienste erworben werden, ist denn der dem Staate erlegte große Geldbetrag und der Besitz eines bestimmten Vermögens, welches allein eine solche Widmung ermöglicht, nicht auch ein Dienst, der seines Lohnes werth ist? Man wird übrigens an solche Verleihungen Bedingungen knüpfen, welche Personen von nicht ganz unbescholtenem Rufe oder durch Ausbeutung oder Spiel erworbenem Vermögen von denselben ausschließen.

Auch die Theorie und die Praxis sprechen für diese Ansicht. Wir haben in einem früheren Paragraph (§. 5) von der mit der

Steuerzahlung verbundenen Ehre gesprochen, und eine unmittelbare Folge hievon ist die der besonders bedeutenden und überdieß freiwilligen Steuerleistung gespendete besondere Auszeichnung. Man glaube aber nicht, der Werth der Belohnungen des Staates werde sinken, wenn sie auch durch Geld zu erkaufen sind, man bestimme nur ihren Kaufpreis recht hoch, was auch aus anderen Gründen nothwendig erscheint, so werden sie sogar in der öffentlichen Meinung steigen, sowie umgekehrt, da ihr Geldwerth in der Ansicht der Käufer davon abhängen wird, daß der Staat sie unentgeltlich nur den ausgezeichnetsten Bürgern spende, pekuniäre Gründe, sehr oft die wirksamsten aus allen, der Vergeudung solcher Auszeichnungen entgegentreten werden. Es vollzieht endlich die hier besprochene Maßregel nur das, was in der Praxis schon längst, jedoch nicht nach einem Rechtsprincip und nicht zu Gunsten der Finanzen geschieht. In der Kammer der Lords, im Senate Frankreichs, im Herrenhause Oesterreichs sitzen neben den höchstgebornen und durch ihre Stellung hervorragendsten Männern des Landes auch seine reichsten, und es hat noch keinen großen Banquier gegeben, der nicht Auszeichnungen aller Art erhielt. Der Staat sanktionirt endlich durch seine Verleihungen nur den Gang, welchen die Volkswirthschaft und mit ihr die öffentliche Meinung genommen, der Reichthum ist eine Macht, eine politische Größe geworden. Endlich wird für den Reichen selbst die mit Geld erkaufte Auszeichnung stets ein wünschenswerther Lohn bleiben, denn man erscheint ebenso gerne reich als verdient und wünscht das Siegel des Staates auf das selbstgeschriebene Reichthumsdiplom aufgedrückt. Ein einziger rein formaler und theoretischer Zweifel hat sich uns aufgedrängt, nämlich ob wir diese Verleihungstaxe hier unter den Erwerb= oder §. 25 unter den Steuern von den Genüssen der Reichen, den Luxussteuern besprechen sollten. Alles was von letzteren Abgaben gesagt worden ist, gilt offenbar auch von jenen; es sind Genüsse der feinsten und zugleich der unter den Reichen allgemeinsten und unwiderstehlichsten Art, welche die Steuer hier erfaßte, die Einhebungsform wäre jene des Staatsmonopols.

Unter die Taxen rechnet man auch die Abgaben für Anerkennung des geistigen Eigenthums in Form von industriellen Entdeckungen, Erfindungen und Verbesserungen, von literarischen und künstlerischen Erzeugnissen, Mustern, Modellen, Marken, aber wir glauben mit Unrecht. Wir haben in einem anderen Abschnitte (§. 2) Gelegenheit gefunden, uns über das Eigenthum und daß es seine Quelle nicht in der Verleihung des Staates, sondern in den ewigen Gesetzen der Wirthschaft und des Rechtes habe, ausführlich auszusprechen; das geistige Eigenthum, wiewohl das letzte zur Geltung gelangte, hat ebenfalls keine andere Quelle. Der Staat leistet allerdings dem geistigen Eigenthum einen großen Dienst, indem er eine Art Grundbuch über dasselbe errichtet, worin das Daseyn desselben constatirt und die Aenderungen in seiner Beschaffenheit und seinem Besitze ersichtlich gemacht werden, Bedingungen, ohne welche es gar nicht oder nur höchst schwierig geltend gemacht werden könnte, aber die Gebühren, die er dafür in Anspruch nimmt, sind eben nur Entgelte für besondere Dienste, eine Art Grundbuchsgebühren. Hiefür spricht auch ihr geringer Betrag und Form und Anlaß ihrer Einhebung.

Hingegen gehören dort, wo — wie in Frankreich — die Universität eine reine Staatsanstalt ohne selbstständiges corporatives Leben ist, die Universitätstaxen für akademische Würden und Titeln allerdings hieher.

In manchen Staaten werden Taxen auch für die Verleihung, Anerkennung oder Bestätigung von solchen Dienststellen, Gewerben und sonstigen Beschäftigungen abgenommen, welche der Gewerbe- und Besoldungssteuer unterliegen, oft ist diese Taxe schon an die einfache Entgegennahme der Anzeige über den begonnenen Geschäftsbetrieb oder den angetretenen Dienst geknüpft. Es fehlt diesen Taxen an jedem Rechtsgrund, denn jene sogenannte Verleihung ist nichts als ein einfacher Dienstvertrag, der wohl die Erwerbsgebühr für diesen, nicht aber eine höhere Diensttaxe rechtfertigt, jene Anerkennung oder Bestätigung ist eine rein polizeiliche im Interesse des Staates geübte Amtshandlung, die Entgegennahme der Anzeige eine rein steueramtliche zum Zwecke der Vorschreibung der Gewerbe- oder Besoldungssteuer. Sie sind auch im Grunde nichts als eine Doppelbesteuerung und endlich fehlen sie gegen die zweite volkswirthschaftliche Regel (§. 7), denn in keinem Momente wird die Steuer härter empfunden als in dem des Gewerbe- und Dienstantrittes, wo die Auslagen auf die erste Einrichtung, die Uebersiedlung, die Anschaffung von Waaren u. drgl. sich zusammendrängen, lauter Vorauslagen, deren Rückersatz erst allmählig und spät erfolgt. Der Schaden für die Volkswirthschaft, den diese Besteuerung der ersten Anfänge eines Gewerbes nach sich zieht, läßt sich am besten daraus ermessen, daß die alten Innungen und Zünfte kein kräftigeres Mittel zur Erhaltung ihres Monopols wußten, als die hohen Gebühren und sonstigen Auslagen auf Probestücke, Festgelage u. drgl., welche die Aufnahmswerber zu bestreiten hatten.

32.

Die Abgaben vom Erwerbe der Privatrechte[1] bedürfen einer weitläufigeren Begründung: Lange Zeit ehe die Volkswirthschaftslehre darüber im Reinen war, ob der Verkehr, die Uebertragung der Güter und Rechte von einer Hand in die andere, den Werth derselben steigere, hatten die Finanzmänner keinen Zweifel darüber, wenigstens wollen wir dieß zu ihrer Ehrenrettung als Erklärung annehmen, warum sie mit solcher Allgemeinheit jene Uebertragung mit einer Abgabe belegten; denn das ist klar, nur der bei dieser Uebertragung entstehende Gewinn kann Gegenstand der Besteuerung seyn. Es ist aber dieser Gewinn zweifacher Art: der bei dem Verkaufe sich verwirklichende Ueberschuß über die Produktionskosten und jener noch weit höhere und allgemeinere, daß die Sache von dem, der sich ihrer zu entledigen wünscht, in den Besitz desjenigen kommt, dessen ökonomisches Interesse ihn sie zu erwerben treibt. Der Gewinn ersterer Art wird in vielen Steuersystemen schon auf andere Weise und zwar vereint mit allen anderen Gewinnsten des

[1] Stein, 412—426.

Steuerpflichtigen durch die Ertrags- und Verzehrungssteuern getroffen und manche andere Erscheinung zeigt darauf hin, daß die Erwerbgebühren gar nicht ihn zu belegen beabsichtigen, denn fast allgemein werden diese Gebühren vom Käufer und nicht vom Verkäufer eingehoben, während doch jenen Gewinn letzterer realisirte, und es wird auch nie in die Untersuchung eingegangen, ob bei der Uebertragung von Seite des Uebertragenden ein solcher Gewinn und in welchem Maße gemacht wurde. Allein den Gewinn zweiter Art kann kein Erwerb- und keine Einkommensteuer treffen, er findet, wenn nicht ein geradezu widersinniger Vorgang angenommen werden soll, bei jedem Rechtsgeschäfte statt, und kann füglich, ohne in die Eigenthümlichkeiten der einzelnen Fälle einzugehen, für jede Art Rechtsgeschäfte mit einem bestimmten durchschnittlichen Ausmaße festgesetzt werden.[1]

Dieses Ausmaß wird um so höher gegriffen werden können, je wichtiger das übertragene Recht ist, je längere Dauer es verspricht, je unverkennbarer und größer der Vortheil ist, welcher dem Erwerber zu Theil wurde. In vielen Fällen mischt sich in letztere Betrachtung noch eine andere; war nämlich das Anrecht des Erwerbers an die Sache ein zweifelhaftes, mehr auf öffentlichen Institutionen und Präsumtionen als auf gewöhnlichen Privatverträgen beruhendes, oder wird durch solche Institutionen der Umfang der Rechte vermehrt, ihre Aufrechthaltung und Ausübung erleichtert, eine Ausnahme vom allgemeinen Rechte bewilligt, so erscheint jenes Anrecht gewissermaßen durch die Verleihung des Staates ergänzt und die Rechtsgebühr vereint sich mit einer Verleihungstare.

Hieraus erklärt sich, warum persönliche Dienste, Darlehen, Pacht, Miethe geringer belegt werden als Uebertragungen des Fruchtgenusses oder Eigenthums, letztere geringer, wenn sie bewegliche

---

[1] Französische Gesetze vom 12. December 1798, 28. April 1816, 27. April 1831, 18. Mai 1850; Oesterreichische Gesetze vom 9. Februar und 2. August 1850 und 13. December 1862; Preußisches Gesetz vom 7. März 1822; Bayerisches vom 28. Mai 1852; Italienische Gesetze vom 21. April 1862; alle enthalten zugleich Erwerbs- und Gerichtsgebühren.

als unbewegliche Güter betreffen, warum Verträge längerer Dauer höher belegt sind, als jene kürzerer, Leibrenten auf mehrere Personen, Substitutionen u. drgl. höher als jene, wo das Recht auf Eine Person beschränkt ist, warum der Erwerb durch Schenkung oder Erbschaft höher belegt wird, als der durch entgeltliche Verträge, warum bei jenem unentgeltlichen Erwerbe die Gebühr in dem Maße steigt, als dem Geschenkgeber oder Erblasser ferner stehende Personen in den Genuß treten, warum endlich die Errichtung von Fideicommissen besonders hoch besteuert ist, die Eintragung in die öffentlichen Bücher eine besondere Gebühr oder eine Steigerung der sonst festgesetzten rechtfertigt.

Leute, die von der Weisheit der Finanzmänner keine so gute Meinung haben, suchen freilich die Rechtsgebühren lediglich historisch zu erklären. Der Staat hat sich wie bei den Rechtsgebühren an die Stelle der Gerichtsherren so bei den Erwerbsgebühren an die Stelle der Grundherren gesetzt, und hebt an ihrer Statt die Veränderungsgebühren (Laudemien oder Mortuarien) ein, welche diese den Grundholden als Entgelt für das ihnen in immer höheren Maße überlassene Eigenthum, die Verfügungs- und Vererbungsrechte an ihrem Besitzthum auferlegt hatten. Wir wollen auch die durch die neueste Rechts- und Steuergeschichte Frankreichs und Oesterreichs erwiesene Wahrheit dieser Entwicklung nicht in Abrede stellen; allein sie gibt keinen Rechtsgrund, wie gegenwärtig, wo das Eigenthum auf ganz anderen Grundlagen beruht und der Staat ganz gewiß weder Obereigenthümer noch Oberlehensherr der Habe seiner Unterthanen ist, jene Abgaben noch aufrecht erhalten werden können, und wenn diese sich nicht durch ihre wissenschaftliche Begründung rechtfertigen ließen, müßte auf sie verzichtet werden.

Volkswirthschaftslehrer einer gewissen extremen Färbung [1] haben für die Erbschaftsgebühren noch eine andere Begründung gefunden. Sie wissen für das testamentarische Verfügungsrecht und die

---

[1] Bentham, Mill I, 258; II, 283; Umpfenbach II, §§. 155—158.

Intestaterbfolge keinen anderen Grund als die staatliche Anerkennung, deren Motiv in dem ökonomischen Nutzen liege, den eine solche Ausdehnung der Eigenthumsrechte auf die Thätigkeit des Besitzers und solche Ansprüche auf die Erbfolge auf die unterstützende Thätigkeit der Familiengenossen üben. Hieraus wird nun gefolgert, daß der Staat füglich diese Anerkennung an eine selbst hohe Abgabe knüpfen und dort noch mehr beschränken oder selbst versagen könne, wo jene Motive entweder wegfallen oder andere wichtigere ihnen entgegenstehen. Ein Gran Wahrheit liegt dieser einseitigen Auffassung allerdings zu Grunde. Die Vollziehung des Willens der Abgelebten bedarf einer kräftigeren und nachhaltigeren Anerkennung und Unterstützung des Staates, als jene der Verfügungen Lebender, und das Intestaterbrecht hat in dem Maße, als das Band der Familie sich lockert und in den äußersten Gliedern abstirbt, seine wohlberechtigten immer enger zusammenrückenden Grenzen. Fast in allen Staaten gibt es darum eine Grenze des Intestaterbrechtes und darüber hinaus tritt, wo der Erblasser nicht testamentarisch anders verfügte, der Staat in seine Rechte. Allein eine Anerkennung und staatliche Unterstützung eines bestehenden Rechtes ist keine Rechtsverleihung und kein freiwilliges Geschenk des Staates, das dieser an die Bezahlung einer beliebigen Taxe knüpfen dürfte, die Steuer darf die durch die Gerechtigkeit gegebene Grenze nicht überschreiten. Eben darum müssen wir uns gegen die sogenannte **progressive Erbschaftssteuer**, deren Percent mit dem Betrage der Erbschaft wächst, entschieden erklären, wiewohl sie von einem Manne wie Leon Faucher vertheidigt worden ist,[1] es sprechen gegen sie dieselben Gründe, wie gegen die progressive Einkommensteuer (§. 13).

Eine noch entschiedenere Zurückweisung verdient jene Ansicht, welche Beschränkungen des Testirrechts und der Intestaterbfolge, hohe und progressive Erbschaftssteuern aus dem Grunde verhängen will, um hierdurch allmählig die Ungleichheiten im Besitz auszugleichen; wir haben hier wieder ein Beispiel des Erfahrungs-

---

[1] Parieu I, 37.

satzes (§. 12), daß die schädlichsten Steuern nicht aus fiscalischen Motiven, sondern aus unrichtigen volkswirthschaftlichen Ansichten hervorgegangen sind.

Da wo keine Grundsteuer besteht oder dieselbe sehr mäßig ist, gewinnt die Gebühr vom Erwerbe unbeweglichen Eigenthums eine besondere Berechtigung, denn sie kann erstere vertreten. Es ist zuletzt gleichgültig, jedes Jahr $1/10$ des Reinertrags oder was bei einem 5procentigen Zinsfuße dasselbe ist $1/200$ des Werths als Grundsteuer oder unter Voraussetzung einer durchschnittlich alle zehn Jahre sich wiederholenden Aenderung des Eigenthümers, für jede Uebertragung des Eigenthums $1/20$ des Werthes als Rechtsgebühr zu zahlen. Ein ähnliches Verhältniß waltet zwischen der Kapitalsteuer und der Steuer vom Erwerbe beweglicher Sachen oder eines Gesammtvermögens ob, eine ersetzt und ergänzt die andere. Jedenfalls darf in der Steuergesetzgebung dieser Zusammenhang nicht übersehen werden. In England und Frankreich sind die auf dem Grundeigenthum lastenden überaus hohen Erwerbgebühren nur darum nicht völlig unerschwinglich, weil die Grundsteuer in England nur theilweise besteht und in Frankreich in der Regel (wo sie nämlich unbillige Katasterschätzungen oder allzu hohe Gemeindezuschläge nicht alteriren) sehr mäßig ist. Ebenso läßt in Frankreich das Nichtvorhandenseyn einer Kapitals- oder Einkommensteuer die hohen Erbschaftsgebühren erträglich erscheinen.

Dieser Zusammenhang zwischen den Erwerb- und den Ertragsteuern und die Abhängigkeit der ersteren von dem rascheren oder schnelleren Wechsel des Eigenthums haben zu zwei Folgerungen geführt: zu **Steuernachlässen**, wenn die Besitzänderungen sehr schnell, weit unter dem Durchschnitt aufeinander folgen, und zu einer **Aequivalentgebühr** (taxe de main morte)[1] auf Besitzungen, die sich wegen der besonderen Beschaffenheit ihrer Eigenthümer dem Durchschnittsgesetze des Besitzwechsels entziehen.

---

[1] Oesterreichisches Gesetz vom 13. December 1862; Französisches vom 20. Februar 1849; Italienisches vom 21. April 1862.

Man hat oft die Bemerkung gemacht, wie nachtheilig schnelle Besitzwechsel durch Erbschaftsfälle wegen der Erbschaftssteuer auf den Wohlstand der Grundbesitzer wirken. Die österreichische Regierung bewilligt darum [1] Nachlässe an den Rechtsgebühren, wenn seit der letzten Eigenthumsveränderung nicht mehr als zehn Jahre verstrichen sind, und zwar desto größere, je kürzer der Zeitraum seit dieser Aenderung ist, nur nimmt sie nicht bloß auf Besitzveränderungen durch Erbschaft, sondern auch auf jene durch Kauf Rücksicht, wozu keine Veranlassung vorhanden ist.

Ist ein Vermögen im Besitz einer Collektivperson, sey diese nun eine Gesellschaft oder eine Körperschaft, d. h. seyen die einzelnen Mitglieder Miteigenthümer der Vermögenssubstanz oder bloß Theilnehmer am Ertrage, so tritt jedenfalls, so lange jene Person besteht, bei den im Gesellschaftsvermögen enthaltenen unbeweglichen Gütern nie eine Eigenthumsübertragung durch Erbschaft ein und dem Staate entgeht die Gebühr von der Uebertragung des Grundeigenthums durch Erbschaft. Bei den Körperschaften entgeht ihm sogar die Erbschaftsgebühr vom Gesammtvermögen. Hiezu kommt, daß bei den meisten dieser Collektivpersonen wegen der nöthigen Controle oder der Schwerfälligkeit der Bewegung auch der Wechsel des unbeweglichen Vermögens unter Lebenden seltener als bei Privaten eintritt. Der Ersatz für diesen Entgang bildeten in älteren Zeiten die Beneficien= und Wahlbestätigungstaxen, die bei Ernennung oder Bestätigung der Träger dieser Gesellschaften und Körperschaften zu bezahlen und in der Regel nach dem Ertrage des Vermögens bemessen waren. Es gibt aber eine große Zahl Collektivpersonen, wo es keinen solchen Träger gibt, z. B. Aktiengesellschaften, Stiftungen, Anstalten, oder wo der Wechsel dieser Träger zu schnell und zu unregelmäßig erfolgt, um billiger Weise zur Umlage einer hohen Abgabe benutzt werden zu können. Hier tritt nun ausgleichend das erwähnte Gebührenäquivalent ein. Dasselbe ist folgerecht von allen Gesellschaften und Körperschaften, die auf eine die

---

[1] Gesetz vom 3. Mai 1850.

Zeit einer durchschnittlichen Besitzveränderungsperiode überschreitende Dauer gebildet werden, und zwar von Gesellschaften nur in Beziehung der in ihrem Vermögen enthaltenen unbeweglichen Güter und mit einem geringeren Percent und von Körperschaften in Beziehung des gesammten Vermögens, insoweit es Gegenstand wirthschaftlichen Verkehrs ist, einzuheben. Es wird für jede Besitzveränderungsperiode, also z. B. von zehn zu zehn Jahren, bemessen und das Steuerpercent wird so bestimmt, daß es der Gebühr entspricht, welche für die wegbleibenden Eigenthumsübertragungen durchschnittlich zu entrichten gewesen wäre. Finden unter hundert Eigenthumsübertragungen durch Erbschaft fünfundsiebenzig in gerader Linie oder unter Eheleuten, fünfzehn in den nächsten Verwandtschaftsgraden und zehn unter entfernten Verwandten oder Fremden statt, und ist die Erwerbgebühr für die ersten mit 1 Proc., für die zweiten mit 4 Proc., für die dritten mit 8 Proc. bemessen, so wird im Durchschnitte eine Gebühr von $1^3/_4$ Proc. erhoben. Ist überdieß für die unter dem Vermögen enthaltenen unbeweglichen Güter bei jedem Erbfall eine Gebühr von $1^1/_2$ Proc. zu entrichten, so wird, den weiteren Ersatz für die geringere Zahl Eigenthums-Uebertragungen unter Lebenden berücksichtigt, für Körperschaften alle zehn Jahre eine Gebühr von 2 Proc. für das bewegliche und von 4 Proc. für das unbewegliche Vermögen und für Gesellschaften eine Gebühr von 2 Proc. für das unbewegliche Vermögen sich rechtfertigen. Die Praxis schließt sich selten in allem der Theorie an.

Bei wenigen Steuern bedarf das Steuerausmaß einer so sorgsamen Beachtung wie bei den Erwerbsgebühren, weil sie sich so oft wiederholen, in vielen Fällen nicht überwälzbar sind, nicht unvermerkt, nicht gelegentlich eines Genusses und manchmal auch nicht gelegentlich eines Gewinnes bezahlt werden und auf den gesammten Gang, ja man kann sagen auf die Grundbedingungen des Verkehrs den größten Einfluß üben. Wir erinnern an die Enregistrementsgebühren in Frankreich und den nachtheiligen Einfluß, den man ihnen und gewissen Mängeln der öffentlichen Bücher auf den

Bodencredit zuschreibt.[1] Dieselbe Nothwendigkeit hat überall zu zahlreichen Gebühren-Befreiungen und -Ermäßigungen gerathen. Nirgend ist man aber soweit wie in Spanien gegangen, wo die Alkavala jede Uebertragungsart ohne Unterschied der Gebühr unterwarf; das traurige Beispiel hat abgeschreckt, denn nach der Aussage großer spanischer Könige selbst hat diese Abgabe das Land zu Grunde gerichtet.[2] Man schließt also von der Anwendung der Gebühr alle Verträge aus, deren Wirkungen von kürzester Dauer sind, z. B. jene über Bedürfnisse des Tages. In der Regel rechnet man alle mündliche Verträge über bewegliche Sachen hieher, die mit dem Akte des Abschlusses selbst erfüllt sind, also z. B. alle mündlichen Verkäufe über Sachen solcher Art. Rechtsurkunden von Kaufleuten über Gegenstände ihres Geschäfts, z. B. Bestellbriefe, Verkaufsnoten, Wechsel, Anweisungen, Fracht- und Niederlagsscheine sind wegen der kurzen Dauer ihrer Wirksamkeit und raschen Wechsels ihrer Wirkungen theils gebührenfrei, theils einer sehr geringen proportionalen oder einer fixen Gebühr unterworfen. In Frankreich ist die Landpacht, der Vieheinstellungsvertrag (das cheptêl) besonders begünstigt, das Versicherungswesen erfreut sich fast allgemein besonderer Steuerermäßigungen. Ist ein Recht nicht schätzbar oder widerstreitet wenigstens der öffentlichen Schicklichkeit, es als schätzbar zu betrachten, so tritt statt der proportionalen eine fixe Gebühr in Anwendung.

[1] Nach Baudrillart, 155, sind für den Verkauf eines Grundstücks im Werthe von 200 Fr. zu zahlen:

	Francs.
Enregistrement	12.10
Eintragung ins Grundbuch	19.00
Löschung der Passiven (eine willkürliche Annahme)	80.00
Notar und Stempelpapier	11,50
Zusammen . .	122.60

Verkauft eine Wittwe in Gemeinschaft mit minderjährigen Kindern, oder ein Mann im Namen seiner Frau, so sind für den Zustimmungs- oder Bevollmächtigungsakt noch weiter: 12 Fr. zu entrichten.

[2] Schon Isabella von Castilien hatte in ihrem Testamente die Abschaffung angerathen, aber erst im 18. Jahrhundert durch den Minister Campomanes kam der Rath zur Ausführung.

Bei Leibrenten wird, wenn die Gebühr nicht überhaupt nach den strengen Wahrscheinlichkeitsgesetzen mit Beachtung des Alters des Rentners bemessen wird, doch bei jenen, die das Greisenalter bereits erreichten, mildernde Rücksicht zu nehmen seyn; bei Erbschaften verdienen jene geringen Betrages, welche den nächsten Verwandten gegen Uebernahme der Schulden eingeräumt werden oder von Ascendenten auf Descendenten, vom Manne auf die Frau übergehen, besondere Berücksichtigung, diese letztere Erben haben in der Regel den Ernährer verloren, das geringe Erbe bewirkt nicht, daß die Voraussetzung der Steuer, es sey ein Gewinn gemacht worden, wirklich eintrete.

Wir haben wiederholt gesehen, wie nothwendig es für die Gerechtigkeit und somit auch für den Ertrag und die Ertragbarkeit der Erwerbsteuern sey, daß die Unterschiede in der Wichtigkeit und Dauer der Rechte, welche die steuerbaren Rechtsgeschäfte verleihen, sorgfältig berücksichtigt werden. Diese Steuer darf nicht Alles mit Einem Maße messen. Hieraus entspringt aber auch das Gebrechen, das alle Gebührengesetze ohne Ausnahme an sich tragen und worüber von jeher und in allen Ländern Klage geführt wird, ihre Weitläufigkeit und Verwicklung. Sie können nicht anders ohne ungerecht zu werden oder in ihrem Ertrage weit herabzukommen, sie müssen in die strenge Unterscheidung der einzelnen Rechtsgeschäfte eingehen und bei jedem die Momente hervorheben, durch welche die Sphäre des von ihm begründeten Rechtes umgrenzt wird, und bei ihrer Anwendung ist ebenso die Analyse des Inhalts der einzelnen Rechtsurkunden unerläßlich; der alte Conflikt zwischen den Rechtsgelehrten und der großen Masse des Volkes, den Distinktionen der ersteren und der Abneigung der letzteren gegen jede dialektische Sonderung dessen, was sie nur im Großen und Ganzen zu begreifen vermag, macht sich hier auf dem Steuergebiete geltend. Um so nothwendiger ist es aber, die Handhabung der Gebührengesetze kundigen Händen anzuvertrauen, den Richtern selbst, dort wo der Umfang ihrer eigentlichen Berufsgeschäfte es gestattet und nicht ihre constitutionelle Unabhängigkeit von den Verwaltungsbehörden und ihre Inamovibilität die Anwendung der zur Ueberwachung ihrer Gebahrung nöthigen Controlen verwehrt, und wo dieß nicht möglich, Steuerorganen höherer Bildung, denen namentlich die Kenntniß des bürgerlichen Rechts nicht fehlen darf. Eine weitere Bürgschaft für die sachkundige Anwendung des Gesetzes läge darin, daß man wie in Frankreich über streitige Auslegungen desselben nicht die Steuerbehörden, sondern die Gerichte entscheiden ließe.

Die Verpflichtung zur Entrichtung der Abgabe liegt bei zweiseitigen Verträgen stets beiden Contrahenten ob und sie ruht auf dem Gegenstande der Uebertragung, so lange er sich in den Händen desjenigen befindet, der ihn durch den steuerpflichtigen Vertrag erhielt.

Der steuerbare Akt bei den Erwerbgebühren ist die Vollziehung des Rechtsgeschäfts, also der Abschluß desselben oder die Fertigung des Vertrags, die Eintragung in die öffentlichen Bücher, der Anfall der Erbschaft, doch fällt der Moment, wo die Steuer zu entrichten ist, nicht immer mit dem steuerbaren Akte zusammen. Wird sie im Wege des Stempels (§. 33) bezahlt, so ist der Stempel eher zu verwenden, als der Akt vollzogen erscheint, also die Urkunde ist auf dem Stempelpapier zu schreiben oder die Aufheftung der Stempelmarke muß dem Niederschreiben der Urkunde vorausgehen. Vollzieht sich der Akt durch eine Amtshandlung des Richters oder eines öffentlichen Agenten, so muß die Gebühr schon beim Ansuchen um diese Amtshandlung entrichtet werden. In anderen Fällen wird dem Steuerpflichtigen eine angemessene Frist gewährt, binnen welcher er den Akt zur Kenntniß der Steuerbehörden zu bringen und die Gebühr zu bezahlen hat.

Verkürzungen der Rechtsgebühren zu verhüten ist besonders schwierig, denn die Rechtsakte, die der Gebühr unterliegen, werden von Jedermann und aller Orten geschlossen und entziehen sich daher der Kenntniß der Behörde, oder selbst wenn diese zufällig eine unbestimmte Nachricht von dem Vorhandenseyn solcher Urkunden erhält, gestattet das Hausrecht nicht, ohne gegründete rechtliche Anzeigungen die Herausgabe derselben zu fordern oder Hausdurchsuchungen zur Entdeckung unversteuerter Urkunden vorzunehmen.

In den Ländern, wo Sitte oder Rechtsgesetz die Verfassung der meisten Rechtsurkunden, oft sogar mit der Strafe der Ungültigkeit bei Unterlassung dieser Förmlichkeit, gewissen privilegirten Personen, z. B. den Notaren überläßt und diesen die Verpflichtung auferlegt, den Inhalt in gewisse lange Zeit hindurch aufzubewahrende Register einzutragen, ist die Schwierigkeit geringer. Man erklärt den Notar für die Abgabe verantwortlich, er hat in seinem Protokolle nicht bloß in Betreff der Urkunde, welche er verfaßte, sondern auch in Betreff aller jener, die ihr als Grundlage dienten, alle die Entrichtung der Abgabe darthuenden Daten anzugeben und periodische Einsichtsnahmen sowie die Vergleichung jener Daten mit den Angaben der Steuerbücher überzeugen die Behörde von der strengen Erfüllung jener Verpflichtungen.

Auch wenn es über den Inhalt der gebührenpflichtigen Urkunde zu einer gerichtlichen oder behördlichen Verhandlung kommt, wird die Steuerverkürzung unfehlbar entdeckt und der Uebertreter zur Strafe gezogen; allein dieser Fälle sind im Verhältnisse zur Gesammtheit der Rechtsgeschäfte wenige und gerade derjenige, der oft in die Lage kommt, Rechtsgeschäfte zu schließen, hat die größte Assecuranz gegen die Strafe, nämlich die ersparte Gebühr für alle jene Urkunden, die nicht zu einer gerichtlichen Verhandlung gelangen. Nimmt er auf die Kürze oder Länge der Zeit, welche das Geschäft zur Abwicklung bedarf, die größere oder geringere Einfachheit desselben, den Charakter seines Geschäftsfreundes Rücksicht, so gewinnt seine Berechnung noch größere Sicherheit. Gegen solches Calcul hilft nur die Größe des Nachtheils, welchen die Nichtentrichtung der Steuer nach sich zieht; die Gesetzgebung der vorgeschrittensten Staaten, Englands und Frankreichs, begnügt sich daher nicht mit hohen Geldstrafen, Vielfachen der verkürzten Gebühr, sondern fügt ihnen auch empfindliche Rechtswirkungen bei, die Unglaubwürdigkeit der Rechtsurkunde in England, die Verweigerung jeder Rechtshülfe, so lange bis nicht Gebühr und Strafe entrichtet worden, in Frankreich. Man hat Ersteres zu hart, Letzteres zu ungleich in seinen Wirkungen gefunden, indem in vielen

Fällen jene Verzögerung der Rechtshülfe mit einem höchst geringen Nachtheile, dem Verlust einer geringen Interessenquote verbunden ist, während in manchen der Verlust des gesammten Rechts auf dem Spiele steht; allein läugnen läßt sich nicht, daß namentlich das englische Gesetz, abgesehen von der finanziellen Wirksamkeit, auch die Gerechtigkeit für sich hat. Von jeher hat das Gesetz gewisse Förmlichkeiten vorgeschrieben, an deren Erfüllung die Beweisfähigkeit einer Urkunde geknüpft ist; die Erfüllung der Steuerpflicht gegen den Staat findet unter diesen einen sachgemäßen Platz, es erscheint im Gegentheil als eine Anomalie, daß der Staat einer Urkunde volle Rechtswirksamkeit beilege, welche das Zeichen eines gegen ihn begangenen Betruges an sich trägt. Der Vorwurf der Härte dieser Maßregel beruht auch in der Wirklichkeit nicht auf ihrem Principe, sondern auf den Folgerungen aus demselben. Soll nämlich jene Verfügung wirksam seyn und nicht umgangen werden können, so muß die Rechtsunglaubwürdigkeit nicht bloß dann eintreten, wenn keine, sondern auch wenn eine geringere als die gesetzliche Gebühr entrichtet wird, nun aber ist wegen der Verwickelungen der Gebührengesetze ein Irrthum leicht begangen und wegen eines Irrthums den Verlust des Rechts verhängen, unbillig.

e) Entgelte für besondere Dienste.

33.

Die Entgelte für besondere Dienste[1] des Staates theilen sich nach der Beschaffenheit derselben in zwei Hauptkategorien, in jene für einzelne Gerichts= und Verwaltungshandlungen des Staates und in jene für die Benützung einzelner im Interesse des Verkehres errichteten Anstalten desselben. Die ersteren werden häufig unter dem Namen der Gebühren zusammengefaßt, die zweiten haben ihren Namen meist von der Anstalt, deren Benützung sie vergelten, also Collegien= und Schulgelder, Heilkosten, Weg=, Brücken= und Ueber=

[1] Rau I, §§. 227—246; Stein, 151—159; Umpfenbach §§. 23—44.

fuhr=, Hafen=, Lootsen=, Leuchtthurm= und Tonnengelder, Wasser=
zölle, Cimentirungs=, Punzirungs=, Wag= und Niederlagsgelder,
der Schlagschatz, das Brief=, Waaren= und Telegraphenporto
u. dergl. m.

Ueber das geringe Ausmaß dieser Entgelte und deren theo=
retische Begründung haben wir bereits gesprochen (§. 4). Beson=
ders wichtig ist diese Rücksicht bei den eigentlichen Gebühren.
Das Rechtsprechen und Verwalten ist die eigentliche und unerläßliche
Thätigkeit des Staates, es muß also auch der entfernte Anschein
vermieden werden, als werde sie ausschließend oder vorzugsweise
des Lohnes wegen geübt, wie man bei vielen der ehemaligen Grund=
herren gewohnt war, wo die Pönfälle unter den Einkünften als
ein nicht unbeträchtliches Item erschienen.

Aus diesen Gründen muß die Gebühr so gering seyn, daß sie
nicht die Benützung der Staatseinrichtungen erschwert. Darum
sind z. B. die meisten Gerichtsgebühren in zwei oder mehrere Ab=
stufungen dergestalt bemessen, daß selbst Bagatellstreitigkeiten nur
einer das Rechtsuchen noch ermöglichenden Steuer unterworfen sind.
Für ganz Vermögenslose ist da, wo es sich um Behauptung der
physischen oder rechtlichen Existenz, also vor allem um Behauptung
seines Rechts handelt, sogar die Nachsicht jeder Gebühr angezeigt.
Sie erhalten vor Gericht das Armenrecht, erlangen unentgeltlich
Geburts=, Trauungs=, Sterbescheine, Zutritt in Kirche, Schule,
Kranken= und Siechenhaus.

Insoweit es nicht, wie eben erwähnt, nach unten zu, um
Bagatellsachen gering belegen zu können, nothwendig ist, soll auch
nicht die Größe des dem Steuerpflichtigen gewordenen Vortheils,
sondern einzig und allein die Kostenquote, welche der Staat im
Allgemeinen von dem Privaten hereinzubringen für gut befunden,
der Maßstab zur Bemessung der Gebühr seyn. Es ist daher nicht
zu billigen, daß die Urtheilstaxe höher bemessen wird, wenn der
Kläger gewinnt, als wenn er verliert, oder daß dieselbe mit dem
Werthe des Streitgegenstandes ins Unbestimmte wächst. Umgekehrt
ist es recht, daß ein Urtheil zweiter oder dritter Instanz einer

höheren Gebühr unterliegt, als eines erster Instanz, ein Urtheil mehr als ein Bescheid, eine Klage oder Einrede mehr als ein Zwischen= oder Exekutionsgesuch.

Ist einmal die Kategorie der Gebühr festgesetzt, in welche der Rechtsakt nach der Masse der staatlichen Thätigkeit, die er in Anspruch nimmt, gehört — die Grundgebühr — so kommen die denselben begleitenden Nebenumstände in Betracht, welche jene Masse über das Normalausmaß hinaus steigern. Ein umfangreicherer Akt zahlt mehr als ein kürzerer, ein vom Richter aufzunehmendes Protokoll mehr als eine Eingabe, eine vidimirte Abschrift mehr als eine einfache, für Amtshandlungen außer dem Gerichtshause oder Gerichtsorte ist eine Uebergebühr zu entrichten.

Vielfach klebt den Gerichtsgebühren noch der Charakter der Sporteln (épices) an, aus denen sie vielfach hervorgegangen sind.[1] Es waren dieß Gaben, welche die Rechtsuchenden den Richtern als Lohn ihrer Mühe theils freiwillig, theils durch Gesetze oder Erpressung genöthigt, darbrachten. Man fand es bald allzunahe an Bestechung grenzend, wenn die Clienten diese Gebühr unmittelbar dem Richter selbst überreichten, und es wurden eigene Organe bestellt, Kassiere und Kanzleidirigenten (greffiers), welche diese Leistungen in Empfang nahmen und nach festen Regeln unter die einzelnen Glieder des Tribunals vertheilten. Allmälig, als mit der Zunahme des Verkehrs diese Gebühren als ein unverhältnißmäßig hoher Lohn für die richterliche Thätigkeit erschienen oder Anlaß zur Verschleppung der Processe, Hinderung gütlicher Ausgleichung wurden, zog sie der Staat für sich ein, die Richter anderweitig durch höhere Gehalte und äußere Ehren entschädigend. Da sich diese Operation im Laufe der Zeit wiederholte, so haben sich in Ländern alter Rechts= und Steuercontinuität hie und da sonderbare Verhältnisse herausgebildet, aber nirgends so wie in Frankreich. Da stellten sich als Entgelte für die Rechtsthätigkeit des Staates allmälig die Gerichts= und Grundbuchsgebühren, das

---

[1] Vergl. insbesondere die preußischen Gesetze vom 10. Mai 1851, 3. Mai 1853, 9. Mai 1854 und Instruktion vom 10. November 1851.

Enregistrement, der Stempel heraus[1] und neben diesen zahlt der Pflichtige noch immer Gebühren an den greffier und huissier und commisseur priseur und conservateur des hypotheques, und beziehen viele dieser Agenten Antheile an den Gebühren des Staates und der Staat Antheile an ihren Emolumenten.

Mit dem Enregistrement in Frankreich hat es seine eigene Bewandtniß. Es ist ein Beispiel der in der Geschichte der Entgelte nicht seltenen Thatsache, daß der Staat sich nicht bloß damit begnügte, die Dienste, die der Steuerpflichtige wünschte, sich bezahlen zu lassen, sondern daß er auch eigens solche Dienste erfand und den Bürgern aufdrängte, bloß um hiefür ein Entgelt fordern zu können. Es erschien der französischen Staatsjurisprudenz das Datum der einzelnen Rechtsurkunden auf die allgemein übliche Weise nicht genügend sichergestellt und sie ordnete darum an, daß jeder Akt binnen kürzester Zeit nach seiner Errichtung seinem wesentlichen Inhalte nach in ein amtliches Register eingetragen und, daß dieses geschehen, auf dem Akte bemerkt werde. Diese Eintragung wird als der einzig statthafte Beweis dafür angesehen, daß diese Urkunde nicht später errichtet wurde, und für diese „Authenticirung des Datums der Urkunde" — dieß ist der officielle Ausdruck — bezieht der Staat eine sehr bedeutende Abgabe.

Auch viele Erwerbsgebühren werden in Frankreich mittelst des Enregistrements eingehoben; doch nicht bloß dort, sondern auch in anderen Ländern gehen Gerichts- und Erwerbsgebühren trotz ihrer principiellen Verschiedenheit fast unmerklich in einander über, theils weil oft beide vereint auferlegt sind, theils weil sie oft auf dasselbe äußere Objekt, den Rechtsakt, sich beziehen und derselben Form der Einhebung, des Stempels, sich bedienen.

Da nämlich die Gebühren im Ausmaße gering und die Anzahl der Fälle, in denen sie zu entrichten sind, sehr zahlreich sind, so liegt die Gefahr einer unverhältnißmäßigen Höhe der Kosten der Bemessung und Einhebung sehr nahe. Um sie zu vermindern, hat

---

[1] Grundgesetze vom 3. November und 12. December 1798, 11. März 1799, 21. September 1810.

man vielerlei Mittel erdacht, unter welchen eines der allgemeinsten der Stempel ist, der Abdruck eines vom Staate gewählten, einen bestimmten Geldbetrag ausdrückenden Zeichens; die gebührenpflichtige Urkunde muß auf dem mit dem Stempel versehenen Papier geschrieben werden, wobei der Abdruck entweder auf dem Papier selbst oder auf einem besonderen, diesem aufzuheftenden Blättchen sich befindet (Stempelpapier, Stempelmarke [1]), in letzterem Falle muß die Stempelmarke selbst überschrieben seyn. Auch andere Controlen, wie die Ueberschreibung der Marke mit dem Datum der Urkunde und dem Namen des Ausstellers, sollen den mehrmaligen Gebrauch einer und derselben Marke verhindern. In Oesterreich werden dieselben auf einem chemisch präparirten Papier gedruckt, auf welchem jedes zur Tilgung solcher Ueberschreibungen verwendete Reagens eine Spur zurückläßt.

Die Bemessung der Gebühr wird beim Stempel dem Steuerpflichtigen selbst auferlegt, die Einhebung geschieht durch den Verkauf des Stempels, und die ganze weitere Thätigkeit der Finanzorgane beschränkt sich auf die Controle, d. i. die Prüfung der Urkunde, ob sie wirklich mit dem nach dem Gesetze geforderten Stempel versehen sey, und die Bestrafung derjenigen, die keinen oder einen zu geringen Stempel verwendeten.

Diese Stempel werden an Commissionäre über das ganze Land vertheilt, so daß sie dem Steuerpflichtigen in jedem Augenblicke zu Gebote stehen; die Thätigkeit der Commissionäre wird durch kleine Antheile an dem Erlöse (die Provision) entlohnt. Es ist gleichgültig, ob die Stempel den Commissionären gegen Baarzahlung oder auf Kredit hinausgegeben werden, nur wird im ersten Falle wegen der Vorauslage die Provision etwas höher bemessen werden.

Ein zweites Mittel ist, daß man die gebührenpflichtigen Akte, bei denen die Abgabeentrichtung mittelst des Stempels nicht anwendbar erscheint, so viel als möglich beschränkt und lieber für

---

[1] Letztere, offenbar den Briefmarken nachgebildet, sind zuerst fast gleichzeitig in England und in Oesterreich angewendet worden. Gesetze vom 4. August 1853 und 28. März 1854.

die beibehaltenen eine etwas höhere Gebühr festsetzt, nur wird allerdings ein häufig vorkommender, nicht zu umgehender und ein solcher Akt als Steuerobjekt zu wählen seyn, der nicht eine Klasse von Steuerpflichtigen vor anderen trifft. So z. B. ist es bei gerichtlichen Akten häufig ausschließlich das Endurtheil erster Instanz, das einer die höchste Stempelklasse überschreitenden Gebühr unterworfen wird, aber man sorgt dafür, daß, wo der Rechtsstreit mit einem Beiurtheil oder einem Vergleich abgethan wird, die Gebühr für diese Akte nicht geringer bemessen werde.

Ein drittes Mittel ist, daß man die Gebühr nicht von den einzelnen Steuerpflichtigen einfordert, sondern die Einforderung bei gewissen natürlichen gesetzkundigen Mittelsmännern concentrirt, wie bei Advokaten und Notaren, Gerichtskanzleien, Grundbuchsämtern, denen auch oft als Entgelt ihrer Mühe und Verantwortung Antheile an der Gebühr (Provisionen) zugestanden werden.

Den Rechtsgebühren lassen sich auch die Geld- und Vermögensstrafen einreihen. Sie sind keine gesuchte und erwünschte Einnahmsquelle des Staates oder wehe dem Volke, wo sie es sind — wer gedenkt nicht der Kaiser Roms im ersten Jahrhunderte nach Christus und der französischen Schreckensherrschaft — aber sie sind aus politischen und aus Rechtsgründen unentbehrlich, denn oft wäre jede andere Strafe allzuhart oder unwirksam. Uebrigens erscheint es zur Wahrung der öffentlichen Meinung von der Unparteilichkeit des Staates, seiner Gerichte und Behörden räthlich, dort, wo die Strafe nicht offenbar den Charakter der Entschädigung des Staates an sich trägt, wie bei der Verurtheilung in die Gerichtskosten oder wegen Behelligung der Gerichte in Berufungsfällen, ihren Ertrag nicht dem Staate, sondern den Gemeinden oder den öffentlichen Wohlthätigkeitsanstalten zuzuwenden. In Oesterreich z. B. ist der Ertrag der Strafgelder wegen Gefällsübertretungen der Erziehung der Kinder der Finanzwache gewidmet.[1]

---

[1] 1862 wurden aus diesen Geldern 80 Plätze in Militär- und 174 Plätze in Civilerziehungsanstalten, 250 Handstipendien und 50 Lehrgelder bezahlt, die Summe der Ausgaben betrug bei 200,000 Fr.

34.

Der Staat errichtet, unterhält und unterstützt Bildungs-, Lehr- und Heilanstalten der mannigfachsten Art. Das zu befriedigende Bedürfniß ist zu wichtig und zu bringend, als daß er ruhig abwarten könnte, ob Gemeinden und Privaten ihn dieser Verpflichtung überheben, höchstens daß er dort, wo sich das Bedürfniß lediglich innerhalb eines geschlossenen Kreises bewegt, diesen zwangsweise verhält zur Erfüllung der Gebote der geistigen und leiblichen Erhaltung und Fortbildung des Menschengeschlechts nach Maß der vorhandenen Mittel beizutragen. Der humanitäre Zweck fordert, daß diese Anstalten auch dem Dürftigen sich öffnen, der für die ihm gespendete Wohlthat nichts zu entgelten vermag, aber in gleichem Maße fordert die Gerechtigkeit, daß wer diesen Entgelt zu leisten vermag, ihn — innerhalb der allgemeinen, für solche Entgelte festgesetzten Grenzen — auch wirklich leiste. Oft werden die Entgelte unmittelbar zur Besoldung der Lehrer, zur Ergänzung ihrer Besoldungen oder zur reichlicheren Dotation der Anstalten verwendet, allein nie sollte eine rechnungsmäßige Durchführung als Einnahme und Ausgabe in den Staatskassen fehlen, denn nur dadurch wird eine klare Uebersicht der Kosten dieser Anstalten erzielt.

Alle anderen Anstalten des Staates beziehen sich auf Sachen und nicht auf Personen, die Dienste des Staates vermehren den Werth derselben und werden in deren Preise mitbezahlt, es findet daher eine Gebührennachsicht wegen der Dürftigkeit des Inhabers der Sache nicht statt.

Die Weg- und Brückengelder werden dort, wo sie bestehen, fast durchaus nach der Länge der Straßen und Brücken bemessen. Es dürfte übrigens zweckmäßig seyn, nach dem Vorbilde Preußens die Brückengelder aufzuheben und ausschließend Weggelder einzuheben. Wenn man die Summe des Ertrags der Weg- und Brückenmäuthe durch die Anzahl der Wegweilen theilt und die hiernach für jede einzelne Meile sich ergebende Ertragsquote, entsprechend abgerundet, als das durchschnittliche Weggeld festsetzt, so hat man jeden Verlust für den Staatsschatz vermieden und vom volkswirthschaftlichen Standpunkte aus eine allzugroße und unbillige Belastung des Lokalverkehres auf jenen Straßenstrecken abgewendet, in denen sich zufällig mehrere und längere Brücken zusammendrängen. Eben so sollen die Wegmauthstationen nicht allzuweit und nicht allzuenge an einander liegen, weil nur ein geringer Theil des Fuhrwerks die ganze Länge der Straße zurücklegt — der einzige Fall, in welchem die gegenseitige Entfernung der Einhebungspunkte gleichgültig wäre — und dasjenige Fuhrwerk, das kürzere Strecken befährt, wenn es zufällig einen solchen Einhebungspunkt berührt, allzustark belegt und im entgegengesetzten Falle gänzlich gebührenfrei wäre. Man nimmt gewöhnlich Zwischenräume von 2 — 3 deutschen Meilen an (Oesterreich, Preußen). Auch die Wahl des Einhebungspunktes ist nicht gleichgültig, damit er nicht umfahren werde (Neben=, Wehrschranken), nicht den mauthpflichtigen Verkehr zwischen bevölkerten Orten frei lasse, nicht wegen der Befahrung einer kleinen Strecke der mauthpflichtigen Landstraße den Verkehr einer langen, an sich mauthfreien Privatstraße der Gebühr unterwerfe, nicht den Lokalverkehr zwischen Theilen desselben Ortes treffe. Allgemeine Grundsätze müssen endlich die anderweitigen Forderungen der Gerechtigkeit, der Schicklichkeit und des Staatsschatzes wahren.

Der steuerpflichtige Akt ist die Berührung des Einhebepunktes, denn es wäre kostspielig für den Staat und belästigend für den Verkehr stets zu erheben, welche Länge der gebührenpflichtigen Straße zurückgelegt worden sey. Der steuerbare Gegenstand sind in der Regel die Zug=, Reit= und Saumthiere und mitunter auch das Triebvieh. Menschen passiren frei, man scheut die Auflegung eines Leibzolls, wie er aus alten, mittelalterlichen Tarifen bis in die ersten Jahrzehnte unseres Jahrhunderts herab sich erhalten hat. Eben so wird gewöhnlich, im Gegensatz zu den Zöllen, auf die transportirte Waare nur insofern geachtet, daß gewisse Gegenstände geringen Werthes oder allgemeinen Nutzens, z. B. Dünger, die sie verführenden Transportmittel gebührenfrei machen. Endlich werden mannigfach Gebührenfreiheiten allen Fahrten zugestanden, welche einen höheren als wirthschaftlichen Charakter an sich tragen, z. B.

Leichenwagen mit ihrer Begleitung, Feuerspritzen während der Fahrt zu und von dem Brandplatze und Fuhrwerken der Seelsorger, öffentlicher Beamten und Militärs in Ausübung ihres Berufes, ferner denjenigen Fuhren, welche den Wirthschaftsbetrieb des Einhebungsortes und seiner nächsten Umgebung vermitteln, als dem Verkehre zwischen Hof, Feld und Wald, Haus und Mühle, Vorwerk und Hauptgut, Fabrik und Verkaufstätte u. dgl. m. Will man eine gewisse Art des Fuhrwerks, welche die Straßen besonders schont oder verdirbt, z. B. Wagen mit breiten Felgen oder schmalspurige mit sehr großer Belastung, begünstigen oder im Gebrauche erschweren, so wird für sie das Weggeld ermäßigt oder erhöht.

Die Straßen der Neuzeit sind die Eisenbahnen. In noch höherem Maße als bei den gewöhnlichen Landstraßen stellt sich hier für den Staat die Nothwendigkeit heraus, daß da, wo die Privatthätigkeit nicht ausreicht, er selber baue und daß er da, wo sie die Straße ausschließend im egoistischen Interesse auszubeuten versucht, regelnd eintrete. Die Berechtigung zu letzterem liegt darin, daß eine Eisenbahn ohne ein vom Staate zu verleihendes Privilegium, nämlich des Rechtes der Expropriation und des Verbotes der Parallelbahn, unmöglich und daher der Staat berufen ist, die Verleihung an die für das allgemeine Wohl unentbehrlichen Bedingungen zu knüpfen.

Die Gebühren auf Staatseisenbahnen haben sich nach den allgemeinen Grundsätzen für die Entgelte zu richten, nicht der finanzielle Gewinn, sondern der volkswirthschaftliche Zweck hat die Hauptrücksicht zu bilden; dieß gilt namentlich für die Gebühren der Verfrachtung der Gegenstände der massenhaftesten Erzeugung und des massenhaftesten Bedarfs des Landes. Doch ist auch das Uebermaß der Nachsicht zu vermeiden, damit nicht Einzelnen auf Kosten Aller, dem einen Concurrenten auf Kosten des anderen unverdiente Geschenke gemacht werden. Beides ist der Fall, wenn die Frachtgebühr unter die Anlags-, Unterhalts- und Betriebskosten ermäßigt oder die Abstufung der Gebühr nach den Entfernungen vernachlässigt wird.

Für Wasserzölle auf Kanälen und Flüssen gilt dasselbe, wie für Weg- und Brückenmauthe, wenn der Staat nur die Straße darbietet und nicht auch den Transport besorgt; statt der Zugthiere bildet die Tragfähigkeit (der Tonnengehalt), die oft auch im Rohen bloß nach der Art des Fahrzeuges bemessen wird, oder die wirkliche Traglast die Grundlage der Abgabenbemessung. Tritt der entgegengesetzte Fall ein, der bei Ueberfuhren stets vorhanden ist, so kann, da es sich um materielle Mühen handelt und diese vielfach von dem Gewichte der Waare, dem Umfange des von ihr eingenommenen Raumes und der Größe der durch sie zu besorgenden Unbequemlichkeit und Gefahr abhängt, weder der Kreis der Gebührenbefreiungen so weit wie bei den Wegmauthen gezogen, noch kann von dem Gewichte und selbst von der Beschaffenheit der Waare gänzlich Umgang genommen werden. Auch wird, wenn die Fahrt unter schwierigen Verhältnissen, z. B. zur Nachtzeit, bei Sturm, stromaufwärts, oder mit einer geringeren Zahl Personen und Sachen als der vollen Ladung entspricht, angetreten werden soll, die Gebühr verhältnißmäßig erhöht.

In keine der besprochenen Kategorien von Steuern gehören die Wasser- und Seezölle, welche gewisse Staaten den längs ihren Küsten vorbeisegelnden Schiffen abzwingen. Es sind keine Entgelte, denn sie stehen in keinem Verhältnisse zu den Kosten der Erhaltung der Wasserstraße oder werden (wie der Sundzoll, so lange er bestand) an Punkten eingehoben, wo von einer solchen Erhaltung nicht die Rede seyn kann, und es sind nicht eigentliche Zölle, denn sie werden nicht für den Verkehr im Lande, sey er Ein-, Aus- oder Durchfuhr, entrichtet. Man kann sie nur historisch aus den mittelalterlichen Geleitzöllen ableiten und sie bleiben gleich diesen ein Unrecht, mag auch das europäische oder speciell das deutsche Völkerrecht ihnen noch eine zeitweilige Existenz gesichert haben. Der Sundzoll ist bereits gefallen, die Rhein-, Elbe- und Weserzölle werden von vielen der Uferstaaten nicht eingehoben, wegen Ablösung der noch bestehenden Elbezölle ist die Verhandlung im Zuge und der Rest der Rhein- und Weserzölle ist bis auf eine den

Charakter des Entgelts nicht geradezu verläugnende Gebühr er=
mäßigt worden.

Sehr verschiedene Abgaben, die keinen anderen Zusammen=
hang unter einander haben, als daß sie in Seehäfen eingehoben
werden, werden unter dem Namen Hafengebühren zusammen=
gefaßt. Da sind die Lootsengelder zur Entlohnung der treuen Ge=
leitsmänner durch schwierige Einfahrten, die Leuchtthurmgelder für
die pfadweisenden Leuchten, die Platz= und Ankergelder für den
von den Schiffen eingenommenen Hafenraum, die unter sich wieder
vielfach getheilten und abgestuften Contumazgebühren zur Deckung
der Kosten der Ueberwachung und Reinigung der Schiffe, ihrer
Passagiere und Waaren gegen die befürchtete Einschleppung an=
steckender Krankheiten, namentlich der Pest und des gelben Fiebers,
und endlich die Tonnengebühren und die Naturalisations= oder
Flaggengelder für die Bestimmung der Tragfähigkeit des Schiffes
und die Anerkennung desselben als ein nationales zur Führung der
Landesflagge berechtigtes. Die vier ersten dieser Abgaben können
füglich als Entgelte angesehen werden, wiewohl es nicht gerecht ist,
die Vollstreckung einer so strengen, unangenehmen und nachtheiligen
Sanitätscontrole, wie die Contumaz ist, und die lediglich im öffent=
lichen Interesse stattfindet, sich eigens bezahlen zu lassen; die Con=
tumazgebühren sind, wie die ganze Einrichtung selbst, Ueberbleibsel
einer Zeit, wo man die Gestattung des Handels und der Schiff=
fahrt als einen Gnadenakt, die Einräumung eines Privilegiums
betrachtete, das an beliebig lästige Bedingungen geknüpft werden
könne. Die Tonnengebühr und das Flaggengeld hingegen sind
offenbar Gewerbesteuern. Alle diese Abgaben haben aber bei der
Mehrzahl der Staaten denselben Charakter wie die Zölle angenom=
men, nämlich theils jenen einer Ausgleichungssteuer zur Belegung
des Einkommens, das die ausländische Schifffahrt aus dem Lande
zieht, theils einer Differenzialsteuer, um die Concurrenz der aus=
ländischen Schifffahrt mit der inländischen zu erschweren oder selbst
unmöglich zu machen. Zu diesem Ende sind sie theils für fremde
Schiffe höher bemessen als für einheimische, theils unterliegen jene

denselben in Fällen, wo diese steuerfrei sind. Was wir für die Ausgleichungs- und gegen die Schutzsteuer gelegentlich der Zölle sagten, hat auch hier volle Anwendung. Durch die dergestalt hervorgerufene Vertheuerung des Transportes leidet aber die gesammte Industrie und die Landwirthschaft, gegen das System erhoben sich daher die Stimmen frühzeitiger und lauter als gegen die Schutzzölle, und fast alle Schifffahrtsverträge der neuesten Zeit, jene Frankreichs bilden freilich eine beklagenswerthe Ausnahme, stipuliren die Gleichheit der Behandlung und Besteuerung der fremden und der nationalen Schiffe.

Die Cimentirungs- und Punzirungsgebühren (droits de vérification et de garantie) und der Schlagschatz, d. i. die Differenz zwischen dem Nominal- und dem durch Gewicht und Feingehalt (Schrot und Korn) gegebenen Werthe der Münzen, sind Entgelte für die Prüfung der Maße und Gewichte, Meß- und Gewichtsinstrumente und für jene des Feingehalts der Arbeiten aus edlen Metallen und die Prägung der Münzen. Es ist nicht nothwendig, daß der Staat alle diese Verrichtungen selbst besorge, er könnte füglich einen Theil den Gemeinden oder der Körperschaft der Gewerbegenossen und einen anderen der allgemeinen Concurrenz überlassen, sich bloß die Revision vorbehaltend, allein, wenn er sie übernimmt, ist es billig, daß er ein entsprechendes Entgelt für Kosten und Mühewaltung erhalte. Die Cimentirungsgebühren werden in Frankreich zur Deckung der Kosten der alle zwei Jahre wiederkehrenden Prüfung der Gewichte und Waagen bezahlt, die durch ambulante Beamte vollzogen wird;[1] wir können diese Uebung nicht billigen, für Controle im öffentlichen Interesse soll der Controlirte nie zu zahlen haben. Weit mehr lassen sich Gebühren zur Deckung der Kosten der Prüfungen der Apotheken, der Irr- und Krankenhäuser, der Privaten u. dergl. rechtfertigen, denn hier hat der Gebührenpflichtige durch Antritt seines Gewerbes sich freiwillig der Controle unterzogen.

[1] Vorschriften vom 18. December 1825, 21. December 1832, 18. Mai 1838.

Eben darum läßt sich auch gegen die Punzirungsgebühr nichts einwenden, besonders da hier die Waare durch die amtliche Bestätigung ihres Feingehalts an Werth gewinnt, indem dem Käufer der Zeit- und Geldverlust erspart wird, den er auf sich nehmen oder auf den Verkäufer rückwälzen müßte, falls er die Prüfung der Waare selbst veranlaßte.

Uebrigens ist die Punzirungsgebühr (droit de garantie) oft zu anderen Zwecken als dem, ein Entgelt für die Mühe des Staates zu seyn, benützt worden. Sie wurde sehr hoch bemessen, so daß sie als eine Luxussteuer auf den Gebrauch von Geräthen aus edlen Metallen und, wie man vermeinte, als ein Mittel erschien, dem Staate edle Metalle zur Einschmelzung und Ausprägung zu verschaffen, da die Privaten die Einlieferung der hohen Steuer vorziehen würden. So oft es auch angewendet wurde, selbst unter der französischen Schreckensherrschaft, unterstützt durch Laternenpfahl und Guillotine, blieb es ohne Erfolg. Gold und Silber, hohe Werthe in kleinem Raume, entziehen sich allzu leicht der Nachforschung und dem Staate wird nur abgeliefert, was er nach Menge und Werth der von ihm gebrauchten Valuta entsprechend bezahlt.[1]

Der gleiche Vortheil der Werthserhöhung durch die amtliche Bestätigung des Gewichts und Feingehalts (des Schrotes und Kornes) und die handsame Form tritt auch bei der Münze gegenüber dem ungeprägten Edelmetall hervor und rechtfertigt daher vollkommen den Schlagschatz.

Bei der Punzirungsgebühr und dem Schlagschatz verlangt die Staatswirthschaft, daß sie nie höher bemessen seyen, als diese Operationen dem Staate zu stehen kommen, sonst kömmt dem Privaten die Versuchung nahe, sie wirklich selbst zu vollziehen, und von dieser zu der weiteren, etwas zu bestätigen, was nicht wirklich vorhanden ist, wäre kein allzu weiter Sprung. Ein höherer Schlagschatz würde auch die Brauchbarkeit der Münze im Verkehr vermindern, da sie faktisch weniger werth wäre, als was die Legende

---

[1] Vergl. auch das preußische Gesetz vom 12. Februar 1809, und das österreichische vom 20. August 1806, beide nur von kurzer Dauer.

angibt, also jeder, der sie zu dem vollen Werthe annimmt, einen Schaden erlitte. [1]

Auch das sogenannte Remedium, d. i. der kleine Unterschied, der auch in der vollkommensten Münzstätte zwischen dem gesetzlichen und dem wirklichen Gewichte einzelner Münzstücke obwaltet, ist manchmal zu finanziellen Zwecken ausgebeutet worden, indem man die Stücke, die mehr als das gesetzliche Gewicht enthielten, umschmolz und bloß die unter dem gesetzlichen Gewichte in Umlauf setzte, oder doch mehr Stücke unter als ober dem gesetzlichen Gewichte ausgab. Beides kommt einer faktischen Verschlechterung des Münzfußes gleich und der Staat übernimmt die Stelle der Kipper und Wipper. Man tritt dem Unfuge dadurch entgegen, daß man fest darauf hält, daß alle Münzstücke, deren Differenz eine bestimmte gesetzlich festgestellte Größe überschreitet, umgeschmolzen werden und daß eine bestimmte größere Zahl Stücke genau das entsprechende gesetzliche Durchschnittsgewicht erhalte. Die Kunst der Ausmünzung ist soweit vorgeschritten, daß sie diese Bedingung erfüllen kann.

Manche Staaten gehen in der Sorge für die Erhaltung der Reinheit des Münzfußes soweit, daß sie selbst auf den Schlagschatz verzichten. Für die Kosten der Ausmünzung machen sie sich dadurch bezahlt, daß sie Privaten, die bei ihnen münzen lassen, die Kosten der Prägung anrechnen oder die eigentlichen Verwechslungskassen ungemünztes Metall um einen im Verhältniß dieser Kosten geringeren Preis als geprägtes annehmen. Die Bank von England, einem Lande, das ebenfalls keinen Schlagschatz nimmt, gibt Noten gegen Gold zum Standard von 3 Pfd. Sterling, 17 Schill., 9 Denars und Gold gegen Noten zum Standard von 3 Pfd. Sterl., 17 Schill., 10½ Denars; wer daher ungemünztes Gold zur Bank bringt, um es gegen Noten, oder was im Verkehre gleich ist, gegen gemünztes Gold auszutauschen, verliert 0.16 Proc.

Eben darum hüte man sich auch den Gewinn, welchen der Staat bei Ausgabe der Scheidemünze oder des Papiergeldes hat,

---

[1] Rau §§. 196—201; Stein, 147—150.

unter die Reihe der Entgelte zu stellen. Beide Arten von Geld=
zeichen sind Anweisungen, welche der Staat auf sich selbst ausstellt,
und jener Gewinn ist einer aus einem Wechselgeschäfte; wir kommen
übrigens auf diesen Gegenstand an einem passenderen Orte (§. 42)
nochmals zu sprechen.

Von den Wag= und Niederlagsgeldern war bereits ge=
legentlich der Zölle die Rede (§. 19); es ist aber klar, daß auch aus
anderen Anlässen die betreffenden Dienste geleistet und die Entgelte
gefordert werden können. Sehr häufig pflegen sie auch, gleich den
meisten anderen der bisher aufgezählten Entgelte, nicht Steuern des
Staates, sondern Abgaben für Communen oder besondere Gesell=
schaften und Anstalten zu seyn; bekanntlich war selbst die Münze
Jahrhunderte hindurch nicht ausschließendes Vorrecht des Staates.

Auch bezüglich der Post[1] und des Telegraphen[2] ist für das
Monopol des Staates genügender Grund vorhanden, doch verlor
es in dem Maße, als die Nationen vorschritten, allgemach an Voll=
ständigkeit und Strenge; das Postmonopol ist jetzt fast allgemein
auf den Transport von Briefen, Zeitungen und Geldsendungen
beschränkt, und auch die Beförderung der Post geschieht nicht mehr,
wie dereinst ausschließend, durch Transportmittel des Staates, son=
dern sie wird Eisenbahnen und Dampfschiffen und selbst auf ge=
wöhnlichen Straßen häufig Privatunternehmungen überlassen. Beim
Telegraph wird die Verfertigung und Legung der Dräthe beson=
deren Unternehmungen anheimgegeben und neben dem Staats=
telegraphen bestehen die Privattelegraphen der Eisenbahnunter=
nehmungen für die Bedürfnisse ihres Dienstes. In dieser Be=
schränkung dürfte das Monopol aufrecht zu halten seyn. Seine
Aufhebung würde nicht eine große Concurrenz hervorrufen, da die
Sammlung und Abgabe der Briefe und Telegramme, welche fast
die Hälfte der Betriebsauslagen kostet, bei der Theilung des Ver=
kehres unter mehrere Unternehmungen zu kostspielig käme; die

---

[1] Rau I, 205—219 a; Stein, 140—146.
[2] Rau I, 219 b; Stein, 146; Knies, der Telegraph als Verkehrsmittel,
Tübingen 1857.

Maxime des Staates, Briefe und Telegramme gleich zu belegen, welche Unterschiede auch wegen Seltenheit und Schwierigkeit der Communikationen und Kleinheit des Verkehrs in den Kosten der Beförderung obwalten, würde von Privaten nicht befolgt werden, und die Nachtheile, welche die Ungunst der Lage und namentlich die Entfernung von den großen Verkehrsstraßen einzelnen Oertlichkeiten verursacht, würden noch durch ein hohes Porto vermehrt. Sollte endlich, wie kaum zu verhüten, weil in der Beschaffenheit des Geschäftes gelegen, nach längeren Kämpfen das Monopol eines Privaten sich herausbilden, so würde es einen ganz anderen fiskalischeren Charakter annehmen, als das Monopol des Staates, dem, wie wir oft erwähnt haben, der staatswirthschaftliche Zweck nicht der höchste ist, sondern der in der entsprechenden Einordnung der einzelnen Staatszwecke jedenfalls auch den volkswirthschaftlichen über ihn stellt. Eine andere Frage ist, ob der Staat nicht in ausgedehnterem Maße als bisher sich Privatunternehmer zur Sammlung und Abgabe, wie zur Beförderung der Briefe und Telegramme bedienen, und ob er nicht die Personenbeförderung vollständig der Privatindustrie überlassen solle. Allgemeine Regeln lassen sich hier nicht aufstellen, manches ist eine einfache Frage der Kostenberechnung, manches hängt von dem Unternehmungsgeist und dem Stande des Communikationswesens im Volke ab. Oft erscheint die Vereinigung mehrerer kleiner Staaten zu einer gemeinsamen Postverwaltung nothwendig, im westlichen Deutschland vertritt deren Stelle die Taxis'sche, aber für den internationalen Verkehr ist selbst eine Vereinbarung der Großstaaten unvermeidlich, daher die vielen Postverträge und der deutsch=österreichische Postverein.[1]

Darüber ist ferner kein Zweifel, daß wenn der Staat die Post und den Telegraphen betreibt, er berechtigt und verpflichtet ist, eine die Kosten deckende Gebühr für die Beförderung der Depeschen zu fordern. Seine Leistung verdient einen Lohn und diesen dem gesammten Volke aufzulegen, statt ihn von denjenigen, welche

---

[1] Grundverträge vom 6. April 1850 und 5. December 1851.

die Kosten verursachen, im Maße dieser Kosten abzufordern, wäre nicht gerecht, denn warum sollte der isolirte Landmann für den in mannigfachen Berührungen stehenden Städter, der wenig schreibende Rentner für den seine Correspondenz in alle Welt versendenden Kaufmann zahlen.

Allein hierin, im Entgelt der Kosten, hat auch das Postporto seine Maximalgrenze. Es ist eine der Desiderien der Volkswirthschaft, daß die Mittheilung der Gedanken von allen Hindernissen thunlichst befreit werde und unter diesen stehen die Kosten der Mittheilung oben an; diese durch eine Steuer zu erhöhen, ist also unvolkswirthschaftlich. Jene Mittheilung ist ferner die Veranlassung und unumgängliche Vorbedingung der mannigfachsten Produktionen und Consumtionen, aus denen der Staat Steuern bezieht, durch die Vertheuerung jener verkürzt also der Staat seinen eigenen Nutzen.

Aus demselben Principe, der Proportionalität der Kosten und des Lohnes, rechtfertigt sich das nach dem Gewichte der Briefe und der Länge der Telegramme wachsende Porto, warum für die Bestätigung der Auf- oder Abgabe eines Briefes oder Telegramms und für die mit der Beförderung von Werthbriefen verbundene Gefahr eine besondere Gebühr gefordert wird, und endlich vor allem, warum seit der großen Postreform durch Rowland Hill[1] bei Bestimmung des Briefporto die Entfernungen so wenig berücksichtigt werden; es besteht ein Grundporto, das nie erhöht und nur bei sehr geringen Entfernungen etwas ermäßigt wird. Auch die Kosten bestehen großentheils aus fixen Bestandtheilen, jenen der Empfangnahme, Sammlung, Sortirung, Einkartirung und der Abgabe der Briefe, den Pauschalbeträgen für die Transport-Unternehmungen u. dergl. m.; nur verhältnißmäßig kleine Beträge richten

---

[1] Englisches Gesetz vom 17. August 1839. Mit dieser Reform war in England eine höchst bedeutende Portoermäßigung verbunden, der Rohertrag des Postgefälls sank augenblicklich auf 57 Proc., der Reinertrag auf 25 Proc. des früheren Betrags, allein nach 10 Jahren war der erstere, nach 20 Jahren der zweite wieder erreicht, die Anzahl der Briefe hatte sich nach 6 Jahren vervierfacht, nach 15 Jahren versechsfacht, nach 20 Jahren verachtfacht.

sich nach den Entfernungen und selbst aus diesen läßt sich ein von der Entfernung unabhängiger Durchschnitt berechnen. In noch höherem Maße findet dieses Kostenverhältniß beim Telegraph statt, hier liegt das Hauptgewicht auf den Auslagen für die In-Bewegung-Setzung des Telegraphs am Orte der Absendung und Bestimmung, jene der Fortpflanzung sind fast ganz dieselben, wie groß auch der Unterschied der Entfernungen sey, das Rowland'sche Princip verdiente daher vor allem bei den Telegraphen Anwendung.

Die Entrichtung des Porto erfolgt in neuester Zeit vorhinein vor der Aufgabe des Briefes mittelst Aufdrückung von Stempelmarken, und zwar wird diese Art der Entrichtung entweder ausschließend vorgezeichnet oder dergestalt begünstigt, daß jede andere Art einer höheren Gebühr unterliegt; der Grund jener Neuerung liegt wie bei den Gerichtsgebühren darin, daß nur durch Theilung der Arbeit, nämlich daß die Bemessung der Gebühr den Steuerpflichtigen selbst, und ihre Einhebung anderen Organen und anderen Zeitpunkten, als die Uebernahme oder Abgabe der Briefe anheimgegeben wird, die nöthige Ersparniß an Zeit und Kosten bei der Abfertigung erzielt werden kann. Das läßt sich indeß nicht läugnen, daß die Sicherheit der Briefbeförderung durch diese Maßregel nicht gewonnen hat; das einzuhebende und zu verrechnende Postporto bildete früher eine vollkommen ausreichende Controle gegen Postbeamte und Diener, daß sie die Briefe richtig übergaben, diese Controle fällt weg. Ferner boten früher die wenigsten Briefe den Beamten eine Versuchung zur Unterschlagung, gegenwärtig ist jeder Brief wegen der darauf befestigten Marke eine solche Versuchung. Man bedient sich statt der Stempelmarken gestempelter Briefcouverts, die einen solchen Mißbrauch nicht gestatten, allein jener Mangel einer wirksamen Controle der Briefabgabe ist nicht behoben.

Die Befreiung vom Porto ist allen öffentlichen und Gemeindebehörden, allen Volksvertretungen und — häufig wiewohl mißbräuchlich — allen einzelnen Mitgliedern derselben, dann einzelnen Wohlthätigkeitsanstalten und gemeinnützigen Unternehmungen zugestanden. Wir glauben uns gegen alle diese Exemtionen erklären zu sollen. Es handelt sich bei dem Porto, wenn es nach den hier dargestellten Grundsätzen bemessen ist, nicht um eine Besteuerung, sondern wirklich nur um den Rückersatz der vom Staate bestrittenen Kosten; mit Ausnahme jener Fälle, wo der Staat selbst das Porto zahlen müßte, entfällt also jeder Rechts- und Billigkeitsgrund zur Nachsicht eines solchen Ersatzes, denn der Staat ist nicht berufen, für Gemeinden, Wohlthätigkeitsanstalten u. s. w. Kosten zu bestreiten. Staatswirthschaftliche Gründe sprechen selbst gegen die Portofreiheit der Behörden. Die letzteren würden weniger und kürzer schreiben und telegraphiren und nicht so viel Papier verwenden, wenn sie aus ihrem Budget die betreffenden Kosten würden zu bestreiten haben, und der Ertrag der Post würde viel klarer heraustreten und darum auch die Gebührenermäßigung leichter gestatten, wenn ihr das Porto für die Staatsdepeschen verrechnet würde; es genügte übrigens die Rechnungsdurchführung mit Ausschluß jeder baaren Bezahlung.

Auch zahlreiche Portobegünstigungen bestehen für Journale und Druckschriften, Manuscripte, Muster. Die Sendung muß aber ohne Couvert unter Kreuzband erfolgen, damit die Behörde sich überzeugen kann, daß keine anderen als die begünstigten Gegenstände vorhanden sind, und die Begünstigung besteht theils in einer Ermäßigung, theils überdieß in einer Pauschalirung des Porto. Zeitungen z. B. zahlen statt des Porto ein bestimmtes Percent ihres Preises, welches abnimmt, je nachdem sie täglich oder in kleineren oder größeren Zwischenräumen erscheinen.

Der steuerbare Akt ist die Uebergabe des postpflichtigen Gegenstandes zur Beförderung, wer den Gegenstand zwar der Postanstalt aber mit Verkürzung der Gebühr, oder wer ihn einem anderen Transportunternehmer als der Post übergibt, und der Transportunternehmer, der ihn übernommen hat, ist der Strafe verfallen.

Von manchen Seiten wird der eigenthümliche Dienst sehr hervorgehoben, welchen die Postanstalt durch die Postanweisungen leistet, ein vorzugsweise in Frankreich ausgebildetes Institut. Wer bei einer Postkassa einen bestimmten Betrag erlegt, erhält eine Anweisung auf den gleichen Betrag an jede andere von ihm bezeichnete Postkassa und zu Gunsten jeder von ihm bezeichneten Person, welche nach entsprechender Zeit den Betrag beheben kann, außerdem wird ihm zum Beweise des erlegten Geldes eine Empfangbestätigung ausgehändigt. Diese Anweisungen ersetzen in Frankreich die Geldsendungen mittelst der Post, die dort verboten sind. Wir gestehen offen, daß wir den Nutzen dieser Einrichtung nicht recht begreifen. Für den Aufgeber ist es ganz gleich, ob er das Geld baar oder mittelst einer Anweisung übersendet, im Gegentheil erhält auf diese Weise der Adressat das Geld schneller und mit geringeren Umschweifen. Ob die Gefahr der Veruntreuung und des Verlustes für die Postanstalt, den Aufgeber und den Adressaten bei der Baarsendung oder der Anweisung größer sey, ist zweifelhaft, und an den Kosten wird nichts erspart, denn die Anweisungsgebühren (in Frankreich 2 Proc. des angewiesenen Betrages) sind hoch und nicht niedriger als das Porto für mit Geld beschwerte Briefe in anderen Ländern. Es bleibt also zur Vertheidigung der Maßregel nichts übrig, als der staats- oder volkswirthschaftliche Nutzen, allein derselbe tritt nur für die Sendungen aus geldarmen in geldreiche Orte ein, wird also durch die Sendungen in entgegengesetzter Richtung, die offenbar die zahlreicheren sind, mehr als aufgewogen. Auch mögen Sendungen letzterer Art, wenn das Postamt, das die Anweisung honoriren soll, ein kleines mit geringen Kassabeständen ist, manche administrative Schwierigkeit verursachen.

II. Die öffentlichen Schulden.

35.

Wenn wir die Wirthschaft der Privaten überblicken, so finden wir, daß fast keine stets in demselben Augenblicke, wo sie im Verkehr einen Werth erhält, auch den Gegenwerth darreicht, sondern daß häufig zwischen Leistung und Gegenleistung ein längerer oder kürzerer Zeitraum inneliegt. Der Grund ist theils in der Beschaffenheit der Leistungen, theils in den Verhältnissen der Leistenden zu suchen und alle einzelne Fälle lassen sich auf zwei Hauptformen: die Vorausbezahlung und die Vorgung, zurückführen. Die Vorausbezahlung tritt ein, wenn die Leistung erfolgt, um sich einen Gegendienst für die Zukunft zusichern, und sie wird zur Nothwendigkeit, wenn die Gegenleistung Vorauslagen fordert und von solcher Art ist, daß sie erst nach und nach in längeren Zwischenräumen sich vollendet. Vorgung findet statt, wenn die Nachfrage die Leistung wünscht, jedoch für den Augenblick die Mittel zur entsprechenden Gegenleistung nicht besitzt oder vortheilhafter zu verwenden weiß. Es kömmt zwar noch eine dritte Form des Verkehrs vor, in welcher der Leistung die Gegenleistung erst nach einer Zwischenzeit folgt, nämlich die Uebergabe eines Gegenstandes zur Aufbewahrung gegen seinerzeitige Rückstellung, sey es, daß diese Aufbewahrung im Interesse des Hinterlegenden oder Behufs der Sicherstellung der Forderungen des Uebernehmenden im Interesse des letzteren erfolgt, sie ist aber sekundärer Art, meist Folge anderer Geschäfte auf Zeit, unterscheidet sich wesentlich von den beiden anderen, eben besprochenen Formen des Verkehrs und fordert daher eine gesonderte Erwägung.

Was in allen diesen Fällen stattfindet, ist offenbar ein Verkehr der Gegenwart mit der Zukunft und dieser ist nicht möglich ohne Krebit, d. i. ohne Vertrauen, daß die erwartete Gegenleistung wirklich erfolgen werde. Wer dieses Vertrauen hegt, gibt Krebit, wer dasselbe genießt, hat Krebit, der erste erhält an Stelle der hintangegebenen Leistung eine Forderung, der letzte hat als interimistischen Entgelt dieser Leistung eine Schuld auf sich geladen. Ohne Krebit ist strenge genommen ein Verkehr nur in nächster Nähe und dadurch möglich, daß jeder der beiden Contrahenten beide Vertragsobjekte in der Hand hält und das eine nur in dem Maße fahren läßt, als er spürt, daß sein Gegenmann dieselbe Bewegung mit dem anderen vornimmt. Er ist eine ganz allgemeine, bis in die untersten Schichten der Gesellschaft verbreitete wirthschaftliche Erscheinung; der Bote, der einen Gang verrichtet, wie der Taglöhner auf dem Werkplatze gibt oder empfängt Krebit, je nachdem er seinen Lohn nach oder vor dem verrichteten Dienste empfängt. Der Krebit ist nichts Materielles, greif- oder sichtbares, aber er ist ein Gut, denn er erhöht die Herrschaft des Menschen über die Natur, weil er ihm den Besitz von Gütern verschafft, ehe er die Entgelte dafür besitzt oder an den Ort der Vertragserfüllung herbeigeschafft hat, er ist vollkommen meß- oder schätzbar, eine Größe im vollen Sinne des Wortes. Er wächst mit der Höhe der Werthe, der Länge der Zeit, auf die er sich erstreckt, der Zahl und Verbreitung der Personen, bei denen man ihn genießt, der Schwierigkeit der Verhältnisse, unter denen er ertheilt wird, und hat seine genau umzeichnete Grenze.

Er ist aber, dieß muß gegen Macleod[1] und seine Anhänger hervorgehoben werden, kein materielles Gut, kein neu geschaffener Werth, und was er schafft sind zunächst nur zwei einander folgende Veränderungen im Besitze. Gewisse Waaren gehen vom Verkäufer

---

[1] H. D. Macleod Dictionary of pol. écon. Art.: Credit. Mich. Chevalier im Journ. d'Écon., September 1862.

auf den Käufer, von dem Vermiether auf den Miether, gewisse Gelder vom Darleiher auf den Schuldner über, gewisse Dienste werden vom Dienstnehmer dem Dienstgeber geleistet, alles unter der Voraussetzung, daß zur bestimmten Zeit die Kauf= und Dienstpreise an den Verkäufer oder Dienstleister gelangen, die vermietheten oder dargeliehenen Gegenstände zu ihren Eigenthümern zurückkehren. Der Nutzen liegt bloß in den durch diese Besitzänderungen hervorgerufenen Wirkungen. Auch die nächste Folge des Kredits, die entstandene Forderung des Kreditgebers an den Kreditnehmer, ist nicht ein Gut, sondern einzig und allein ein juridischer Anspruch auf ein Gut, ein Besitztitel, und dieses Gut ist in der Regel ein bereits dagewesenes, ja zum Theil (wie bei der Miethe und dem Darlehen) stand es bereits einmal im Besitze des Berechtigten, aber selbst wenn es noch nicht vorhanden ist, so ist es ein aus bereits vorhandenen Elementen nach den gewöhnlichen Gesetzen der Produktion zu schaffendes, auf dessen Werden der Kredit keine andere Wirkung geübt hat, als daß er jene Elemente in den Besitz des Unternehmers übertrug. Es besteht auch in dieser Richtung durchaus kein Unterschied zwischen einem Besitztitel auf ein hinterlegtes, vermiethetes oder unter der Bedingung der Restitution in natura verliehenes Gut und jenem auf einen bloß der Art nach zurückzustellenden Gegenstand, und das Kreditspapier, selbst wenn es nicht auf eine besondere, sondern auf die allgemeine Waare, das Geld, lautet, bleibt vom Metall= gelde noch so verschieden, wie ein Besitztitel von der Sache, auf die er gerichtet ist.

Dessen ungeachtet hat jene überspannte Vorstellung von dem Werthe des Kredits, die in der Anschauung Macleod's liegt, einen größeren Anspruch auf Anerkennung, als die gerade entgegengesetzte, in der älteren Schule gangbare: der Kredit vermehre nicht den Reichthum, weil durch ihn bloß die Besitzer der Kapitalien wechseln, nicht diese selbst vermehrt werden. Dieß ist theils einseitig, theils unwahr. Der Kredit erleichtert den Tausch, indem er letzteren auch dann möglich macht, wenn einer oder beide tauschende Theile sich nicht im Besitze des Tauschgegenstandes befinden, durch diese

Erleichterung des Tausches und durch sich selbst bringt der Kredit Kapitalien, die von ihren Besitzern nicht benützt werden können oder wollen, in die Hände derjenigen, welche Fähigkeit und Willen hiezu besitzen, und dieß steigert deren Werth. Ein Geschäft, das im Publikum Kredit genießt, hat größeren Absatz und verspricht längere Dauer und wird daher theurer verkauft, als ein solches, wo dieß nicht der Fall ist, das Mehr ist der Kaufpreis für den Kredit.

Der Nutzen des Kredits liegt aber nicht bloß darin, daß er vorhandene Werthe besser benutzen macht, sondern er benutzt in der Wirklichkeit selbst noch nicht vorhandene Werthe, wenn gleich nicht in dem Umfange, als es einerseits Macleod, andererseits Michael Chevalier und Courcelle-Seneuil[1] behaupten. Der Kredit schafft nicht Kapitalien; alle, mit denen er arbeitet, sind bereits vorhanden, und wenn man sich eine noch so lange Reihe von Kreditgebern und Kreditnehmern denkt, ist es doch nur das Kapital, das der erste Kreditgeber herlieh, einer oder der andere der späteren Kreditgeber vermehrte, und nach stetem Wechsel seiner Formen und Inhaber endlich der letzte Kreditnehmer in Besitz nahm, was diesen lebhaften Verkehr und die durch ihn bedingte Werthsteigerung veranlaßte. Allein der Kredit wird nicht umsonst gegeben, jeder Kreditgeber fordert — abgesehen von der Assekuranzprämie und den Beaufsichtigungskosten, die hier nicht in Betracht kommen — eine Entschädigung dafür, daß er auf den Genuß seines Kapitales oder des dafür bedungenen Entgeltes eine Zeit lang wartet; praktisch spricht sich diese Entschädigung im Zinse des Darlehens und bei Verkäufen, wenn Borgung die Regel, im Discont bei der Baarzahlung aus. Dieser Entgelt nun wird der Zukunft entnommen, aus einer anderen Quelle als dem gehofften Gewinne des Geschäftes, für das er bestimmt ist, kann er nicht bezahlt werden. Wird er eher entrichtet, als jener Gewinn realisirt ist, z. B. bei Ertheilung oder bei Erlöschung des Kredits oder in gewissen Perioden,

---

[1] Vergl. v. Haßner, System der pol. Oeconomie, Prag 1860, 1. Band §§. 140–142.

so geschieht es vorschußweise. Die Folge hievon ist natürlich die, daß bei Realisirung jenes Gewinnes schon vorhinein ein großer Theil auf Zinsen weggenommen ist. Es ist bekannt, welche eigenthümliche Gestalt diese Escomptirung der Zukunft bei gewissen Eisenbahnunternehmungen angenommen hat, wo die Aktionäre sich auch für die Zeit des Baues die Interessen ihres Einlagskapitales bedingen. Diese Interessen müssen selbstverständlich dem Bauconto zugeschlagen und aus den Erträgnissen der Zukunft amortisirt werden.

Charakter und Nutzen des Kredits treten noch schärfer hervor, wenn man ihn seinem großen Gegensatze, dem Kapital, entgegenstellt. Die Benützung des Kapitals ist die Nachnahme der Arbeit der Vergangenheit, die Benützung des Kredits eine Vorausnahme der Arbeit der Zukunft, beides zu Gunsten der Arbeit der Gegenwart. Diese Continuität der Bestrebungen des Menschengeschlechts zur Lösung seiner ökonomischen Aufgabe ist einer der trostreichsten und erhebendsten Gedanken der Volkswirthschaftslehre.

Eine Folgerung und zugleich eine Richtigkeitsprobe dieser Sätze gibt die Betrachtung des Depots, sey es des reinen oder des als Kaution oder Pfand auftretenden. Auch diesem Geschäfte liegt der Kredit zu Grunde, das Vertrauen, welches der Hinterleger in den Uebernehmer Betreff des Willens und der Macht setzt, das Depot zur rechten Zeit unversehrt zurückzustellen, aber dessen ungeachtet trägt es keine Früchte, der Zukunft wird nichts entnommen, denn der Kredit, welchen der Hinterleger dem Uebernehmer gibt, ist nur veranlaßt durch den Mangel an Kredit, wir hätten fast gesagt, den negativen Kredit, welchen entweder der Hinterleger gegen die große Masse oder der Uebernehmer gegen den Hinterleger hegt und der eben bewirkt, daß jener für sein Gut eine besondere Obhut oder dieser für seine Forderung eine besondere Sicherstellung verlangt, und er reicht auch nicht weiter als diese Verneinung, indem er die freie Verwendung des Depots von Seite des Uebernehmers nicht gestattet. In dem Augenblicke, wo diese Gestattung ertheilt wird und der Hinterlegungsvertrag den Charakter eines

Leihvertrages annimmt, treten auch die gewöhnlichen Folgen des Kredits ein.

Die Staatswirthschaft ist in der gleichen Lage, wie die Privatwirthschaft, auch sie gibt und empfängt Kredit in der Form von Vorausbezahlungen, Vorschüssen, Kautionen und Pfändern, sie kauft und verkauft auf Borg. Hieraus entstehen Forderungen und Schulden des Staates. Unsere Aufgabe beschränkt sich auf die Betrachtung der letzteren, wiewohl derjenige, der in die Aktiva des Staates Einsicht genommen, weiß wie viel auch über sie zu sagen wäre. Da findet man Steuerrückstände, die nie hätten entstehen oder längst als uneinbringlich hätten abgeschrieben werden sollen, Ersatzansprüche gleich tadelnswerthen Ursprungs, gleich zweifelhafter Wirksamkeit, Vorschüsse an marktschreierische Unternehmungen, zweideutige Parteihäupter, unzweideutige Günstlinge, Uebertragungen von einem Zweige oder Jahrgange auf den andern u. dgl. m. Oft ist die Form des Vorschusses nur gewählt, um der definitiven Abrechnung und der Controle der Volksvertretung zu entgehen.

Wegen des Umfangs, der Mannigfaltigkeit und der langen Dauer seines Betriebs kommt der Staat leichter als die Privatwirthschaft in die Nothwendigkeit, Schulden zu machen. Die größere Regelmäßigkeit seines Betriebs vermindert zwar einigermaßen diese Nothwendigkeit, ein wohlgeordneter Staat entwirft Voranschläge sowohl für seinen Bedarf als für dessen Bedeckung und strenge Vorschriften verpflichten zur Einhaltung dieser Voranschläge, die Einnahmen fließen ziemlich regelmäßig ein und selbst jene großen Handelskrisen, welche alle Vorberechnungen der Privaten zu nichte machen, wirken auf den Staat in geringerem Maße ein, weil sie in der Regel ihn erst in zweiter Linie, nämlich nicht in ihren unmittelbaren Wirkungen, sondern in den Folgen berühren, welche diese Wirkungen auf das freie Einkommen und die Zahlungsfähigkeit seiner Bürger üben; allein dem günstigen Einflusse dieser Ordnung und Regelmäßigkeit wirkt der Umstand entgegen, daß der höchste Zweck des Staates, wie wir bereits (§. 1) erwähnten, kein wirthschaftlicher, nicht die Erhaltung und Vermehrung seines

Vermögens ist. Den an ihn heranziehenden großen Ereignissen muß er stark und groß entgegentreten, unabweislichen Bedürfnissen des Volks, die an ihn zur Erfüllung angewiesen sind, muß er genügen, welches auch immer das Verhältniß der gerade zu Gebote stehenden Einnahmen zu den Ausgaben sey. Erwägt man ferner, daß der Staat nicht thesauriren soll (§. 2), so ist begreiflich, daß er oft zu Schulden seine Zuflucht nehmen muß, jedoch vergesse er hiebei nie — es ist dieß gegen eine gewisse ältere, jedoch leider in der Praxis noch nicht ausgestorbene Schule[1] gesagt — die beiden Lehren, die wir in diesem Abschnitte vorgetragen, daß eine Schuld stets eine Vorwegnahme der Einkünfte der Zukunft und ein Schuldtitel nicht ein Gut sey.

36.

Die Schulden des Staates sind zweifacher Art, solche, die aus dem gewöhnlichen Gange der Verwaltung hervorgehen und durch denselben sich ausgleichen, wir wollen sie **laufende**[2] nennen, und solche, welche durch ein Mißverhältniß zwischen den Einnahmen und Ausgaben entstehen, und darum bis zur Herstellung eines Ueberschusses der ersteren aufrecht bleiben, die **stehenden**.

Diese Eintheilung fällt größentheils mit der in der Amtssprache gebräuchlichen zwischen der **schwebenden** und der **fundirten** Staatsschuld zusammen, der Unterschied liegt darin, daß die Praxis manche Schuld als eine schwebende aufführt, die längst eine stehende, durch den gewöhnlichen Gang der Verwaltung nicht mehr ausgleichbare geworden ist. Um diesen Unterschied hervorzuheben, haben wir andere Worte gewählt.

Die laufende Schuld entsteht auf folgende Weise:

Viele Steuerpflichtige, besonders dort, wo die Steuer direkt und in vielen kleinen Raten eingefordert wird, finden es in ihrem

---

[1] Voltaire, Dufresne, Pinto (Traité de la circ. et du crédit, 2. Auflage, Amsterdam 1772), Melon, Ganilh, Lafitte, Büsch, Weishaupt und zuletzt Zachariä.
[2] Rau §§. 486 und 491; Stein, 490—499.

Interesse, mehrere Raten auf einmal vorhinein zu zahlen. Umgekehrt ist der Staat oft in der Lage, der Steuer eher zu bedürfen, als sie fällig ist. Er bestimmt darum in den Ländern, wo die öffentlichen Kassen einer Bank oder wohlhabenden Geschäftsleuten anvertraut sind, diese zur Vorausbezahlung der Summen, die in der nächsten Zeit bei ihnen einlaufen; sich dießfalls an die einzelnen Steuerpflichtigen zu wenden, wäre nicht räthlich, weil diese Operation sehr langwierig, vielfach von geringem Erfolge und jedenfalls durch die Oeffentlichkeit und das Gewicht, welche diese einfache Verwaltungssache erhielte, dem Krebite des Staates nachtheilig wäre. In Frankreich, wo diese beiden Arten der Berufung an den Kredit sehr üblich sind, pflegen von den vier direkten Steuern in den eilf ersten Monaten des Jahres 96.3 Proc. statt der schuldigen 87.7 Proc. bezahlt zu werden und betragen die Vorausbezahlungen der Kassiere (der receveurs généraux) durchschnittlich über 60 Mill. Franken.

Die Unternehmer liefern dem Staate in der Regel ihre Arbeiten früher, als sie die Bezahlung erhalten, was theils im Geschäftsgange wegen der zur Liquidirung ihrer Forderungen und Prüfung der Arbeiten erforderlichen Zeit liegt, theils wohl auch wegen momentaner Verlegenheiten des Staatsschatzes geschieht. Ein Vorgang letzterer Art ist bedenklich und fordert die besondere Aufmerksamkeit der obersten Controlsbehörde und der Volksvertretung heraus; denn unter Vorbehalt späterer Bezahlung kann ein Minister Arbeiten, welche ins Budget des laufenden Jahres nicht zugelassen wurden, vollziehen lassen, die Rechtfertigung späteren Tagen, einer gefügigeren Kammer oder einem glücklicheren Nachfolger überlassend.

Eine große Anzahl solcher Unternehmer, dann die Kassiere, Geschäftsführer und sonst für Geld und Geldswerth verantwortliche Beamte des Staates, von ihm beglaubigte öffentliche Agenten, die Herausgeber von Journalen u. a. sind zum Erlage von Kautionen, Behufs der Sicherstellung ihrer Verpflichtungen gegen den Staat oder unbekannte dritte Personen verhalten. Bestehen diese Kautionen nicht in Hypotheken oder Faustpfändern, sondern in baaren Geldsummen, so bilden sie ebenfalls eine laufende Schuld des Staates. In Frankreich und den Ländern, die ihr Finanzsystem dem seinigen nachgebildet haben, ist durch die Größe dieser Kautionen und durch die Anordnung, daß sie nur in Baarem angenommen werden, dem Staate eine reiche Kreditsquelle eröffnet. 57,000 Personen leihen, auf diese Weise gezwungen, in Frankreich dem Staate 250 Mill. Fr.[1] Da weder die Anzahl dieser Personen, noch die Größe ihrer Kautionen sich merklich ändert, so ist klar, daß diese dem Ursprunge nach laufende Schuld eigentlich zu einer stehenden geworden ist.

Der Staat hebt die zu Gunsten der Provinzen, Kreise, Gemeinden und Körperschaften festgesetzten Zuschläge zu den öffentlichen Abgaben ein, bei seinen Gerichten und Verwaltungsbehörden sammeln sich eine große Zahl Depositen, die augenblicklich keine Verwendung haben; wird nun durch ein zweckmäßiges Rechnungs- und Kassesystem verhütet, daß diese Gelder vereinzelt und unbenützt bei den Kassen liegen bleiben, wo sie zufällig eingegangen sind, so kommen ihm auf solche Weise eine große Masse Gelder zu Gute, die er längere oder kürzere Zeit benützen kann. Hat er die einen zurück zu zahlen, so laufen andere ein, so daß in der Regel stets ein fixer Rest zu seiner Verfügung übrig bleibt. Kreditbedürftige Staaten mit einer sehr centralisirten Verwaltung haben diese Quelle des Kredits noch reichlicher fließen gemacht, indem sie den Staat zum allgemeinen Kassier jener Gemeinden, Körperschaften und Gerichte machten und selbst Sparkassen und ähnliche Institute zur Anlegung ihrer Gelder beim Staate verhielten. Frankreich, in allen diesen Dingen der Meister, stellt sich auf diese Weise durchschnittlich über 500 Mill. Fr. zu Gebote.[2] Löblich kann man diese Verfügungen nicht nennen, sie sind ein Eingriff in die Unabhängigkeit jener Körperschaften und Anstalten und in die individuelle

---

[1] Hock, Finanzverwaltung Frankreichs, S. 527. Am 1. Januar 1861 hatten 54,648 Personen 260,579,000 Fr. an Cautionen erliegen.

[2] Der Stand der caisse des dépôts et consignations in Frankreich war am Schlusse Juni 1862 über 642 Mill. Fr., doch waren hievon 423 Mill. in Staatsrenten, also nicht in Form einer laufenden Staatsschuld angelegt.

Freiheit und sie entziehen den einzelnen Lokalitäten die Verfügung mit den ihnen entstammten freien Ueberschüssen, welche gerade dort die lohnendste Verwendung gefunden hätten. Die Gelder einer Sparcassa sind gewiß am fruchtbarsten bei den Gewerbeunternehmungen und Grundbesitzern ihrer Umgebung angelegt.[1] Wenn endlich, wie es häufig geschieht, diese Gelder dem Staate zu einem Zinsfuße übergeben werden müssen, der weit unter jenem steht, welche der Staat für die von ihm contrahirten Anlehen zahlt, so sind jene Verfügungen sogar ungerecht, während eine geringe Differenz durch die Verpflichtung des Staates zur augenblicklichen Rückzahlung begründet erscheint. Eben so tadelnswerth in der entgegengesetzten Richtung ist die Uebung anderer Staaten, in Gemeinde-, Gerichts- und Verwaltungskassen durch längere oder kürzere Zeit Millionen für Jedermann unbenutzt liegen zu lassen.

Die Rücksicht auf die thunlichste Verminderung unbenützter Cassabestände und der Geldtransporte veranlaßt die Finanzverwaltung zu mannigfachen Wechselgeschäften, in denen der Staat ebenfalls häufig als Schuldner erscheint. Namentlich der Verkehr zwischen dem Staate und seinen Agenten oder Truppen im Ausland, zwischen entfernten Provinzen, insbesondere dem Mutterlande und den Colonien, oder Behufs des Einkaufs gewisser Erzeugnisse der Fremde (z. B. der benöthigten Tabake in Ländern des Monopols) wird häufig mittels auf die Staatskassen gezogener Wechsel und Anweisungen vermittelt.

Steht der Staat in Verbindung mit einer Bank, die ihm ein Conto in ihren Büchern eröffnet, seine Ueberschüsse verzinst, entstehende Abgänge deckt, so erwachsen auch aus dieser Verbindung, abgesehen von mancher stehenden Schuld, vorübergehende und wechselnde Schuldenverhältnisse (§§. 40 und 41).

[1] Die Frage ist in letzter Zeit besonders von Visschers in seinen Nouvelles Études sur les caisses d'épargne. Bruxelles 1861, besprochen worden. In England ist es übrigens nicht die Sorge für die Geldbedürfnisse des Staates, sondern jene für die sichere und fruchtbringende Anlegung der Ersparnisse der Armen, was die Uebernahme der Gelder der Sparkassen von Seite des Staates hervorrief; sie verursacht ihm viele Mühe und baare Verluste.

Endlich bedarf der Staat häufig der Vorschüsse auf kurze
Zeit, 3 bis 12 Monate, sey es weil Ausgaben und Einnahmen
nicht immer der Zeit nach zusammenfallen, sey es, daß der geringe
Kassastand die zeitweise Vergrößerung des Betriebskapitals erfordert.
Man nennt die betreffenden Schuldscheine des Staates Bons oder
Bills des Staatsschatzes (bills of exchequer, bons de trésor),
sie haben einen geringeren Zinsfuß als die unaufkündbare oder
erst spät zahlbare Schuld des Staatsschatzes und zwar in dem Maße
geringer, als die Frist der Rückzahlung schneller abläuft.

Besteht in einem Lande ein Staatspapiergeld (§§. 42 und 43),
so ist es ebenfalls so lange als ein Bestandtheil der laufenden
Schuld anzusehen, als es einlösbar ist, in jedem anderen Falle
gehört es zur stehenden, denn durch Einzahlungen außer Umlauf
gesetzt, kehrt es durch Ausgabe von Seite des Staates wieder in
denselben zurück und es deckt ein Deficit.

Man gewahrt übrigens, wenn man die Bestandtheile der
laufenden Staatsschuld untersucht, daß sie theils von gegebener
Größe sind und ohne ein neues Gesetz oder eine totale Aenderung
der Verkehrsverhältnisse nicht bis zur Deckung der Staatsbedürfnisse
erhöht werden können — hieher gehören die Kautionen, die Depositen, die Kassabestände an fremden Geldern — und theils von den
Schwankungen des Augenblicks in solchem Maße abhängen, daß der
Staat leicht gerade im Momente der Gefahr in die Lage kommen
kann, das Anlehen, dessen er bedarf, nicht erhalten zu können und
gleichzeitig einen großen Theil des ihm geliehenen Kapitals zurück-
zahlen zu müssen — dieß ist der Fall bei den Einlagen der Sparkassen, den auf Schatzkammerscheinen entlehnten Summen und dem
einlösbaren Papiergelde. Die laufende Schuld hat also ihre enge
gesteckten Grenzen und kann nicht ohne Gefahr zur Deckung eines
bleibenden Mißverhältnisses zwischen den Einnahmen und
Ausgaben des Staates benützt werden.

Wenn daher ein solches Mißverhältniß eintritt, so muß tiefer
gegriffen und vor allem daran gedacht werden, daß der Staat nicht
eine Rechtsgesellschaft der in einem gegebenen Augenblicke zufällig

in ihm Lebenden, sondern eine Körperschaft sey, die auch unabhängig von ihren Gliedern ein selbstständiges Leben lebt und über die Gegenwart hinaus in die Vergangenheit und in die Zukunft hineinragt. Reichen darum die Einkünfte des Staates trotz einer sparsamen und umsichtigen Verwaltung zu seinen unabweislichen Ausgaben nicht aus, so hat derselbe sich die Aufgabe zu setzen, a) ob er entweder in die Schätze der Vergangenheit zurückzugreifen und das Besitzthum des Staates zu veräußern oder ein für allemal eine Kapitalsteuer auszuschreiben habe, oder ob b) ausschließend die Gegenwart durch eine dauernde höhere Besteuerung ihres freien Einkommens zu belasten, oder endlich ob c) die Last der Zukunft zuzuschieben und ein Kapital in der Absicht aufzunehmen sey, es selbst oder doch seine Zinsen aus den Erträgnissen späterer Jahre abzuzahlen.

Die Veräußerung des Staatsgutes hat das für sich, daß dadurch zugleich ein gebundenes Besitzthum zu einem freien, ein in der Regel nicht gut benütztes zu einem besser benützten wird. Die Kapitalsteuer hebt das Uebel mit Einem Schritte und ist das wohlfeilste Mittel, weil sowohl der Verlust beim Verkaufe des Staatsgutes in Zeiten der Noth als die Zinsen der Anlehen erspart werden. Die dauernde Steuererhöhung oder neue Steuer verbindet mit dem letzteren Vortheile den weiteren, daß sie die Last durch die Vertheilung auf mehrere Jahre für jedes einzelne erleichtert. Für Anlehen spricht, daß sie nehmen, wo man gerne gibt und das Gegebene am leichtesten entbehrt wird, und daß das Ausleihen an den Staat in Augenblicken seines wahren und vollkommen gerechtfertigten Bedürfnisses für das Volk die nützlichste Art der Verwendung ist. Dagegen greifen Domänenverkauf, Kapitalsteuern und Anlehen gegen alle Volkswirthschaftsregeln die Substanz statt des freien Ueberschusses des Staats- oder Volksvermögens an, und der Ertrag sowohl der Domänenverkäufe als der Jahressteuern fließt in zu weit auseinander gelegenen Zeiträumen ein, als daß er einem auf kurze Zeit zusammengedrängten Bedürfnisse genügen könnte. Darum ist eine allgemeine Regel, welches Mittel zu wählen sey, nicht aufzustellen, sondern es müssen der Grund, die Art und die Größe der neu entstandenen Bedürfnisse und der vorhandenen Einnahmsquellen in jedem einzelnen Falle die Wahl entscheiden.

Bleibende neue Ausgaben sind am besten durch Erhöhung der Steuern zu bestreiten, auch für vorübergehende Ausgaben von an und für sich oder doch mit Rücksicht auf die Reihe von Jahren, auf die sie sich vertheilen, nicht sehr hohem Jahresbetrage scheint diese Art der Einnahmserhöhung die beste.

Ist die vorübergehende Ausgabe eine hohe, so ist sie nicht durch Erhöhung der Steuern, sondern durch Ermittlung eines Kapitals zu bestreiten. Ist nun die Ausgabe eine produktive, eine solche, welche die Vermehrung der Einkünfte des Staates oder des Volkes in Aussicht stellt, z. B. der Bau einer Straße, eines Kanals, einer Eisenbahn, so ist die Aufnahme eines Anlehens angezeigt. Dasselbe ist der Fall, wenn durch die Verhältnisse, welche das Anlehen nöthig machen, z. B. durch einen Krieg, einen Aufstand, ein unglückliches Naturereigniß, große Kapitalien in einzelnen Industriezweigen brach liegen, während andere derselben bedürfen; hier wäre eine Alle gleich treffende Steuer eine Ungerechtigkeit, während das Anlehen die Platzänderung der Kapitalien sichert und beschleunigt. Ebenso wird in einem aufstrebenden Staate fast durchaus ein Anlehen der Veräußerung von Staats- oder Volkseigenthum, von werbendem Kapital, vorzuziehen seyn, es ist die Frage, ob in einer solchen Lage, selbst wenn die Ausgabe aus den laufenden Einnahmen, jedoch kümmerlich, langsam, mit Beeinträchtigung anderer Zwecke, bestritten werden könnte, nicht ein Anlehen vorzuziehen wäre, es beschleunigt und vergrößert den Erfolg und bürdet die Kosten der Aussaat dem auf, der die Früchte erntet.[1]

Handelt es sich um Bezahlung von Fehlern der Vergangenheit, z. B. eine Kriegscontribution, eine Entwerthung der Valuta, oder steht eine Periode des Verfalls in Aussicht, so thut man besser, man verschafft sich das nöthige Kapital durch Verwerthung von

---

[1] Umpfenbach §§. 201—206; Dietzel S. 200, 218.

Staatseigenthum oder durch einen Eingriff in das vorhandene Volkskapital. Solche Maßregeln wirken oft durch den Umschwung, welchen sie der Volkswirthschaft geben, wie ein Aderlaß gegen Vollblütigkeit, ein kühner Schnitt gegen die erstickende Balggeschwulst,[1] und sie sind manchmal eine Forderung der Gerechtigkeit. Man darf der Zukunft nicht eine Last aufbürden, die sie nicht zu tragen vermag, nicht den Staatsgläubiger auf einen Assignatar verweisen, dessen Zahlungsunfähigkeit man voraussetzen muß. Was ist ein elender Finanzminister, der bei der Abwicklung der Verlegenheiten der Gegenwart dem Grundsatze huldigt: après moi le déluge!

Es ist übrigens klar, daß in den meisten Fällen die praktische Ausführung nicht so einfach sich darstellen wird, als die Theorie lautet. Auch wenn das Deficit durch Veräußerung von Staatseigenthum oder eine Kapitalsteuer gedeckt werden soll, wird oft ein Anlehen vorausgehen müssen, denn jene Veräußerung kann, ohne den Werth der Güter zu vermindern, nur langsam erfolgen und die Kapitalsteuer fordert zu ihrer Liquidirung ebenfalls geraume Zeit, während vielleicht eine hohe, auf kurze Zeit zusammengedrängte Ausgabe zu bestreiten ist. Umgekehrt ist oft die Praxis genöthigt, wenn die Theorie sich für ein Anlehen ausspricht, für eine Steuererhöhung oder eine Veräußerung von Staatsgütern sich zu entscheiden, weil die Bedingungen des Anlehens die Zukunft allzu hart drücken würden.

Man könnte überhaupt mit Jos. Garnier[2] die Frage aufwerfen, ob es gerecht sey, die Zukunft zu belasten, ohne sie zu befragen, und man könnte hiezu setzen, die Gerechtigkeit sey um so zweifelhafter, als der Vormund, der Staat der Gegenwart, diese Belastung vollziehe, um sich eines Theils seiner eigenen Bürde zu erledigen. Regierungen und Volksvertretungen stimmen gar zu leicht für Auslagen, die nicht durch Steuern, sondern durch Anlehen gedeckt werden sollen. Und doch welche Last für den Staat sind große Staatsschulden, sie fordern zur Abzahlung der Interessen

---

[1] Roscher, Grundlagen, 345.
[2] S. 217 ⁊c.

und Kapitalsraten hohe Steuern, erschweren die Aufnahme neuer Kapitalien in Zeiten, wo sie wirklich nothwendig und unvermeidlich ist, und die Bestreitung mancher nützlichen und ehrenvollen Ausgabe, und sie bringen den Staat in eine schimpfliche Abhängigkeit von den Geldmännern, welche nach dem Ausspruche eines Regenten, der sich aufs Schuldenmachen verstand wie Wenige, nämlich Ludwigs XV. in solchen Lagen den Staat halten wie „der Strick den Gehängten."

Indeß an die formale Gerechtigkeit der Anlehen läßt sich nicht zweifeln, der Staat der Zukunft hat eben keinen anderen Vertreter als den Staat der Gegenwart, und die reale ist ebenfalls vorhanden, wenn das Anlehen das nothwendige und zweckmäßige Mittel zur Bestreitung einer unausweichlichen Ausgabe ist. Wir können mit einigen wenigen Modifikationen nur wiederholen, was wir gelegentlich der Steuern sagten (§. 2), jedes Anlehen bedarf einer ebenso ernsten und gewissenhaften Erwägung, wie eine neue Steuer, ja diese Erwägung soll noch allseitiger, gründlicher und ängstlicher seyn, denn man hört im Augenblicke der Aufnahme die warnende Stimme, den Schmerzensschrei derjenigen nicht, welche Zinsen und Amortisation zu zahlen haben werden.

J. St. Mill[1] bekämpft die Anlehen aus einem anderen Grunde: sie nähmen, wenn sie nicht aus dem Auslande beigeschafft oder in Perioden höchst niedrigen Zinsfußes, wo das Kapital mühselig Verwendung findet, abgeschlossen werden, das freie Kapital, dasjenige, aus dem die Arbeitslöhne bezahlt werden sollen, in Anspruch, schaden also dem Gewerbfleiße und namentlich den arbeitenden Klassen mehr als jede andere Art der Deckung der Staatsbedürfnisse. Uns scheint aber dieser Grund von weit geringerer Bedeutung als jener Garniers. Vor allem ist es doch besser, man nimmt den Bedarf aus dem sich freiwillig darbietenden freien Kapital als aus dem bereits angelegten festen, wie es bei einer Kapitalsteuer — denn nur diese und nicht eine auf mehrere Jahre

---

[1] II, 95.

vertheilte aus dem freien Einkommen bestreitbare, ist der Ersatz für ein Anlehen — unvermeidlich und überdieß für den Einzelnen mit mannigfachen Opfern verbunden wäre, und dann geht die ganze Beweisführung von der unwahren Voraussetzung aus, der Betrag der Anleihe falle in einen bodenlosen Schlund, wo er ohne alle Rückwirkung auf den Volkswohlstand bleibe; ganz im Gegentheile wird das Anlehen in der Regel zu Bauten und mannigfachen anderen Verwendungen im Lande aufgebraucht und selbst wenn diese Verwendungen, wie z. B. jene für Kriegsgeräthe, für den Volksreichthum zunächst unfruchtbar bleiben, so ist es doch nicht das freie, nicht das zur Bezahlung des Arbeiters bestimmte Kapital, sondern das letzte Produkt desselben, das sich der weiteren fruchtbringenden Verwendung entzieht, als todtes Residuum zurückbleibt.

Auf die Erhöhung des Zinsfußes wirken die Anlehen nur im Augenblick ihres Abschlusses, es sey denn, daß durch sie die Gesammtsumme des umlaufenden Kapitals bedeutend vermindert worden sey, auch wirken sie mehr auf das umlaufende als auf das stehende Kapital.[1]

Es haben übrigens die Staatsanlehen in den letzten Jahrzehnten eine solche Ausdehnung erlangt[2] und sie sind so tief und weit in alle Schichten der Gesellschaft eingedrungen, daß ihre Wirkung auf den Verkehr noch von anderen Seiten der Erwägung bedarf.

Die Staatsanlehen nehmen einen nicht unbedeutenden Theil der freien Kapitalien in Anspruch und entziehen diesen der Landwirthschaft, dem Gewerbsfleiße und dem Handel, sie gewähren der

---

[1] Hermann, staatswirthschaftliche Untersuchungen, 223.
[2] Dieselben betragen nach Czörnig Ende 1861 in den fünf europäischen Großstaaten:

	in Mill. Francs.
Großbritannien	20129
Frankreich	11409
Oesterreich	5900
Rußland	5787
Preußen	1083

Trägheit und Muthlosigkeit ein Mittel ohne persönliche Thätigkeit und Wagniß sich ein zureichendes Einkommen zu erwerben. Die große Zahl und die Gleichheit ihrer Bestandtheile (der einzelnen Verschreibungen desselben Anlehens) machen sie zum Gegenstande des Welthandels und die häufigen Schwankungen ihres Preises zu einem sehr anreizenden und verlockenden. Der kleine Winkel nächst dem Eingange, welcher dereinst und an einigen Börsen noch jetzt dem Handel mit Staats- und Industriepapieren angewiesen worden ist, hat sich allgemach bis weit über die Mitte des Saales erweitert, und an vielen Orten die Waarenbörse ganz verdrängt und den Wechselverkehr in den Hintergrund geschoben. Der Handel ist sogar zur Wette geworden, man schließt Geschäfte in den mannigfachsten Formen, die nicht das Papier selbst, sondern die Differenz zum Gegenstande haben, um die es bis zu einer bestimmten Zeit steigt oder fällt, große Kapitalien und bedeutende geistige Kräfte werden in diese durch den Reichthum und die Tragweite ihrer Combinationen und die Mannigfaltigkeit ihrer Wechselfälle verlockenden Kreise hineingezogen. Die Schnelligkeit und Leichtigkeit der Gewinne und die Unsicherheit ihres Fortbestandes verführen die Männer der Börse zu einer verschwenderischen Lebensweise, welche wieder ihrerseits wie ein ansteckendes Gift sich weiter verbreitet.[1]

Es ist dieß die Kehrseite der Erscheinung. Ihr entgegen gestatten die Staatsanlehen allen denjenigen, welche sich mit den höheren Aufgaben des Lebens beschäftigen, und allen denjenigen, welche der Ausbeutung eines kleinen Kapitals, das sie nicht nähren würde, die Verwendung ihrer geistigen Kraft für Unternehmungen Anderer vorziehen, ihr ererbtes Habe und ihre weiteren Ersparnisse verzinslich anzulegen, ohne durch die Sorge dafür ihrem eigentlichen Berufe sich entfremden zu müssen, sie führen also jenen Unternehmungen geistige Kräfte zu, die sich ihnen wahrscheinlich sonst entzogen hätten. Auch Wittwen und Waisen, frommen und wohlthätigen Anstalten und allen Personen, welche durch Unerfahrenheit

---

[1] Courcelle-Seneuil, 268—275. Er geht so weit, das Verbot der Differenzgeschäfte und der Aktien auf den Ueberbringer zu beantragen.

oder Schwäche dem Gange des Verkehres fremd geblieben sind, sind sie das einfachste, gleichmäßigste und einträglichste Mittel der Benützung ihrer Kapitalien, und wenn man die Verwendung erwägt, welche der Staat seinen Anlehen gibt, so sieht man, daß in der Regel dieselben doch der produktiven Thätigkeit durch einige Zeit zu Gute kommen. Jene Eignung zur Anlage für die Kapitalien der Privaten besäßen aber die Staatspapiere nicht, ja ihr Absatz und somit auch ihre Emission wäre beschränkt und dieses ganze für die Deckung der Staatsbedürfnisse so unentbehrliche Mittel großentheils todt gelegt, wenn sie nicht Gegenstand des täglichen Verkehres der Börse wären. Nur hierdurch ist ihr jeweiliger Preis so festgestellt, daß auch der Unerfahrenste sie kaufen und verkaufen kann ohne Gefahr hiebei verkürzt zu werden. Jener tägliche Verkehr und diese Fixirung der Preise bis auf Bruchtheile der Einheit hinab ist aber nur durch das Börsespiel, die Differenzgeschäfte, möglich geworden. Wäre der Verkehr auf die wirklichen Käufe und Verkäufe beschränkt, so würden im Kurse Lücken, Unsicherheiten und für denselben Ort und dieselbe Zeit solche Preisunterschiede entstehen, daß ein Marktpreis kaum gebildet werden könnte; wer hieran zweifelt, betrachte die leichte Verkäuflichkeit der auf der Börse notirten Papiere gegenüber denen, die diese Gunst nicht genießen, und die kleinen Unterscheide, welche der Wechsler zwischen den Kauf- und Verkaufpreisen der sogenannten Spielpapiere, d. i. jener macht, mit denen das Börsespiel sich beschäftigt, gegenüber jenen großen, die er bei den außer dieser Bewegung stehenden anwendet. An den hohen und leichten Gewinnen und Verlusten der Börse tragen nicht die Anlehen, sondern die starken und schnellen Schwankungen ihrer Kurse die Schuld, und die Ursachen dieser letzteren, die politische Unzufriedenheit und Unruhe, das mißkannte Recht, die Neugestaltung aller Verhältnisse, sind zugleich die letzten Gründe der Unsicherheit und des sich darüber hinaussetzenden Leichtsinnes, den man mit Unrecht ausschließend auf die Kreise der Börse zurückführt.

Vergessen wir endlich bei Aufzählung der Wirkungen der

modernen Staatsanlehen nicht der durch sie am leichtesten bewirkten Ausgleichung der Kapitalien unter den verschiedenen Nationen der Erde und der durch sie verstärkten Solidarität der Nationen untereinander und der Regierungen mit ihren Völkern. Durch ein Staatsanlehen sendet auf einmal, in großen Massen und auf die leichteste Weise, ein reiches Volk dem armen den zu Hause schwer verwendbaren Ueberschuß seiner Reichthümer zu; die Vorzüge und die Fehler einer Regierung, welche den Wohlstand des Volks und des Staats erhöhen oder erniedrigen, und die wirthschaftliche Thätigkeit des Volkes selbst, sie wirken auf den Stand der Staatsschuldverschreibungen und somit auf das Vermögen der Besitzer des letzteren in allen Landen zurück; wer unter den Regierenden gegen den Weltfrieden sich erhebt, hat die Stimme dieser ganzen zahlreichen Menschenklasse gegen sich; auf dem Boden der durch die Anlehen begründeten materiellen Interessen erwacht ein neues politisches Leben, das ohne viele Phrasen aber ganz verständlich jene empfindliche Kritik der Regierungsmaßregel übt, welche durch den Kurszettel sich ausspricht, wenn man abgesehen von den Schwankungen des Tages auf seine durchschnittliche Bewegung achtet.[1]

Es hat Leute gegeben und es gibt deren wahrscheinlich noch, welche darüber klagen, daß durch die Staatsschulden es dahin komme, daß die eine Hälfte im Staate steuern müsse, damit die andere Hälfte Zinsen einnehme. „Wir und unsere Nachkommen," ruft Einer derselben aus, „sind zur Arbeit in den Minen der Staatsgläubiger verurtheilte Taglöhner."[2] Dieselben vergessen einfach, daß jene Zinsen nichts als Entgelte der geistigen oder materiellen, ebenfalls auf uns und unsere Nachkommen sich fortpflanzenden Vortheile sind, welche der Staat durch die erliehenen Kapitalien errungen hat. Aber allerdings haben Staatsanlehen, wenn sie zahlreich und von hohem Betrage sind, den Nachtheil, daß sie den Zinsfuß erhöhen, dadurch den Kapitalisten vor dem Grundbesitzer und Arbeiter begünstigen und der im Gange der

---

[1] Vergl. Rau §§. 474—480.
[2] Behr, Lehre von der Wirthschaft des Staates, Leipzig 1822.

volkswirthschaftlichen Entwicklung liegenden Ansammlung der Kapitalien in den Händen Weniger das Gegenwicht, die ebenfalls natürliche fortschreitende Ermäßigung des Zinsfußes, nehmen, daher das Anwachsen des Reichthums Einzelner und die immer tiefere Kluft zwischen diesen in ihrer Machtfülle und den übrigen Bürgern desselben Staates. Verhehlen darf man diese Mißstände nicht, allein man ist zur Beruhigung der allzusehr aufgeregten Gemüther verpflichtet, auf die weit größeren Uebel hinzuweisen, die entstanden wären, wenn man zu Anlehen nicht die Zuflucht genommen hätte, den Untergang des Volks wegen des Hereinbrechens nicht abgewehrter Gefahren oder wegen des nicht zu ertragenden Steuerdruckes. Freilich ist hiebei die Unabweislichkeit des Anlehens vorausgesetzt, wir kommen immer wieder auf diesen Kernpunkt der Frage zurück.

37.

Hat man sich für ein Anlehen entschlossen, so hat man unter den verschiedenen Formen derselben zu wählen.[1] Es sind aber die Formen der stehenden Staatsschuld dieselben, wie die §. 30 geschilderten Formen ausgeliehener Kapitalien überhaupt, man hielt den Formenwechsel für einen Reiz. Allgemeine Regeln lassen sich für die Wahl dieser Formen nur wenige aufstellen und diese sind nicht von absoluter Giltigkeit, denn selten hat der Staat die Macht über den Geldmarkt, die Bedingungen des Anlehens so zu stellen, wie sie ihm am vortheilhaftesten wären.

Um die Staatsschuldscheine im Verkehre jedes Aufenthalts und jeder Belästigung zu befreien, gestattet man ihre Uebertragung auf Grund eines einfachen Giro oder stellt sie auf den Inhaber lautend aus,[2] alle in gleichen, nicht sehr hohen Appoints, versehen mit Talons und Coupons. Letztere sind Anweisungen auf die in jeder einzelnen Frist verfallenden Zinsen und werden aus einem Bogen herausgeschnitten, daher ihr Name, erstere, am Anfange oder Ende

[1] Rau §§. 499—503 a.
[2] Nebenius S. 409; Umpfenbach §. 315.

des Couponbogens enthalten, sind Anweisungen auf einen neuen Couponbogen für den Fall, als der beiliegende erschöpft wäre. Die Ausstellung auf den Inhaber und die Coupons, welche die Stelle der Quittung vertreten, erleichtern den Diebstahl und die Veruntreuung und erschweren die Revindikation des Eigenthums so wie die Amortisation der Urkunde im Falle ihres Verlustes. Körperschaften und andere moralische Personen, so wie die Vertreter der Pflegebefohlenen, welche eine größere Sicherheit ihrer Forderung an den Staat dem freien Verkehre mit derselben vorziehen, erlangen daher oft die Gestattung, daß die Schuldverschreibung auf ihren Namen eingetragen und der Zins gegen ihre Quittung erhoben werde; auch bei Verschreibungen, die als Sicherstellung einer eingegangenen Verpflichtung dienen sollen, wird oft eine ähnliche Vorsicht beobachtet.

Sind die vorhandenen Anlehen eines Staates bestimmter Art, z. B. Rentenscheine oder Obligationen eines und desselben Zinsfußes, in gewissen herkömmlichen Formen ausgestellt, zu denselben Zeiträumen zahlbar, und erhalten sie sich gut auf dem Markte, so ist es räthlich, daß das neue Anlehen nicht von denselben abweiche, es wird dadurch der Gunst seiner Vorgänger theilhaft, und die Gleichheit der Bestandtheile der Staatsschuld ist ein Vortheil für die Verwaltung und eine Erleichterung für den Verkehr, die auf dem Markte nicht unbezahlt bleibt. In Oesterreich bestehen mehr als 70 nach Form, Valuta, Zinsfuß und Frist der Zinsenzahlung verschiedene Staatsschuldverschreibungen, England hat nur Eine Art, Frankreich hat zwei Arten (einige keinen Gegenstand des Börseverkehrs bildende Nebenarten, Annuitäten und Leibrenten, bleiben hier außer Betracht), welche Erleichterung für die Cassaführung, die Controle der Staatsschuld und jeden Kaufmann, der sich mit deren Absatze beschäftigt. Als Beleg, wie empfindlich der Verkehr für solche anscheinende Kleinigkeiten ist, ein Beispiel: Der Niederländer, ein starker Käufer österreichischer Papiere, liebt seine Zinsen regelmäßig im Mai und November einzuziehen; Papiere, deren Zinsen in diesen Fristen verfallen, stehen auf den Börsen um $1/8$ Proc. höher als andere.

Nie sollte der Staat auf die Rückzahlbarkeit des Anlehens verzichten, denn die Richtung der Volkswirthschaft geht auf allmälige Verminderung des Zinsfußes; dagegen aber ist gefährlich, vorhinein die Fristen der Rückzahlung festzustellen, besonders wenn diese auf einen kurzen Zeitraum zusammengedrängt werden, denn diese Fristen können in Zeiten der Geldklemme fallen, und der Nachtheil, welchen die Herausziehung des zur Theilzahlung bestimmten Kapitals aus dem Staatshaushalte verursacht, könnte bei weitem größer seyn, als der durch Erleichterung der Zinsenlast erwachsende Nutzen. Besonders bei einem Staate mit länger andauerndem Deficit ist ein Anlehen mit schneller Rückzahlung ein verderbliches.

Bedarf man Geld auf kurze Zeit, so ist ein hoher Zinsfuß dem Abschluß unter dem Nominalbetrage, im entgegengesetzten Falle ein geringer Zinsfuß der Verschreibung einer größeren als der erhaltenen Summe vorzuziehen; die Gründe sind einleuchtend.

Volkswirthschaftlich ist das schlechteste Anlehen **das mit einem Lottospiel verbundene**,[1] bei dem nämlich ein Theil oder die Gesammtheit der jedem einzelnen Gläubiger gebührenden Interessen oder selbst ein Theil des von jedem Einzelnen eingelegten Kapitals durch Verloosungen einigen wenigen vom Glücke Begünstigten zugewendet wird. Das befruchtende Naß, das bei seinem Ausflusse aus den Staatskassen, um überall seinen belebenden Einfluß zu äußern, sorgsam durch tausend kleine Kanäle und Furchen durchgeleitet werden sollte, kömmt gleich in wenige große Behälter, wo es zweifelhaft ist, ob es weiter geleitet wird, und in allen den weiten Kreisen, auf welche die Staatsanlehen Einfluß nehmen, bemächtigt sich ein Geist ungemessener Gewinnsucht und kühnen Spiels der Gemüther, man will schnell und mühelos und nicht durch die Beherrschung der Natur, sondern durch die Unterordnung seiner selbst unter ihre dunkle Gewalt, den Zufall, sich bereichern.

[1] Malchus §. 91; Nebenius S. 343; Rau II, §§. 501—503; Stein, 551—559; Oettinger, Theorie der Lottericanlehen, 1844; Umpfenbach §. 210.

Als Lottoanlehen sind übrigens jene nicht anzusehen, wo die Verloosung nur die Reihenfolge der Rückzahlung bestimmt. Daß alle Anlehen mit Verloosung in die Reihe der mit fixen Rückzahlungsfristen fallen, gegen die wir oben vom staatswirthschaftlichen Standpunkte aus warnten, versteht sich von selbst.

Haben die Lotterieanlehen eine größere Ausdehnung gewonnen, so machen sie die Gestattung zweier Geschäfte unerläßlich, ohne welche der kaufmännische Verkehr mit den Anlehenloosen wesentlich gehemmt ist, nämlich der Assecuranz und des Promessenverkaufs.

Die Loose behaupten in der Regel den Cours über dem Nominal- und selbst über jenem Betrag, welcher in der nächsten Ziehung für die ohne Gewinnst gezogenen Loose bestimmt wird, eben weil die Gewinnsthoffnung im Course mitbezahlt wird. Derjenige Staatsgläubiger also, dessen Loos ohne Gewinnst gezogen wird, erleidet einen häufig, je nach dem Stande des Courses, bedeutenden Verlust. Um sich gegen denselben zu wahren, sichert er sich gegen eine Assecuranzprämie bei einem Besitzer vieler Loose den Austausch seines Looses für den Fall, daß es ohne Gewinnst gezogen würde, gegen ein anderes, noch nicht gezogenes. Umgekehrt erleidet der Besitzer vieler Loose, der sie nicht zum Spiele, sondern zum kaufmännischen Verkehre angekauft hat, dadurch einen bedeutenden Verlust, daß dieselben unverzinslich oder doch niedriger als andere Staatsschuldverschreibungen verzinst sind, und er würde den Handel mit denselben aufgeben, wenn ihm nicht das Mittel geboten wäre, durch den abgesonderten Verkauf der mit dem Loose verbundenen Gewinnsthoffnung — der Promesse — sich statt derselben den entsprechenden Zins seines Kapitals zu verschaffen. Was der Staat in den Gewinnsten des Lottoanlehens vereinigt hat, den Zins aller Loose und zum Theile auch deren Amortisation, löst der Promessenverkäufer wieder in seine Elemente, den Antheil eines jeden einzelnen Looses auf. Das Promessengeschäft ist ein Glückskauf und sind seine Formen derart, daß sie jedes Lottospiel, also den Verkauf einer Promesse von Loosen, die man nicht besitzt, von

Theilen einer Promesse u. dgl. ferne halten, so ist nichts vorhanden, was seine Rechtlichkeit und Räthlichkeit in Zweifel stellte.[1]

Aus ähnlichen volks- und staatswirthschaftlichen Gründen ist das Anlehen auf Leibrenten zu widerrathen. Es hat nur Reiz für kleinere Kapitalisten, deren Zinsen eben nicht hinreichen, ihnen ein gemächliches Alter zu bereiten, es entzieht also das Kapital gerade den Händen, in denen das Interesse es werbend zu erhalten angeregt werden sollte, die Leibrente fördert überdieß die Selbstsucht, beraubt die natürlichen Erben ihrer gerechten Hoffnung und für den Staat ist der plötzliche Eintritt jeder einzelnen Zahlungspflicht ein Verwaltungshinderniß. Die Tontine endlich ist eine Verbindung von Lotterie und Leibrente, also die Vereinigung zweier Uebel.

In der großen Mehrzahl stellen sich die Staatsanlehen als Rentenverkäufe dar, indem eine Rückzahlung nicht zugesagt wird. Es sichert dieß dem Staate, wie wir gesehen, eine große Freiheit der Bewegung und liegt im Interesse einer täglich wachsenden Zahl von Personen, welche eine sichere und gleichförmige, bleibende Anlage ihrer Kapitalien suchen.[2]

Auch die Arten, wie Anlehen geschlossen werden, sind verschieden. In dem Maße, wie der Kredit des Staates und der Kreis, der ihn gibt und von den Zinsen der Anlehen lebt, sich erweiterte, ist man von dem Abschluß aus freier Hand mit einem oder dem anderen Banquier, der nur gegen wucherischen Gewinn das gefahrvolle Geschäft unternahm, zu jenem im Wege der freien Concurrenz schriftlicher Offerte und endlich zu jenem der öffentlichen Subscription fortgeschritten.[3] Bei dem ersten kommt jedes der vier Elemente, die das Wesen des Anlehens bilden, der Betrag, die Form, der Zins, der Cours (zu dem je 100 Fr. des Anlehens

---

[1] Das österreichische Gesetz vom 7. November 1862 ist das erste, welches diesen Satz und zugleich eine Belegung des Promessengeschäfts mit einer entsprechenden Erwerbsgebühr durchgeführt hat.

[2] Stein, 479.

[3] Rau §§. 504—505; Stein, 519—523; Umpfenbach §. 213.

ausgegeben werden) erst im Wege der Verhandlung zu Stande; bei dem zweiten werden die drei ersten Elemente vom Staate vorhinein festgesetzt, und der Cours allein ist Gegenstand der Mitbewerbung, bei dem dritten Wege endlich bestimmt alle Elemente der Staat. Letzterer Weg ist daher offenbar der für den Staat vortheilhafteste, denn er hat alle Elemente in seiner Hand, erspart einen großen Theil der Provisionen, welche auf jedem anderen Wege den verhandelnden Banquiers von ihm oder den eigentlichen die Staatspapiere von den Banquiers übernehmenden Gläubigern zu zahlen sind, und was die Hauptsache, erweitert den Kreis seiner Clientèle und eröffnet daher jedem ferneren Anlehen neue Bahnen; aber freilich nicht jeder Staat, der da will, geht jenen Weg, letzterer setzt, wie erwähnt, einen hohen Staatskredit und außerdem die Gunst der öffentlichen Meinung und insbesondere des Geldmarktes für den Staat, sein System und den Zweck voraus, dem das beabsichtigte Anlehen zunächst dienen soll. Die günstigsten Erfolge dieser Art hat die kaiserl. französische Regierung mit den Anlehen erlebt, die sie in den Jahren 1855 und 1859, das eine Mal für den Feldzug in der Krimm, das andere Mal für den Krieg in Italien auferlegt hat. Es wurde ein Kapital von 700 und 500 Mill. Franken in Renten von 3 Proc. zum Course von 63.27 und 60.50 verlangt und es wurden 3653 und 2510 Mill. Fr. subscribirt. Bei der Auftheilung des verlangten Kapitales unter die Subscribenten in dem Falle, wenn es durch das subscribirte Kapital bei weitem überschritten ist, wird übrigens zur Erhaltung des einen großen Zwecks der Subscription, der Heranziehung des kleinen Kapitals, nicht strenge an das Princip der Proportionalität sich gehalten, die kleinen Subscribenten erhalten einen verhältnißmäßig größeren Antheil und keinem wird mehr als ein bestimmtes Maximum zugetheilt.

Es gibt freilich noch eine Art Anlehen abzuschließen, die wir bisher nicht berührten, die durch Zwang.[1] Es wird dem Volk

---

[1] Nebenius S. 318 ꝛc.; Rau §. 486; Stein, 517—519; Umpfenbach §. 195.

ein Anlehen gerade in denselben Formen, von denselben Autoritäten und mit derselben Zwangsgewalt auferlegt, wie eine Ertragsteuer, sie unterscheidet sich von letzterer nur durch ihre Höhe, die in der Regel tief in's freie Einkommen hinein- und manchmal noch darüber hinausgreift, und durch das Versprechen der Verzinsung und vielleicht selbst der Amortisation der auferlegten Summe. Dieses Versprechen — offenbar eine kostspielige und verwickelte Zugabe — geschieht wohl darum, weil die Höhe der Abgabe die jeder Ertragsteuer anklebende Ungerechtigkeit (§§. 14 und 30) vermehrt und bis zum nachtheiligsten Drucke steigert, und weil zur Milderung dieses Druckes, so wie überhaupt zur Ermöglichung der Bezahlung so großer Summen Maßregeln angewendet werden müssen, deren Ungerechtigkeit nur durch jene Verzinsung und Amortisation auszugleichen ist. Eine große Zahl Steuerpflichtiger besitzt nämlich nicht das freie Kapital, um den ihrer Steuerquote entsprechenden Theil des Anlehens in der Zeit, binnen welcher der Staat ihn bedarf, bezahlen zu können, ihnen aufbürden, sich dasselbe durch Anlehen zu verschaffen, würde bei der dadurch hervorgerufenen Allgemeinheit der Nachfrage sie schutzlos wucherischer Ausbeutung der Kapitalisten hingeben. Es bleibt also nichts übrig als das Zwangsanlehen auf die wohlhabenderen Steuerpflichtigen zu beschränken, und selbst diese nicht gleich, sondern in dem Maße höher zu belegen, als sie größere freie Kapitalien besitzen oder sich dieselben leichter zu verschaffen in der Lage sind. Es sind also nicht die Existenz im Staate, das Einkommen, die vom Staate empfangenen besonderen Dienste, kurz keines der Motive, welche die Gerechtigkeit einer Steuer bestimmen, was der Umlage das Gesetz gibt, eben darum bedarf dieselbe der nachträglichen Rektifikation und diese erfolgt durch die mittelst Erhöhung der gewöhnlichen auf jene Motive gegründeten Steuern ermöglichte Verzinsung und Amortisation.

Arten von Zwangsanlehen sind auch die sogenannte Consolidirung und die Arrosirung (Befestigung und Bethauung oder Besprihung), wie so oft in Finanzfragen sanfte Namen für harte Dinge. Die erste [1] besteht darin, daß eine laufende Schuld in eine stehende verwandelt, mit anderen Worten die verheißene Rückzahlung nicht zugehalten wird. Bei der zweiten werden durch allerlei Zwangsmaßregeln, z. B. durch Verkürzungen an Kapital oder Interessen im Nichtbefolgungsfalle, die Staatsgläubiger genöthigt, die gegebenen Anlehen zu erhöhen. Diese Maßregeln sind um so ungerechter, da sie nicht gleichmäßig das ganze Volk, sondern nur Einzelne aus demselben, die Klasse der Staatsgläubiger, und unter diesen viele Fremde treffen, denen gegenüber der Staat ein Besteuerungsrecht solcher Art in keinem Falle geltend machen kann, und indem die Betroffenen gerade diejenigen sind, welche durch den Kredit, den sie dem Staate gewährten, sich um ihn verdient gemacht haben. Hiezu kommen die mannigfachen, oft den wirthschaftlichen Untergang herbeiziehenden Verlegenheiten, in welche solche Maßregeln den Staatsgläubiger setzen. Er hat auf das Einfließen der nur zeitweilig in der laufenden Staatsschuld angelegten Gelder gerechnet, sie werden ihm vorenthalten; er soll zuzahlen, aber es fehlen ihm die Mittel; er ist also genöthigt, seine Papiere um jeden Preis und gerade in einer Zeit zu verkaufen, wo durch die Rückwirkung solcher Zwangsmaßregeln auf den Staatskredit der Cours auf's Aeußerste herabgedrückt ist. An Arrosirungen ist die österreichische Finanzgeschichte von 1798—1811 besonders reich,[2] eine der großartigsten Consolidirungen hat die zweite Republik in Frankreich 1848 vollzogen: die ganze, durch die Schatzscheine, die Gelder der Gemeinden und öffentlichen Anstalten und die Einlagen in die Staatsconsignations- und Depositencassa entstandene laufende Schuld wurde in eine stehende verwandelt.[3]

Wie man aber auch die Form des Zwangsanlehens wähle und

---

[1] Stein, 523—526.

[2] Gesetze vom 1. Juni 1798 und 1. Juni 1800.

[3] Decrete vom 7, 24. und 29. Juli und 17. August 1848. Die Umwandlung geschah in 5 Proc. Rente, der Cours wurde zuerst mit 80 Proc. festgesetzt, doch am 21. November wurde, dem Durchschnittscours der Monate April bis Mai entsprechend, eine Hinauszahlung von 8 Fr. 40 Cent. für je 5 Fr. Rente bewilligt.

seine Ungerechtigkeit mildere, das ist klar, daß es das Einzige aufhebt, was den Anlehen vor den Steuern den Vorzug gibt, nämlich die Freiwilligkeit und die Belassung des Kapitals in den ihm vortheilhafteren Verwendungen, und daß es durch den Verzicht auf diese Vortheile das offene Geständniß ablegt, der Staat selbst glaube nicht an seinen Kredit, ein Geständniß, das vom Geldmarkte sorgfältig zu den Akten genommen wird. Wer sich selbst aufgibt, wird auch von Anderen aufgegeben.

Ein Zwangsanlehen wird selbstverständlich in der Regel im Inland abgeschlossen, die Fälle, wo ein Eroberer im fremden Land eines auferlegt, sind die Ausnahmen, aber bei jeder anderen Art Anlehen entsteht dort, wo der Staat zwischen mehreren ganz oder nahe gleichen Anerbieten die Wahl hat, die Frage, ob ein Anlehen im Aus- oder ein Anlehen im Inlande für ihn einen größeren Werth habe. In ersterem Falle werden neue Kapitalien in's Land gezogen, während im zweiten dem Lande der Gewinn des Kapitals bleibt. Praktisch ist die Frage darum weniger von Bedeutung, weil bei der Beweglichkeit der Kapitalien sie ohne Rücksicht auf den Ort, wo das Anlehen aufgenommen wird, demselben zuströmen, theoretisch läßt sie sich schwer entscheiden, denn sie hängt von dem Verhältniß des vorhandenen Kapitals zu dem durch das Anlehen gesteigerten Bedarfe des Verkehrs und wohl auch von der Art der Verwendung des Anlehens ab. Ein reiches Land thut besser, das Anlehen bei sich abzuschließen, ein armes im Auslande, ein Kapital, welches Arbeiter beschäftigen soll, wird lieber dem Auslande, eines zur Rückzahlung alter Schulden bestimmte, das nach der Lage des Marktes eine nutzhafte Verwendung im Lande nicht finden würde, lieber dem Inland entnommen.

38.

Wir sehen, ohne Kredit ist ein Anlehen und noch weniger eines unter billigen Bedingungen nicht möglich, die Frage, worauf der Kredit beruhe und durch welches Mittel der Staat sich Kredit verschaffen, erhalten und erhöhen könne, tritt daher in den Vordergrund.¹

Man gibt demjenigen Kredit, bei dem man den Willen und die Mittel voraussetzt, die eingegangene Verpflichtung, im vorliegenden Falle die Zahlung der Zinsen und da, wo sie versprochen ist, auch jene des Kapitals, zur rechten Zeit, vollständig und pünktlich zu erfüllen. Diese Voraussetzung beruht nicht immer auf unparteiischer und richtiger Würdigung der maßgebenden Thatsachen, sondern oft auch auf Sympathien für Personen, Interessen, Zwecke, oft blendet die Rücksicht augenblicklicher Vortheile, oft reißt die Strömung der Zeit, fremdes Beispiel und die Kunst der Reklame hin.

Zwei Anlehen, die Oesterreich aufzunehmen sich bemühte, scheiterten, das eine 1853, weil die Regierung eben die Gleichberechtigung der Juden zurückgezogen hatte, das andere 1859, weil man wußte, es sey zur Abwehr gegen die Unabhängigkeitsbestrebungen Italiens gerichtet. — Der verkündete Wechsel des Finanzministers oder des Systems innerer oder äußerer Politik, hohe Provisionen für die ersten Unternehmer, verbunden mit der Leichtigkeit, das Anlehen weiter zu begeben, die Geschicklichkeit, mit der die Subscription in Gang gebracht, vor den Meldestellen die Queue geordnet, die Furcht, nur ein kleiner Theil der angebotenen Summe werde angenommen werden, verbreitet wurde, haben oft mehr für das Glücken eines Anlehens gethan, als sein innerer Werth. — Die Banquiers, die ein Anlehen übernehmen, suchen durch Börsenmanövres ihren Gewinn zu erhöhen, vor dem Abschluß treten sie in die Contremine um den Tagescours, der dem Staate für die Bedingungen des Abschlusses maßgebend zu seyn pflegt, möglichst hinabzudrücken, nach dem Abschluß spekuliren sie à la hausse, um das neue Anlehen besser an Mann zu bringen. Manche Staaten haben vermeint, ihnen das Spiel abgelernt zu haben und spielen an der Börse auf eigene Rechnung; sie wirken den Banquiers entgegen, wenn diese den Cours zu drücken versuchen, und unterstützen sie bei ihren

---

¹ Nebenius S. 211; Rau §. 483; Dietzel, das System der Staatsanleihen, Heidelberg 1855, S. 113; Umpfenbach §§. 197—200.

Bemühungen um Hebung desselben. Es ist ein kostspieliges Handwerk, das der Staat da treibt, und seine Hand ist gewöhnlich zu gewaltig und zu ungelenk für das Werk. Höchstens dem Uebelwollen Einzelner und der Wirkung ungegründeter Gerüchte, panischer Schrecken, mag in Momenten auf solche Weise entgegen getreten werden, welche Regierung aber meint, die Macht der Thatsachen und die Ungunst der Meinung mittelst des Börsenspiels auf die Länge mit Erfolg bekämpfen zu können, findet sich nach großen Verlusten, die vor keiner Volksvertretung je zu rechtfertigen seyn dürften, gründlich getäuscht. — Auch der allgemeine Stand des Geldmarktes, ob Ueberfluß, ob Mangel herrsche, ob die vorhandenen Gelder mehr der Industrie und dem Handel, als der Landwirthschaft angehören, ob sie frei beweglich oder einem bestimmten Berufe gewidmet seyen, und die Beschaffenheit und Zahl der concurrirenden Anlehen sind für die Beurtheilung eines aufgelegten Anlehens maßgebend. Der Geldmann legt jeden Skrupel auf die Goldwage, wenn durch diesen seine Wahl bestimmt werden soll.

Für den Staat leiten wir aus dem Gesagten die Regel ab, daß er auch die Börse als eine Macht anzuerkennen und zu behandeln habe, und nichts thun dürfe um ohne Noth sich ihre Sympathien zu verscherzen. Man erreicht diesen Zweck, wenn man ihr freien Raum gewährt, nicht hemmend oder gar selbst spekulirend in ihre Bewegungen eingreift, — sie hegt gegen solche Einmischungen den Haß der Zunftgenossen gegen den „Störer und Pfuscher" — den Glanz und Ruhm, den sie ihren Wortführern verleiht, auch staatlich zur Geltung bringt, ihrer wenig bedarf, das thut, was gerade die große Menge will, und vor allem, wenn man Glück und Macht besitzt; denn sie hat vor keinen Götzen größere Ehrfurcht, als die sie selbst verehrt. Man sieht, leicht und unbedenklich ist die Aufgabe nicht, die Gunst der Börse zu gewinnen.

Eben darum ist es aber für den Staat, der glaubt mit Recht Kredit beanspruchen zu dürfen, wichtig die Beurtheilung seiner Verhältnisse außer den Bereich jenes Wähnens und Glaubens auf den Boden der Thatsachen zu stellen, und dieses geschieht durch die Klarheit und Ordnung und durch die Oeffentlichkeit des Staatshaushaltes und namentlich des Staatsschuldenwesens. Die verschiedenen Arten der öffentlichen Schuld, ihre periodische Ab- und Zunahme, die Zahlung an Kapital und Interessen, alles muß klar vorliegen und das Gepräge der Wahrheit an sich tragen und die Oeffentlichkeit soll eine rasche, vollständige und vor allem durch Nachweisungen und Berechnungen und durch Erklärungen berufener Autoritäten als vollkommen richtig erprobt seyn. Der verhältnißmäßig hohe Kredit Frankreichs gegenüber manchen ihm feindlichen Elementen ist hauptsächlich dem zuzuschreiben, daß es sich seit beinahe einem halben Jahrhundert an diese Regeln hält.[1]

So weit über den Kredit die Thatsachen entscheiden, ist für die Zahlungswilligkeit vor allem die Rechtlichkeit des Staates maßgebend. Die Rechtlichkeit zeigt sich zunächst durch die Finanzgeschichte des Staates. Zwar eine lange glorreiche Vergangenheit haben in dieser Beziehung wenige Staaten aufzuweisen.[2] Selbst seit der großen Friedensperiode von 1815 haben Spanien und Portugal den Staatsbankerott angesagt, waren Oesterreich und Rußland nicht in der Lage, das von ihnen ausgegebene oder doch in weiterer Folge auf ihren Kredit gegründete Papiergeld einzulösen, hat Frankreich sich zur Rückzahlung eines großen Theils seiner schwebenden Schuld unfähig erklärt, von der Türkei, den südamerikanischen Freistaaten und vielen Theilen der nordamerikanischen gar nicht zu reden. Indeß beurtheilt man den Staat nicht ungünstiger als die Privaten. Ein bis zwei Menschenalter reichen hin um den Ruf der Solidität zu gründen, besonders wenn, wie in Frankreich, die neue bessere Periode von der alten durch einen tief eingreifenden Wechsel der Verfassungs- und Verwaltungsgrundsätze getrennt ist. Es ist nur darauf zu achten, daß nicht durch einzelne Akte der Illoyalität dieser Ruf gefährdet werde. In dieser

---

[1] Hock, Finanzverwaltung Frankreichs, 12 und 133.
[2] In Frankreich haben im Laufe des 18. Jahrhunderts vier Staatsbankerotte stattgefunden unter drei Regenten, Ludwig XV, der Constituante und dem Direktorium.

Beziehung ist eine den Kredit am meisten erschütternde Verletzung die Auszahlung der Interessen in einer schlechteren Valuta als jener, in der das Anlehen einbezahlt, oder welche zu Erzielung eines günstigeren Courses versprochen wurde, oder statt in baarem, in (verzinslichen oder unverzinslichen) Staatsschuldscheinen, die sogenannte Consolidation der Interessen; aber auch minder eingreifende und rechtverletzende Maßregeln, z. B. plötzliche und ungünstige Aenderungen in den Orten und Zeitpunkten der Auszahlung, kurz alles was die ausdrücklich oder stillschweigend anerkannten Rechte der Gläubiger beeinträchtigt, übt eine kreditschädliche Wirkung. Wenn endlich die Haltung des Staates in anderen als finanziellen Dingen auch dem Staatskredite entfernter steht, ganz ohne Wirkung auf denselben ist sie nicht. „Macht mir gute Politik und ich will euch gute Finanzen machen," sagte der alte Finanzminister Baron Louis zu seinen Kollegen vom Jahre 1830. Die Regierung, die andere Rechte der Staatsbürger verletzt, wird ihre Geldforderungen nicht höher achten, und jene, die den Ansprüchen ehemals bevorrechteter Stände auf Wiedererweckung ihrer Privilegien Gehör gibt, scheint dem gemeinen Rechte das Gehör zu versagen; es liegt hierin sicherlich einer der Gründe des größeren Kredits liberaler Regierungen. Allein der eigentliche Grund dieser Erscheinung ist tiefer zu suchen.

Ein absolutes Regiment bietet gerade in wirthschaftlichen Dingen keine Bürgschaft für die Continuität der in den leitenden Kreisen obwaltenden Gesinnung und Anschauung, jetzt herrscht die strengste Rechtlichkeit und Sparsamkeit und eine sorgsame Beachtung der Interessen der Staatsgläubiger, im nächsten Augenblicke können die entgegengesetzten Maximen zur Geltung kommen. In einem constitutionellen Staate sind es hingegen gerade die wirthschaftlichen Interessen, die auf Continuität der leitenden Ansichten rechnen dürfen, weil da, wo eine große, stets aus denselben Kreisen hervorgehende Versammlung berathet, im Allgemeinen mehr auf Stätigkeit der Grundsätze gerechnet werden kann und dieses besonders bei Gegenständen, mit denen diese Kreise vertraut sind und die ihre

Interessen tief berühren. Der Wille der Nation tritt ferner einheitlicher, kräftiger und nachhaltiger hervor und bietet größere Bürgschaft, wenn er vom Regenten und vom Volke vereint, nach reiflicher öffentlicher Berathung und Anhörung aller Parteien, als wenn er vom Regenten allein in der Einsamkeit des Kabinets ausgesprochen wird. Endlich ersetzt eine freisinnige Verfassung die Rechtshülfe, welche dem Gläubiger eines Privaten so wirksames Vertrauen in die Stätigkeit der Zahlungswilligkeit seines Schuldners einflößt. Ein wohl geordnetes Privatrecht, unparteiische Richter, schnelles Verfahren, kräftige Exekutionsmittel sind ausreichende Motive, ein Schwanken dieses Willens zu verhindern oder im Nothfalle letzteren zu ersetzen, aber dem Staate gegenüber helfen sie nicht. In manchen Staaten ist die Exekutionsführung auf das Vermögen des Staates und die Dotation des Staatsoberhauptes geradezu untersagt,[1] aber selbst wo dieses nicht der Fall ist und obgleich man zugeben muß, daß principiell durchaus nicht ausgeschlossen sey, daß der Staatsgläubiger gegen den zögernden oder verkürzenden Schuldner an die Tribunale sich wende und diese gegen den Staat erkennen, so sind doch jedenfalls die meisten Mittel der Exekution diesem gegenüber nicht anwendbar. Er besitzt in der Regel geringe eigene Einkünfte, sein Vermögen besteht größtentheils in nicht exequirbaren Dingen öffentlichen Rechts; sollen nun die Gerichte die öffentlichen Straßen und Ströme, die Denkmale und Kunstwerke, die Bibliotheken und Naturaliensammlungen, die Arsenale und Magazine des Staates zur öffentlichen Versteigerung bringen, oder sollen sie es seyn, die zur Bezahlung der Staatsschuld oder ihrer Interessen öffentliche Steuern ausschreiben und umlegen, oder, wenn es zum Concourse kommt, auf welchen Grundlagen hin werden sie die Alimentation des großen Schuldners bestimmen, was ist „der nothwendige Lebensunterhalt" eines Staates? Eine freisinnige Verfassung gibt dem Staatsgläubiger an Stelle des Schutzes des Privat= jenen des öffentlichen

---

[1] Französisches Gesetz vom 2. März 1832.

Rechts. Sie weist jährlich die Mittel zur Bezahlung der Geldverpflichtungen des Staates an und zwingt die Minister durch die auf ihnen lastende Verantwortlichkeit sie diesem Zwecke nicht zu entfremden, sie hat die Mittel, die Regierung wirksam zur Sparsamkeit und zur Ausschreibung und Einhebung neuer Steuern zu bestimmen. Uebrigens, wir setzen es, wiewohl es sich von selbst versteht, zur Beseitigung jeder Zweideutigkeit ausdrücklich bei, aus dieser Bedeutung des constitutionellen Systems für den Staatskredit folgt noch nicht, daß jeder constitutionelle Staat Kredit besitze oder verdiene. Die Continuität der Gesinnung verbürgt noch nicht die Rechtlichkeit derselben — man erinnere sich der Weigerung mehrerer der nordamerikanischen Freistaaten, ihre Schulden zu bezahlen, der sogenannten Repubiation — die Substitution des öffentlichen an die Stelle des Privatrechtes sichert nicht die gewissenhafte Anwendung des ersteren, und endlich, wie wir bereits am Eingange dieses Paragraphen bemerkt haben, nicht bloß der Wille, sondern auch die Macht zu zahlen, bestimmt den Kredit.

Diese Macht hängt offenbar von der Größe der Verpflichtungen und der Größe der Mittel, sie zu erfüllen, ab. Darum ist der Erfolg eines Anlehens durch die Größe der geforderten Summe, die Größe der schon vorhandenen Schuld, das Verhältniß der zur Zahlung der Interessen und zur Amortisation des Kapitals erforderlichen Summe zur Gesammteinnahme des Staats und der letzteren zu der Gesammtausgabe bedingt.[1] Ein sehr großes Anlehen hat auch mit der Schwierigkeit des Zusammenbringens so bedeutender Summen von Seite der Unternehmer zu kämpfen; ein sehr kleines hat darum die Chancen des Gelingens gegen sich, weil es den Unternehmern einen allzu geringen Gewinn verspricht und weil es gerechtes Mißtrauen in die Kraft und Geschicklichkeit der Regierung erregt, denn kleine Beträge werden zweckmäßiger durch Erhöhung der Steuern oder der laufenden Schuld aufgebracht. Einem Staate mit starkem Kredit leiht man gerne auf lange Zeit, am

---

[1] Stein, 480—484.

liebsten auf Renten und mit der ausdrücklichen Bedingung, daß er für eine bestimmte Zahl Jahre auf Rückzahlung oder Zinsenreduktion verzichte, einem Staate, an dessen Zukunft man zweifelt, leiht man am leichtesten auf kurze Zeit.

Es kommt endlich nicht bloß auf das Staatseinkommen und Staatsvermögen an, sondern auch auf Einkommen und Vermögen der Nation und das Verhältniß dieser Größen unter einander. Die Regierung eines reichen Volkes findet Kredit, auch wenn sie im Deficit und stark verschuldet ist; sind die Steuern niedrig oder werden sie, wenn auch hoch, leicht getragen, so fallen sie bei Schätzung der Hülfsmittel eines Staates ganz anders in die Wagschale, als wenn das entgegengesetzte Verhältniß stattfindet; freie oder doch leicht beweglich zu machende Kapitalien sind für die Beurtheilung der Zahlungsfähigkeit einer Nation von größerer Wirksamkeit, als schwer absetzbare stets nur in ihren Früchten verwendbare Güter, z. B. ein großer Grundbesitz im Gegensatz zu Reichthum an Geld und Werthspapieren. Uebrigens, ein Umstand, der auch bei der Wahl des Landes, wo man das Anlehen abschließt, in Betracht zu ziehen ist, dasjenige Land, welches die größte Zahlungsfähigkeit darbietet, also den größten Kredit verdient, ist nicht immer dasjenige, welches den größten Kredit zu geben im Stande ist, denn ersteres hängt von der Leistungsfähigkeit der Gesammtheit und der hievon dem Staate zur Verfügung stehenden Quote, letzteres von der Leistungsfähigkeit Einzelner ab. Die Türkei ist sonder Zweifel ein kreditarmes Land, aber leicht dürfte man unter den dortigen Juden, Griechen und Armeniern Männer finden, welche das größte Anlehen gleich den ersten Geldfürsten Englands, Frankreichs und Hollands zu übernehmen im Stande wären.

Als Beweis des ernsten Willens und der ausreichenden Mittel zur Erfüllung der Verbindlichkeiten des Staatsschatzes dient die Verminderung derselben durch Abzahlung über den Bereich der vertragsmäßigen Verpflichtungen hinaus oder durch Verwandlung eines Anlehens von hohem Zinsfuße in ein anderes zu billigeren Zinsen.

Die Abzahlung [1] erfolgt entweder unmittelbar an die Gläubiger oder durch Aufkauf der Schuldverschreibungen; ersteres ist für den Staat vortheilhafter bei einem hohen Course, d. i. einem über dem Nominalwerth der Verschreibung, und letzteres bei einem niederen. Nur egoistische Interessen und der Parteigeist [2] können dem Staate, wenn er nicht ausdrücklich des Rechts der Rückzahlung sich begeben, diese vom Standpunkte der Gerechtigkeit aus verargen; vom Standpunkte der Volks- und Staatswirthschaft wird freilich zu erwägen seyn, ob die zur Rückzahlung bestimmten Summen nicht zweckmäßiger zur Aufhebung oder Ermäßigung drückender Steuern oder Erfüllung vernachläßigter Staatszwecke verwendet werden könnten.

Die Reduktion der Zinsen [3] erfolgt am einfachsten durch die sogenannte Conversion. Es wird den Staatsgläubigern die Wahl zwischen der Rückzahlung ihres Kapitals oder der Annahme eines geringeren Zinses gelassen und im letzteren Falle ihr Staatsschuldschein gegen einen andern mit dem neuen Zinsfuße umgetauscht (convertirt). Ist der neue Zinsfuß etwas höher als der nach dem Stande des Geldmarkts einer gleich sicheren Kapitalsanlage entsprechende oder wird diese Differenz zu Gunsten der Conversion durch Aufzahlungen u. dergl. hergestellt, und weiß der Gläubiger, daß im Falle er die Conversion ablehnt, dem Staate durch ein ihm eventuell zugesichertes Anlehen oder auf andere Weise die Mittel zur Zurückzahlung des Kapitals zu Gebote stehen, so ist an den Erfolg der Maßregel nicht zu zweifeln.

Die Gewißheit, daß dereinst unter günstigen Verhältnissen eine Conversion der hochverzinsten Staatsschuld stattfinden werde, ruft auf dem Geldmarkte eine eigenthümliche Erscheinung hervor: Unter den Papieren jeder Staatsschuld stehen die mit geringem Zinsfuße verhältnißmäßig höher als jene mit hohem und die Differenz steigt

---

[1] Nebenius S. 424; Rau §§. 515—529; Stein, 486—488; 539—561; Umpfenbach §§. 218—224.

[2] Derselbe machte sich gegen Villéle in der Sitzung des Jahres 1825 geltend.

[3] Nebenius S. 290—309; Rau §§. 510—514; Stein, 561—565; Umpfenbach §§. 217—218.

in dem Maße, als die Verhältnisse sich für den Staatskredit günstiger gestalten, nebenbei gesagt, ein neuer Beweis, daß die Rentenconversion weder die Rechtsansprüche noch die materiellen Interessen der Staatsgläubiger verletze. Anders ist es freilich, wenn die Conversion zwangsweise erfolgt, d. i. ohne daß dem Staatsgläubiger die Wahl zwischen ihr und der Rücknahme seines Kapitals gelassen wird. Sie ist offenbar ein Unrecht, ein theilweiser Staatsbankerott und ebenfalls kein Mittel zur Förderung des Staatskredits.

Behufs der für den Kredit so wichtigen Rückzahlung der öffentlichen Schuld mit den geringsten Opfern für den Staat wurde lange Zeit als unfehlbare Panacee die Bildung eines sogenannten Tilgungsfondes (sinking fund) angepriesen[1] und die Theorie hat vielfach, zuerst in den bekannten englischen Gesetzen von 1786 und 1792, die Verwirklichung erhalten. Nach denselben wurden zur Tilgung der vorhandenen Schuld jährlich 1 Million Pfd. Sterling angewiesen und in der Folge sollte kein Anlehen abgeschlossen werden, ohne daß gleichzeitig jährlich 1 Prcc. seines Betrags jenem Fonde zur Tilgung der Schuld zugewiesen würde. Die Gelder dieses Fonds wurden zum Ankauf von Staatsschuldverschreibungen verwendet, gleiche Bestimmung erhielten die Zinsen dieser Verschreibungen und derart sollte jener Fond sich immer mehr bis zu einem bestimmten Maximum vergrößern, so daß in einer bestimmten Zahl von Jahren die Staatsschuld ganz verschwunden wäre. Es beruht die Sache auf der Zinses-Zinsen-Rechnung, welche da weiß, daß ein centime zur Zeit der Geburt Christi verzinslich angelegt und in seinen Zinsen stets wieder zu neuen Anlagen verwendet, gegenwärtig einige hunderttausend Quintillionen mehr als 28 Sertillionen Franken gleich wäre, in Gold ein Klumpen mehr als 603 Millionenmal so groß als die Erde, wovon die 5procentigen Interessen für eine Stunde 3445 Erdkörper in Gold darstellten. Diese Berechnung ist nun allerdings richtig, allein sie beruht auf falschen Voraussetzungen, denn sie nimmt auf die Gefahren, welche

---

[1] Vergl. Gasparin et Reboul, de l'amortissement, Paris 1834.

das Objekt bedrohen, und die Schwierigkeit allzu kleine oder allzu große Beträge verzinslich anzulegen, sowie auf die nie ausbleibenden Zeiten der Stagnation keine Rücksicht, die bei Kapitalsanlagen auf so lange Zeit hinaus unfehlbar eintreten. Auch fehlt die Theorie dadurch, daß sie die dem Staate so nahe liegende durchaus nicht irrationale Versuchung übersieht, bei öfterer Wiederkehr von Geldverlegenheiten lieber die Tilgung älterer Schulden einzustellen, als zu diesem Behufe unter lästigeren Bedingungen neue Anlehen abzuschließen. Auch praktisch ist selten ein Amortisationsfond seinem Zwecke dienstbar erhalten geblieben, wir erinnern an die Beispiele Englands, Frankreichs und Oesterreichs. Im ersten Lande wurde das Amortisationsgesetz 1828 aufgehoben, im zweiten wurden seit der Julirevolution großentheils und seit der Februarrevolution andauernd die Einnahmen des Amortisationsfondes anderen Zwecken gewidmet, im dritten hat der Amortisationsfond 1848 seine Operationen eingestellt und wurde am 23. December 1859 ganz aufgelöst, die Staatspapiere in seinem Besitze wurden in den Büchern gelöscht.

Von größerer Wichtigkeit für den Staatsgläubiger und den Staatskredit ist der Bestand einer besonderen von der Finanzverwaltung unabhängigen und unter die Leitung oder Controle der Volksvertretung gestellten Staatsschuldenkommission, ohne deren Gegenzeichnung kein Schuldschein Giltigkeit hat, und die darüber wacht, daß keine Staatsschuld ohne ständische Zustimmung eingegangen, die zur Zinsenzahlung und Schuldentilgung bestimmten Gelder ihrem Zwecke wirklich zugeführt und diesem nicht entfremdet werden, und daß endlich in der Buchführung über die Staatsschuld Uebersichtlichkeit und Ordnung herrsche. In letzterer Beziehung ist von besonderem Belange, daß die nicht behobenen Zinsen und Kapitalien gehörig ersichtlich gemacht und nach ihrer Verjährung abgeschrieben werden.[1]

[1] Die besten Gesetze dieser Art sind das preußische vom 21. Januar 1820 und das badische vom 31. December 1831. Das österreichische vom 13. December 1862 gibt vorläufig nur die ersten Grundrisse dessen, was allmählig in Ausführung zu bringen ist.

Staaten von schwachem Kredite verpfänden dem Gläubiger Staatsgüter und Staatseinnahmszweige, selbst einzelne Steuern, und gestatten ihm mittelst eines antichretischen Vertrags die Verwaltung und Ausnützung derselben. Dieß war die allgemeine Uebung im späteren Mittelalter, in der Türkei und in China wurde es noch in neuester Zeit angewendet. Moderne Staaten machen es anders und erklären bloß mit Worten, für dieses bestimmte Anlehen sey dieses oder jenes Objekt verpfändet. Letztere Art der Deckung hat nur insoweit Kraft, als der Staat dem Rechtsgange gegen sich freie Bahn läßt und die Nothwendigkeit der exekutiven Einbringung einer einzelnen Schuld nicht die Zahlungsunfähigkeit des Staates in sich schließt, und daher nach dem oben Erörterten auch nicht die Zwischenkunft der Gerichte unstatthaft erscheint. Die Erstere gewährt volle Sicherheit, allein sie ist nicht bloß ein Zeichen schwachen Kredits, sondern sie wirkt auf diesen im höchsten Maße schwächend und zerstörend dadurch, daß sie jene Schwäche offenkundig macht und daß sie die kostspieligste jeder Art Anlehen ist. Sind endlich die verpfändeten Güter solche, welche nach den Staatswirthschaftsgrundsätzen (§. 11) nicht verpachtet werden sollen, z. B. direkte Steuern oder Zölle, so gesellen sich den Uebeln des Verpfändungs- auch jene des Pachtsystems.

Auch Bürgschaft wird manchmal für eine Staatsschuld geleistet, wir meinen nicht jene moralische des Unternehmers eines Anlehens, noch jene im modernen Sinne sich von selbst verstehende, welche in früheren Zeiten Landstände für die Schulden des Landesfürsten übernahmen, sondern jene streng juridische, welche, gewöhnlich in Form der Solidarhaftung, meistens von fremden Staaten für die Schulden eines Staates dargeboten wird, wir erinnern an die Bürgschaft, welche Frankreich, Rußland und England durch den Vertrag vom 7. Mai 1832 für das Anlehen des von ihnen gegründeten Königreichs Griechenland von 60 Millionen Franken und Frankreich durch den Zürcher Frieden für die von Sardinien an Oesterreich zu zahlenden 100 Millionen Franken übernahmen und von denen die erstere für die Bürgen mit Zahlung der ganzen

Schuld ohne Hoffnung auf Rückersatz endete. Es ist gewöhnlich die Miturheberschaft der Zustände, durch welche das betreffende Anlehen nothwendig wurde, was eine solche Dazwischenkunft veranlaßt, sie ist selbstverständlich nur dann von Nutzen, wenn der Kredit des Bürgen bei weitem größer ist als jener des schuldenden Staates und eben darum ist es in Anbetracht der Größe der Summe, um die es sich handelt, höchst selten ein Private, der diese Haftung übernimmt. Eine solche Bürgschaft gibt übrigens, wir weisen abermals auf jene für die Schuld Griechenlands hin, Anlaß zu kränkenden Eingriffen in die innere Verwaltung und zu Verstimmungen, die nicht ohne Einfluß auf die Ruhe und den Bestand des derart unterstützten Staates bleiben.

Abgesehen vom Kredite des Staates hängt das Glück eines bestimmten Anlehens, ob und unter welchen Bedingungen es zu Stande komme, auch vom Zwecke des Anlehens und von der gegenseitigen Stellung des geldsuchenden Staates und der Geldgeber ab. Ein Anlehen zu rein ökonomischen Zwecken, z. B. zum Baue von Straßen, Kanälen, Eisenbahnen u. dergl., zur Rückzahlung oder Zinsenreduktion eines zu hohem Zinsfuße abgeschlossenen Anlehens findet günstigere Aufnahme als eines für Zwecke der Pracht und Größe oder eines bevorstehenden Krieges oder gar eines zu deckenden Deficits in dem gewöhnlichen Staatshaushalte, und zwar wächst jene Gunst in dem Maße, als die beabsichtigte Unternehmung für das Land oder den Staat nützlicher erscheint. Einem Staate, mit dem man in lebhaftem Handelsverkehr steht, leiht man leichter als einem, mit welchem man wenig in Berührung kommt, denn dort hat man die Hoffnung in der Art der Uebermittlung des Kapitals und des Erhalts der Interessen neue Gewinne zu machen, indem man statt des baaren Geldes Waaren sendet und empfängt. Einem Staate, den Lage, Richtung, Gemeinsamkeit der Freunde und Feinde zu unserem politischen Verbündeten machen oder der gar in einem Schutzverhältnisse zu uns steht, leihen wir lieber als einem, der über kurz oder lang als Gegner unseres Vaterlandes auftreten könnte; abgesehen von den moralischen Gründen räth hiezu die Schwierigkeit in Zeiten des Kriegs und der Unterbrechung der Handelsverbindungen zu den Zinsen seines Geldes zu gelangen. Zwar die Rückhaltung der Interessen von Seite des feindlichen Staates ist kaum zu fürchten, sie wäre durch Scheinverkäufe leicht zu umgehen, würde dem Kredite des Staates schaden und liegt nicht im Geiste des heutigen Völkerrechts,[1] aber die Gelder könnten wegen jener Unterbrechung der Handelsverbindung nur auf Umwegen, mit Kosten bezogen werden.

39.

Wenn wir den Umfang der Geldgeschäfte des Staates überblicken, wie er an jedem Punkte Kredit gibt und nimmt (§. 35), Anweisungen auf sich oder andere ausstellt und honorirt, todtliegende Summen, Kautionen und Depositen oder (durch seine Schatzscheine §. 36) nur auf kurze Zeit verwendbare fruchtbar macht und für die Zwecke der Gegenwart die Vergangenheit und die Zukunft zu benützen versteht, so gelangen wir zur Ueberzeugung, daß er ganz die Stelle eines großen Geldhauses einnimmt. Von dieser Ueberzeugung ist nur Ein Schritt zu dem Gedanken: So spreche der Staat dieses nach außen aus, er errichte eine Staatsbank, wirksam für seine speciellen und vielleicht auch für die allgemeinen Handelszwecke, welche Geld ausleihe und zu leihen nehme. Alle Elemente zu einer solchen befinden sich ohnehin bereits in seiner Hand: Keine noch so zahlreiche und mächtige Privatgesellschaft besitzt die Mittel des Staates, keine steht so wie er in dem Schwerpunkt der Geschäfte und besitzt dieselbe Kenntniß der Hülfsquellen und Bedürfnisse des Volkes, und umgekehrt keinem Privaten wird eine Bank so große Dienste leisten und so vielen Gewinn abwerfen als dem Staate. Niemand bedarf so sehr der Herrschaft über die Interessen des Volkes und namentlich der in ihren Sympathien und Ansichten so weit vorgeschrittenen und so leicht beweglichen Handelsklassen als der Staat, und nichts verleiht diese Herrschaft

---

[1] Rußland hat auf diese Rückhaltung förmlich verzichtet. Reglement der Amortisationscommission vom 16. April 1817, §. 22.

in solchem Maße wie eine Bank, bei Niemanden häufen sich manch=
mal so große Massen für seine Zwecke unverwendbarer Gelder an
und Niemand bedarf zu anderen Zeiten eines so raschen Zuflusses
an Geldern, als der Staat, und durch kein anderes Institut ist
die temporäre Verwendung jener Gelder und das Rückströmen der=
selben im Augenblicke des Bedarfs in solchem Maße zu erreichen
als durch eine Bank. Und endlich ist eine Bank in der Lage, eine
große Menge Schuldscheine (Banknoten) unverzinslich auszugeben,
die gleich baarem Gelde von einer Hand in die andere übergehen
und nie Zahlung fordernd in die Kassen der Bank zurückkehren,
warum soll diesen Vortheil der Staat Anderen überlassen, denn
nichts ist rationeller und billiger, als daß diejenigen ihm auf solche
Weise die Zinsen nachlassen, welche dieselben in Form von Steuern
doch am Ende selbst zahlen müssen, und für diese Schuldscheine
leistet Niemand größere Sicherheit als der Staat, denn er verfügt
über das Vermögen aller; jede Bankgesellschaft, sie heiße wie immer,
besitzt nur einen geringen Theil jenes dem Staate zur Verfügung
stehenden Vermögens. Diese Methode des Staatsanlehens ist aber
nicht bloß die billigste, sie hat auch den Vortheil der Leichtigkeit
für sich. Da bedarf es keines Buhlens um die Gunst der Börse,
keiner stets zweischneidigen Oeffentlichkeit und Controle der Volks=
vertretung, keiner hohen Zinsen, Pfänder und Bürgschaften, Amor=
tisationen, man läßt die Banknotenpresse arbeiten und die Sache
ist abgethan.[1] Scheut man sich vor der in commerciellen Dingen
nachtheiligen Schwerfälligkeit und verwickelten Maschinerie des Staates,
so ist der befreiende Ausweg längst gefunden: Man bilde eine Ge=
sellschaft, welche vom Staate die Staatsbank gewissermaßen pachtet
und deren Geschäfte auf eigene Rechnung betreibt. Sie wird mit
den nöthigen Fonds ausgerüstet seyn, welche sonst der Staat hätte
hergeben müssen, und kann in den leitenden Personen und der
Art der Geschäftsführung vom Staate ziemlich getrennt gehalten

---

[1] „Unser Kalifornien ist Klein=Neusiedl" (der Sitz der Fabrik für das
Banknotenpapier), pflegte ein auf das Geldwesen lange Zeit einflußreicher öster=
reichischer Staatsmann zu sagen.

werden; was sie zur Staatsbank macht, bleibt die gegenseitige Solidarität der Interessen. Der Staat nimmt ihre Noten an Geldes statt an, er duldet nicht, daß irgend eine andere Bank Noten als Geldzeichen ausgebe, und steht ihr in allen Verlegenheiten vertheidigend und schützend zur Seite; die Bank hingegen verwaltet und verzinst die Ueberschüsse des Staats, gleicht seine vorübergehenden Deficite aus, sie besorgt seine Anweisungs- und Wechselgeschäfte, vermittelt seine Anlehen und gewährt ihm, wenn kein anderer Ausweg sich darbietet, aus ihren eigenen Mitteln Hülfe in Momenten der Noth, folgt seiner politischen Richtung, unterstützt seine Anhänger und tritt hemmend den der Verwaltung feindlichen Bestrebungen entgegen. Wegen dieser Solidarität überwacht der Staat, ob die Bank in allem ihren Verpflichtungen genüge, er ernennt oder genehmigt ihre obersten Leiter und greift oft selbst in die Wahl ihrer Debitoren und die Bestimmung der Maxima ein, die ihnen anvertraut werden sollen. Jedenfalls darf auch die Bestimmung des Pachtzinses nicht fehlen, den die Bank für ihr Privilegium dem Staate zu entrichten hat, er besteht gewöhnlich in einem beträchtlichen unverzinslichen oder gering verzinsten Anlehen, das die Bank dem Staate gibt (England,[1] Frankreich,[2] Oesterreich[3]), manchmal auch in einem Antheil am Gewinn (Preußen,[4] Belgien[5]). Es ist klar, daß noch andere Methoden der Entrichtung des Pachtzinses denkbar sind.

Wir könnten diese Argumente noch mit vielen anderen vermehren und auch aus jenen höheren Regionen sie herholen, aus denen herab Adam Müller für Staatsbanken und Staatspapiergeld und gegen das Vorurtheil des Metallgeldes gestritten hat; allein gegen sie alle spricht der schon oft urgirte Satz: Der Zweck des Staates ist kein rein wirthschaftlicher, und wenn er auch ein Bankhaus

---

[1] Gesetz vom 19. Juli 1844.
[2] Gesetz vom 9. Juni 1857.
[3] Gesetz vom 6. Januar 1863.
[4] Gesetz vom 7. Mai 1856.
[5] Gesetz vom 5. Mai 1850.

darstellt, betreibt er doch das Geschäft nicht aus Handelsmotiven, er ist daher der ungeeignetste Bankhalter und Notenausgeber, den man finden kann. Doch wir würden den Zusammenhang dieser beiden Sätze weder gründlich zu entwickeln, noch klar darzulegen vermögen, wenn wir nicht von der Theorie der Banken[1] in ihren verschiedenen Formen und Arten und von der Theorie des Geldes und der Geldzeichen[2] ausgingen. Beide bestimmen die Lehre von den Staatsbanken und dem Staatspapiergelde wie Gattungen ihre Arten.

Alle Banken haben den volkswirthschaftlichen Charakter mit einander gemein, daß sie mit freiem Kapital verkehren. Ein kaufmännisches Geschäft, das sich bleibend in Eine Unternehmung eingelassen, sein Kapital gebunden hat, hört auf eine Bank zu seyn. Als zweites allgemeines Kennzeichen, wenn es gleich mehr eine Folge des ersteren ist, erscheint, daß sie dem Gelde in großem Maße geldvertretende Papiere substituiren, und dadurch die Menge des benöthigten Geldes und die Größe seiner Abnützung vermindern; aber dieß ist nicht ihr einziger und nicht einmal stets ihr wesentlicher Zweck, und die Mittel, deren sie sich um ihn zu erreichen bedienen, sind sehr verschieden.

Nur eine einzige Bank, abstammend aus älterer Zeit (1619), die Hamburger, dient noch immer ausschließend diesem Zwecke und jenem der Erhaltung der Währung, welcher zur Zeit der Entstehung jenes Institutes bei der allgemeinen Verschlechterung der Münze von ganz anderer Wichtigkeit war als heute zu Tage. Banken solcher Art nehmen Barren oder vollwichtige Münzen und Forderungen in der zu schützenden Valuta in Verwahrung, halten darüber Buch und Rechnung (Conti) und vollziehen die diese Summen betreffenden Aufträge. Letzteres indem sie entweder über die verwahrten Beträge frei cedirbare Depositenscheine (Cheques) ausfertigen oder Anweisungen auf einzelne Conti oder Uebertragungen

---

[1] Rau, Volkswirthschaftslehre, §§. 283—285, 292 a bis 304—309, 310—317. Otto Hübner, die Banken, Leipzig 1854.
[2] Rau, Volkswirthschaftslehre, §§. 265—277, 286—292, 293—303.

aus dem einen in den anderen durchführen — Depositen-, Giro-banken. Diese Banken haben keinen anderen Gewinn als nach Maß ihrer Verantwortung und Mühe eine kleine Provision für die in Aufbewahrung genommenen Gelder, und sie sind in der Regel öffentliche Anstalten und nicht kaufmännische Unternehmungen.

Andere Banken behalten sich die nutzbringende Verwendung dieser Depositen vor, sie zahlen darum für die deponirten Beträge einen Zins, und ihr Gewinn besteht in dem Unterschiede zwischen diesem Zins und jenem, welchen sie selbst bei der weiteren Verwendung jener Kapitalien beziehen. Ein verzinsliches Depositum, das der Depositar beliebig benützen kann, ist juridisch nichts als ein Darlehen, und die Bank nimmt auch ohne die Formen des Depots, des Conto und Giro, gegen ihre Schuldscheine und Wechsel Darlehen auf. Hierdurch gewinnt sie einen neuen volkswirthschaftlichen Werth, sie zieht die todt gelegenen Kapitalien an sich und vereinigt kleine an sich wenig verwendbare zu großen Leicht nutzbar zu machenden.

Diese Stellung kann jedoch die Bank nur als kaufmännische Unternehmung, welche für die übernommenen Summen nutzhafte Verwendungen entdeckt und erfindet, und nicht ohne einen bedeutenden, die nöthige Sicherheit bietenden Fond behaupten. Ein großer Fond ist darum ein weiteres Kennzeichen jeder Bank mit Ausnahme der Depositenbanken, doch braucht dieser Fond nicht stets in Baarem vorhanden oder ein der Bank angehöriger zu seyn. Eine Bank bildet sich z. B. um den Grundbesitzern eines Landes, einer Gegend, einer bestimmten Gesellschaftsschichte Darlehen auf ihre Güter,[1] den Gewerbsmännern eines Industriebezirkes gegen ihre Solidarhaftung Darlehen auf Waaren oder Wechsel zu verschaffen.[2] Durch die Hypothekarscheine der Bank erscheint nicht mehr der einzelne Grundbesitzer, sondern die Gesammtheit der Hypotheken, durch das Accept oder Giro der Bank nicht mehr der

---

[1] Z. B. die verschiedenen land- und ritterschaftlichen Banken in Preußen, die Landesbank in Galizien.

[2] Solche Gesellschaften bestehen in Brüssel, Berlin, Wien, Brünn.

einzelne Gewerbetreibende, sondern die solidarisch verpflichtete Gesammtheit haftend, ohne daß auf den eigenen Fond der Bank oder dessen Größe ein Gewicht gelegt würde. Jede Bank, für welche der gesammte Staat oder eine große und reiche Fraction desselben haftet, befindet sich in gleicher Lage.

Die Verwendung, welche den übernommenen Geldern gegeben wird, kann — wie schon die angeführten Beispiele zeigen — die mannigfachste seyn: Der Wechselescompte, Vorschüsse auf Barren, Münzen, Werthpapiere, Waaren, Hypotheken, gegen persönliche Sicherheit (crédit ouvert), Transport-, Versicherungs-, Kauf- und Lieferungsgeschäfte. Sie läßt den Charakter einer Bank so lange bestehen, als das Kapital ein freies, nach kürzester Zeit aus den einzelnen Unternehmungen zurückkehrendes bleibt und die Papiere der Bank, ihre Anweisungen, Wechsel, Fracht- und Lagerscheine u. dgl., fortfahren, Geld zu ersetzen.

Ein gutes Mittel, um beide Zwecke der Banken, die Surrogirung des Metallgeldes und die Vereinigung und Fruchtbarmachung der Kapitalien zu erreichen, ist aber die Banknote.

Die Banknote ist eine auf den Ueberbringer lautende, bei Sicht zahlbare, unverzinsbare, in wenigen abgerundeten Appoints, auf allgemein bekannten, die Nachahmung erschwerenden Blanquetten ausgefertigte Anweisung einer Bank auf Metallgeld.

Diese Aufzählung der Eigenschaften der Banknote bedarf mit einer einzigen Ausnahme nur einer kurzen Erläuterung. „Auf den Ueberbringer lautend, bei Sicht zahlbar," sichert ihr die augenblickliche Umwechslung in Geld ohne alle Förmlichkeiten, die „gleichen abgerundeten wenigen Appoints und das bekannte künstliche Blanquet" das leichte Verwenden, Abzählen und Erkennen, und soweit möglich das Fernebleiben jedes durch Falsificate entstehenden Schadens. Die Unverzinslichkeit ist eine der Eigenschaften des Geldes, dem die Banknote angenähert werden soll, denn das unterscheidet eben das Geld, wie jede andere Waare, von der Forderung, dem Schuldtitel, daß es selbst Genuß gewährt oder ein Mittel ist, sich Genuß zu verschaffen, während eine Forderung bloß Genuß oder Genußmittel für die Zukunft verspricht und eben darum als Ersatz für die Zeit der Entbehrung Zins gibt. Die Verzinsung ändert überdieß mit jedem Tage den Werth der Banknote, nöthigt zu steten Berechnungen und erschwert das Kassa- und Rechnungswesen. Man hat zwar behauptet, es fördere die Sparsamkeit, bewirke, daß die Banknoten bei jedem Einzelnen länger im Umlauf bleiben und darum später zur Einwechslung zurückkehren, als unter anderen Verhältnissen; allein was heißt das anderes, als daß Banknoten solcher Art theilweise nicht zu Geldzwecken dienen und darum ihre eigentliche Aufgabe unerfüllt lassen. Der Nutzen endlich, den die Verzinsung der Noten Einzelnen schafft, wird durch die Belästigung des Verkehres, die sie verursacht, in solchem Maße aufgehoben, daß der übrig bleibende Rest außer Verhältniß bleibt mit dem Schaden (oder besser dem Gewinnstentgange), welchen sie der Bank verursacht. Was aber dem Einen geringen Gewinn, den Anderen großen Schaden verursacht, ist gewiß volkswirthschaftlich zu verwerfen.[1]

Besitzt die Banknote die aufgezählten Eigenschaften, so gehört nur noch Zweierlei, ein sehr Schweres und ein sehr Leichtes, dazu, damit sie zu einem vollkommen genügenden Geldsurrogat, zum Papiergelde werde. Es muß in weiten Kreisen Vertrauen in die vollkommene und andauernde Einlösbarkeit derselben bestehen und sie muß in so großer Zahl ausgefertigt seyn, daß sie dem Bedürfnisse dieser Kreise genügt und nicht Vorrecht einiger weniger Bevorzugten wird.

Aber dieses Vertrauen, wie es erlangen und behaupten? Die Depositenbanken haben es leicht. Sie brauchen bloß ihren Depositenscheinen die Form von Banknoten zu geben. So lange nicht die Bank den Verdacht der Lüge auf sich ladet, ist jeder Banknoteninhaber sicher, das Silber, worauf seine Note lautet, in den Kellern der Bank vorräthig zu finden; aber auch der Nutzen dieser

---

[1] Solche verzinsliche Staatsnoten bestanden in Oesterreich vom 1. Januar 1850 bis 31. Juli 1852, und wurden in Nordamerika durch das Gesetz vom 23. Juni 1861 neben anderen Staatsnoten eingeführt.

Banknoten ist kein größerer, als jener der Existenz der Depositenbanken überhaupt, höchstens eine Verallgemeinung desselben.

Jede andere Bank könnte eben so sicher vorgehen, wenn sie nie mehr Banknoten ausgäbe, als sie Silber (wir brauchen hier und im weiteren Verlaufe dieses Wort statt jedes Edelmetalls) im Vorrathe hat; allein hiemit wäre für die Geldwirthschaft des Volks und für die Bank wenig gewonnen, für erstere, weil nicht die Menge des benöthigten edlen Metalls, sondern nur seine Abnützung vermindert würde, und für die zweite, weil der eine große Vortheil der Banknote, das unentgeldliche Anleihen, ganz, und der andere, die Vereinigung der kleinen Kapitalien, zum Theile unbenutzt bliebe.

Das Mittel zu einer den Silbervorrath überschreitenden Banknotenausgabe ist der Kredit, in dem vorliegenden Falle das Vertrauen, daß man ungeachtet jener Ueberschreitung in jedem Augenblicke bei den Kassen der Bank gegen Banknoten edles Metall erhalten werde und daß eine große Zahl anderer Personen dieses Vertrauen theile und daher, wenn dem Inhaber der Banknote seine Verhältnisse nicht gestatten würden, die Präsentation der Note bei den Kassen der Bank kostenlos zu vollziehen, sogleich bereit sey, anstatt der Bank die Einwechslung vorzunehmen. Es ist ein großer, weit verbreiteter, beständiger Kredit, der hier gefordert wird, um so mehr, da nach der Voraussetzung offen vorliegt, daß die Bank weniger Edelmetall besitze, als sie Noten ausgibt, und dieser Kredit, es mögen alle anderen Elemente, die ihn zu begründen vermögen, im reichlichsten Maße vorhanden seyn, ist nur durch den Beweis, daß er auf Wahrheit beruhe, nämlich durch die wirkliche und schnelle Einwechslung der Noten an allen Punkten, wo der Verkehr es erheischt, zu erwerben und zu behaupten.

Eben darum sind nur Banken, die sich außer mit dem Depositengeschäfte (zu welchem auch die Anweisung übernommener Gelder zur Auszahlung an einen anderen Ort gerechnet werden kann) ausschließlich mit dem Escompte von Wechseln kurzer Dauer und mit eben so kurzzeitigen Vorschüssen auf Barren, Münzen und leicht verkäufliche Werthspapiere beschäftigen, geeignet, diesen weiteren Schritt, die Hinausgabe von Banknoten über den Vorrath an edlen Metallen hinaus, mit Erfolg zu wagen, denn sie allein haben Hoffnung, die Banknoten, die sich innerhalb einer gewissen Zeit zur Einwechslung gegen Silber an ihre Kassen drängen und welche diese mit dem zu Gebote stehenden Metallvorrathe vielleicht nicht befriedigen könnten, in derselben Zeit durch Beschränkung ihrer Geschäfte einzuziehen, das einfachste, wohlfeilste und das einzige jederzeit anwendbare und wirksame Mittel in solchen Krisen. [1]

Freilich müssen, damit diese Hoffnung sich verwirkliche, jene Forderungen nicht nur in kurzer Zeit (nach der Praxis längstens in 60 oder höchstens 100 Tagen) und am Sitze der Bank fällig seyn, sondern man muß auch auf ihre sichere und rechtzeitige Einbringung mit Zuversicht rechnen können; darum darf eine Bank, die Noten ausgibt, eine Zettelbank, nur solche Wechsel, für welche mehrere vollkommen sichere Personen (die Praxis hat drei als das Minimum bestimmt), von denen einige am Sitze der Bank wohnhaft sind, mit Wechselpflicht einstehen, nie von einer Person eine ihrer Kreditfähigkeit nahekommende Summe und nie andere Wechsel als solche escomptiren, die den Charakter eines Entgelts für bereits empfangene Waaren an sich tragen, also mit Ausschluß der sogenannten Gefälligkeits= und Reiterwechsel. Die Banken von England und Frankreich gehen noch weiter und fordern, daß ihre Debitoren mit einem ansehnlichen Guthaben in ihren Büchern vorgetragen erscheinen. Sie haben also gewissermaßen stets eine Sicher=

---

[1] Der österreichischen Bank wurde mit kaiserlicher Entschließung vom 12. Oktober 1855 auch das Privilegium einer Hypothekenbank ertheilt. Zwar wurde zu diesem Zwecke ihr Fond um $87\frac{1}{2}$ Mill. Fr. erhöht, und sie leiht in der Regel nicht baares Geld, sondern stellt Hypothekenscheine aus, frei verkäufliche börsenmäßige Papiere, und daher gleich anderen dieser Art geeignet, von der Bank belehnt zu werden; allein die Haftung der Bank für die Hypothekenscheine schwächt die Macht ihres Fonds, als Haftung für die Banknoten zu dienen, und Ende 1861 betrug die Summe der auf Hypotheken ausgeliehenen Gelder doch $57\frac{1}{2}$ Mill. Fr.

stellung in Händen und erlangen durch die Einsicht in die Bewegungen des Conto ihres Schuldners eine Kenntniß des Ganges seiner Geschäfte, die durch kein anderes Mittel ersetzt werden kann. Die Papiere, auf welche eine Zettelbank Vorschüsse ertheilt, sollen börsemäßige, d. i. solche seyn, die einen allgemein bekannten Marktpreis haben, jeden Tag verkäuflich sind, der Vorschuß muß weit (wenigstens um $1/3$ nach der Praxis) hinter dem Courswerthe zurückbleiben und unter dem Vorbehalt ertheilt werden, daß wenn der Courswerth fällt und sich bis auf eine gewisse Grenze, z. B. bis auf $1/10$, dem Vorschusse nähert, das Pfand auf seinen früheren Werth ergänzt werde, widrigens die Bank sich durch börsenmäßigen Verkauf der Papiere bezahlt machen kann. Soweit verhütet werden kann, daß nicht durch Krebitsverlängerungen sonder Zahl oder auf andere Weise der Vorschuß zu einem bleibenden gestaltet oder statt zur Befriedigung eines Verkehrsbedürfnisses zu einer Spekulation mit dem verpfändeten Papier ausgenützt werde, ist auch diese Vorsicht nicht zu vernachläßigen.[1]

Jede Bank, die andere als Escompte- oder Vorschußgeschäfte, oder diese auf laxere als die eben dargestellte Weise macht, hat ihre Gelder auf viel zu lange Zeit ausgeliehen, kann mit zu geringer Sicherheit auf ihr rechtzeitiges Eingehen rechnen, ist viel zu tief mit anderen auf sie gestützten Unternehmungen in Verbindung, erleidet durch Realisirung ihres Besitzes, das Aufgeben oder Unterbrechen ihrer Spekulation zu große Verluste, als daß sie in der zur Gewältigung des Andranges gewährten kurzen Zeit ihre Banknoten in entsprechender Menge einzuziehen vermöchte.

Allerdings ist das Einziehen der Banknoten nicht das einzige Mittel, um die Einwechslung der Noten gegen Silber zu sichern;

---

[1] Bei den hohen Zinsen der österreichischen Staats- und Industriepapiere nach ihrem gegenwärtigen Course und den geringen der Vorschüsse der Nationalbank ist es sehr lohnend, solche Papiere zu kaufen, bloß um sie bei der Bank zu verpfänden, mit dem erlangten Vorschusse neue Papiere zu kaufen und der Art so lange es geht fortzufahren. Es ist klar, daß die Unterstützung eines solchen Treibens gegen den Beruf der Bank ist.

es bietet sich noch beispielsweise dar: die Beischaffung von Silber im Wege des Krebits oder der Veräußerung eines Theils des Bank= und Reservefondes (mit Vermeidung des Ankaufs mittels Banknoten, die neuerdings zu den Kassen zurückströmen würden), die Errichtung neuer Unternehmungen, welche große Summen freien Kapitals in Anspruch nehmen; allein es ist sehr zweifelhaft, ob in Zeiten der Krise diese Mittel durchführbar sind und ob ihr Mißlingen nicht den Krebit der Bank tiefer als alles andere er= schüttern würde.

Die anderen Verhältnisse, welche außer der gesicherten Ein= löskarkeit der Noten den Krebit einer Bank bestimmen, bedürfen bloß einer kurzen Erwähnung, da sie nichts den Banken Eigen= thümliches, sondern allen kaufmännischen Unternehmungen gemein= sam sind, die Ordnung und Pünktlichkeit der Geschäftsführung, der Charakter und Ruf der leitenden Personen und manchmal — wie in jenem Roman von Boz (Dickens) — der äußere Anschein von Wohlstand und Solidität und der von Ehrfurcht strotzende und Ehrfurcht einflößende Portier.

40.

Häufig erfolgt ein Andrang (run) von Banknoten, die Ein= wechslung fordern, zu den Kassen solcher Banken, welche Jahre lang des größten Vertrauens genossen. Je heftiger derselbe ist, in je kürzere Zeit er sich zusammendrängt und je weniger die Bank auf denselben vorbereitet war, desto gefährlicher ist seine Wirkung; oft hat er zur Zahlungssuspension oder =Einstellung ge= nöthigt. Es ist dieß die Schattenseite des Papiergeldes, daß es berechtigt ist, augenblickliche Zahlung zu fordern, während die Aktiva der Zettelbank erst binnen einer gewissen, wenn auch kurzen Zeit eingehen. Je größer der Nutzen der Banknoten für den Verkehr erachtet wurde, desto eifriger hat man nach Mitteln ge= forscht, solchen Verkehrsstörungen und den ihnen folgenden, fast noch gefährlicheren Unterbrechungen des Vertrauens auf das Papier= geld entgegen zu wirken.

Das englische Gesetz vom 19. Juli 1844, die Peel'sche Bankbill,[1] gestattet der Bank von England bis zum Betrage ihres Fondes von 14 Mill. Pfund Sterling, bestehend in verzinslichen und frei verkäuflichen Staatsschuldverschreibungen, Noten ohne alle metallische Deckung hinauszugeben; eine mehr als zwanzigjährige Erfahrung hatte gezeigt, daß selbst in Zeiten der Krisis und des Rückströmens der Noten zur Bank eine diesen Betrag weit übersteigende Menge sich im Umlauf erhalte. Ueber diesen Betrag hinaus muß aber jede ausgegebene Note, Pfund für Pfund, durch Gold (die englische Valuta) gedeckt seyn, dieses Gold ist übrigens nach dem Vorausgeschickten (soweit nicht der Fond der Bank sich vermehrt) kein anderes als das der Bank zur Aufbewahrung anvertraute. Man kann darüber rechten, ob das Gesetz nicht zu strenge sey, der Verkehr Englands ist so sehr gestiegen, daß ungeachtet der mannigfachen Mittel, die Operationen ohne Hülfe des Geldes zu vollziehen, der Wechsel, der Cheques und des Clearinghouses, das Minimum des Banknotenbedarfes sich weit über den Durchschnitt der Jahre 1822 bis 1842 erhebt, und in einem Lande wie England, wo die Anlegung seiner Gelder bei der Bank zu einer allgemeinen und tief gewurzelten Gewohnheit geworden ist, bleibt selbst in Zeiten der Krisis ein bedeutender Theil derselben der Bank bewahrt; allein die Grundlage des Gesetzes ist eine vollkommen richtige, denn durch sie werden folgende drei Grundsätze sanctionirt:

1. Nicht der ganze Metallvorrath der Bank ist für ihre Stabilität und die Sicherheit der Noteninhaber von gleichem Werthe. So weit er in den hinterlegten oder verzinslich angelegten Geldern Anderer besteht oder dadurch entstand, daß der Bank Metall zur

[1] Vergl. den Streit zwischen den Verfechtern dieser Bill, Norman und Lloyd (den Anhängern des currency principle) und deren Gegnern Tooke und Fullarton (Anhängern der banking principle), sehr anschaulich zusammengestellt im Quarterly Review CLXI, 230; Roscher, volkswirthschaftliche Ansichten, Leipzig und Heidelberg, 1861, 356 ꝛc. Puynode, de l'indépendence des banques et de la loi qui régit l'émission de leurs billets. Journ. d'Écon. Novembre 1862, 165 etc.

Verwechslung gegen Noten dargebracht wurde, wird er gerade in Zeiten der Bank entzogen, wo im Allgemeinen der kaufmännische Kredit schwankt oder der Bedarf an Metall steigt oder sogar Zweifel an ihre eigene Zahlungsfähigkeit sich erheben, also gerade dann, wann der Zudrang der Banknoten zu ihren Kassen der stärkste ist. Allerdings wird die Bank in dem Maße als diese Gelder abfließen, auch ihre Geschäfte beschränken, allein hieraus folgt eben, daß sie auf Rechnung des bei ihr vorhandenen, aber nicht ihr gehörigen Edelmetalls nie eine diesen Vorrath bedeutend überschreitende Notenmenge ausgeben darf. Die Erfahrung und der kaufmännische Takt geben hier für jedes Land und jeden Markt eine ziemlich verläßliche Grenze an, bis zu welcher die Depositen der Bank nie entzogen werden, und es ist klar, daß nur dieser Rest dieselbe Benützung des Notenkredits wie der eigene Fond der Bank gestattet.

2. Es ist ferner eine alte Regel im kaufmännischen Verkehr, daß der Umfang der Geschäfte in einem bestimmten, nicht überschreitbaren Verhältnisse zum Fonde der Unternehmung stehen muß; die Grenze mag noch so weit hinausgerückt seyn, sie besteht, und der Kaufmann, der sie überschreitet, ist ein Schwindler. Der Fond ist die Reserve, welche bei Angriffen, deren Heftigkeit und Stärke die einzelnen Heeressäulen zum Wanken bringt, diese ausreichend unterstützen soll, je mehr solcher Säulen und je stärker jede einzelne zu Felde gezogen, je stärker muß, um einen Erfolg zu üben, die Reserve seyn. Ziffermäßig läßt sich das Verhältniß des Geschäftsfondes zum Geschäftsumfange, vom Standpunkte der Wissenschaft aus, allerdings schwer bestimmen und es läßt sich bloß sagen, daß je gewagter das Geschäft, je unsicherer das Einfließen der ausstehenden Forderungen zur Zeit ihres Verfallens ist und je plötzlicher und stärker die Passiven des Geschäfts sich zur Zahlung drängen können, jene Grenzen desto enger gezogen und sorgfältiger gewahrt werden müssen. Die Zettelbanken stehen nun gewissermaßen in der Mitte; die Sicherheit ihrer Geschäfte würde gestatten, mit einem kleinen Fonde sehr umfangreiche Geschäfte zu unternehmen, allein die Nothwendigkeit einem plötzlichen und starken

Andrange der Noteninhaber zu begegnen, setzt dieser Richtung Schranken.[1]

Damit dieser Fond gegenüber den Verlusten, welche in jedem kaufmännischen Geschäfte ungeachtet aller Vorsicht unvermeidlich sind, unangetastet erhalten werde, wird aus einem bestimmten Antheil der Dividenden, d. i. der Ueberschüsse der Jahresgewinnste über den üblichen Zinsfuß, ein Reservefond gebildet, den man bis zu einer gewissen Höhe anwachsen läßt.[2]

3. Es gibt endlich einen bestimmten Betrag an Banknoten, der nie zur Einwechslung an die Kassen der Bank zurückkehrt. Er besteht aus jenen Summen, die sich in den Kassen der Schuldner und Schuldner-Schuldner der Bank ansammeln, um der Bank an Zahlungsstatt zugeführt zu werden, und die gerade in Zeiten der Bankkrisis beträchtlicher als gewöhnlich sind, weil es im Interesse jener Schuldner liegt, mit Banknoten statt mit Metall zu zahlen, ferner aus Beträgen in den Händen derjenigen, welche keinen Ersatz für dieselben besitzen, also sie nicht zur Umwechslung einzusenden vermögen, oder welche unbekümmert um die Ereignisse des Tages den Gang der Gewohnheit gehen, die Note heute nehmen, weil sie gestern dasselbe gethan haben, endlich aus den nicht unbedeutenden Summen, welche durch Unfälle aller Art, im Großen oder Kleinen, verbrannt, verschüttet, weggeschwemmt, zerrissen, in nicht mehr gebrauchten Behältnissen vergessen, versteckt oder vergraben

[1] Vergleicht man in dieser Richtung die drei Staatsbanken von England, Frankreich und Oesterreich, so findet man (bei der österreichischen Bank die Noten nach dem Kurse von 112 auf Silber reducirt, und überall den Reservefond mit eingerechnet):

	Bankfond. Millionen Francs.	Durchschnittliche Banknotenmenge.	Verhältniß des Fonds zur Notenmenge.
England	440	625	100 : 142
Frankreich	212	750	100 : 354
Oesterreich	300	975	100 : 325

[2] Auch hier wird des Guten oft zu viel gethan. Die französische Bank hatte von 1800—1856 nur 3,189,000 Fr. Verluste, während im Laufe dieser Zeit mehr als 50 Millionen Fr. für den Reservefond von den Dividenden abgezogen wurden.

und nicht mehr aufgefunden werden; Summen, welche den durch Falsifikate etwa entstandenen Schaden weit übersteigen.[1]

Unter allen drei hier hervorgehobenen Momenten ist für die Sicherheit der Bankgläubiger offenbar ihr Fond von der größten Bedeutung, denn er allein bietet die Deckung für ihre Forderungen. Mit der Sicherheit allein ist aber ihr Interesse nicht befriedigt, es fordert schnelle und pünktliche Zahlung, darum ist es nicht gleichgültig, worin der Fond der Unternehmung bestehe, sondern er soll aus denselben Elementen, wie die Geschäfte selbst, oder aus freien, in solche Elemente leicht verwandelbaren Kapitalien zusammengesetzt seyn. Eine Bank, die eine Getreidelieferung übernommen, thut nicht gut daran, wenn sie ihren Fond in Leder anlegt, der Besitz von Grund und Boden ist ein höchst ungeeigneter Fond für Bankgeschäfte; schwer verkäufliche oder in ihrem Werthe sehr schwankende Papiere, also z. B. Staatsschuldverschreibungen in ungewöhnlichen, sehr hohen Appoints, Aktien von Industrieunternehmungen, Wechsel unsicherer Firmen sind als Fond einer Zettelbank durchaus zu verwerfen.

Aus dieser Betrachtung folgt aber auch der Rath, daß ein Theil des Bankfondes in Edelmetall bestehe, damit die Bank in den Mitteln zur Einlösung ihrer Banknoten nicht ausschließend von den ihr anvertrauten Depots und dem Stande des Geldmarkts, also von fremdem Willen abhänge.

[1] Bei der Bank von England wird der durch Falsifikate entstandene Schaden jährlich auf $1/100$ Proc. veranschlagt. Von dem österreichischen Staatspapiergelde der Jahre 1849—1854, Gesammtausgabe 1840 Mill. Fr., mittlerer Umlauf 375 Mill. Fr., fehlten bei der Einziehung 700.000 Fr., von den Münzscheinen (in Appoints zu 6 kr. Conventionsmünze) der Jahre 1849—1858, mittlerer Umlauf 27 Mill. Fr. — im Ganzen wurden wegen der starken Abnützung 158,2 Mill. ausgegeben — 6,2 Mill. Die österreichische Nationalbank hatte im Jahre 1848 ihre älteren Banknoten aus den Emissionen der Jahre 1816—1841 — mittlerer Umlauf 375 Mill. Fr. — einberufen, Ende 1862 war der ganze nicht zur Einlösung gelangte Rest 83.000 Fr. Hingegen fehlten von den in Folge des Gesetzes vom 30. August 1856 einberufenen auf Conventionsmünze lautenden Banknoten im Betrage von 974 Mill. Fr. Ende 1862 noch 7,3 Mill., worunter 5,4 Mill. kleine Appoints von $2\frac{1}{2}$, 5 und $12\frac{1}{2}$ Fr.

Wir gehen aber nicht so weit zu fordern, dieser Fond oder der größere Theil desselben müsse stets in edlen Metallen vorhanden seyn. Weder die Bankbill Peel's, trotz ihrer Strenge, noch jene des Staates Newyork,[1] der das System der amerikanischen Banken meistens nachgebildet ist, noch die Statuten der französischen Bank[2] haben eine Bestimmung dieser Art, und das Verhältniß der Banknotenmenge zum Baarschatze hängt von allzuvielen und wechselnden Elementen ab, als daß eine Bestimmung dieser Art möglich wäre. Versprechen die politischen und commerziellen Zustände große Beständigkeit, ist der Charakter des Volks ein ernster, nicht leicht beweglicher, hat es Vertrauen zu sich selbst und seiner inneren Kraft, ist sein Handel ein mehr auf den innern Verkehr angewiesener, weniger vom Weltmarkt abhängiger, so genügt, wenn ein kleiner Theil des Bankfondes — $1/8$ sagt die Bankbill von Newyork — in Metall vorhanden ist. Eine Goldvaluta bedingt wegen ihrer größeren Beweglichkeit einen größeren Baarschatz. Zur Zeit eines im Auslande geführten Krieges, einer großen Getreideeinfuhr u. dgl. wird eine Bank, die ihren Notenumlauf nicht in so strenge Grenzen eingeengt hat, wie die englische, es vielleicht räthlich finden, daß der ganze Fond oder ein sehr großer Theil desselben in edlen Metallen bestehe, aber in der Regel erfüllen frei convertible Werthpapiere den Zweck vollkommen. Dieselben können in dem Maße verkauft werden als der Silberbedarf wächst, der Reservefond dient zur Deckung des hiebei entstehenden Verlustes und wie groß dieser letztere immer seyn möge, er verhält sich doch zu demjenigen, der durch das todte Liegenlassen einer gleichen Summe edlen Metalls entsteht, nur so wie jener, der durch den etwas kostspieligeren Getreideeinkauf in Zeiten der Theurung erwächst, zu jenem, der an den Getreidevorräthen sich ergeben würde, die man nach gewissen veralteten Volkswirthschaftslehren Jahr aus Jahr ein als Vorsorge für solche Zeiten liegen lassen soll.

[1] Gesetz vom 18. April 1838.
[2] Gesetz vom 18. Januar 1800, 14. April 1803, 22. April 1806, 16. Januar 1808.

Als ein anderes, von den Grundlagen der Peel'schen Bankbill verschiedenes Mittel zur Sicherung des Notenumlaufs einer Bank wird die sogenannte **Drittelbeckung** vorgeschlagen, d. i. daß die Summe der Noten nie das Dreifache des in den Kellern und Kassen der Bank vorhandenen Edelmetalls überschreite, es ist dieses einer der Grundsätze der französischen und der preußischen Bank, und war durch das Gesetz vom 30. August 1858 auch für die österr. Bank angeordnet, als man hoffte, daß sie mit 1. November jenes Jahres die Baarzahlungen werde aufnehmen können. Allein dieses Mittel ist unzweifelhaft ein verfehltes, denn es soll gelten, ob nun das Metall Eigenthum der Bank oder ihrer Correspondenten sey, aber, wie wir gesehen, finden in jedem dieser Fälle andere Gesetze statt, im erstern ist die Sicherheit für die Banknoten eine weit größere als im zweiten. Die Ansicht, von welcher jener Vorschlag ausgeht, ist, wie uns scheint, die, daß die Gefahr in den Tagen der Krisis für die Bank eigentlich darin liege, daß sich die Anforderungen nach Edelmetall an ihre Kassen in kürzerer Zeit zusammendrängen, als sie ihre Geld- und Vorschußforderungen einzuziehen, ihre Werthpapiere zu veräußern vermag. Kann sie nun dem Andrange des ersten Drittels ihrer Noten mittelst ihres Baarschatzes genügen und hat sie während dieser Zeit das zweite Drittel durch Einziehung ihrer Aktiva außer Verkehr gebracht, so muß sich das dritte Drittel durch das Bedürfniß aller derjenigen, welche noch der Bank zu zahlen haben, im Verkehr erhalten; man sieht, es ist eine Reihe von Voraussetzungen im Spiele, für welche nicht einmal die Wahrscheinlichkeit in Anspruch genommen werden kann.

In Oesterreich hatte die Regierung voriges Jahr bei den Verhandlungen über Erneuerung des Privilegiums der österreichischen Nationalbank eine Vereinigung der beiden Principien, der Peel'schen Bankbill und der Drittelbeckung, versucht. Bis 500 Mill. Fr. wurde der Bank eine metallische Deckung für ihre Noten nicht zur Pflicht gemacht, von Beträgen zwischen 500—825 Mill. sollte ein Drittel, von solchen über 825—1100 Mill. die Hälfte, und jede größere

Notenausgabe vollständig durch Edelmetall gedeckt seyn. Gegenüber der Dritteldeckung wäre ein ziemlich neues — unseres Wissens nur in Piemont durch das Gesetz vom 6. November 1856 bestehendes — Princip, das steigende Verhältniß der Deckung zur Notenmenge nach Maß der Zunahme der letzteren, in die Sache eingeführt, gegenüber der Peel'schen Bankbill wäre, abgesehen von der Einschachtelung der Bestimmungen, die der Dritteldeckung angehören, eines ihrer Principien, der Zusammenhang der Notenausgabe mit dem Bankfonde, vernachlässigt worden. Wir können beides nicht loben. Die Vermehrung des Notenumlaufes hängt nicht von der Bank, sondern vom Verkehre ab, ein alter Satz, gegen den jeder Zweifel schwindet, wenn die Bank innerhalb des Kreises der oben (§. 39) erörterten Geschäfte sich bewegen muß, die alle einen schon stattgefundenen Verkehr voraussetzen. Es gibt daher nur Eine Grenzlinie, jene bis zu welcher nach den gegebenen Erfahrungen die Noten nie zur Umwechslung an die Bankkassen zurückkehren, bis zu derselben genügt eine geringe metallische Deckung, darüber hinaus ist eine bei weitem größere nothwendig, allein, wie eben nachgewiesen worden, wachsen die Gefahren der Bank nicht mit der Größe des Notenumlaufs und es ist darum ein Irrthum, die Deckung, die man bei einem geringeren Umlaufe für genügend anerkannte, bei einem größeren als unausreichend zu verwerfen. Wenn Peel für die Noten über 14 Mill. Pfd. die volle metallische Deckung fordert, so geschah es nicht darum, weil er eine Gefahr für England oder für die Bank in einer Vermehrung des Notenumlaufs über jene Größe sah, sondern weil er das der Bank anvertraute fremde, jeden Augenblick ihr entziehbare Geld nicht für eine über seinen Betrag hinausreichende Deckung für die Noten der Bank ansah. Hier stehen wir nun bei dem zweiten Gebrechen jenes Versuches. Eine Bank mit einem Fonde von 200 Mill. Fr., die 1100 Mill. Fr. Noten ausgibt, kann unter Umständen Schwindelgeschäfte treiben und keine genügende Deckung für ihre Noten bieten, ungeachtet sie 550 Mill. Fr. Silber im Vorrathe hat, wenn das Silber nicht ihr gehört und ihr von den Deponenten oder

Gläubigern abgenommen werden kann, während ihre Aktivforderungen schwer einbringliche oder zweifelhafte sind.

Doch betrachten wir einmal die Sache auch vom Standpunkte der Wirklichkeit. Der Banknotenumlauf der österreichischen Bank war zur Zeit jener Verhandlungen 1100 Mill. Fr., der Baarfond 250 Mill., der Bankfond 300 Mill. Nach Herstellung der Valuta dürfte sich ersterer wenigstens auf 900 Mill., der Baarfond auf 175 Mill. vermindern. Der Notenumlauf der englischen Bank ist 625 Mill. Fr., bei einem Bankfond von 450 Mill. und einem Baarfonde von 300 Mill.; erwägt man nun den seit 1822 unerschütterten Kredit der englischen Bank gegenüber dem (der Voraussetzung nach) eben restabilirten der österreichischen, dort den Bankfond großentheils in frei verkäuflichen Verschreibungen des reichsten Staats Europa's, hier denselben zu $2/3$ in einer fixen, unverkäuflichen Forderung an den Staat bestehend und zu $1/3$ für ein ganz heterogenes Hypothekengeschäft in Haftanspruch gezogen, so findet man — abgesehen von dem bereits erwähnten Umstande, daß die Peel'sche Bankbill die Restriktionen und Sicherstellungen weit übertrieben hat und daher eine Bank den Bedürfnissen vollkommen genügt, auch wenn sie bedeutend hinter der Bank von England zurückbleibt — nur Eines, in welchem die österreichische Bank im entschiedenen Vorzuge vor jener von England steht und welches gegründete Hoffnung für die Consolidirung jenes Institutes gibt: jener künftige Baarfond von 175 Mill. Fr. wird Eigenthum der österreichischen Bank seyn, während die 300 Mill. der englischen Bank Eigenthum ihrer Deponenten sind, jene können nur zu Gunsten der Noteninhaber verwendet werden, diese können ohne alle Wirkung für letztere verschwinden. Wir sind hiemit wieder auf jenen Satz zurückgekommen, welchen zu beweisen eine unserer Aufgaben war.[1]

[1] Eine andere eigenthümliche Combination der Peel'schen Bankbill und der Dritteldeckung versuchte die Commission zur Reform des Bankinstitutes, die 1850 in Wien zusammengerufen wurde (Schlußbericht vom 20. April 1850). Der Notenumlauf sollte nie das Dreifache sowohl der Bank- als des Baarfondes überschreiten, und wenn der Baarfond größer wäre als der Bankfond, der Ueberschuß der Noten über das Dreifache des Bankfondes durch Metall gedeckt seyn.

Die österreichische Bankakte vom 6. Januar 1863 ist von jenem Versuche zurückgekommen und ist einfach der Peel'schen Bankbill nachgebildet, die Bank ist berechtigt, bis 500 Mill. Fr. Noten ohne metallische Deckung auszugeben, darüber hinaus ist jede Note durch Edelmetall (in der Regel Silber, bis zu ¼ auch Gold) zu decken. Die Ziffer von 200 Mill. beruht darauf, daß ein gleicher Betrag dem Staate als Darlehen gegeben wird, er erreicht nicht den Bank- und Reservefond von 270 Mill. Fr. und läßt noch zur Fundirung der Hypothekargeschäfte Raum. Die volle metallische Deckung für alle Beträge über 200 Mill. Gulden ist wohl selbst mit Rücksicht auf den erschütterten Notenkredit etwas zu viel verlangt, allein die Akte selbst stellt, wofern diese Meinung sich bewährt, eine Abänderung jener Bestimmung in Aussicht.

Von Wichtigkeit für die Einlösbarkeit der Noten ist auch, daß keines der Appoints der Banknoten unter einen gewissen Betrag herabgehe, den wir vielleicht nicht unpassend als das Minimum des Verkehrs im Großen zu bezeichnen uns erlauben; in England sind dieses Minimum 125 Fr., in Frankreich 100 Fr., in Preußen 37½ Fr., in Oesterreich 25 Fr. Die Banken und Banknoten sind ein rein kaufmännisches Institut, sie greifen aus dieser Sphäre in eine ihnen fremdliegende hinüber, wenn sie auch den Verkehr zwischen dem Kleinhändler und dem Consumenten zu beeinflussen streben; einer ihrer Hauptnutzen, die Ersparung der Transportkosten, tritt nur bei dem Verkehr im Großen und auf Entfernungen, nicht aber bei dem Verkehr im Kleinen, von Hand zu Hand ein; die Kreise der letzten Art sind auch jene, in denen nur zu leicht Auswüchse des Banknotenwesens, die Unterstützung des Schwindels und die ungegründeten Besorgnisse, Wurzel fassen, man erhält also den Stamm leichter gesund, wenn man ihm das Eindringen in jene Gebiete erschwert; endlich verhindert das Verbot kleiner Appoints das gänzliche Ausströmen des Edelmetalls, so viel als der Kleinverkehr bedarf, muß davon im Lande bleiben.

Von weit größerem Nutzen als solche absolute Regeln für alle

Zeiten sind die Rathschläge für **besondere Fälle, die Zeiten der Gefahr**. Hier ist vor allem der stete forschende Ausblick in die Erscheinungen des Verkehrs zu empfehlen. Wenn das umlaufende Kapital allzu schnell in stehendes verwandelt wird, Kredite allzu leicht gegeben und genommen werden, eine Menge Wechsel auf dem Markt erscheinen, die nicht Entgelte geschlossener Käufe, sondern versteckte Darlehen sind, wenn bei hohen Preisen die unverkauften Waaren sich häufen, dann ist eine erhitzte Einbildungskraft die Beherrscherin des Marktes, die Thätigkeit ist fieberhaft geworden, eine Reaktion und mit ihr die Erschütterung des Kredites steht bevor. Die Bank soll ein solches Treiben nicht unterstützen und darf es ihrer eigenen Sicherheit wegen nicht, denn Viele, die jetzt als sichere Schuldner erscheinen, werden durch jene Reaktion aufhören es zu seyn, Viele, die des Kredites der Bank bisher nicht oder im geringen Maße benöthigten, werden sich bittend an sie wenden, und Viele werden der Gelder bedürfen, die sie jetzt bei der Bank ausstehen haben. Darum ist es für die Bank räthlich, bei Zeiten den Zinsfuß für die Kapitalien, die sie ausleiht, zu erhöhen, bei Ertheilung von Vorschüssen weiter als gewöhnlich unter dem Courswerthe zurückzubleiben, in der Auswahl der Wechsel strenger zu seyn. Ist der Ausfall der Ernte ein schlechter gewesen, findet in anderen Gegenständen des Weltmarkts ein ungewöhnlich starker Import statt, der nicht in kürzester Zeit durch einen gleich starken Export ausgeglichen wird, muß der Staat große Subsidien oder Tribute an andere Staaten zahlen oder ist ein Krieg ausgebrochen, der, in der Fremde geführt, große Summen außer Land führt; so ist das Ausströmen des Edelmetalls vorauszusehen, und um die bestehende Lücke auszufüllen, hat die Bank den Zinsfuß für die Kapitalien, die sie zu leihen nimmt, zu erhöhen, einen Theil ihrer Fonds zum Ankauf von Edelmetall zu verwenden, und wenn es nöthig, nur Wechsel von weit kürzerer Frist als gewöhnlich zu kaufen und auch Vorschüsse nur auf solche kurze Frist zu ertheilen. Zeigt sich endlich ein Mißtrauen in das Gebahren der Bank selbst, so sind die begangenen Fehler gut zu machen, gegen deren Wiederholung Bürgschaften zu geben und durch die ausgedehnteste Oeffentlichkeit Vorurtheile zu zerstreuen.

Eine Bank, die so handelt, wird in der Regel selbst dann, wenn die Krisis hereinbricht, die Preise fallen, die Verluste wachsen, mächtige Häuser stürzen, Angst und Mißtrauen der Gemüther sich bemächtigt, unerschüttert dastehen und zu helfen bereit seyn und vermögen, sie wird die Kredite, die sie gibt und bereits gebührend eingeschränkt hat, denen, die sich vertrauenswerth beweisen, erweitern und verlängern, den Muth beleben und den opfervollen Uebergang in die bessere Zukunft erleichtern und vorbereiten.

Wenden sich aber wider alles Erwarten die Mächte des Verderbens gegen sie selbst — und keine Vorsicht kann gegen Unfälle und vor allem gegen eine ihrer ersten Ursachen, die panische Furcht der Menge schützen — sind die Zweifel an ihre Zahlungsfähigkeit wirksam geworden, und stürzen sich die Banknoten in Massen zur Einwechslung an die Kassen der Bank, so hat diese ernstlich zu erwägen, ob sie mit den zu Gebote stehenden oder zu erwartenden Hülfsmitteln dem Andrange werde genügen können oder nicht. Im ersten Falle muß sie es mit Aufwand aller Kräfte thun. Man erzählt sich, bei einer der ersten Krisen der französischen Bank habe ein pfiffiger Direktor den Befehl gegeben, das Silber für die zuströmenden Banknoten in Stücken vorzuzählen statt in Säcken vorzuwägen, ein solches Auskunftsmittel ist in der Regel von Uebel, die lange Menschenreihe, die wegen solcher Verzögerungen vor den Kassen der Bank Queue macht, ist für ihren Kredit weit gefährlicher als die ohne dieselbe abströmende Silbermenge; in jenem Beispiele hat nur der Sieg von Austerlitz die französische Bank gerettet. Man vergesse nicht, daß wenn die Krisis auf unrichtigen, übertriebenen, vorübergehenden Voraussetzungen beruht, sie auf sehr kurze Dauer beschränkt wird, falls die Bank selbst nichts thut um ihren Kredit zu schwächen.

Glaubt aber die Bank dem Andrange nicht genügen zu können, so hat sie die Rechtspflicht, sogleich die Kassen zu schließen und ihre Insolvenz zu erklären, um nicht, gleich einem leichtsinnigen oder unredlichen Cridatar, die einen Gläubiger, die früher zur Kassa kommen, auf Kosten der anderen zu befriedigen. Solche Fälle der Suspension der Zahlungen können bei der solidesten Bank durch große politische oder Naturereignisse eintreten, welche ihr eigenes Vermögen oder das ihrer Schuldner mit Vernichtung bedrohen. Wir erinnern an Erdbeben, Ueberschwemmungen, feindliche Einfälle, Empörung und Aufruhr. [1]

Die Regeln, die wir hier gegeben, sind solche, welche jede Bank, im Interesse der Volkswirthschaft, befolgen sollte, aber ferne liegt uns der Gedanke, daß sie alle von der Gesetzgebung zwangsweise vorgeschrieben, mit anderen Worten, daß die Banken staatlich reglementirt werden sollen. [2] Hiezu eignet sich weder der mehr unbestimmt und bedingnißweise gehaltene Charakter jener Regeln, und wie wir nachgewiesen, wäre jede strengere Fassung vom Uebel, noch die Stellung der Banken in der Handelswelt, die sie in nichts als in dem Umfange und der Art ihres Betriebes von anderen kaufmännischen Unternehmungen mit freien Kapitalien unterscheidet, und am allerwenigsten die an solche Zwangsgebote mit Nothwendigkeit sich knüpfende Folge, die Einsicht, welche der Staat in das Gebahren der Banken nehmen, der Einfluß, den er auf sie üben, die moralische Bürgschaft, welche er hierdurch, ohne es zu beabsichtigen und ohne die Wirkung beurtheilen zu können, für sie leisten müßte. Alles was der Staat unseres Erachtens zu thun hätte, wäre sein Privat= und Handelsrecht durch einige auf Banken

---

[1] Aus solchen Gründen hat 1848 sowohl die französische als die österreichische Bank ihre Zahlungen suspendirt, nur jene zur rechten Zeit am 15. März, diese erst am 22. Mai, nachdem 107 Mill. Fr., $^2/_3$ ihres Baarschatzes, ihren Kassen entnommen waren. Die Suspension der Baarzahlungen der französischen Bank dauerte bis 6. August 1850 und war selbst während dieser Zeit keine vollständige.

[2] Hiegegen fehlen vor allen die preußischen Normativbestimmungen vom 5. Oktober 1846, sie regeln das Maximum des Aktienkapitals aller und das Minimum des Aktienkapitals der einzelnen Privatbanken, die Vertheilung des Bankfondes, das Verhältniß der einzelnen Notenappoints zu einander u. dgl. m. Auch in der Peel'schen Bankbill sind die Beschränkungen der Privatbanken viel zu beengend und zahlreich.

bezügliche Bestimmungen zu ergänzen. Diese „Bankbill" dürfte sich auf folgende wenige Paragraphe beschränken:

§. 1. Jedermann kann eine Bank errichten.

§. 2. Jede Bank kann Noten ausgeben, wenn sie in Barren, Münzen, börsemäßigen Werthpapieren ein Specialpfand für den vollen Betrag derselben zu Gunsten der Noteninhaber bestellt. Ein Syndikat, von dem Handelsgerichte bestellt, besorgt die Verwaltung und sobald es nöthig die Exekution des Pfandes.

§. 3. Nur diejenigen Banken, welche sich ausschließend mit dem Depositen- und Girogeschäfte, dem Escompte kurzzeitiger Wechsel und kurzzeitigen Vorschüssen auf Barren, Münzen und börsemäßige Werthpapiere beschäftigen und von den Gewinnstüberschüssen über den gewöhnlichen Zinsfuß den vierten Theil bis zur Bildung einer den vierten Theil des Bankfondes betragenden Reserve zurücklassen, dürfen eine den Betrag jenes Pfandes überschreitende Summe Noten ausgeben. Diese Summe darf ein bestimmtes durch die Statuten ausgesprochenes Verhältniß zum Bankfonde nicht überschreiten und dieses Verhältniß muß in den Noten ausgedrückt seyn. Der Bank- und Reservefond haftet vor allem für die Befriedigung der Noteninhaber.

§. 4. Die Noten druckt das Syndikat und liefert sie, nach Empfang des Pfandes, der Bank über ihr Verlangen bis zu der vom Gesetze gestatteten Summe aus, aber erst durch Mitfertigung der Bank erlangen sie für dieselbe Verbindlichkeit. Das Syndikat untersucht auch periodisch zur Sicherstellung der statutenmäßigen Gebahrung die Bücher und Kassen der Gesellschaften, welche Noten ohne Pfandbestellung ausgeben, und veröffentlicht die Ergebnisse.

§. 5. Die Ausgabe von Appoints unter einem bestimmten (von der Gesetzgebung jeden Staates nach dem Minimum des Großverkehrs zu bestimmenden) Betrage ist untersagt.

§. 6. Eine Bank, die gegen Gesetz und Statuten vorgeht, verliert, abgesehen von anderen Strafen, das Recht der Notenemission.

Es können statt der vorgeschlagenen Zahlenverhältnisse andere

gewählt, statt mehrerer Syndikate ein einziges für jeden Obergerichts=
sprengel oder für den ganzen Staat bestellt, alle Banknoten mit
voller Deckung nach einem und demselben Formulare gedruckt werden;
aber alle diese und ähnliche Aenderungen berühren das Wesen der
Sache nicht. Die Begünstigung der Noteninhaber vor den anderen
Gläubigern der Bank ist rechtlich durch die Unentgeltlichkeit des An=
lehens, das sie gewähren, die ihnen zugesicherte Zahlung auf Sicht
und vor allem durch die Nothwendigkeit der Erhaltung des Vertrauens
auf ein so wichtiges Verkehrsmittel begründet, als die Banknoten sind.

41.

Da wir uns gegen die Reglementirung der Banken und Bank=
notenausgabe erklären, können wir uns um so weniger für ihre
Monopolisirung aussprechen.[1] Was die Banken im Allgemeinen
betrifft, ist wirklich nicht abzusehen, warum gegenüber dem allseits
anerkannten Nutzen der Gewerbefreiheit gerade ein Geschäft mono=
polisirt werden soll, das die größte Solidität, Einsicht, Gewandt=
heit und Klugheit fordert, dem Unternehmer die größten Gewinne
abwirft, ihn zum Gebieter eines bedeutenden Theiles der Handels=
welt macht und diesen in seinen Sturz mit hineinreißt. Jene
geistigen Eigenschaften werden nur durch die Concurrenz hervor=
gerufen und erprobt, nur dadurch die Gewinnste und die Ueber=
macht auf ein billiges Maß zurückgeführt und die Wirkungen des
Sturzes auf kleine Kreise beschränkt.

[1] Vergl. dagegen Rau, Volkswirthschaftspolitik, §. 247; Tellkampf, über
die neuere Entwicklung des Bankwesens in Deutschland, 3. Auflage, Breslau
1856; Ad. Wagner, die Herstellung der (österreichischen) Nationalbank, Wien
1862. Wagner bekämpft jedoch die Bankfreiheit nur in Oesterreich aus politi=
schen Gründen, im Allgemeinen spricht er in seiner Schrift: Beiträge zur Lehre
von den Banken, Leipzig 1857, sich für dieselbe aus. Ebenso Höfken: die
österreichischen Finanzprobleme, Leipzig 1862, S. 97, 112 ꝛc.; Puynode 278 ꝛc.;
Courcelle=Seneuil II, 364; Giulio, la Banca ed il tesoro, Turino 1853;
Raoul Boudon, la verité sur les institutions de crédit privilégiées en
France, Paris 1862; Carey c. 33, §. 12; Otto Hübner 33, 69, und vor
Allen Ad. Smith II, 494, welcher das Beispiel der freien schottischen Banken
vor Augen hatte.

Jede Bank hat das Streben, vorzugsweise den Kreis ihrer Unternehmer und Leiter, der Handelsfreunde derselben und den Handel ihres Standortes zu begünstigen; bei einer monopolisirten Bank führt dieß zu den empörendsten Ungerechtigkeiten gegen alle anderen Kreise und Orte, die Errichtung jeder Filiale muß einem solchen Institute mit Anstrengung abgerungen werden, Einseitigkeit und Mißbrauch in Ertheilung der Kredite sind nur durch ein Uebel anderer Art, die Einmischung des Staates in den Gang der Geschäfte, zu beseitigen. Bei freien Banken hebt die Conkurrenz die Folgen jener Bestrebungen auf, sie entstehen, wo das Bedürfniß ihnen einen lohnenden Erfolg verspricht, der Patronanz der einen steht jene der anderen entgegen und die Sorge für den gewinnreichen Ertrag der eingelegten Kapitalien nöthigt sie, nicht allzu ausschließend zu seyn.

Für eine monopolisirte Bank muß in Zeiten der Krisis der Staat einschreiten, ihr Vorschüsse geben, für sie Bürgschaft leisten, ihr zu Gunsten die Gesetze beugen, Moratorien bewilligen, den Noten, die sie nicht mehr einzulösen vermag, den ferneren Umlauf gestatten, ihnen vielleicht den Zwangskurs einräumen, alles, weil sonst der ganze an die Bank gewiesene Verkehr des Landes gewaltsam zum Stillstand gebracht würde; bei einem System freier Banken geht der Sturz einer Bank ebenso unvermerkt vorüber und wird so vollständig nach dem Gesetze abgethan, wie die Zahlungseinstellung jedes anderen Hauses. Die Banken Nordamerikas haben in den großen Handelskrisen von 1837 und 1857 in großer Zahl und wiederholt ihre Zahlungen eingestellt, aber kaum ein Jahr lang haben die Folgen dieser Ereignisse nachgewirkt, neue Banken entstanden oder die alten glichen sich aus und der Verkehr nahm neuen Aufschwung; in Oesterreich hat die Einstellung der Zahlungen von Seite der Nationalbank die traurigsten Eingriffe des Staates in die Privatrechte, und ein bis jetzt andauerndes lähmendes Schwanken der Valuta hervorgerufen.[1] Auch darf man bei den Vorgängen

---

[1] Vergl. dagegen Hoffmann, Lehre v. Gelde, S. 193.

in Nordamerika, die so oft bei Vertheidigung einschränkender Maß=
regeln als warnende Beispiele angeführt werden, den waghalsigen
und ungestümen, im Anstreben des Ziels oft die Rechtlichkeit der
Mittel hintansetzenden Charakter der Bevölkerung nicht übersehen,
der auch in den Bankgeschäften in einen Schwindel ausartet, der
in anderen Ländern nicht in gleichem Maße sich wiederholen dürfte. [1]

Man sagt, eine große, das ganze Land umfassende Bank
regulire den Verkehr; [2] aber dieß ist theils nicht wahr, theils so
weit es wahr ist, in der Regel ein Unglück. Auch die größte, mit
den umfassendsten Mitteln ausgestattete, von den einsichtigsten Män=
nern geleitete Bank besitzt nicht die Macht und den Einfluß den
Verkehr zu regeln und sie erfüllt ihre Aufgabe vollkommen, wenn
sie das Umgekehrte thut, ihre Geschäfte nach dem Verkehre regelt.
Gewöhnlich genügt eine monopolistisch gestellte Bank nicht einmal
dieser Aufgabe. Häufig erstarrt sie zu einer gedankenlosen Rou=
tine, so z. B. hat die österreichische Bank durch 35 Jahre, von
1818 bis 1829 und von 1833 bis 1856, durch alle Schwan=
kungen des Marktes und der Valutaentwerthung hindurch, und selbst
als die ganz außerordentliche Zunahme ihres Portefeuilles und das
Abströmen ihres Baarfondes sie von ihrer Ausbeutung durch das
Ausland überzeugen konnte und die Banken von England und
Frankreich, durch die Erhöhung ihres Escompte, ein lehrreiches
Beispiel gaben, in ihren Leihgeschäften den 4procentigen Zinsfuß
festgehalten. Oft ist eine solche Bank, wie z. B. die englische, durch
den Mechanismus ihrer Statuten im Wirken gehindert, und muß
ihre Noten einziehen, wenn das Metallgeld außer Land strömt,
so daß der Verkehr gleichzeitig auf zwei Seiten seine Umlaufs=
mittel verliert, [3] oft endlich richtet sie durch ihre stolzen Versuche

---

[1] Im März 1861 gab es 1656 Aktienbanken mit einem Nominalkapital von
2.193 Mill. Fr., denen man noch 750 nicht auf Aktien gegründete beizählen
muß. Seit dem Bürgerkrieg sind die nordamerikanischen Banken tief in die
Kreditsverhältnisse des Staates verwickelt.

[2] Stein, Volkswirthschaft, 301.

[3] Zweimal, 1847 und 1857, war darum die Regierung genöthigt, durch
Parlamentsakte die Bankbill zu suspendiren, d. i. der Bank eine durch ihre

den Verkehr zu umstalten bei Anderen und bei sich den größten Schaden an.

In Beziehung auf die Notenausgabe bestreiten wir vor allem dem Staate das Recht, dieselbe zu monopolisiren. Eine Banknote ist zunächst ein Schuldschein und das Recht Darlehen zu suchen und zu geben ist Niemand, der über sein Vermögen frei verfügen darf, zu verwehren. Allerdings ist die Banknote noch mehr als ein gewöhnliches Darlehen, sie ist ein wichtiges Mittel des kaufmännischen Verkehrs und der Staat ist berufen darüber zu wachen, daß es nicht durch Mißbrauch ganz entwerthet werde, allein dieser Beruf rechtfertige ein Monopol nur im Falle des Nachweises, daß es gar kein anderes Mittel zum Schutze des commerciellen Zweckes der Banknote gebe, und dieser Nachweis ist nicht herzustellen. Wohl hat man das Monopolisirungsrecht des Staates aus seinem Münzregale hergeleitet,[1] wie aber aus dem recipirten Rechte und der Pflicht des Staates, das Edelmetall durch Feststellung und Verbürgung seines Gewichts und Feingehaltes zur Münze zu umstalten, das Recht und die Pflicht für ihn folgen solle, vollgültig zu bestimmen, daß und welcher Bank das Vertrauen geschenkt werden dürfe, daß ihre Noten jederzeit gegen Metall eingewechselt werden können, ein Dürfen, das, wie wir bald sehen werden, fast unvermeidlich ein Sollen und Müssen nach sich zieht, das ist durchaus nicht einzusehen.

Manchmal wird wohl auch versucht, den Beweis der Nothwendigkeit des Monopols vom Standpunkte der Bedürfnisse des

Baarschaft nicht fundirte Notenausgabe zu gestatten. Es war 1847, wo Peel (nach Macleod, Theory and practice of banking II, c. 9) das merkwürdige Geständniß ablegte: „Ich bin gezwungen, es einzugestehen, in der Hoffnung durch die Bankbill den Krisen zuvorzukommen und sie zu beschränken bin ich getäuscht worden."

[1] Stein 149; System der Staatswissenschaft, Stuttgart 1852, Bd. 1, 223, Lehrbuch der Volkswirthschaftslehre, 52—55, Grundzüge für die Herstellung und Erhaltung einer commerciellen Papierwährung in Oesterreich, Wien 1861; Höften S. 49; Napoleon I. in der Staatsrathsitzung vom 27. März 1806 und ganz zuletzt Professor Herbst in seiner Rede vom 24. Oktober 1862 im österreichischen Abgeordnetenhause über das Bankgesetz.

Verkehrs auszuführen. Einige gehen von den gegenwärtigen Zuständen in den größeren Staaten Europas aus — freilich müssen sie hiebei Deutschland mit der Vielheit und Buntscheckigkeit seiner Banken nicht als einen Staat, sondern nur als einen geographischen Begriff betrachten — und behaupten, ein Volk, das an monopolistische Banken gewohnt sey, werde den Noten der Banken freier Concurrenz kein Vertrauen schenken, das durch die Concurrenz hervorgerufene Sich=Ueberbieten in der Leichtigkeit der Kreditsertheilung und das Herabsetzen der Mitbewerber werde das Ansehen der Banken noch mehr untergraben, und so werde eines der wichtigsten kaufmännischen Institute durch die Concurrenz zu Grunde gerichtet werden. Etwas sonderbarer Weise werden diesen Vorwürfen von denselben Personen die gerade entgegengesetzten zur Seite gestellt: bei der Unerfahrenheit des Volkes werden auch Banken des Schwindels Abnehmer für ihre Noten finden, besonders dort, wo das Volk durch monopolistische Banken Vertrauen in die Banknoten zu setzen gelernt hat, Bankbrüche werden bald allgemein werden und der hierdurch hervorgebrachte Schaden sowie die Erschütterung des Kredites eine stete Quelle empfindlicher Verluste seyn.

Man sieht, daß der eine Vorwurf den anderen paralysirt. Banken, die keines Ansehens genießen, können nicht Schaden stiften, und Banken, die Schaden stiften, können nicht Ansehen genießen. Wir sind übrigens der Ueberzeugung, daß alle diese Befürchtungen grundlos sind. Ist die Handelsgesetzgebung über Banken ungefähr auf den von uns (§. 40) entwickelten Grundlagen geregelt, so ist der Schaden, den Banken verursachen können, ein unverhältnißmäßig kleiner. Diejenigen Banken, welche ihren Hauptnutzen in der Menge der ausgegebenen Banknoten, d. i. in der Größe des auf solche Weise erhaltenen unverzinslichen Anlehens und nicht in der Größe des mit jedem Theil dieses Kapitals erzielten Gewinnstes suchen, werden sich in der Solidität ihrer Geschäfte Concurrenz machen, denn dieß ist der einzige Weg, Banknoten im Umlauf zu erhalten, und dieselbe Klugheit, welche Auguren und Aerzte lehrt nur im Geheimen über einander zu lachen, wird den ehrwürdigen

Stand der Bankhalter ebenfalls zur Schonung der gegenseitigen Ehre bestimmen.

Es beruht die Ansicht von der Nothwendigkeit der Monopolisirung der Notenemission auch auf der falschen Voraussetzung, als wenn dieselbe das Hauptgeschäft und der Hauptnutzen der Banken und das einzige Ersatzmittel des Metallgeldes sey, aber das Versicherungs-, das Commissions-, das Unternehmungsgeschäft, für welches letztere in neuester Zeit eigene Banken, die crédits mobiliers, entstanden sind, und der Wechselaccept sind ebenso wenn nicht mehr gewinnreich für das Land als das mit der Banknotenemission allein vereinbare Depositen-, Escompte- und Vorschußgeschäft, der offene Kredit verlockt mehr zu schwindelhaften Geschäften als jede Notenemission,[1] und das Giro, der Wechsel, der Cheque und vor allen die Ausgleichungshäuser (Clearing houses), wo die Banquiers einer Stadt ihre gegenseitigen fälligen Forderungen ausgleichen, so daß nur die Hinausreste baar bezahlt werden, erfüllen den Umlaufszweck der Banknote mehr als hinreichend. Auch jener große Zweck der Banken, das Zusammenwirken der Geldkräfte eines Landes und ihr gegenseitiges zu Hülfe Eilen und sich Unterstützen im Augenblicke der Noth, die Solidarität des Kredites,[2] wird durch andere Arten Banken oft kräftiger und erfolgreicher erfüllt, als durch Zettelbanken innerhalb des engumzäunten Kreises, in welchem sie sich bewegen müssen. Eine Zettelbank ist nicht mehr ein solches Bedürfniß für den Verkehr als früher. In England rechnet man, daß 3300 Mill. Fr. in Wechseln gegen 750 Mill. Fr. in Banknoten umlaufen,[3] die Banken Nordamerikas geben durchschnittlich nicht den zehnten Theil der Noten aus, zu denen sie nach Gesetz und Statuten berechtigt wären, und sie würden oft ganz auf die Notenausgabe verzichten, wenn nicht die Noten die beste Art der Bekanntmachung ihrer Anstalt und zugleich, da sie zur Notenausgabe in der Regel nur durch Hinterlegung einer

---

[1] Mill II, 104.
[2] Stein, Staatswissenschaft, Bd. I, 392.
[3] Puynode 284.

bedeutenden Sicherstellung ermächtigt werden, ein Beweis ihrer Zahlungsfähigkeit wären.[1] Die Folgerichtigkeit zwingt also entweder alle diese Anstalten und Geschäfte zu monopolisiren oder das Monopol auch auf die Notenausgabe fallen zu lassen.

Eine Mehrheit von Zettelbanken bringt endlich den großen, wir möchten sagen den unschätzbaren, nie zu theuer zu erkaufenden Nutzen mit sich, daß für immer die bei einer monopolistischen Bank unvermeidliche Gefahr beseitigt ist, daß ein Papiergeld sich unvermerkt dem Metallgeld in allen seinen Beziehungen unterschiebe und es verdränge. Da wo in einem Lande Banknoten verschiedener Art und vielleicht auch verschiedenen Kurswerthes in Umlauf sind, ist und bleibt die allgemeine Rechnungsmünze und der ideale Werthmesser das Metallgeld, eben weil Niemand weiß, in Noten welcher Bank ihm die Zahlung werde angeboten oder von ihm werde angenommen werden, und weil für die Noten jeder Bank das Metallgeld der Maßstab des Werthes ist. Stets wird darum das Metallgeld Anwendung im Lande finden und nicht auswandern, und nie wird das Interesse vorhanden seyn, den Zwangskurs einzuführen.

Unter einer solchen Mehrheit von Zettelbanken verstehen wir freie rein kaufmännischen Charakters, nicht aber Territorial- oder Provinzialbanken unter Leitung, Obhut und Bürgschaft der Vertretungen dieser Landschaften, ein Projekt, das namentlich in Oesterreich wiederholt aufgetaucht ist.[2] Auch solche Körperschaften verfolgen einen höheren als volkswirthschaftlichen Zweck, auch in ihrer Verwaltung würden die Bankfonde zu anderen als Handelssachen verwendet, auch solche Banken könnten ohne das Monopol in ihren Gebieten nicht bestehen und ihr politischer Einfluß wäre ein decentralisirender, der Regierung entgegen wirkender, kurz sie hätten die Nachtheile der konkurrirenden und der Staatsbanken und noch einige mehr.

---

[1] André Cochut, les finances des États unis, Revue des deux mondes, 1862, Bd. 3, 194.
[2] Emil Graf Desewffy, über die schwebenden österreichischen Finanzfragen, Pesth 1856, und die ungarischen und polnischen Blätter.

Von der Ertheilung des Monopols an eine Zettelbank ist die eines Privilegiums, oder besser gesagt, die eines Entgelts für dem Staate geleistete Dienste, wohl zu unterscheiden, aber uns erscheinen nur solche Privilegien, die sich mit den Grundsätzen einer gesunden Handelsgesetzgebung, und solche Dienste zulässig, die sich mit der Sicherheit und dem Zwecke einer Bank vereinigen lassen, bekanntlich ist in der Wirklichkeit weder das Eine noch das Andere stets der Fall. Solche Dienste sind nun Darlehen kurzer Frist an den Staat auf bankmäßige Wechsel oder frei verkäufliche Kreditspapiere, Vermittlungen beim Abschluß von Anlehen, und das Entgelt, das wir meinen, ist die Benützung der Bank für die Kassageschäfte des Staates. Die Bank erhält dadurch, abgesehen von dem materiellen Vortheile, ein öffentliches Zeugniß ihrer Solidität und sie wird im ganzen Lande in den weitesten Kreisen bekannt. Die Dienste und Privilegien, die wir ausschließen, sind, daß die Bank dem Staate ein bleibendes oder erst nach vielen Jahren oder langsam in kleinen Summen und langen Fristen rückzahlbares Anlehen oder offenen Kredit gebe, als Deckung ihrer wenn auch kurzzeitiger Forderungen unveräußerliche Papiere annehme und daß dagegen der Staat sich zur Annahme der Noten der Bank als baares Geld bei seinen Kassen verpflichte. Solche Anlehen haben die englische, die französische, die österreichische und fast alle anderen monopolistischen Banken dem Staate gegeben und das Recht der Annahme ihrer Noten bei den Staatskassen genießen unter anderen die englische, die österreichische und die preußische Bank.

Jene Anlehen sind gegen die Sicherheit der Banknotenbesitzer, da sie die schnelle Realisirung des Bankfondes unmöglich machen, aber dieser Nachtheil kann durch die Annahme der Banknoten bei den Staatskassen ausgeglichen oder selbst in einen Vortheil verwendet werden; es ist hiebei das Verhältniß der Größe des Anlehens zur Größe der Staatseinnahme und die Schnelligkeit der Bewegung der letzteren entscheidend. Durch jene Annahme wird nämlich ein bedeutender Betrag dieser Noten als Staatsgeld im Umlauf erhalten, ohne je zur Auswechslung gegen Silber bei den

Bankkassen erscheinen zu können, und es reicht daher ein kleiner Theil des Bankfondes zur Deckung des Restes hin. Finden z. B. die Haupteinnahmen und Ausgaben des Staates monatlich statt, so kann man ohne sehr von der Wahrheit abzuweichen annehmen, eine Monatseinnahme liege in diesen Kassen, eine zweite sey auf dem Wege von diesen bis zu den letzten Ausgabskanälen der aus den Staatskassen Beziehenden und eine dritte auf jenem von den ersten Einnahmsquellen der an die Staatskassa Zahlungspflichtigen bis zu diesen Kassen. Die Bank von England hat dem Staate 350 Mill. Fr. geliehen, die Quartalseinnahmen des Staates betragen 450 Mill. Fr. Die Deckung durch seine Kassen ist also weit größer als jene durch den von ihm in Anspruch genommenen Bankfond war. In Oesterreich war die Schuld des Staates an die Bank 575 Mill. Fr., die Quartalseinnahme 225 Mill. Fr., und wenn man auch annehmen kann, daß wegen der langsameren Bewegung des Geldes in Oesterreich die Kassendeckung mehr als eine Quartalseinnahme betrug, so ist doch klar, daß das Anlehen an den Staat die Sicherheit der Noten wesentlich beeinträchtigt.

Was ferner an jener Maßregel zu tadeln ist, sind die ganz außerordentlichen, wir möchten beinahe sagen, unerlaubten Vortheile, welche das erwähnte Privilegium der begünstigten Bank vor allen ihren Mitconcurrenten einräumt. Wenn nicht ungewöhnliche Verhältnisse eintreten, und ein solches wäre allerdings, wenn der Staat eine sehr verrufene Bank zum Träger seines Vertrauens gewählt hätte, wird eine andere Zettelbank mit der begünstigten nicht zu concurriren vermögen. Auch wird durch das Privilegium der Staat in die Geschicke der Bank mit solcher Gewalt hineingezogen, daß er entweder seine Selbstständigkeit an sie verliert, oder um diese zu retten, sie der ihrigen beraubt. Man denke sich den Fall und er ist häufig eingetreten, daß die Noten einer Bank, welchen der Staat das Privilegium der Annahme bei seinen Kassen ertheilte, im Werthe verlieren. Die Einkünfte des Staates bestehen fast ausschließend in fixen Geldbezügen, und diese werden ihm, da dieß im Interesse der Zahlungspflichtigen liegt, unter solchen Verhältnissen, statt in Silber, in den entwertheten Banknoten entrichtet, die er wegen des Zwangskurses nach dem Nominalwerthe annehmen muß; seine Bedürfnisse hingegen, zu deren Bezahlung ihm eben nur das Papiergeld zu Gebote steht, sind fast zur Hälfte aus Dingen zusammengesetzt, deren Preis in Papier nach dem wirklichen Werthe desselben zum Metallgelde bemessen wird, seine Einkünfte vermindern sich daher, während seine Ausgaben fast gleich bleiben. Man hat gegen diesen Uebelstand mancherlei Auskunftsmittel ergriffen, bei gewissen Einnahmen des Staates, z. B. den Zöllen, die Banknoten von der Annahme ausgeschlossen und Steuerzuschläge, im Betrage des Disagio, angeordnet, allein die Entrichtung der Staatsausgaben in Metall verursacht andauernde, weit verbreitete, mit einander concurrirende Nachfragen nach demselben und drückt daher den Cours des Papieres bedeutend herab, Steuerzuschläge werden ebenfalls schwer empfunden und vermehren die Menge des umlaufenden Papiergeldes.

Man kommt daher unwiderstehlich in Folge des Bankmonopols und des Privilegiums der Annahme der Banknoten bei den Staatskassen auf den Zwangscours zurück, das verwerflichste und schädlichste aus allen Vorrechten einer Bank, und wir wagen ihn so zu nennen, wiewohl er der Bank von England und durch die neueste Gesetzgebung, nach langer und reiflicher Ueberlegung, auch jener von Oesterreich eingeräumt ist. Nicht alles was die Theorie verwirft, kann die Praxis mit gleicher Leichtigkeit von sich schütteln, und in gegebene Verhältnisse, besonders wenn sie auf Vertrag und Recht sich stützen, läßt sich nicht immer mit Sonde und Richtscheit eindringen.

Der Zwangscours besteht in der Jedermann auferlegten Verpflichtung, die Noten der Bank nach ihrem Nominalwerthe an Zahlungsstatt anzunehmen, und er entsteht aus der Betrachtung, daß wenn bloß der Staat und nicht auch die Privaten zur Annahme der Banknoten verpflichtet wären, es leicht kommen könnte, daß der Staat, trotz seiner Einnahmen an Banknoten, aller Mittel entblößt wäre, seine Bedürfnisse zu bestreiten. Allein so gerechtfertigt diese Betrachtung vom Standpunkte des Staates ist, so ist es doch nothwendig, daß wir das Privilegium des Zwangscourses auch vom Standpunkte der Bank, der es verliehen wird, und des Verkehrs aus untersuchen: Es soll dazu dienen, die Banknoten im Umlauf zu erhalten, es geht also von der Voraussetzung aus, ohne den Zwang könnten Mehrere die Annahme der Banknoten verweigern; allein der Zwangscours hebt die Motive einer solchen Verweigerung nicht auf, für diejenigen, auf welche diese Motive wirken, hat die Banknote nicht den vollen Werth der Summe Edelmetalls, auf welche sie lautet, sie werden den Zwangscours dadurch umgehen, daß sie die Waare, zu deren Bezahlung die Banknote bestimmt ist, höher halten, ist ihre Zahl und der Umfang ihres Geschäftsumfangs nicht verschwindend klein gegen den Kreis derjenigen, die Vertrauen zur Banknote hegen, so findet eine Entwerthung der Banknote faktisch doch statt und der ganze Schaden fällt auf den vertrauensvollen und loyalen Bankgläubiger, der in seinen Preisen die Banknote als vollgültig voraussetzte. Woher nimmt nun der Staat das Recht, seine Bevölkerung zu zwingen, einem bestimmten Schuldner zu vertrauen, und, wenn sein Gebot verletzt wird, die Strafe gegen denjenigen zu vollziehen, der es gehalten hat? Eine strenge Logik nöthigt daher den Zwang dahin auszudehnen, daß Niemand theuerer gegen Papier als gegen Silber und daß er überhaupt verkaufe. Wir kennen keine Regierung, welche vor dieser Logik, soweit sie die Noten einer Privatbank betraf, nicht zurückgeschreckt wäre. Unter der französischen Schreckensregierung folgte allerdings dem Zwangscours der Assignaten das Gesetz der Maximums, Satzungen für alle Waaren des täglichen Verkehres, und diesem die Deportation und die Guillotine, aber es handelte sich um ein Staatspapiergeld, die Stimmung der Zeit war für solche Gewaltmaßregeln und wir zweifeln, daß andere friedlichere Regierungen diesem Beispiele folgen dürften, um so mehr, als gegenüber allen den Thatsachen, welche den Werth der Assignaten weit unter jenen des Edelmetalls herabdrückten, auch jene Logik sich als unwirksam bewährte. Uebersehen wir endlich nicht, daß das erbetene und ertheilte Privilegium des Zwangscourses das sprechendste Zeichen des geringen Vertrauens ist, das die Bank und der Staat in die Gebahrung und den Kredit der ersteren setzen, und darum das geeignetste Mittel dieses Vertrauen auch bei Anderen zu untergraben.

Der Zwangscours stumpft ferner die Fühlfäden ab, mit denen die Bank den Bewegungen des Verkehres nachzuspüren hat; allerdings wird sie aus dem Rückströmen der Banknoten zu ihren Kassen hinterher erfahren, daß sie zu viel Noten ausgegeben oder das Vertrauen in ihre Zahlungsfähigkeit sich vermindert habe, allein die Regungen in den Gemüthern und jene leise Andeutungen, die solchen Erscheinungen vorausgehen und die Bank vorhinein hätten warnen können, entziehen sich ihr wegen des Zwangscourses.

Man weise nicht auf den seit vierzig Jahren durch nichts erschütterten Kredit der Bank von England hin, er besteht nicht wegen, sondern trotz des Zwangscourses, weil die Menge ihrer Noten an und für sich und im Verhältnisse zur Masse des Metallgeldes und zum Bedarfe des Umlaufes eine geringe ist, sie mehr als ausreichende Mittel besitzt, die Noten, die zu ihren Kassen hinströmen, einzulösen, mit der größten Vorsicht in ihren Operationen vorgeht, der Staat keine Vorschüsse von ihr begehrt, und wegen seines hohen Kredits nicht zu besorgen steht, er werde bald in die Lage kommen, derselben zu bedürfen.

Man sagt zu Gunsten des Zwangscourses gewöhnlich, daß ohne denselben von einzelnen Aengstlichen oder Uebelwollenden die Annahme des Papiergeldes gänzlich verweigert, dadurch Mißtrauen, namentlich in der dem großen Verkehr fremderen Bevölkerung, vielleicht in manchen Momenten ein panischer Schrecken oder eine gänzliche Stockung des Verkehrs, Coursschwankungen und die Entwerthung der Valuta hervorgerufen werden könnten. Wir theilen diese Ansicht aus der Ueberzeugung nicht, daß nicht der Zwangscours, sondern zunächst das Maß des öffentlichen Vertrauens in die Zukunft des Papiergeldes dessen Cours bestimme; allein hat man wirklich eine geringe Meinung von der Einsicht, dem Muthe und der Loyalität der Bevölkerung, so wäre am geeignetsten, den

Zwang auf die Annahme des Papiergeldes nicht nach dem Nominal-, sondern nach dem jeweiligen Börsenwerthe oder einem ihm nahe= kommenden, z. B. nach dem Durchschnittscourse des Vormonats berechneten, zu beschränken, dadurch wäre einerseits der Staat vor der Gefahr bewahrt, eine Einnahme zu erhalten, die er zur Be= streitung seiner Ausgaben nicht benützen könnte, während anderer= seits das Gleichbleiben der reellen Werthe der Abgaben und der Waarenpreise erzielt würde. Allerdings brächte der stete Wechsel der Nominalwerthe vielleicht einige Unbequemlichkeit in den täglichen Verkehr, allein es scheint, daß diese sehr überschätzt wird. Im Waarenverkehre, sey es, daß die durch die Valutaverhältnisse ver= anlaßte Preisänderung in den einzelnen Fällen in der Größe der geforderten Geldsumme oder bei gleich bleibender Geldsumme in der dafür gegebenen Menge der Waare sich ausspricht, würden die Dinge gerade so wie unter dem Zwangscourse der gewöhnlichen Art sich gestalten, bei fixen Geldbeträgen würde, statt daß jetzt die Summe gleich bleibt, aber der Werth sich von Tag zu Tag ändert, der Werth derselbe bleiben und die Summe sich ändern, allein das ist nicht von Uebel und vielmehr eine Forderung der Gerechtigkeit. Letzteres tritt bei den Interessen und Kapitalrück= zahlungen der Staatsschuld und bei den Gehalten der Beamten und anderer Angestellten des Staates am klarsten hervor.

Wir haben übrigens hier vorausgesetzt, daß der Zwangscours der Bank bei ihrer Errichtung oder überhaupt zu einer Zeit ertheilt wird, wo sie vollkommen zahlungsfähig ist und an die Einlösbarkeit ihrer Noten nicht gezweifelt wird, ja wo sich die Gesetzgebung aus= drücklich oder stillschweigend vorbehält, das Privilegium zurückzu= nehmen, falls die Bank ihre Verpflichtungen nicht einhält und namentlich nicht ihre Noten gegen Silber einwechselt, doch können wir nicht mit Stillschweigen übergehen, daß dieser Vorbehalt in der Regel ohne praktische Wirkung bleibt. Die Banknote ist zu tief in den Verkehr eingedrungen und das Silber zu sehr aus dem= selben verschwunden, als daß ohne die tiefste Erschütterung jene dem Umlauf entzogen und mit diesem der Umlauf gesättigt werden könnte.¹ Es gibt endlich noch eine Art Zwangscours, welcher einer schon in ihrem Kredit erschütterten Bank, bei bevorstehender oder vielleicht bereits eingetretener Einstellung der Noteneinlösung bewilligt wird; allein wir werden von dieser später bei Darstellung der Folgen dieser Einstellung sprechen.

Von monopolistischen oder privilegirten Banken zu eigentlichen Staatsbanken ist nur ein kleiner Schritt. Die unschuldigsten der letzteren unterscheiden sich von ersteren nur dadurch, daß sie von öffentlichen Beamten betrieben werden; ihre Sicherungsmittel und Betriebsregeln bleiben dieselben, und es ändert sich nichts, als daß sie mit etwas größerer Pedanterie und Prätention geführt und mit etwas mehr Privilegium und Monopol ausgestattet werden. Aber eine weit größere Gefahr liegt in nächster Nähe. Eine solche Bank, sie möge in der Verwaltung noch so getrennt von jener der Staatsfinanzen gehalten werden, ist doch nichts, als eine Filiale des großen Bankhauses, das wir Staat nennen, und das darum keine Banknoten ausgeben soll, weil es sich mit vielem Anderen und Gewagterem als mit Escomptiren von Wechseln und Ertheilung von Vorschüssen auf kurze Zeit beschäftigt. Der Staat wird Kredit und Vermögen der Bank nur zu sehr für seine höheren, nicht ökonomischen Zwecke ausbeuten, und weil die Zwecke des Staates nicht vorübergehende sondern bleibende sind und von ihm entlehnte Gelder nicht nach Belieben in kürzester Zeit zurückgerufen und zur Deckung der Banknoten benützt werden können, so wird allmählig die Berufung auf das allgemeine Vermögen und Einkommen des Staates an die Stelle der realen Deckung, die Annahme der Noten als Steuerzahlung an jene ihrer Einwechslung gegen Metall treten und der Zwangscours wird das Vertrauen auf den Werth der Noten

---

¹ Im Entwurfe des österreichischen Bankgesetzes vom 6. Januar 1863 hatte die Regierung das der Bank ertheilte Vorrecht des Zwangscourses ihrer Noten nur auf solange aufrecht erklärt, als dieselben mit vollem Nennwerth angenommen würden, das Abgeordnetenhaus ließ diese Beschränkung weg, weil dadurch — nach dem Berichterstatter Professor Herbst (stenographischer Bericht S. 4388) — „nur der Noteninhaber bestraft würde."

zu ersetzen haben. Die Thätigkeit der Staatsbank für den allgemeinen Verkehr wird auf ein Minimum zurückgeführt oder gänzlich aufgegeben und sie dient zuletzt ausschließlich den Kreditsoperationen des Staates. Doch vielleicht ist diese Befreiung des Staates vom kaufmännischen Ballaste, dieses Loslösen des **Staatspapiergeldes** — denn um dieses, im eigentlichsten Sinne des Wortes, nicht um eine Banknote handelt es sich mehr — das Wahre und Rechte, der Stein der Weisen, das Ei des Kolumbus?

42.

Wir glauben, der Beweis, den wir §. 39 zu führen unternommen, von der Gefährlichkeit und Schädlichkeit der Staatsbanken, werden sie nun in Staatsregie oder durch eine monopolistisch gestellte Gesellschaft betrieben, dürfte zur Genüge hergestellt seyn, allein der Gedanke des **Staatspapiergeldes**,[1] eines unverzinslichen bei den eigenen Unterthanen aufgenommenen Anlehens, das zugleich, wie man meint, dem Lande Metallgeld ersetzt, erscheint für den ersten Augenblick so fruchtbar und großartig, daß wir nicht hoffen dürfen, ihn durch das, was wir in §. 41 gegen Annahme von Papiergeld als Steuerzahlung, gegen den Zwangscours und ähnliche Begleiter und Nachfolger des Papiergeldes sagten, auch nur einigermaßen entkräftet zu haben. Man wird uns noch immer einwenden, unsere Beweisführung beziehe sich mehr auf die Betreibung von Bankgeschäften durch den Staat und auf das in Form von Banknoten erscheinende Papiergeld als auf jenes, welches einfach die Form eines Staatsschuldscheines habe und nicht aus Bank-, sondern aus eigentlichen Staatsgeschäften hervorgehe.[2] Die

---

[1] Hoffmann, die Lehre vom Gelde, Berlin 1838; Stein, 499—512; Malchus I, §§. 86 und 87; Rau II, §§. 487, 488, 529; Nebenius S. 95, 136, 177; Umpfenbach §§. 208, 209.

[2] In Preußen gibt es faktisch Kassascheine des Staates und Noten der Bank, erstere in kleinen, letztere in großen Appoints. In Oesterreich bestanden in den Jahren 1850—1854 Banknoten und Staatsschatzscheine neben einander, noch jetzt sind neben den Noten der Bank Münzscheine des Staates (zum Ersatze der Scheidemünze) eingeführt.

Anhänger des Staatspapiergeldes — und hierauf haben wir am Schlusse des §. 41 hindeuten wollen — lehren auch einen selbstständigen Werth desselben, unabhängig von seiner Einlösbarkeit gegen Metallgeld oder gerade dann, wann dieselbe fehle. Es bedürfe bloß eines Aktes des Vertrauens, sey es in die Heiligkeit und Macht des Staates, die Einträglichkeit eines Unternehmens, die Gemeinnützigkeit und Aufrechthaltung des öffentlichen Kredits, um das Papiergeld alle Funktionen des Metallgeldes verrichten zu machen. [1]

Andere behaupten, der Staat brauche bloß zu erklären, alles Volkseigenthum hafte für das Papiergeld, um volle **Sicherheit für dasselbe** herzustellen, denn die Summe des letzteren ist überall eine verschwindend kleine gegenüber dem Werthe jenes Eigenthums. Ein derart fundirtes und uneinlösliches, also vom Metallgeld unabhängiges Papiergeld wirkt der Tendenz zum Fallen der Preise entgegen, welche während langer Perioden dadurch entsteht, daß die Güter sich rascher vermehren als das Geld, in hinlänglicher Menge ausgegeben und im Verhältniß zu dieser Menge steigert es die Preise und erhöht dadurch die Erwerbsthätigkeit. [2] Alle diese Meinungen, von ihren Urhebern und deren Adepten mit einer Begeisterung und Ausdauer verkündiget, die einer besseren Sache werth wären, [3] bedürfen einer ausführlichen Widerlegung, denn sie haben die öffentliche Meinung in weiten Kreisen beeinflußt, stützen sich zum Theile auf recipirte Ansichten der Wissenschaft und auf vermeintliche Erfahrungen und sind zum Theile nicht ohne Berechtigung.

---

[1] Adam Müller, Elemente der Staatskunst, Berlin 1809, Bd. II und III, 4. und 5. Buch.

[2] Mill I, 585—595; Stein, Staatswissenschaft I, 229 ꝛc., Volkswirthschaft 59.

[3] In Oesterreich tauchten in den letzten Jahren eine Unzahl solcher Projektanten auf; einer der unermüdlichsten ist C. Paltauf, von ihm sind „die Kunst aus Nichts Geld zu machen, Vorschlag eines neuen Geldes, das Universal-Finanzsystem, Expropriation des Privilegiums der Bank," und eine Unzahl Flugblätter (1847—1862).

Es ist vor allem nicht zu bestreiten, der Staat kann auch ohne Vermittlung einer Bank unverzinsliche Schuldscheine ausgeben und ihnen selbst ohne die Einwechslung gegen Silber, durch die Annahme an Zahlungsstatt bei seinen Kassen und den Zwangscours, den Umlauf sichern.

Ein Betrag an Papiergeld, welcher die für den regelmäßigen Verkehr der Staatskassen erforderliche Summe (§. 41) nicht überschreitet, erhält sich von selbst ohne alle andere Deckung im Umlauf und gewährt dem Staat eine Anticipation seiner Einnahmen, die er als Betriebsfond oder zur Bestreitung gewisser, vorschußweiser oder am Anfange des Jahrs sich zusammendrängender Ausgaben zu seinem nicht unbedeutenden Vortheile verwenden kann. Eben so läßt sich die für den Verkehr nöthige Scheidemünze ohne Bedenken durch Papier ersetzen, denn jene erhält sich in ihrem Nominalwerth nur durch den Kredit des Staates, seine Annahme bei den Kassen desselben, den geringen Verlust, welchen der Einzelne selbst im Falle einer Entwerthung der Scheidemünze erleiden würde, und das staatliche Zwangsgebot, daß es jeder Private bis zu einer, die kleinste grobe Münze nicht erreichenden Menge an Zahlungsstatt annehmen müsse,[1] und dieselben Verhältnisse werden auch das als Scheidemünze verwendete Papiergeld in Cours erhalten. Die Scheidemünze unterliegt denselben Gesetzen wie das Papiergeld, der Nothwendigkeit der Einlösbarkeit, den Störungen des Verkehrs, wenn eine zu große oder zu geringe Menge ausgegeben ist. Die starke Abnützung und Beschädigung des als Scheidemünze verwendeten Papiers kann durch häufige Austauschung und Umwechslung desselben bei den Kassen vermindert und vermieden werden und wird dadurch mehr als ausgeglichen, daß es schwerer nachzuahmen ist als die aus Metall verfertigte. Einem solchen die Scheidemünze vertretenden Papiergelde kann man auch nicht, wie den den

---

[1] Hoffmann, Lehre vom Gelde, S. 53: „In der That sind Scheidemünzen ihrer wesentlichen Bestimmung nach nichts anderes als Marken, welche die Regierung unter ihrem Stempel in Umlauf setzt und eben dadurch die Verpflichtung übernimmt, sie in dem Werthe zu erhalten, worin sie dieselben ausgab."

kleineren groben Münzen entsprechenden Appoints der Banknoten, den Vorwurf machen, es dränge das Edelmetall aus dem Lande; Scheidemünze, selbst wenn sie Edelmetall beigemengt erhält, ist nicht Geld sondern Geldzeichen, und es ist kein Unglück für den Staat, wenn sie zum Theile in's Ausland hinausgedrängt wird.

Soll der Betrag des Papiergeldes größer als die durch diese zwei Faktoren (den Kassabedarf und die Scheidemünze) gegebene Menge seyn, so ist nach unserer Ansicht unerläßlich, daß der Staat die Einlösbarkeit der Noten ausspreche und zu diesem Behufe eine jenem Ueberschuß entsprechende volle oder doch nahezu volle Deckung an Metallgeld in Vorrath halte. Wenn dieselbe fehlt oder bedeutend unter der Notenmenge zurückbleibt und in dem Maße als dieß der Fall ist, ist eine Entwerthung des Staatspapiergeldes unvermeidlich, denn nach der Voraussetzung sollen die Noten jetzt solche Zwecke erfüllen, zu denen man bisher Metallgeld benutzte, dieß sind sie aber nicht im Stande, eben weil sie nicht Metallgeld sind und man für sie nicht augenblicklich, aller Orts und mit voller Leichtigkeit einen gleichen Nominalbetrag Metallgeldes erhalten kann. Letzteres darum nicht, weil der Aussteller der Note, der Staat, die Umwechslung der Note gegen Metall verweigert oder des Vertrauens nicht genießt, diese Umwechslung nachhaltig vollziehen zu können, denn — wie wir schon einmal erwähnt — der Kredit des Staates ist wegen der mannigfachen, ihm drohenden Gefahren schwankender als jener einer Bank und der Staat ist wirklich wegen der Wichtigkeit und Langwierigkeit seiner Aufgaben nicht in der Lage, diesen beliebig und in kürzester Zeit den Fond zu entziehen, dessen er zur Deckung seiner Noten im Augenblicke der Krisis bedarf.

Aber selbst wenn wir zugeben würden, daß ein gut verwalteter Staat bei dem Bestande wohldotirter Einwechslungskassen eine bedeutende Menge Papiergeldes über den Kassa- und Scheidemünzenbedarf und die Metalldotation hinaus in Umlauf erhalten kann, müßten wir uns gegen einen solchen Versuch erklären. Jedes Staatspapiergeld ist wegen der Verlockungen, die es bietet, gefährlich. Ohne Steuererhöhung und ohne unangenehme und oft vergebliche

Verhandlungen mit zähen Geldmännern, in kürzester Zeit, bloß durch Vermehrung der im Umlauf befindlichen Summe lassen sich durch das Papiergeld — so lautet die Stimme der Verführung — unvorhergesehene Auslagen bestreiten und lang gehegte Wünsche befriedigen und erst spät, nach vielen Jahren, bis das Maß voll geworden, oder vielleicht, wenn später ein gewissenhafterer Wirth rechtzeitig in andere Bahnen einlenkt, nie — treten, wie man hofft, die bösen Folgen jener Vermehrung sichtlich hervor. Es geht mit dem Staatspapiergelde im Gegensatze zu anderen Arten des Schulden= machens, nur im ungleich höheren Maße, wie mit den indirekten Steuern im Gegensatze zu den direkten, die Leichtigkeit ist ver= führerisch.

Um diesen Verlockungen entgegenzutreten und das, was wir behaupten, gegenüber der trügerischen Theorie, deren wir am Ein= gange dieses Paragraphs erwähnten, festzustellen, ist es aber noth= wendig, daß wir die Frage des Staatspapiergeldes noch von einem anderen Gesichtspunkt aus untersuchen.

Es sind die edlen Metalle nicht willkürlich, sondern wegen ihrer inneren Eigenschaften nach und neben vielen anderen miß= lungenen Wahlen zum allgemeinen Umlaufsmittel gewählt worden. Sie haben bei geringem Volumen hohen, allgemein bekannten Werth, werden durch Luft, Licht, Wasser, schwache Säuren und die Extreme der Erdtemperatur nicht angegriffen, die Mengen, die jährlich neu gewonnen, aus anderen Verwendungen dem Umlauf zugeführt oder durch Untergang, Abnützung, Verwendung zu anderen Verkehrs= zwecken demselben entzogen werden, sind im Verhältniß zur ge= sammten Umlaufsmenge gering, so daß diese letztere sich nur wenig ändert, die Menge der Erzeugung hängt nur im geringen Maße vom Willen des Menschen ab, und die Verwendung zu anderen als Umlaufszwecken beruht nicht auf einem dringenden oder un= vermeidlichen Bedürfnisse und kann sich daher ganz den Forderungen des Umlaufs fügen. Es gibt bei ihnen keine verschiedene, in ihrem Werthe abweichende Arten; Fälschungen werden leicht erkannt; sie sind in allen Richtungen und in jeder Größe theilbar und da der

Werth der Theile im geraden Verhältniß zu ihrem Gewichte steht und die Abfälle vollkommen verwendbar bleiben, so wird durch die Theilung der Werth des Ganzen nicht verändert; durch leicht vollziehbare Legierungen erhalten sie die nöthige Härte und Zähigkeit, so daß sie die Form schwer ändern und die Abnützung auf ein Minimum zurückgeführt wird; sie sind endlich gieß= und prägbar, leicht in handsame, der Abnützung die möglichst geringe Oberfläche darbietende Formen zu bringen und mit einer Schrot und Korn verbürgenden Marke zu versehen, und diese Bearbeitung verursacht höchst geringe Kosten, ändert also den Werth des Stoffes nur um Weniges.

Es hat eine Zeit gegeben, wo man den Werth des Geldes überschätzte und den Reichthum der Nationen nach der Menge des bei ihnen vorhandenen Edelmetalls maß; die Gesetze der Bewegung haben den Pendel auf die entgegengesetzte Seite ausschlagen gemacht und es wird gegenwärtig die Ansicht laut: die Vermehrung der Menge anderer Waaren sey eine Vermehrung des Nationalvermögens, jene des Geldes aber nicht, weil sie bloß zur Folge habe, daß für alle anderen Waaren eine größere Menge Geldes gegeben werden muß, was mehr Mühe im Transporte und der Abzählung und mehr Verlust in der Abnützung verursache.[1] Hieraus folgert man, die Verminderung der Geldmenge sey sogar ein Vortheil für das Volk und daher der Nutzen der Wechsel und Anweisungen, Girobanken, Clearing houses, Banknoten und Staatspapiergelder.

Indeß all diese Gründe beweisen nichts als daß das Geld auch eine Waare gleich jeder anderen ist, denn bei jeder Waare ist es ein Nutzen für den Einzelnen wie für das Volk, wenn die gleichen Bedürfnisse in der gleichen Vollkommenheit mit einer geringeren Waarenmenge befriedigt werden können, und bei jeder steigt der Werth des Nationalvermögens nicht im Verhältniß ihrer zunehmenden Menge, weil mit dieser Zunahme der Werth jedes einzelnen Stücks der Waare sich vermindert. Diese Verminderung

---

[1] Mill I, 524.

erfolgt zwar anfänglich in einem kleineren Verhältnisse, als die Zunahme der Menge, aber von dem Augenblicke an, wo diese das Bedürfniß vollständig befriedigt, nimmt die Verminderung einen so raschen Gang, daß die Wirkung der Mengenzunahme durch jene der Werthabnahme ganz ausgeglichen wird; die Nachtheile des Encombrements (der Ueberfüllung der Räume) und der vermehrten Abnutzung treten dort, wo der geringe Preis eine Anschaffung und Verwendung über das Bedürfniß hinaus veranlaßt, ebenfalls ein.

Uebrigens hätte die Frage nie gestellt werden sollen, ob die Zunahme des Geldes, sondern vielmehr, ob die Zunahme der edlen Metalle das Volksvermögen vermehre, denn Geld, d. i. die Menge des in Form der Münze verwendeten edlen Metalls, vermehrt sich im natürlichen Gange des Verkehrs nie bleibend über die Bedürfnisse des letzteren hinaus; wie es diese Grenzen überschreitet, wird es eingeschmolzen und zu Zwecken reichen Genusses verwendet. Dieß war ja einer der Gründe, welche die Verwendung des Edelmetalls zum Gelde veranlaßten, daß es eine ausgedehnte und nutzhafte anderweitige Verwendung gestattet, so daß nie eine Ueberfüllung des Geldmarktes, also eine Entwerthung des Geldes zu fürchten ist, und daß es anderseits leicht aus dieser seiner anderweitigen Verwendung zurückgezogen werden kann, so daß nie wegen dieser die Bedürfnisse des Geldmarktes unbefriedigt bleiben. Wenn man aber die Frage auf den ihr gebührenden Umfang erweitert, so muß sie innerhalb der Grenzen, welche die Natur nach den bisherigen Erfahrungen für die Verbreitung und Aufarbeitung der Fundstätten der Edelmetalle vorgezeichnet hat, unbedingt bejaht werden. Es ist hinlänglich dafür gesorgt, daß die Edelmetalle nicht durch die Zunahme ihrer Menge ihre Brauchbarkeit als Münze verlieren und daß nicht der Werth der Münze im Verhältniß jener Zunahme sinke.[1] Erst wenn das Bedürfniß nach Gold und Silber in den verschiedensten Formen seiner Verwendung vollständig und in allen Schichten der Gesellschaft befriedigt wäre — eine unmögliche Voraus=

---

[1] Vergl. das treffliche Werk von P. Laur, de la production des métaux précieux en Californie. Paris, 1862.

setzung — könnte man sagen, die Vermehrung der edlen Metalle erhöhe nicht den Volksreichthum.

Wenn aber die edlen Metalle wegen ihrer inneren Eigenschaften zum allgemeinen Umlaufsmittel gewählt worden sind und ihre Vermehrung eine Vermehrung des Volksvermögens ist, so ist es klar, daß ein Gegenstand, der diese Eigenschaften nicht besitzt, sie nicht zu ersetzen vermag, und daß die volkswirthschaftliche Aufgabe nicht seyn kann, sie zu verdrängen.

Wechsel und Anweisungen in ihren mannigfachen Formen mit Inbegriff der Banknoten und des Staatspapiergeldes sind daher nicht Edelmetalle und nicht Geld, sondern nur Geldurkunden, sie ersetzen das Geld nur insoferne, als sie bewirken, daß man sich häufig und lange ohne dasselbe behelfen kann, und ihr Nutzen besteht nicht darin, daß sie das Geld verdrängen, sondern daß sie den Umlauf verwohlfeilen, indem man vielfach die Kosten und Mühen der Anschaffung, des Transports, der Abzählung und Abnutzung des Geldes erspart. Für eine Reihe von Verkehrshandlungen überweist Einer dem Andern statt baaren Geldes eine Forderung auf Geld, bis endlich irgend einmal die Reihe abbricht, weil einer der Zwischenmänner mit der dem Gelde substituirten Forderung sich nicht begnügen kann oder will. Das Geldstück, das in einer Depositenbank liegt, wechselt mittelst des Depositenscheines hundertmal seinen Gebieter und dient zu hundert Verkehrshandlungen, ohne einmal seinen Platz geändert zu haben, und die Uebertragung der Banknote, der Forderung an eine Zettelbank, aus einer Hand in die andere erspart für lange Zeit das Hin- und Herführen der Geldstücke, auf welche sie lautet. Es geschieht hier nach und nach und stets nur zwischen je zweien, was im Ausgleichungshause auf einmal zwischen Vielen erfolgt.

Weil aber diese Papiere nicht Geld, sondern nur Geldtitel sind, nehmen sie auch an allen den Unvollkommenheiten Theil, welche Titel von der Sache selbst unterscheiden. Einige derselben verschaffen oder ersetzen Geld nur für bestimmte Personen und deren erwiesene Rechtsnachfolger, oder nur an einem bestimmten, oft noch weit entfernten Orte und Tage, oder sie können wegen der darin enthaltenen Hinweisung auf den Rechtstitel, aus dem die Schuld entsprungen, den Werth, der dafür erhalten worden ist, mannigfach angefochten werden. Von denjenigen, die an den Ueberbringer oder auf Sicht zahlbar sind, sind manche von Personen ausgestellt, deren Zahlungsfähigkeit und =Willigkeit nicht in weiten Kreisen bekannt sind, so daß die Verwendung dieser Forderungen zur Deckung der eigenen Schulden Schwierigkeiten unterliegt. Endlich walten selbst unter den Papieren, die man wegen ihrer, dem Gelde nahekommenden Verwendbarkeit nicht bloß Geldurkunden sondern Geldzeichen nennt, bedeutende Unterschiede ob, manche z. B. ersetzen das Metallgeld nur für gewisse Zwecke (z. B. bei Steuerzahlungen), bei manchen ist die Umwechslung gegen Metallgeld mit Schwierigkeiten, einer weiten Versendung, der Einhaltung bestimmter Zeitpunkte u. dgl. verbunden, bei manchen ist der Umlauf auf eine Stadt, einen Bezirk, ein Land von geringem Umfang beschränkt. Aber selbst die vollkommensten, weil brauchbarsten und festesten Papiere, z. B. die Noten der Bank von England, sind noch nicht Metallgeld, denn sie müssen zur Erfüllung einzelner, durch Geld bedingter Zwecke gegen Metallgeld umgetauscht werden. Allerdings kann für viele Zwecke, wir erinnern hier an die Versendung und Aufbewahrung großer Summen, Papiergeld besser verwendet werden als Metallgeld und oft genießt es eines Agio gegen letzteres; allein dessen ungeachtet hat es nur einen, vom Werthe des Metallgeldes, das es vertritt, abgeleiteten Werth, denn dieser Werth vermindert sich in dem Maße als die Möglichkeit, das Papier erforderlichen Falls gegen Metallgeld umzutauschen, ferner gerückt wird, er hört auf, wenn diese Möglichkeit ganz verschwindet. Treffend bemerkt Baudrillart, zwischen dem Papier= und dem Metallgelde bleibt immer derselbe Unterschied, wie zwischen Wahrscheinlichkeit und Gewißheit.[1] Durch den Gebrauch der Geldzeichen wird auch das Geld im Lande nicht vermehrt, sondern nur möglich

---

[1] Baudrillart 265.

gemacht, mit derselben Summe Geldes eine größere Zahl Geschäfte zu verrichten. England besitzt eine viel kleinere, umlaufende Geldmenge als Frankreich,[1] aber wegen seiner vielen Geldzeichen und geldersparenden Institute macht es mit dieser Summe viermal so viel Geschäfte als Frankreich, und es gibt, nebenbei gesagt, kein augenfälligeres Zeichen von der ungeheuren Zunahme des Umfangs der Geschäfte unserer Tage, als daß trotz der großen Zahl der Geldurkunden und Geldzeichen und der anderen Mittel der Ersparung des Geldumsatzes, der Girobanken und Ausgleichhäuser, und trotz der neu entdeckten Goldlager der Werth der Edelmetalle so wenig gesunken ist.

Wir sind nun vollkommen im Stande, jene Scheingründe zu Gunsten des Staatspapiergeldes zu widerlegen, die wir am Eingange dieses Paragraphs zusammengestellt haben. Man beruft sich auf die Sicherheit, welche das gesammte Volksvermögen gewähre; die größte Sicherheit einer Forderung für die Zukunft ersetzt nicht die fehlende Zahlung für die Gegenwart und für den Zweck, zu welchen man des edlen Metalles bedarf, genügt eine Anweisung auf andere Güter nicht. Ein Papier, sagt Mich. Chevalier bei Besprechung der berühmten Rede, die Mirabeau über die Hinausgabe der Assignaten und deren Verbürgung durch die Nationaldomänen hielt, ist kein Feld und ein Feld ist kein Geld.[2] Man spricht von der, die Vermehrung des Geldes übersteigenden Vermehrung der Güter und der Nothwendigkeit der Ausgleichung dieses Mißverhältnisses durch das Papiergeld. Als man diese Theorie ausdachte, waren die großen Goldlager in Amerika und Australien nicht entdeckt, heute zu Tage tauchen ganz andere Besorgnisse und darauf gestützte Postulate auf. Wenn die Güter sich wirklich manchmal stärker als das Geld vermehrten, so hat dagegen durch den Kredit das Geld die Kraft erlangt, einer größeren Menge Transaktionen als Tauschmittel zu dienen, man bedarf daher weniger

[1] Puynode, 138, schätzt das in Frankreich umlaufende Metallgeld auf 3500 Mill. Fr., das in Großbritannien umlaufende auf 1200 Mill. Fr.
[2] Baudrillart 247.

Geld, und in den Umlauf vermag keine größere Menge Geldes einzubringen als er gerade bedarf. Ist das Papiergeld vollwerthig, so wird es eine gleiche Menge Metallgeldes verdrängen, hat es im Werthe verloren, so bedarf es einer größeren Masse Papiers um dieselbe Menge Metalls zu ersetzen, die Menge der Güter, welchen das Geld als Mittel des Austausches dient, und die Preise jener Güter werden durch das Papiergeld nicht geändert außer vielleicht im Augenblicke einer ersten plötzlichen und starken Emission.

43.

Alle Gründe, die wir gegen die Bankprivilegien der Notenannahme bei den Staatskassen und des Zwangscourses und gegen das Staatspapiergeld über die Grenzen des Kassen- und Scheidemünzebedarfs hinaus angeführt haben, erhalten ihre volle Bedeutung erst durch die Darstellung aller der Folgen, welche ihre Nichtbeachtung nach sich ziehen; insbesondere jene der Entwerthung der Valuta verdienen die ernsteste Beachtung des Staatswirthes.

Wenn der Staat oder eine Bank das Monopol des Papiergeldes ausübt und letzteres wegen des Umfangs der Geschäfte dieser Anstalten oder der Annahme des Papiers als Steuerzahlung in großen Mengen ausgegeben ist, erhält sich dasselbe im Umlauf, auch wenn es durch die Suspension seiner Einwechslung von Seite des Ausstellers eine seiner Haupteigenschaften als Geldzeichen verloren hat, denn ein großer Theil des Metallgeldes ist durch dasselbe aus dem Lande gedrängt worden und der Rest reicht nicht hin, die Bedürfnisse des Umlaufs zu decken, man bedarf also des Papiergeldes trotz seiner verminderten Brauchbarkeit. Allein, da das Vertrauen in seine alsogleiche, andauernde und vollkommen leichte Einlösbarkeit erschüttert worden ist, verliert es in seinem Werthe gegen das Edelmetall, und man bedarf, um dem Bedürfnisse an Geld zu genügen, entweder einer größeren Menge Papiergeldes oder einer größeren Menge Edelmetalls. Das Einzige, was unter solchen Verhältnissen im natürlichen Laufe der Dinge unmöglich erscheint, ist, daß die Entwerthung des Papiergeldes eine Verminderung der umlaufenden Metallgeldmenge hervorrufe, sondern im Gegentheil ist es wahrscheinlich, daß die möglichen Verluste, die an den Besitz des Papiergeldes sich knüpfen, es immer mehr aus dem Verkehr verdrängen und die Lücke durch Metallgeld ausfüllen machen. Ob und in welchem Maße ein solches Rückströmen stattfinden werde, hängt von der Dauer ab, welche man jener Suspension der Einwechslung des Papiergeldes beimißt, tritt es aber ein, so gereicht es selbstredend dem Emittenten des Papiergeldes und jenem, der sich zur Annahme desselben al pari verpflichtet hat, zum größten Nachtheile, denn mit der Menge des rückströmenden Metallgeldes wird der Bedarf nach Papiergeld geringer und sinkt letzteres im Werthe, selbst wenn eine neue Emission nicht stattfindet. Am Ende bleibt nichts übrig als dasselbe ganz aus dem Umlauf zu ziehen. Die Bank und der Staat erleiden hiebei keinen positiven Schaden, sondern nur den Entgang eines Vortheiles, nämlich des Genusses eines unentgeltlichen Anlehens.

Ganz anders gestalten sich aber die Verhältnisse, wenn das umlaufende Papiergeld des Zwangscourses (§. 41) genießt, oder wenn ihm gar im Augenblicke des verschwindenden Vertrauens der Zwangscours eingeräumt wird.[1] Die Versuchung zu letzterer Maßregel liegt allerdings nahe. Daß das Papiergeld, das vielleicht durch Jahrzehnte dem Metallgelde gleichgehalten wurde, im Course verliere, befremdet, erschreckt, die Regierung und das Volk meinen nur allzuleicht, es sey bloß das Uebelwollen Einzelner daran Schuld oder es handle sich um eine schnell vorübergehende Erscheinung und der Zwangscours werde jenes Treiben beseitigen; hat der Staat jenem Gelde die Annahme bei den Staatskassen zugesagt, so hat er, wie wir §. 41 gesehen, nur die Wahl, entweder durch Zurückziehen jener Zusage das Papiergeld ganz zu entwerthen oder durch den Zwangscours sich die Wiederausgabe des empfangenen Papieres zu sichern. Aber wie dem auch sey, die nächste Wirkung des Zwangscourses ist die Verminderung des im Lande umlaufenden

---

[1] Rau, Volkswirthschaftspolitik, §§. 252—254.

Metallgeldes. Wegen des durch den Zwangscours gebotenen Vortheiles, mit einer wohlfeileren Valuta eine vollgültige Forderung zu tilgen, zahlt Jedermann in Papier und nicht in Metall, letzteres hat also keine nutzhafte Anwendung im Verkehr und fließt in Länder mit ungestörter Verkehrsfreiheit ab, die ihm eine solche Anwendung gestatten.

Wenn dieß zufällig etwas langsam und zögernd geschieht, hilft der Staat selbst durch allerlei Maßregeln nach, welche mit dem Zwangscours fast untrennbar verbunden werden. Damit derselbe nicht umgangen werde, wird verboten, Geschäfte in anderer als der Landesvaluta abzuschließen, damit solche Geschäfte nicht zurückdatirt werden oder durch Metallanschaffungen für ältere Geschäfte nicht die Nachfrage nach Metall erhöht werde, wird dem Zwangscourse rückwirkende Kraft beigelegt und alle auf Metall lautende ältere Forderungen sind fortan in Papiergeld zu erfüllen,[1] damit man es nicht zu Geräthen und Schmucksachen verwende, wird sein Einschmelzen verboten und der Besitz solcher Gegenstände mit prohibitiven Steuern belegt,[2] kurz man macht das Metallgeld zu einem im Lande ganz unnützen, ja fast gefährlichen Gegenstande und zerstört auch für alle Zukunft den Muth des Ausländers, sein Geld im Lande anzulegen. Hiemit nicht zufrieden, verbietet man auch die Ausfuhr edler Metalle,[3] eine ganz unausführbare Sache, da die geringe Aufsicht, welcher die Waarenausfuhr wegen ihrer Zollfreiheit im Allgemeinen unterworfen ist (§. 20), und der hohe Werth bei geringem Raumumfang den Schmuggel überaus erleichtern. Sie erfüllt auch keinen anderen Zweck als die Leute aufmerksam zu machen, was ihnen am vortheilhaftesten sey und was der Staat am meisten fürchte, und den Werth des Papiergeldes noch mehr hinabzudrücken. Der Ausländer verkauft seine Waare im Lande der Papierwährung gegen Papier, da ihm aber letzteres in seiner Heimath zu keinem Gebrauche dient, verwechselt er es

---

[1] Oesterreichisches Gesetz vom 12. Mai 1848.
[2] Oesterreichisches Gesetz vom 20. August 1806.
[3] Oesterreichisches Gesetz vom 2. April 1848.

gegen Silber; muß er für letzteres — um es sicher in seine Heimath zu bringen — eine Schmuggelprämie zahlen, so erhöht er um diese den Preis oder, was dasselbe ist, schätzt um diese das Papiergeld niedriger. Wegen der unvermeidlichen Verminderung des umlaufenden Metallgeldes kann dem Bedürfnisse des Verkehrs nur durch größere Emission von Papiergeld genügt werden, dessen Werth gegen Metallgeld muß sich durch diese Mengenverhältnisse abermals vermindern und so setzt sich die Werthsabnahme, wenn auch um stets kleinere Größen, bloß weil sie besteht, ohne weitere äußere Ursache ununterbrochen fort.[1]

Es kann seyn und bei monopolistisch gestellten Banken, die in keiner allzuengen Verbindung mit den Kreditverhältnissen des Staates standen oder diese Verbindung bei Zeiten lösten, ist es thatsächlich der Fall gewesen — wir erinnern an die Bank von England in den Jahren von 1797 bis 1822 — daß sich die Entwerthung so ziemlich innerhalb dieser Grenzen bewegt, aber die Regel ist es nicht. Der gerade durch die Valutaentwerthung erschütterte Kredit

---

[1] Es sey p die Menge des umlaufenden Papiergeldes, m die Menge des umlaufenden Metallgeldes vor der Entwerthung des ersteren. Diese Entwerthung trete im Verhältniß von $1:1-x$ ein, so daß das früher vorhandene Papiergeld nur $p-px$ werth ist. Bei völliger Freiheit des Verkehrs wird der Werth des umlaufenden Geldes $p+m$ bleiben, sey es, daß um px mehr Papiergeld ausgegeben oder mehr Metallgeld ins Land gezogen wird. Bei dem Zwangscourse vermindert sich die umlaufende Metallmenge, sagen wir im Verhältnisse von $1:1-y$. Es muß darum zur Deckung der Verkehrsbedürfnisse $p+px+my$ Papiergeld ausgegeben werden, hierdurch fällt aber sein Werth im Verhältnisse von $\frac{1+px+my}{p}:1$ und es muß neuerdings die Summe $\frac{px+my}{p}$ an Papiergeld ausgegeben werden. Diese Ausgabe vermindert wieder den Werth des Papiergeldes im Verhältnisse von $1+2\left(\frac{px+my}{p}\right):1+\frac{px+my}{p}$ und fordert eine Vermehrung der Emission um $\frac{p+2(px+my)}{p+px+my}$ u. s. w. Die Rechnung verwickelt sich, wenn die fortschreitende Vermehrung des Papiergeldes auch einen fortgesetzten Abfluß des Metallgeldes zur Folge hat oder wenn das Disagio des Papiergeldes aus anderen Ursachen als jener seiner Vermehrung sich ändert.

des Staates macht es nur zu oft nothwendig, abermals zur Banknotenpresse die Zuflucht zu nehmen, es entsteht also eine Notenzunahme über das oben erwähnte natürliche Maß hinaus. Hiezu kommt, daß der Werth der Noten nicht bloß in dem Maße der Zunahme ihrer Menge, sondern auch in dem Verhältniß abnimmt, als die Hoffnung auf die Wiederkehr besserer und vernünftigerer Zustände sich vermindert und als das Bedürfniß nach Metallgeld steigt.[1] Jede verlorene Schlacht, welcher nicht die Zuversicht des baldigen Friedens auf dem Fuße folgt, jede verkehrte Maßregel, jeder Schrei der Unzufriedenheit im Innern, jeder starke Getreideimport, jede Zinsenzahlung in Silber, alles wirkt auf den Cours des Papiergeldes ein, und mit jeder neuen Entwerthung beginnt wieder das alte Spiel, es werden für dieselbe Höhe des Verkehrs stets größere Summen benöthigt und diese Vermehrung wirkt wieder auf die Entwerthung der Valuta, so daß in ewigem Kreislauf das Uebel und die Ursachen des Uebels, sich gegenseitig stets verstärkend, einander folgen.

Treten nicht andere günstigere Verhältnisse und rettende Thaten dazwischen, so ist das Ende solcher Zustände leicht abzusehen. Der Cours fällt stets stärker und rascher und der Werth des Papiergeldes nimmt zuletzt in solchem Maße ab, daß es dem Staate die Druckkosten nicht mehr lohnt, und er gesetzlich aussprechen muß, was die nackten Thatsachen faktisch herausgestellt haben, daß jenes keinen oder nur einen höchst geringen Werth besitze. Binnen sieben Jahren waren in Frankreich die Assignaten von 400 auf 32,834, die Mandaten auf 2407 Mill. Fr., in vierzehn Jahren in Oesterreich die Bankozettel von 88 Mill. auf 2650 Mill. Fr. gestiegen, der Werth der Assignaten war auf 0.3 bis 0.5 Proc., der Mandate auf 2 bis 4.6 Proc., der Bankozettel auf 6 Proc. des Nominalbetrages gefallen, bis die Gesetze vom 16. März und 26. Juli 1796 und vom 20. Februar 1811 den Staatsbankerott aussprachen. In

---

[1] Man sieht, wir halten alle drei Ursachen der Valutaentwerthung für wirksam, welche Helferich in seinem trefflichen Aufsatze: Die österreichische Valuta seit dem Jahre 1848, Tübinger Zeitschrift 11. und 12. Bd., besonders betrachtet.

Frankreich verschwanden die Noten ganz aus dem Umlauf, in Oesterreich wurden sie auf ein Fünftheil ihres Nominalwerthes reducirt allein dort wurde mit jenem Schlage das Staatspapiergeld für immer abgeschafft, hier trat an die Stelle jener Noten ein anderes Staatspapiergeld, statt des Bankozettels kam der Einlösungs- und der Anticipationsschein, der ebenfalls keine andere Deckung als den allgemeinen Kredit des Staates hatte und darum binnen weniger als drei Jahren abermals auf ein Viertheil seines Nominalwerthes sank, um endlich mit Hülfe der am 1. Juni 1816 errichteten und nach manchen Phasen auf Grund der Statuten vom 15. Juli 1817 am 1. Januar 1818 in Wirksamkeit getretenen österreichischen Bank zum Course von 250 : 100 gegen Silber oder Banknoten, je nach dem Belieben des Inhabers, eingelöst zu werden.

So lange übrigens die Werthsabnahme nicht diese letzten Grenzen erreicht, wo ein panischer Schreck die Gemüther umfängt und jede Bewegung lähmt, und namentlich wenn die Werthsabnahme, wie häufig zu geschehen pflegt, durch entgegenwirkende Ursachen, z. B. die verbesserte Lage des Staatshaushaltes, eine die Menge des umlaufenden Papiergeldes vermindernde oder seine Einlösung vorbereitende Maßregel der Regierung, bleibende Kapitalsanlagen, große Waarenausfuhr u. dergl. zeitweise zum Stillstehen gebracht oder sogar in ein Steigen umgewandelt wird, gewinnt es wirklich den Anschein, als ob unter der Herrschaft des Zwangscourses das Papiergeld nicht bloß ein Geldsurrogat, sondern wirkliches Geld sey: Das Metallgeld ist verschwunden, und doch hören der Handel und der Gewerbsfleiß nicht auf, zwar wandeln sie nicht ihre gewohnten Wege, aber die Aenderung ist nicht geradezu eine zum Schlechteren, die Einfuhr nimmt ab und dagegen vermehrt sich die Ausfuhr, Gewerbe, welche früher nicht die Concurrenz der Fremde zu bestehen vermochten, gedeihen und gewinnen die ausschließende Herrschaft des Marktes.

Der Grund dieser Erscheinungen liegt darin, daß nicht wegen, sondern trotz des Zwangscourses noch einiges Vertrauen vorhanden ist, das Papiergeld werde in nicht allzu langer Ferne zur

Einwechslung gegen Silber gelangen, daß außer diesem Vertrauen auch seine Annahme bei den Staatskassen dem Papiergelde einen gewissen Werth sichert, und daß es, selbst wenn nicht als Geld und namentlich nicht als Metallgeld, so doch als Rechnungsmünze, als allgemeiner Werthnenner, dient, auf welchen die einzelnen Waaren reducirt werden, um dergestalt die Grundlagen zu ihrem Austausche festzustellen.[1] Jener Grund ist ferner darin zu suchen, daß die Entwerthung der Valuta, die Schwankungen des Courses und die Besorgniß vor den Rückwirkungen, welche diese Thatsachen auf die Zahlungsfähigkeit der Bürger üben könnten, den Kredit der letzteren im Auslande schwächen und dieses daher mit ihnen lieber solche Geschäfte macht, wo sie als Kreditoren statt als Debitoren erscheinen, und auch der Umstand, daß unter solchen Verhältnissen der Staat gewöhnlich dem Auslande viel schuldig ist, also an dasselbe zu zahlen hat, befördert die Ausfuhr auf Kosten der Einfuhr.[2] Endlich ist der wichtige Einfluß der Zeit und des Raumes auf die Erscheinungen des Verkehrs nicht außer Acht zu lassen.

Die Entwerthung der Valuta äußert sich nicht augenblicklich aller Orten. Jene Kreise, welche zunächst mit dem Weltmarkt in Berührung stehen und zu ihren Transaktionen der Weltmünze, des Edelmetalls, bedürfen, also die Importeure und Gegenstände, die aus dem Auslande bezogen werden müssen oder bei denen das Ausland als Concurrent im Ankauf erscheint, nehmen zunächst und in vollem Maße an den Schwankungen des Geldmarktes Theil; in dem Verhältnisse, als der Verkehr sich mehr auf das Innere und die vom Weltmarkte unabhängigen Kreise und auf Gegenstände inländischer Erzeugung und inländischen Verbrauchs beschränkt, also zumeist auf dem flachen Lande und in den Reihen der Arbeiter, treten diese Wirkungen später und schwächer hervor. Vertheuerung

---

[1] Vergl. über diese Funktion des Geldes, und daß zu ihrer Erfüllung das Vorhandenseyn einer bestimmten Geldmenge nicht erforderlich sey, Hoffmann Lehre vom Gelde, S. 8 2c.; Mill I, 513.

[2] Schäffle, Deutsche Vierteljahrsschrift 1862, Heft 4, S. 362 2c.

der Erzeugnisse des Auslandes wird in diesen Kreisen als eine wirkliche empfunden und da sie nach unseren europäischen Verhältnissen meistens entbehrliche Genußmittel betrifft, so hat sie häufig die Verminderung ihres Verbrauchs zur Folge. Bei einem Fallen des Papierwerthes wird in der That noch lange Zeit hindurch wohlfeiler erzeugt und gearbeitet und weniger an ausländischen Erzeugnissen verbraucht, als dem Stande des Weltmarktes entspricht, daher der verminderte Import bei vermehrter Ausfuhr. Erst spät und nur wenn derselbe Cours sich lange fest erhält, gleichen sich jene Unterschiede aus. Es ist aber klar, daß mit diesem Momente auch jene Bevorzugung des Imports vor dem Exporte aufhört, auch hat diese Erscheinung ihre nahe liegende Kehrseite zum Nachtheile der Ausfuhr. Bei der Rückkehr geordneter Zustände des Geldmarktes, einer Abnahme des Disagio, bleibt nämlich der Preis der Landeserzeugnisse und der Taglohn ober dem Normalsatze stehen, der Import wird stärker und der Export schwächer, als er seyn sollte, und Mißbehagen verbreitet sich in den industriellen Kreisen.

Viel kommt auch darauf an, welche Verwendung jene Summen gefunden haben, deren Ausgabe die ursprüngliche Vermehrung des Papiergeldes und das Unvermögen der Bank oder des Staates die Einwechslung fortzusetzen herbeigeführt hat. War diese Verwendung ganz oder zum Theile eine nützliche, wurden äußere Angriffe und innere Zersplitterung glücklich niedergekämpft, grundherrliche Rechte abgelöst, unabhängige Tribunale errichtet, Ordnung und Ruhe gesichert, Communikationen hergestellt, so sind die Nachtheile der entwertheten Valuta durch den gestiegenen Nationalreichthum ausgeglichen und es kann trotz derselben der Verkehr emporblühen und gedeihen.

Das ist also gewiß, die Entwerthung der Valuta bringt an und für sich immer Nachtheile und der Zwangscours beseitigt dieselben nicht, sondern erhöht sie, zur vollständigen Begründung unserer Ueberzeugung ist es aber nothwendig, daß wir noch einige andere Folgen der Valutaentwerthung betrachten und zwar vor allem die von ihr untrennbare Valutaschwankung.

Der Werth eines Papiergeldes, dessen Einlösung suspendirt ist, beruht, wie wir sahen, auf drei Elementen sehr veränderlicher Art, seiner Menge, dem Bedarfe nach Metallgeld und der Hoffnung der Wiederaufnahme der Einlösung, namentlich die Hoffnung ist höchst wechselnd und beweglich, jede Thatsache, welche die Zahlungsfähigkeit des Staates erhöht oder schwächt, den Ernst seines Willens, den Noteninhabern gerecht zu werden, in günstigeres oder ungünstigeres Licht stellt, jede Deutung solcher Art, die man einer Thatsache geben kann, und in Ermanglung von Thatsachen, Gerüchte und Muthmaßungen reichen hin, sie zu entflammen oder zu dämpfen und jede solche Aenderung gibt sich im Course des Papiergeldes kund. Hiezu kommt, daß durch den Zwangscours (vergl. §. 41) und durch die Nichteinlösbarkeit der Noten der sie emittirende Staat fast jeden Maßstabes über das Verhältniß der Notenmenge zu dem Bedürfnisse des Verkehres entbehrt. Das Disagio und die Preise steigen; ist dieß eine Wirkung der politischen Lage, irgend einer von der Notenemission unabhängigen finanziellen Maßregel oder der gegenüber dem Bedürfnisse des Augenblicks zu großen Notenmenge? Der Staat kann nur auf Umwegen und selten mit voller Sicherheit zur Kenntniß der bestimmenden Ursachen gelangen und wird daher häufig mit ungeschickter Hand die Schwankungen vermehren statt vermindern.

Aus diesen Valutaschwankungen entspringt eine Unsicherheit und in Folge derselben eine Lähmung und eine besondere Kostspieligkeit des Verkehrs; eine Unsicherheit, weil zu den vielen Elementen, aus denen der Kaufmann den Vortheil seines Geschäftes berechnen muß, ein neues hinzutritt, die mögliche Coursänderung in der Zwischenzeit vom Einkaufe bis zum Verkaufe der Sache, welches sich fast jeder Berechnung entzieht; eine Lähmung, weil Viele sich diesen Chancen nicht unterziehen wollen und lieber von den Geschäften sich zurückziehen oder ihre Gelder in anderen Ländern anlegen, und eine Kostspieligkeit, weil Viele, um diese Chancen nicht auf sich zu nehmen, in dem Augenblicke, wo sie eine Waare im Auslande kaufen oder für eine verkaufte Waare einen Wechsel auf das Inland empfangen, auch einen Wechsel auf das Ausland sich anschaffen, um auf diese Weise den etwaigen Verlust beim Steigen oder Fallen der Valuta wieder auszugleichen, sie assecuriren sich gegen Coursverluste und haben daher auch die Assecuranzprämie zu zahlen.

Die Kostspieligkeit beruht auch auf jener Assecuranzprämie, die sich der Kapitalist, der dem Kaufmann die Kapitalien zu seinem Geschäfte darleiht, für die möglichen Verluste in Rechnung bringt, welche die Valuta in der Zwischenzeit von der Darleihung bis zur Rückzahlung des Geldes erleiden könnte. Zwar fällt diese Prämie und kann sich sogar in eine zu Gunsten des Schuldners verkehren, wenn die Wahrscheinlichkeit eines Steigens der Valuta in jener Zwischenzeit größer ist als jene eines Fallens,[1] allein, wenn nicht das Angebot an Kapital auf dem Markte bedeutend größer ist als die Nachfrage, kann der Schuldner sicher seyn in solchen Lagen die Folgen jener Chancen im vollen Umfange tragen zu müssen. Man glaube auch nicht, daß die großen Massen des angehäuften Papiergeldes den Zinsfuß ermäßigen; wir haben es schon gesagt, sie sind nicht mehr werth, als die Menge des Metallgeldes, die sie aus dem Verkehr verdrängten, und diese ist nur ein kleiner Theil des auf dem Markte erscheinenden die Größe des Angebots bestimmenden Kapitals.[2]

Die Valutaschwankungen bringen endlich tiefgreifende Wirkungen in der Geschäftsführung und der Lebensweise hervor. Um sie mit Einem Worte zu schildern, ein Land wo jene Schwankungen obwalten, verwandelt sich allgemach in eine Börse mit ihren Spekulanten, deren wir bei Darstellung der Wirkungen der Staatsanlehen erwähnt haben (§. 36). Die großen Gewinnste und Verluste, die sich jeder Berechnung entziehen, nöthigen Alle, die sich nicht gänzlich von den Geschäften zurückziehen, zu einem gewissen Leichtsinn

[1] Im Jahre 1816, als in Oesterreich die Fixirung der Valuta sich vorbereitete, stand der Escompte für Wechsel in Silber oft doppelt so hoch (8 Proc. gegen 4—5 Proc.) als für Wechsel in Papier.
[2] Roscher, Grundlagen der Nationalökonomie, Stuttgart 1854, 335.

in der Führung derselben, und auch im Haushalte wird derjenige nicht um Gulden und Kreuzer markten, dem Hunderte unversehens kommen und gehen. Es kann seyn, daß eine solche Haltung ebenfalls zur Lebhaftigkeit und Größe des Absatzes beiträgt, allein ihr Nachtheil auf den Volkscharakter und den Volksreichthum ist unverkennbar.

Die Entwerthung der Valuta übt endlich eine mächtige Wirkung auf die politische und sociale Gestaltung des Landes. Die Beamten und Angestellten des Staates und alle diejenigen, die von einer mäßigen Rente leben, in Zeiten vollgültiger Valuta ehrenwerthe Mitglieder des kleinen Mittelstandes, werden durch die Valutaentwerthung in die Schichten des städtischen Proletariats hinabgedrückt, für den Beamten entsteht überdieß eine empfindliche Abnahme seines Ansehens und eine Reihe der härtesten Versuchungen, der Kampf zwischen der Dienstpflicht und der Sorge um seine Existenz. Der große Banquier, Fabrikant und Grundbesitzer, kurz alle jene, welche durch ihr Geschäft oder ihre gesellschaftliche Stellung in den Kreis des Weltverkehrs und in die Kenntniß der seine Schwankungen bestimmenden Ursachen hineingezogen sind, während ihre Abnehmer und Hülfsarbeiter oder die Erzeuger ihres Rohstoffes im Dunkel herumirren, machen außerordentliche Geschäfte und heben sich immer stolzer und entschiedener aus dem Kreise der anderen Staatsbürger heraus. Die Verhältnisse des Arbeiters und des kleinen Gewerbes und Grundbesitzes bleiben lange dieselben; aber am Ende steigt der Nominalbetrag des Arbeitslohns, des Rohstoffes und der Waare doch nicht im gleichen Verhältnisse als der Preis des Papiergeldes fällt, in dem sie bezahlt werden. Also die Wirkung der Valutaentwerthung ist, daß die socialen Extreme weiter auseinander rücken und die verbindende Mitte aufgezehrt wird; eine sehr bedauernswerthe und bedenkliche Sachlage.

44.

Der Theorie wird nicht immer von der Praxis gefolgt. Trotz allem dem, was dagegen gesagt worden, bestehen Staats- und monopolistische oder privilegirte Banken, Staatspapiergeld und Zwangscours, und es tritt auch deren unfehlbare Wirkung, die Entwerthung der Valuta sammt ihren traurigen volks= und staats= wirthschaftlichen Folgen, ein und die Darstellung des Staatsschulden= wesens wäre eine unvollständige, wenn sie die Aufgabe umginge, wie dieses Uebel zu beseitigen sey.

Die Mittel hiezu können keine andere seyn als jene, welche zur Verhinderung der Entwerthung des Papiergeldes vorgeschlagen waren, also vor allem die Sicherung seiner sogleichen, andauern= den und leichten Einlösbarkeit. Was auch immer seine ursprüng= liche Grundlage gewesen seyn mag, der Kredit einer Bank oder des Staates oder seine Annahme bei den Staats= und Bankkassen an Zahlungsstatt, der Umstand, daß es an Werth verlor, zeigt, daß alle die Fälle, in denen es an Geldesstatt verwendet werden kann, nicht hinreichen es gleich Geld im Umlauf zu erhalten, das Uebermaß an Papiergeld muß jeden Augenblick in Geld umgewandelt werden können, sonst wird kein fester Stand erreicht.

Das unerläßlichste Mittel der Sicherung der Einlösbarkeit ist nun die wirkliche Einlösung. Mit ihr müssen auch die Reha= bilitationsbemühungen begonnen oder geschlossen werden; es kommt nur darauf an durch die sie begleitenden Maßregeln zu bewirken, daß so viel Papiergeld, als der Verkehr verträgt, wirklich im Umlauf bleibe und das Opfer, welches die Anschaffung des zur Einlösung benöthigten Baarschatzes und der durch diese Anschaffung verursachte Rückschlag auf die Valuta dem Volke kostet, ein möglichst geringes werde. Man kauft darum — um einige der hier räthlichen Vor= gänge zu erwähnen — das Edelmetall durch dritte Personen auf fremden Märkten allmählig ein, und gestattet sich, wenn das Münz= metall Silber ist, einen bestimmten Theil des Baarschatzes in Gold niederzulegen.

Das weitere ebenso unvermeidliche Mittel ist die Entfernung der Ursachen, welche das Vertrauen in die Valuta erschüttert haben. Waren es ungeschickte, unredliche, leichtsinnige oder allzu beugsame Verwalter, müssen dieselben durch Männer des öffentlichen

Vertrauens ersetzt werden, wurde allzu leicht oder auf nicht bankmäßige Sicherheiten (Hypotheken u. dergl.) Kredit gegeben, wurde sich in gewagte Unternehmungen eingelassen, so müssen Garantien gegen die Wiederkehr solcher Ereignisse gegeben werden,[1] lag der Fehler darin, daß die emittirende Anstalt allzu sehr in die Finanzoperationen eines erschütterten Staates hineingerissen wurde, so muß diese Verbindung gelöst und es muß auf zweifellose Weise durch Bürgschaften, welche über die Willkür eines Ministers oder eines Regenten hinausliegen, festgestellt werden, daß sie in Zukunft nicht mehr werde angeknüpft werden. Man braucht nicht zu rathen, daß in allen diesen Beziehungen sogar mehr als das Nothwendige, alles, was auch Zweifelsüchtige zu beruhigen vermag, geschehe; es liegt im Gegentheil die Besorgniß nahe, daß in dem Momente solcher Krisen an Restrictionen in der Gebahrung der Bank wie in ihrer Lostrennung vom Staate des Guten zuviel gethan werde. Die österreichische Bankakte fordert die volle metallische Deckung für jeden Betrag, um welchen die Banknotenmenge, die jetzt 1100 Mill. Fr. erreicht, 500 Millionen überschreitet, und verbietet der Bank die Verzinsung der Depositen, dagegen verwehrt sie, als Bürgschaft für die Unabhängigkeit der Bank, dem Staate, welcher die Noten der Bank nicht bloß selbst zur Zahlung annehmen, sondern alle Staatsbürger zu dieser Annahme zwingen soll, jede Einsprache gegen leichtsinnige Kreditirungen von Seite der Anstalt.

War dem Papiergeld der Zwangscours gewährt, so muß vor allem dieser aufgehoben werden. Daß er gegenüber der Anstalt, welche das Papier ausgab, fortbestehen muß, ist selbstverständlich und fließt unmittelbar aus der von uns als das erste Mittel der Wiederherstellung der Valuta bezeichneten vollen Einlösbarkeit des Papiergeldes. Auch der Staat, dessen Schuldscheine vielleicht den

---

[1] Die Bank von Frankreich kaufte Juli 1855 bis September 1857 um 872 Mill. Fr. Gold mit einem Aufwand auf Prämien von 13. Mill. Fr., und hatte am Ende dieser Käufe 67 Mill. Fr. weniger Edelmetall in ihren Kassen als am Beginne derselben, denn sie schränkte ihre Geschäfte nicht ein. Ueber die Thätigkeit der österreichischen Bank vergl. die österreichische Nationalbank und ihr Verhältniß zum Staate. Wien 1861.

größten Theil des Bankfondes bilden, der den Gewinn der Bank theilte und schon ursprünglich die Annahme bei den Staatskassen als Mittel benützte, das Papier in Umlauf zu bringen, wird dann, wenn es sich um Wiederherstellung seines Werthes handelt, jener Annahme sich nicht entschlagen dürfen. Allein, daß jeder Private, auch wenn er zu dem Geldzeichen kein Vertrauen hat, es zu dem vom Gesetze gewollten Betrage anzunehmen gezwungen wird, ist ein Mißstand, der jeder Maßregel zur Hebung der Valuta als ein nicht zu gewältigendes Hinderniß im Wege steht. Der Mißtrauende wird das Papiergeld so schnell als möglich zur Verwechslung bringen, wenn dieß Mühe oder Kosten macht, ein entsprechendes Aufgeld nicht scheuen, und um dieses hereinzubringen, seine Waare theuerer gegen Papier als gegen Silber verkaufen, während wenn er zur Annahme nicht gezwungen ist, die Sache sich einfach so stellt, als wenn der Umlaufkreis des Papiergeldes um seine Person kleiner geworden wäre; im ersten Falle wirkt er auf den Cours positiv nachtheilig ein, im zweiten verhält er sich passiv gegen denselben. Der Zwangscours drängt endlich Jedermann die im Augenblicke, wo es sich um Wiedererlangung des Vertrauens auf das Papiergeld handelt, so gefährliche Ueberzeugung auf, der Staat selbst verzweifle an den inneren Werth des letzteren und dessen volle Einlösbarkeit und wolle es darum zwangsweise im Umlauf erhalten. Also selbst, wenn früher der Zwangscours bestand, in den Tagen der Wiederherstellung der Valuta ist es nothwendig ihn abzuschaffen.[1]

Das dritte Mittel besteht darin, so viel als möglich die Schnelligkeit des Umsatzes zu erhöhen und das Metallgeld entbehrlich zu machen. So weit es in der Aufgabe der Staatsverwaltung liegen darf, Einfluß auf das Entstehen neuer Communikations- und Absatzwege, Fabriken, Handelsgesellschaften, Banken und anderer Kreditinstitute, Börsen, Ausgleichungshäuser zu nehmen, ist jetzt der Zeitpunkt zur Entfaltung ihrer vollen Thätigkeit gekommen,

---

[1] Die Frage des Zwangscourses ist eine strittige. In Oesterreich erklärten die Statuten der Nationalbank von 1817 und 1841 sich gegen, jene von 1863 für denselben.

und anerkennenswerth sind alle diejenigen aus dem Volke, die in gleicher Richtung sich bemühen. Nur hierdurch wird bewirkt, daß große Mengen Papiergeldes in die Kassen der Bank zurückströmen und, die sich im Verkehre erhalten, an Werth gewinnen.

Diese drei Mittel zusammengenommen sind in ihrem Erfolg untrüglich und vollkommen ausreichend, und sie sind die einzig möglichen, die Schwierigkeit liegt nur in dem großen Maße geistiger und materieller Kraft, die zu ihrer Durchführung erfordert wird, und in der Wahl der Reihenfolge ihrer Anwendung.

Wir haben schon (§. 40) dargestellt, daß wenn die Entwerthung vor der Einstellung der Einlösung eintritt, diese nur dann fortgesetzt werden dürfe, wenn Hoffnung vorhanden ist, daß jene Entwerthung eine vorübergehende seyn werde. Auch bei Wiederaufnahme der Baarzahlung ist sich die ernste Frage zu stellen, ob man im Stande seyn werde, nachhaltig sie fortzusetzen; kann man sie nicht unbedingt bejahen, so ist der wohlverwahrte Silberschatz der Bank jedem ihrer Gläubiger eine sicherere Grundlage des Vertrauens als die Eröffnung desselben zu Gunsten einzelner aus ihrer Mitte, die gerade die ersten sich zu den Kassen drängen. In Zeiten eines drohenden oder begonnenen gefahrvollen Krieges, tief greifender innerer Zerwürfnisse oder einer Handelskrisis eine entwerthete Valuta herstellen wollen ist eine vergebliche Arbeit; aber auch abgesehen von solchen außerordentlichen Ereignissen, ist die Einstellung der Baarzahlung erfolgt, hat sie längere Zeit angedauert, ist die Entwerthung und Schwankung der Valuta bereits habituell geworden, so muß die Wiederaufnahme der Baarzahlung nicht der Anfang, sondern der Schluß der Rehabilitationsbestrebungen seyn. Es gibt keine Zeit, wo der Finanzmann nicht die Wiederherstellung der festen Valuta im Auge behalten, ihr Bahn brechen und sie vorbereiten muß, aber der Cours muß lange Zeit jene Grenze, bei welcher man ihn fixiren zu können glaubt, nahe erreicht und mit geringen Schwankungen um dieselbe hin- und hergespielt haben, ehe man diese Fixirung ins Werk setzen darf. Und selbst dann wird es in den meisten Fällen räthlich seyn, der wirklichen

Einwechslung des Papiergeldes andere weniger decisive Maßregeln vorausgehen zu lassen, z. B. den Verkauf von Silberwechseln und je nach dem Wunsche der Parteien Auszahlungen in Silber statt in Papier, wobei das Silber zu dem Course, den man fixiren will, berechnet werden kann. [1]

Die Einwechslung des Papiergeldes gegen Silber darf ohne Gefahr der Vereitelung der gesammten Bemühungen um Wiederherstellung der festen Valuta nicht eher beginnen, als bis mit Sicherheit vermuthet werden kann, derjenige, der Papier zur Verwechslung bringt, werde bei Veräußerung des erhaltenen Edelmetalls keinen Gewinn machen, denn dieser Gewinn würde einen großen Andrang zu den Verwechslungskassen und dieser Andrang eine neue Entwerthung der Valuta, eine neue Steigerung jenes Gewinns und dieses Andrangs veranlassen, und abermals wäre die in diesem Buche so oft berührte endlose Reihe des Uebels eingeleitet.

Es wird aufgefallen seyn, daß wir so oft von der „Fixirung des Courses" sprechen, was bedarf es da der Fixirung, wo es sich um Wiederherstellung der Valuta handelt, diese ist so lange nicht hergestellt, als nicht der Paricours erreicht wird? Der Schluß ist richtig, aber die Schwankung der Valuta ist ein größeres Uebel als ihre Entwerthung und es ist sehr die Frage, ob es nicht mit geringerem Kraftaufwande zu heilen sey und ob daher, wenn die Kräfte der Verpflichteten nicht hinreichen, die Entwerthung zu heben, sich nicht mit Beseitigung der Schwankung begnügt werden solle.

Man denke sich einen Staat mit einem durch lange Zeit wegen der eingestellten Einwechslung gegen Edelmetall entwertheten Papiergelde, der Cours schwankt, aber er schwankt mit geringem Wechsel um eine gewisse Mitte oder selbst bei größeren Schwankungen ist ein gewisser Stand wahrzunehmen, den er am häufigsten erreicht und am längsten festhält. Dieser Cours kann als derjenige angesehen werden, zu welchem die Privaten und der Staat

[1] Auf solche Weise ist die Bank von England in den der Wiederaufnahme ihrer Baarzahlungen vorangehenden Jahren 1816—1822 vorgegangen.

durchschnittlich ihre Geschäfte machten, kauften und verkauften, Darlehen gaben und empfingen. Es trete nun für den Staat die Möglichkeit ein, jene Einwechslung aufs neue zu beginnen, kann man behaupten, er habe die Rechtspflicht oder es sey von öffentlichem Nutzen, das Papiergeld al pari nach seinem Nominalwerthe statt nach jenem Durchschnittscourse einzulösen? Er würde mehr geben als er bekommen und würde den Inhabern des Papiergeldes ein nicht verlangtes und nicht gedanktes Geschenk auf Kosten der Inhaber der Waaren machen, welche für das entwerthete Papiergeld erkauft wurden. Auch die Folgen einer solchen Maßregel sind sehr zu beachten. Die Wiederherstellung der Valuta kann nicht auf einen vorhinein bestimmten Zeitpunkt verschoben werden, sie muß gerade in dem günstigsten Momente, jenem der äußeren und inneren Ruhe, einer regelmäßigen Handelsbewegung, des Vertrauens in die Fortdauer dieser Zustände und eines hinreichenden Metallvorrathes erfolgen. Man kann daher mit ihr nicht zögern, bis allmälig das Disagio ganz oder bis auf eine sehr kleine Größe verschwunden ist, denn vielleicht tritt dieser Moment nie ein oder man muß, um ihn zu erwarten, die unseligen Coursschwankungen noch Jahre lang fortdauern lassen. Wird aber der Cours plötzlich von seiner durchschnittlichen Höhe auf den Paricours hinaufgeschnellt, so wird die Geschäftswelt auf das tödtlichste erschüttert, die größten Verluste und Gewinne stehen unvermittelt einander gegenüber. Weiß man, die Regierung werde und müsse zum Paricourse einlösen, so kann jeder ungefährdet gegen sie spekuliren, weil er die Grenze kennt, bis zu welcher er gehen darf; kennt man den Cours, zu welchem sie einlösen wird, nicht und ist nur ihr fester Entschluß zur Einlösung sammt allen zu dessen Vollzug nöthigen Vorbereitungen bekannt, so ist alle Gegenspekulation gelähmt, weil Niemand weiß, ob er jenen Cours nicht schon überschritten habe. Durch die Einlösung nach dem Nominalbetrage statt nach dem Durchschnittscourse wird endlich das Opfer, das der Staat der Wiederherstellung der Valuta zu bringen hat, bedeutend erhöht, und dadurch das Gelingen der Operation erschwert. Es sey von einem Papiergeld ein

Nominalbetrag von 1000 Mill. Fr. mit einem durchschnittlichen Disagio von 50 Proc. im Umlauf, zur Wiederherstellung der Valuta dürfte vielleicht die Hälfte desselben eingelöst werden müssen, wiewohl später bei Consolidation der Verhältnisse eine weit größere Summe sich im Umlauf erhalten wird, es ist nun nicht gleichgültig, ob zu dieser Operation ein Silberfond von 333⅓ oder von 500 Mill. Fr. nöthig ist. Endlich kann nicht oft genug wiederholt werden, nicht die Entwerthung der Valuta, sondern die Valutaschwankungen sind das Unglück für den Verkehr. Weiß ich mit Zuversicht, daß ich für meine Banknote zu allen Zeiten und Orten 80 Fr. Silber erhalte, so ist es für mich und für den gesammten Verkehr ganz gleichgültig, ob dieser Schein auf 80 Fr. oder auf 100 Fr. lautet.

Um die Frage von allen Seiten zu erwägen, mögen hier zwei Gründe Platz finden, die man vom Standpunkte des Rechts gegen unsere Ansicht vorbringen könnte: Der Schuldschein laute nun einmal auf den Nominalbetrag in Silber, der Ausgeber sey daher verpflichtet, ihn um diesen Betrag einzulösen, diejenigen, welche das Papiergeld vor seiner Entwerthung erhalten haben, erleiden offenbar ein Unrecht, wenn sie jetzt einen geringeren als den Nominalbetrag dafür empfangen, und endlich jeder, der es nach seiner Entwerthung angenommen, hätte weniger dafür gegeben, wenn er nicht die Hoffnung gehabt hätte, es könne einmal wieder gegen den Nominalbetrag eingelöst werden; er hat eine Hoffnung gekauft und diese wird ihm geraubt. Nun ein Unrecht liegt allerdings zwischen jenen beiden Akten, der Ausgabe und der Einlösung der Noten, in der Mitte, allein es wurde damals verübt, als der Ausgeber des Papiergeldes die Einwechslung desselben gegen Silber einstellte, und es kann jetzt durch die Wiederaufnahme der Einwechslung, auch wenn sie nach dem Nominalbetrage erfolgt, nicht mehr gut gemacht werden. Eine solche restitutio in integrum wäre nur dann möglich, wenn der Schuldschein und dessen Besitzer bei der Wiederaufnahme der Einwechslung identisch mit jenen vor der ursprünglichen Einstellung der Einwechslung wären. Der ursprüngliche Schuldschein ist aber seit letzterem Zeitpunkte hundertmal in die Kassen des Ausgebers zurückgekehrt und von diesem nicht mehr gegen den Nominalbetrag in Silber, sondern gegen den Durchschnittscours hinausgegeben worden, und der Ueberbringer desselben zur Zeit der Wiederaufnahme der Einwechslung steht in gar keinem Rechtszusammenhange mit dem Inhaber desselben zur Zeit der Einstellung der Baarzahlung. Die Voraussetzung, daß im Course der Banknoten auch eine Quote für die Hoffnung liege, daß sie einst wieder um den Nominalbetrag würden eingelöst werden, kann zugegeben werden; allein wer ist bei einem Hoffnungskauf ersatzpflichtig, wenn die Hoffnung nicht zutrifft, und wenn irgend Jemand ersatzpflichtig ist, könnte ein größerer Ersatz von ihm gefordert werden, als die Quote des Courswerthes, welche für die Hoffnung gezahlt wurde, und wird nicht diese vom Staate vollständig ersetzt, wenn der ganze durchschnittliche Courswerth in Silber ausgezahlt wird? Doch um jeden Anschein zu vermeiden, daß wir zu etwas Unrechtem rathen, lassen wir die Beziehung auf den Staat weg, und betrachten wir das Verhältniß zwischen Privaten. Ein Private hat seine Zahlungen eingestellt und dadurch ist sein Schuldschein, der auf 100 Fr. lautete, im Werthe auf 80 Fr. gesunken, um 80 Fr. hat er ihn im Wege der Compensation eingelöst, er verkauft ihn an einen Dritten wieder um 80 Fr., mit der ausdrücklichen, von diesem angenommenen Erklärung, daß die Zahlung eingestellt bleibe, ist er nun verpflichtet, diesem Dritten oder einem der Rechtsnachfolger desselben für den Schuldschein 100 Fr. auszuzahlen? Niemand als der letzte Besitzer des Schuldscheins vor Einstellung der Zahlung hat ein Klagerecht.

Wir reden darum dort, wo die Verhältnisse die vollkommene Wiederherstellung der Valuta nur sehr schwer oder spät möglich erscheinen lassen, in Uebereinstimmung mit den bewährtesten Staatswirthschaftslehrern,[1] nicht bloß der einfachen Fixirung derselben das Wort, sondern wir halten aus dem schon angeführten Grunde,

---

[1] Jakob 589; Rau §. 529; Nebenius, 496 u. A.

damit Niemand beim Beginne der Baarzahlungen einen Gewinn an der Einwechslung der Noten habe, für gerathen, den Cours, gegen welchen die Einlösung erfolgt, um etwas weniges unter jenem festzusetzen, den das Papier in der gerade vorausgehenden Zeit behauptete.

Auf solche Weise ist Oesterreich 1820 vorgegangen, der Cours der Wiener Währung hatte sich allmälig bis 220 ermäßigt, eine Kundmachung der Bank vom 3. März 1820 fixirte ihren Cours gegen Silber auf 250. Daß man übrigens dort, wo, wie in England 1816—1822 oder in Oesterreich von 1862 bis jetzt, die Valutaentwerthung lange Zeit um wenige Percente sich bewegte, nicht zu dem einschneidenden Mittel der Valutafixirung statt der Valutaherstellung die Zuflucht nehmen werde, versteht sich von selbst.

Man hat ein Mittel zur Wiederherstellung der Valuta in der Verminderung des Papiergeldes (mittelst Convertirung eines Theiles desselben in eine verzinsliche Schuld) und in der Vermehrung der Garantien für die darin ausgesprochene Schuld (Verpfändung von Domänen, Widmung gewisser Abgaben zur allmäligen Einziehung der Papiere, Umwandlung in Hypothekenscheine auf das gesammte Grundeigenthum des Landes) gesucht.[1] Solche Maßregeln tragen auch allerdings etwas zur Verminderung, Rückhaltung und Verlangsamung der fortschreitenden Entwerthung des Papiergeldes bei und beschleunigen die Rückkehr zu einer besseren und festen Valuta; eine geringere Menge Papiergeldes ist etwas mehr werth, das in eine verzinsliche Staatsschuld umgewandelte bedarf keiner Einlösung und jene Garantien verstärken in etwas die Hoffnung der Wiedereinlösung des im Umlauf verbleibenden Papiergeldes, aber zur Wiederherstellung der festen Valuta sind sie für sich allein durchaus unbrauchbar, denn sie bewirken nicht, daß das Papier sogleich, in weiten Kreisen, ohne Beschwerden und Kosten und nachhaltig Silber ersetzt.

Es ist auch die Frage aufgeworfen worden, ob die Herstellung der Valuta auf einmal oder allmälig, plötzlich oder in einem

---

[1] Vergl. v. Jakob 582—588.

vorher kundgegebenen Zeitpunkte erfolgen solle; die Beantwortung fordert eine genaue Fassung der Frage und die Unterscheidung der verschiedenen Arten der Herstellung. Der ganze Complex der Maßregeln zur Fixirung der Valuta ist sicherlich ein langathmiges Werk. Nur wenn man sich begnügt, wie Frankreich 1796 und Oesterreich 1811, ein Papier an die Stelle des andern zu setzen, wenn „Amurat dem Amurat" folgt,[1] ist die Sache mit dem Druck der Papiere und der Fertigung der Dekrete abgethan, in jedem anderen Falle müssen Schulden bezahlt, Silber gesammelt, der Geldmarkt umgestimmt werden, und das kostet Zeit. Der letzte Schritt, der Beginn der Einwechslung gegen Silber, wird am besten plötzlich erfolgen, wenn es sich einfach um die Fixirung eines dem eben bestehenden nahen Durchschnittscourses handelt; soll aber der ursprüngliche, der Nominalwerth der Valuta wieder hergestellt werden, so ist eine, wenn auch dem wirklichen Eintritte nicht lange vorausgehende Vorherverkündigung des Zeitpunktes der Wiederaufnahme der Baarzahlung nothwendig, damit durch die Anstrengungen des Staates und der Bank, wenn diese gesondert vom Staate besteht, und die Mitwirkung der öffentlichen Meinung der Cours auf den gewünschten Punkt zurückgeführt werde, aber eben wegen der Einsicht und Energie, mit der jene Anstrengungen geleitet werden müssen, und der Nothwendigkeit dieser Mitwirkung ist die volle Wiederherstellung der Valuta so schwierig und zweifelhaft.

45.

Oft bleiben alle Mittel zur Liquidation der Bank und beziehungsweise des Staatspapiergeldes wie zur Fixirung der Valuta fruchtlos, theils weil die Ursachen, welche die Entwerthung der letzteren hervorgerufen, nicht gründlich gehoben werden, die schlechte Verwaltung, das Deficit, die innere Unzufriedenheit, die äußere Gefahr, theils weil die Kräfte und der Kredit des Staates nicht ausreichen, die Einlösung des Papiergeldes bis zur Erreichung des

---

[1] Shakespeare, Heinrich IV, 2. Theil, Akt V, Scene 2.

Ziels fortzusetzen. Jedes solches Mißlingen steigert aber das Uebel aufs äußerste, weil aller Aufwand des Heilungsprocesses verloren ist, alle Hoffnungen, die sich an ihn knüpfen, verschwinden, und ein allgemeines sauve-qui-peut zur Hintangabe des nunmehr, wie man glaubt, unwiderruflich uneinlösbaren Papieres um jeden Entgelt hindrängt. Alle Folgen einer raschen und starken Entwerthung stellen sich ein, neue Papieremissionen, verminderte Staatseinnahmen, eine erweiterte Kluft zwischen den Preisen in dem Mittelpunkte und an den Rändern der Bewegung. Diese Kluft hindert auch die Steuer auf jenen Punkt zu erhöhen, welcher der Entwerthung der Valuta, in der man sie zahlt, entsprechen würde, denn sie würde dann ungleich getragen, leicht von den Industriellen, Kaufleuten, Städtern, hart von den Landleuten, Salarirten, Rentnern. Am empfindlichsten berührt den durch die vorausgegangenen Kraftanstrengungen erschöpften Staat das so stark hervortretende Mißverhältniß zwischen seinen Einnahmen und Ausgaben, er fühlt sich in allem seinem Wirken gelähmt, die Verlegenheiten des Augenblickes wachsen, und jedes Mittel, um diesen zu begegnen, Anticipationen der nächsten Einnahmen, Verpfändungen einzelner Einnahmsquellen, Veräußerung von Staatsgütern oder gar neue Papieremissionen, verschlimmert die Lage der nächsten Zukunft, durch Untergrabung des Kredits, Verminderung der Einnahmen, Erhöhung der Zinsenlast. Wie oft bereut dann der Finanzmann zu einem Anlehen in der trügerischen Form des Papiergeldes seine Zuflucht genommen zu haben. Es ist das wucherischeste aus allen, denn es fälscht die Valuta, in der es ausgezahlt wird, und es ist das gefährlichste, denn es richtet mit dem Schuldner auch alle die Cessionare zu Grunde, die es aus den Händen des ersten Gläubigers erhielten. Schulden anderer Art, mögen sie noch so drückend seyn, sind es doch nur in einzelnen Momenten, wie bei dem Abschluß des Anlehens durch die hohen Abzüge vom Nominalbetrage, welche der Staat sich gefallen lassen muß, oder nur mit dem Betrage der Zinsen, aber das Papiergeld äußert seine unheilvollen Wirkungen dauernd und mit einem großen Theile seines Kapitalbetrags. Es läßt oft dem Staate nichts übrig als das Staatspapiergeld für gänzlich ungültig zu erklären, also die Schuldtitel, welche es darstellt, nicht mehr anzuerkennen — mit anderen Worten — den Staatsbanquerott.

Das Staatspapiergeld ist nicht die einzige Ursache des Staatsbanquerotts, auch andere Staatsschulden, deren Zinsenlast der Staat nicht mehr zu ertragen vermag oder die auf Zahlung bringen, während weder die Einkünfte des Staates dieses gestatten, noch der wankende Kredit die Mittel hiezu bietet, können denselben herbeiführen. Man vergesse nicht, auch das Schuldenmachen hat seine Grenzen, Kredit ist nicht immer vorhanden, oder die Bedingungen, unter denen er zu haben wäre, erscheinen allzu lästig, der Zwang ist nicht anwendbar oder bereits versucht worden, und wir wollen annehmen, daß letzteres auch mit der Beschränkung des Aufwandes, der Erhöhung und Umstaltung der Steuern der Fall gewesen, allein der Erfolg ein unausreichender geblieben sey, auch unter solchen Verhältnissen erübriget nichts als der Staatsbanquerott.

Ein trauriges, ein entsetzliches Ereigniß! Eine große Klasse der Staatseinwohner, alle die zahlreichen Staatsgläubiger, kommen um einen Theil ihres Vermögens, und dieser Verlust trifft nicht, wie man gewöhnlich meint, vorzugsweise die Vornehmen und Reichen oder diejenigen, welche von der schlechten Staatswirthschaft den größten Nutzen gezogen, denn diese waren zunächst in Kenntniß der Ursachen, des Ganges, der Gefahren der Lage und haben sich längst ihrer Staatsschuldverschreibungen entlediget, die Betheiligten sind meist die kleinen Rentner, die emeritirten Gewerke, welche, alt oder arbeitsunfähig geworden, ihre Ersparnisse in Schuldverschreibungen anlegten, Wittwen und Waisen oder andere Pflegebefohlene, öffentliche Institute, fromme Stiftungen, also gerade diejenigen, welche Verluste am schwersten tragen, am wenigsten sich Ersatz zu holen geeignet sind. Das Elend, das in diesen Kreisen verbreitet wird, ist ein grenzenloses.

Aber dennoch ist es ein kleines, weil in seinem Umfange beschränktes, im Vergleich mit jenem, das entsteht, wenn der Banquerott zugleich das Staatspapiergeld umfaßt, denn da erstreckt sich das Unglück in die weitesten Kreise und der Verlust des Einzelnen wird durch den plötzlichen Wechsel in den Vermögensverhältnissen Anderer verbittert und erhöht. Den Tag vor dem Staatsbanquerott erfolgte ein Gutsverkauf, der Käufer besaß das Gut, der Verkäufer das Aequivalent in Papiergelde, beide waren also gleich vermögend, den Tag darauf ist der Verkäufer ein Bettler. Man sage zur Milderung der Züge dieses Bildes nicht, die Erklärung des Staatsbanquerotts erfolge im Laufe der Dinge ohnehin nicht eher, als bis faktisch der Kredit des Staates verschwunden ist, seine verzinslichen und unverzinslichen Kreditspapiere den größten Theil ihres Werthes verloren haben, so daß die Werthdifferenz vor und nach dem Banquerott nur eine kleine ist; die Größe des Gesammtverlustes, von der Summe, auf welche die Staatsschuldverschreibung lautet oder welche ehemals für sie bezahlt wurde, bis zum Nichts hinab berechnet, bleibt dieselbe, auch wenn sie allgemach eingetreten und nicht ganz von Einem getragen worden ist.

Und das Aergste ist, daß mit jener Schilderung, so grell sie lautet, des Uebels Tiefe nicht ermessen ist, es würde sich allmälig ausgleichen, der Fleiß des Volkes würde das vernichtete Kapital auf's Neue schaffen, die entstandene Lücke dieses Bestreben sogar unterstützen, wenn seine letzte Ursache aufhörte, die schlechte Staatswirthschaft, welche das Mißverhältniß zwischen Einnahmen und Ausgaben, die sich häufenden Schulden, die Entwerthung des Papiergeldes herbeiführte. Allein gerade eine solche Umkehr ist nach einem Staatsbanquerott nicht zu erwarten. Die Männer, welche ihn herbeiführten und die eherne Stirne hatten, ihn auszusprechen, sind in der Regel nicht diejenigen, welche die undankbare und nur durch lange und emsige Ausdauer erfolgreiche Mühe der Sparsamkeit in den Ausgaben und der Reform in der Steuerverwaltung auf sich nehmen, und der Staatsbanquerott überhebt sie auch eines großen Theils der äußeren Nothwendigkeit einer solchen opfermuthigen Thätigkeit. Alle Gelüste, welche die Ebbe der Staatskassen schweigen machte, erwachen nach dem Banquerotte mit der sich füllenden Schatzkammer auf's Neue, und das Geld, das früher für die Interessen der Staatsschuld verausgabt wurde, soll jetzt den Liebhabereien der Regierenden dienen. Häufig, wir erinnern an die Finanzwirthschaft Frankreichs im vorigen Jahrhundert und an die Ereignisse in Oesterreich nach dem Jahre 1811, war das Ende des einen Staatsbanquerotts der Anfang des neuen.

Abzuhelfen ist nur, wenn dort, wo Schuld oder Unglück den Staatsbanquerott zur Nothwendigkeit gemacht hat, so weit möglich die Regeln beobachtet werden, welche Billigkeit und Recht an der Hand der Erfahrung für die Zahlungseinstellungen der Privaten vorgezeichnet haben: die Untersuchung der Ursachen des Ereignisses und die Bestrafung der Schuldtragenden durch den obersten Staatsgerichtshof oder eine ähnliche hiefür zu schaffende Institution, eine Finanzcommission, analog der Versammlung der Gläubiger, die bestimme, welche Theile der Staatseinkünfte fortan den laufenden Staatsbedürfnissen zuzuweisen und welche zur weiteren, wenn auch geringeren Verzinsung und allmäligen Rückzahlung der Staatsschulden zurückzubehalten, in welcher Reihenfolge, mit welchen Beträgen und in welchen Zeiträumen die Staatsgläubiger zu befriedigen seyen, und die überhaupt den Liquidationsplan festsetze, und endlich ein Schatzrath, welcher, entsprechend der Massaverwaltung, die diesem Zwecke gewidmeten Gelder in Empfang nehme und nach dem Liquidationsplan vertheile. Sind diejenigen, welche den größten und empfindlichsten Schaden erlitten, bekannt, fromme und wohlthätige Institute, welche nunmehr an der Erfüllung ihrer Zwecke gehindert sind, ehemals wohlhabende Familien, welche nun dem Elende preisgegeben erscheinen, so liegt dem Staate die Pflicht der Nachhülfe und Unterstützung ob. Im Uebrigen, ist das Unrecht einmal verübt, das Uebel geschehen, so lasse man es für immer in den Finsternissen begraben, in denen es entstanden ist, eine nachfolgende Wiedererweckung und Wiedergutmachung ist nichts als ein neuerliches Unrecht, dieses Mal den Steuerpflichten zu Gunsten derjenigen zugefügt, welche um Geringes die durch den Staatsbanquerott in Kapital und Zins verkürzten Papiere den um ihren

Lebensunterhalt kämpfenden, alles Vertrauens in den Staat, der sie getäuscht, verlustigen Gläubigern abgedrückt haben, denn nicht den letzteren, sondern jenen kömmt die Restauration zu Gute und für den Staatskredit ist sie ohne allen Nutzen, da Niemand die Gerechtigkeitsliebe oder die Weisheit einer Regierung achtet, welche, weil sie dem Einen ein unverdientes Unrecht zugefügt hat, dem Andern ein unverdientes Geschenk macht. Es hat sich dieses am klarsten in Oesterreich gezeigt, welches durch das Gesetz vom 31. März 1818 die Staatsobligationen, welche durch den Staatsbankerott von 1811 von Conventionsmünze auf Wiener Währung reducirt und deren Zinsen auf die Hälfte herabgesetzt worden waren, so daß nach den Coursverhältnissen des Jahres 1818 der Verlust 60 Proc. an Kapital und 80 Proc. an Zinsen betrug, in eine Verloosung einbezog, durch welche nach und nach allen ihr ursprünglicher Werth wiedergegeben wird. In einer unbegreiflichen Verblendung wurde eine lange Reihe Jahre hindurch dieser Fehler noch dadurch vergrößert, daß viele Staatsschuldverschreibungen, wie namentlich jene verschiedener Landstände, die 1818 in die Verloosung nicht aufgenommen waren, ungeachtet der Protestationen jener Stände, deren Steuerlast dadurch erhöht wurde, nachträglich in dieselbe einbezogen wurden. Der Kredit des Landes wurde dadurch nicht erhöht, seine Zinsenlast von Jahr zu Jahr vermehrt, zu ihrer Deckung wurden mitten im Frieden neue Anlehen nothwendig und als die Zeiten der inneren Wirren und äußeren Kriege kamen, stand Oesterreich mit einem bleibenden Deficit und übermäßig ausgebeuteten Kredite ihnen gegenüber; gewonnen hatte Niemand als die Spekulanten, welche die Schwäche und den irregeleiteten Rechtssinn der Regierung auszunutzen verstanden hatten.

Berichtigungen.

Seite 207 Anmerkung. Das Gesetz vom 19. Juli 1861 und die durch dasselbe neu geregelte classificirte Einkommensteuer hat in Preußen die ausnahmsweise Besteuerung der Actiengesellschaften beseitigt.

Seite 258 Zeile 24. Wer Barren in die königliche Münzstätte bringt, erhält dafür das Aequivalent in Münzen ohne Schlagschatz, allein er muß warten, bis die Reihe der Ausmünzung seine Barren trifft; die 1½ D., welche die Bank bei der Auswechslung der Barren gegen Münze, die stets allsogleich erfolgt, bezieht, sind also nichts als ein Escompte für das schneller nutzbar gemachte Kapital.

Seite 264 Zeile 16. Die Gebühr für Postanweisungen ist in Frankreich durch das Gesetz vom 2. Juli 1862 auf 1 Proc. des angewiesenen Betrages ermäßigt worden.

Druckfehler.

Seite 10 Zeile 25 statt und kehrt lies und was der Staat ausgegeben kehrt
" 20 Anm. Zeile 2 st. Vorschriften l. Vorschriften
" 33 Zeile 8 st. dem Freiherrn l. den Freiherren
" 57 " 20 " sich als eine l. als eine
" 58 " 5 " treten l. trete
" 63 letzte Zeile st. wirkten l. wirkte
" 68 Zeile 25 st. ein l. die
" 70 letzte Zeile st. sind l. ist
" 77 Zeile 20 st. 3000 Fr. l. 2000 Fr.
" 78 " 18 " was l. das
" 98 " 5 von unten st. verächtlich l. verderblich
" 105 " 4 " " " an der l. an die
" 110 " 4 st. den Bächen l. hatten den Bächen
" 147 Anm. Zeile 3 st. Manufacturen l. Manufacte

Seite 154 Zeile 8 von unten statt Kleinverschleißen lies Kleinverschleiße
 „ 165   „   9 „   „   „ genau parallel l. nicht genau parallel
 „ 180 vorletzte und letzte Zeile:
          st. in ihrem Zusammenhange ohne Rücksicht auf andere Objecte oder
          für alle Steuerobjecte derselben Art und in demselben Orte
          l. ohne Rücksicht auf andere Objecte oder für alle Steuerobjecte der=
          selben Art und in demselben Ort in ihrem Zusammenhange
 „ 197 Zeile 7 von unten st. als letzte l. als der letzten
 „ 265   „   10 st. zusichern l. zu sichern
 „ 295 Anm. 2 Zeile 2 st. stattgefunden unter drei l. stattgefunden,
          unter dem
 „ 297 Zeile 5 von unten st. Concourse l. Concurse